Prof. Dr. Josef Ludwig Staud

Relationale Datenbanken.
Grundlagen, Modellierung, Speicherung, Alternativen. 2. Auflage 2021

AF167843

Josef Ludwig Staud

Relationale Datenbanken

Grundlagen, Modellierung,
Speicherung, Alternativen

2. Auflage 2021

Prof. Dr. Josef L. Staud
www.staud.info
staud@staud.info

Bibliographische Information der Deutschen Nationalbibliothek: Die Deutsche Nationalbibliothek verzeichnet diese Publikation in der Deutschen Nationalbibliographie. Detaillierte bibliographische Angaben sind im Internet über http://dnb.d-nb.de abrufbar.

©2021 Dr. Josef Ludwig Staud

Verlag und Druck: tredition GmbH, Halenreie 40-44, 22359 Hamburg.
978-3-347-35883-6 (Paperback)
978-3-347-35884-3 (Hardcover)
978-3-347-35885-0 (e-Book)

Vorwort, Inhalt, Abkürzungen

Datenbanken waren noch nie so wichtig. Diese Aussage mag überraschen, angesichts der Bedeutung, die Datenbanken in den letzten 50 Jahren schon gewonnen haben. Sie ist aber, angesichts der Herausbildung einer digitalen Parallelwelt, richtig.

Sie werden überall dort benötigt, wo - im Rahmen der Digitalisierung - Informationen "erhalten bleiben sollen". Da dies für so gut wie alle Anwendungs- und Lebensbereiche gilt, ergibt sich eine entsprechende Verbreitung von Datenbanken und ein entsprechender Bedarf an Wissen über Datenbanktechniken.

In einer Zeit aber, in der sich die Weltgesellschaft mit dem Internet eine digitale Parallelwelt geschaffen hat, in der sie privat, geschäftlich, kriminell, in staatlichem Auftrag, usw. aktiv ist, ist dieser Bedarf noch größer geworden. Denn alle diese Netzaktivitäten beruhen auf bzw. führen zu Datenbanken. Natürlich Datenbanken der verschiedensten Art. Netzwerkdaten im Social Web. Datenbanken der Suchmaschinen, die letztendlich auf die Technologie der "inverted files" zurückgehen. "Unstrukturierte Daten" der unterschiedlichsten Art, usw. Und die schon altbewährten Relationalen Datenbanken, die einen sehr großen Anteil am Gesamtbestand von Datenbanken halten, v.a. in den Unternehmen.

Um die Relationalen Datenbanken geht es in diesem Buch in erster Linie. Sie sollen umfassend dargestellt werden und auch der Weg zu ihnen: Vom Anwendungsbereich zur konzeptionellen und logischen Datenmodellierung, dann zum Datenbankdesign und zur Einrichtung der Datenbank. Zum Schluss werden noch die physischen Datenstrukturen beschrieben, auf denen die heutigen Speichertechniken beruhen.

Daneben werden aber auch die wichtigsten Alternativen kurz beschrieben. Alternative Datenmodelle (semantische und logische) und alternative Datenbanktechnologien, von dimensionalen Datenbanken über NoSQL-Datenbanken bis zur InMemory-Technologie.

Bezüglich der relationalen Datenbanktheorie sind folgende Themen neu und so anderweitig nicht abgedeckt:

- Die intensive Betrachtung von Mustern in Anwendungsbereichen und in relationalen Datenmodellen(„Semantik sucht Syntax"). Dies sollte die konkrete Datenmodellierung erleichtern.
- Die Erweiterung der Kardinalitäten zur durchgängigen Betrachtung von Min-/Max-Angaben bei relationalen Verknüpfungen („wieviele Teilnehmer mindestens, wieviele höchstens"). Auch dies sollte bei einer modernen Modellierung so sein.
- Die Betrachtung des gesamten Wegs von der Wahrnehmung des Anwendungsbereichs bis zur Erstellung der Datenbank und der physischen Datenorganisation.
- Zahlreiche Beispiele für relationale Datenmodellierung, einige mit Lösungsweg, einige ohne. Dies ist motiviert durch die Erfahrung aus jahrzehntelanger Lehr- und Beratungstätigkeit, dass Datenmodellierung beim Umgang mit Datenbanken die größten Probleme macht und vielerorts nur eingeschränkt beherrscht wird.

Josef Ludwig Staud

Inhaltsverzeichnis

Abkürzungsverzeichnis

ANSI	American National Standards Institution
DBMS	Datenbankmanagementsystem
DBS	Datenbanksystem
DML	Data Manipulation Language
DV	Datenverarbeitung
ERM	Entity Relationship - Modell
ERP	Enterprise Ressource Planning. Eingeführte Bezeichnung für integrierte prozessorientierte Standardsoftware.
fA	funktionale Abhängigkeit
FA-Diagramm	Diagramm der funktionalen Abhängigkeiten
IRS	Information Retrieval System
IT	Informationstechnologie. Heute benutzt als Bezeichnung für die Abteilung, in der die Computer der Organisation betrieben werden.
OODBS	Objektorientiertes Datenbanksystem
OODM	Objektorientierte Datenmodellierung
PC	Personal Computer
RDBS	Relationales Datenbanksystem
SPARC	Standards Planning and Requirements Committee
SQL	Structured Query Language
vs.	versus (im Vergleich zu, im Gegensatz zu)

1 Einleitung

1.1 Aufbau des Buches, Gesamtüberblick

Im Mittelpunkt dieses Buches stehen *Relationale Datenbanken* - ihr Entwurf, ihre Modellierung, ihre Optimierung und ihre Einrichtung. Dies ist eingebettet in eine Darstellung des gesamten Weges, den die Informationen eines Anwendungsbereichs zurücklegen müssen, bis sie sich als Datenbank auf einem Speichermedium wiederfinden.

Anwendungsbereich und Konzeptionelle Modelllierung

In der Abbildung unten ist dieser Weg skizziert. Am Anfang (Position 1) ist der *Anwendungsbereich*. Er wird meist durch eine Wolke dargestellt. Die Auseinandersetzung mit dem Anwendungsbereich, das Gewinnen der für die Datenbank wichtigen Informationen, wird *konzeptionelle Modellierung* (conceptual modeling) genannt. Mit ihrer Hilfe werden Objekte und Objektklassen erkannt, Attribute gefunden und zugeordnet sowie Beziehungen geklärt. Vgl. dazu Kapitel 3.

Semantische Datenmodelle

Die konzeptionelle Modellierung führt zu einem *semantischen Datenmodell* (Position2). Mit einem solchen ist es möglich, Objekte, Beziehungen und Attribute unabhängig von einem konkreten Datenbanksystem zu beschreiben. Von den vielen, die in den letzten Jahrzehnten hierfür vorgeschlagen wurden, blieb nur das sog. *Entity Relationship - Modell* übrig. Seine Aufgabe ist eine erste mit viel Aussagekraft erstellte Modellierung. Oder auch eine für Überblicksnotationen.

Vgl. hierzu " http://www.staud.info/er/er_f_1.htm

Logisches Datenmodell

Im nächsten Schritt (Position 3) entsteht ein *logisches Datenmodell*. Damit werden Modelle bezeichnet, die einer bestimmten Datenbanktheorie und damit einem bestimmten Datenbanksystemtyp entsprechen. Dies sind heutzutage relationale und objektorientierte Datenbanksysteme und weitere, die neueren Ansätzen zur Datenverwaltung entsprechen (vgl. Kapitel 23). In diesem Buch stehen relationale Datenmodelle und Datenbanken im Vordergrund.

Mit der Erstellung des logischen Datenmodells ist die Struktur der künftigen Datenbank festgelegt. Also ein relationales Datenmodell oder auch ein objektorientiertes. Für diese Datenmodelle gibt es *Datenbanksysteme*, die mehr oder weniger gut das jeweilige Datenmodell (die jeweilige Theorie) unterstützen und seine Umsetzung erlauben. In diesem Buch konzentrieren wir uns auf Relationale Datenbanksysteme.

Datenbanken einrichten mit SQL

Nun gilt es, aufbauend auf dem logischen Datenmodell, die konkrete Datenbank mit einem geeigneten Datenbanksystem einzurichten (Position 4). Dies geschieht mittels der Masken und Menüs der grafischen Bedienoberflächen und - vor allem - mit einer formalen Sprache für das Einrichten, Befüllen, Verwalten und Auswerten der Daten. Bei Relationalen Datenbanksystemen ist dies SQL (vgl. Kapitel 19). Das Ergebnis dieser Bemühungen ist eine Datenbank.

In Kapitel 19 wird SQL beschrieben. Wegen der leichten Verfügbarkeit und gleichzeitig großen Leistungsstärke wurde dafür mySQL mit XAMPP gewählt.

Dateien auf peripheren Speichern - Physische Datenorganisation

Richtet man die relationale Datenbank ein, entstehen viele Dateien auf dem *peripheren Speicher* (heute meist Festplatten), in denen die Daten und die Verwaltungsinformation abgelegt sind (Position 5). Der grundsätzliche Aufbau dieser Dateien ist in den Kapiteln 20 und 21 beschrieben. Verwaltet werden diese Dateien von einem Teil des Betriebssystems, das Dateisystem (file system) genannt wird. Es nimmt die SQL-Befehle entgegen und setzt sie in Befehle für die sog. *physische Datenorganisation* um. Dabei nutzt es das sog. Festplattenverwaltungssystem.

Träger der jeweiligen Aktivität

Auf der rechten Seite der folgenden Abbildung ist angegeben, wer die jeweilige Aktivität umsetzt. Von 1 nach 2 ist Kompetenz in den Bereichen konzeptionelle und semantische Modellierung nötig. Geht es weiter nach 3, ist Kompetenz in logischer Datenmodellierung gefragt, heute also v.a. in relationaler oder in objektorientierter Modellierung (vgl. dazu [Staud 2019] und www.staud.info ==> Objektorientierung). Den Schritt nach 4, also die Einrichtung der Datenbank, übernehmen dann die die ganz normalen Datenbankspezialisten.

Datenbanksystem - Betriebssystem

Die nächsten Schritte bis zum physischen Speichermedium werden dann durch Anwendungssysteme realisiert. Durch das Datenbanksystem (database management system; DBMS; hier DBS) und das Betriebsssystem. Letzteres v.a. durch die in der Abbildung angeführten Komponenten *Dateisystem* (file system) und *Festplattenverwaltungssystem* (disk manager).

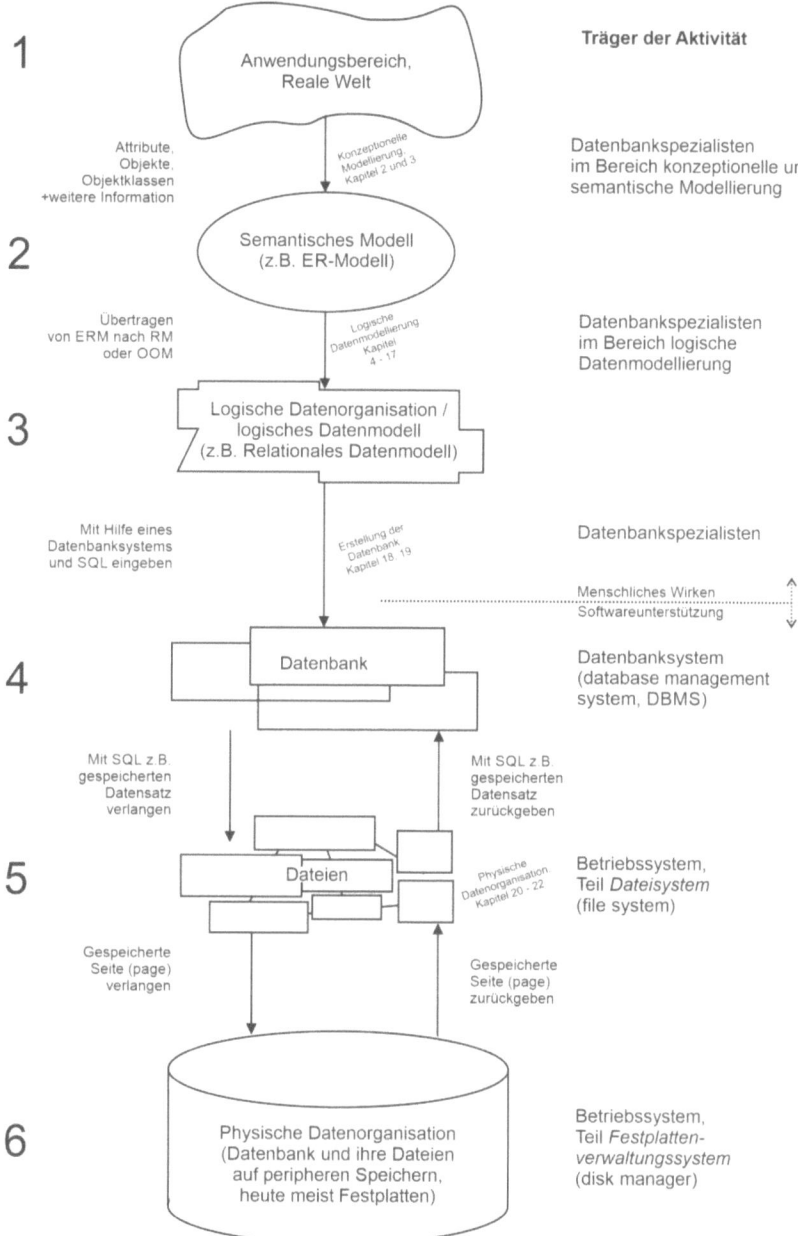

Abbildung 1.1-1:   Der Weg vom Anwendungsbereich zur Datenbank und ihren Dateien

Obige Thematik wird, ergänzt um Kapitel zu „Modellierung, Speicherung, Alternativen",
in diesem Text betrachtet:

***Teil I - Grundlagen

2 Informationen, Daten, Attribute

3 Konzeptionelle Modellierung

1.2   Hinweise zur Textgestaltung

Überblick durch Typographie

Was die zu beschreibenden Elemente in der Datenmodellierung angeht, kann man einen Ausgangspunkt und drei Modellebenen unterscheiden. Der Ausgangspunkt ist der zu modellierende *Anwendungsbereich*, manchmal auch *Weltausschnitt* genannt. Die erste Modellebene ist die der Attribute, durch die Objekte und Beziehungen beschrieben werden. Die zweite die Ebene der "kleinsten" Elemente im jeweiligen Ansatz, dies sind hier die Relationen. Die dritte Ebene ist die des gesamten Datenmodells. Um diesbezüglich im Text die Übersichtlichkeit zu erhöhen wird folgende typographische Festlegung getroffen:

- Bezeichnungen von Anwendungsbereichen werden etwas vergrößert, in Kapitälchen und in Arial gesetzt: HOCHSCHULE, PERSONALWESEN, WEBSHOP. In der Web-Version sind sie zusätzlich in roter Farbe gehalten.
- Bezeichnungen von Datenmodellen und Datenbanken sind in normaler Größe und in Arial gesetzt: Vertrieb, Zoo, WebShop, Datenbanksysteme (Markt für Datenbanksysteme). In der Web-Version zusätzlich in rot.
- Bezeichnungen von Relationen sind etwas verkleinert und in Arial gesetzt: Angestellte, Abteilungen, Projekte. In der Web-Version zusätzlich in rot.
- Bezeichnungen von Attributen sind etwas verkleinert, fett und in Arial gesetzt: **Gehalt**, **Name**, **Datum**. Bei zusammengesetzten Benennungen wird der nachfolgende Begriff wieder groß begonnen: **PersNr** (Personalnummer), **BezProj** (Bezeichnung Projekt).
- Ausprägungen von Attributen werden in normaler Größe und in Courier gesetzt, z.B. `Müller` für das Attribut **Name**.

Relationenbezeichnung. Für die Relationen wird bei der Bezeichnung immer die Mehrzahl gewählt, da ja in der Regel mehrere Objekte bzw. Beziehungen erfasst sind. Für die in den Beispielen oft benutzten *Personal Computer* gilt: als Relationenbezeichnung wird PC verwendet, ansonsten (im Text) für die Mehrzahl "PCs".

1.3   Datenbanken

Digitale Abbilder, Immer mehr Daten, immer mehr Datenbanken

Unsere digitale Welt erzeugt Daten in einem Umfang, den man sich in früheren Zeiten nicht vorstellen konnte. In den *Unternehmen* werden die Geschäftsprozesse immer intensiver durch Anwendungssysteme begleitet, was automatisch zu großen Datenbeständen führt. Die *Internetunternehmen* bedienen uns mit vollautomatisierten Geschäftsprozessen und mit einem ausgefeilten Kundenbeziehungsmanagement (CRM; Customer Relationship Management), beides ist ohne umfassende Datenbasis nicht möglich. Im *Internet* sorgen wir durch Nutzung des SocialWeb für Datenbestände, die (nicht nur durch Geheimdienste) abgespeichert und intensiv untersucht werden. Und auch im *privaten Bereich* entstehen immer mehr Daten (Bilder, Viedeosequenzen, Texte, ...), worauf die Industrie mit Festplatten antwortet, die inzwischen mehrere Terabyte fassen können.

Digitale Parallelwelt. Überall also Daten und damit überall Datenbanken. Um den größeren Bogen zu spannen: Die Vermessung der Welt ist inzwischen einen Schritt weiter. Sie erfasst jetzt auch Interaktionen und Aktivitäten und geht in Richtung Widerspiegelung der Welt in digitalen Datenbeständen. Es gibt eine digitale Parallelwelt, die im Internet, aber nicht nur dort erzeugt wird.

Relationale Datenbanksysteme

Ein Teil dieser Daten ist so strukturiert (vgl. die folgenden Kapitel), dass er in Relationalen Datenbanken abgespeichert werden kann. Um diese und um ihr "Umfeld" geht es in diesem Buch. Kurz gesagt, bedeutet dies, dass die Daten durch Attribute strukturiert und in verknüpfte Tabellen gefasst sind, die sich (meist) jeweils in einer Datei widerfinden. Zumindest für die Datenbestände von Unternehmen und sonstigen Organisationen ist dies der wichtigste Datenbanktyp. Es gibt aber inzwischen viele andere, sie werden im Kapitel 24 kurz vorgestellt.

Dateisysteme vs. Datenbanksysteme. Jede Programmiersprache erlaubt das Anlegen von Dateien. Große, kleine, für unterschiedlichste Daten, mit unterschiedlichem Aufbau. Deshalb stellt sich die Frage: Benötigt man überhaupt Datenbanken, reichen nicht Dateien völlig aus? Es gibt ja auch Softwaresysteme, die es erlauben, einzelne Dateien einzurichten und zu verwalten, die sog. Dateisysteme Nun, einzelne Dateien reichen heute nicht mehr aus, denn sie können jeweils nur einen bestimmten eher kleinen Anwendungsbereich erfassen. Die meisten Anwendungsbereiche sind aber sehr viel umfangreicher. Eine integrierte prozessorientierte Software (ERP-Software, vgl. [Staud 2006] oder www.staud.info ==> ERP-Software) wie die von SAP enthält z.B. in ihrer Datenbank Informationen zu allen Aspekten des Unternehmens, man spricht da auch von einer *unternehmensweiten Datenbank.* Aber auch kleinere Anwendungsbereiche, z.B. die Beschaffung oder der Vertrieb eines Unternehmens, die Studierenden einer Hochschule oder die Daten eines Sportvereins können nicht alleine in einer Datei verwaltet werden.

Diese Komplexität der Daten rührt u.a. daher, weil die Daten die Geschäftsprozesse der Organisationen unterstützen sollen und in diesen sehr viele Aspekte der Geschäftstätigkeit eine Rolle spielen, z.B. Kunden, Lieferanten, Produktion, Artikel, usw.

Anwendungsbereiche - Realität und Modell

Jetzt wird es Zeit, den schon mehrfach benutzen Begriff *Anwendungsbereich* näher zu klären. Datenbanken speichern, wie oben beschrieben, die Datenbestände, die in der Weltgesellschaft und -wirtschaft entstehen und die zu irgendeinem Zweck aufbewahrt werden sollen. Sie stellen damit immer ein abstrahiertes Abbild der Realität dar. Irgendeiner Realität. Da es sich immer nur um Teilbereiche handelt, sind dafür Begriffe wie *Anwendungsbereich, Weltausschnitt* (slice of reality) und *Miniwelt* (bei Autoren mit Kontakt zur Künstlichen - Intelligenz - Forschung) in Gebrauch. In diesem Buch wird der Begriff Anwendungsbereich verwendet.

Anwendungsbereiche können Abteilungen von Unternehmen ("Datenbank für den Vertrieb") oder auch (fast) ganze Unternehmen sein (z.B. bei ERP-Software). Sie können aber auch durch eine einzelne Aufgabe definiert sein, z.B. "Daten für die Absatzprognose" oder "Daten für die neue Web-Präsentation des Unternehmens".

Es soll hier nicht verschwiegen werden, dass es auch außerhalb des attributbasierten Bereichs, in dem wir uns hier bewegen, Weltausschnitte mit faszinierenden anderen Informationsarten gibt, z.B. in der Chemie mit chemischen Strukturformeln, in der Physik oder auch Ökonometrie (vgl. die Zeitreihendatenbanken der entsprechenden Anbieter).

Hier einige Beispiele für Anwendungsbereiche:

- Alle Aspekte eines Unternehmens mit dem Ziel, dem Leitungspersonal ständig zentrale Kennziffern des Unternehmens zur Verfügung zu stellen.
- Buchungen in einer internationalen Hotelkette mit dem Ziel, möglichst in Realzeit einen Überblick über die Belegungen zu haben.
- Chemische Strukturformeln mit dem Ziel, die Suche nach Stoffen und Teilstoffen zu ermöglichen.
- Das Social Web mit seinen Aktivitäten. Ziel ist hier vor allem, diese Aktivitäten durch entsprechende Datenbanken möglich zu machen. Andere Ziele sind hier das Gewinnen von Nutzerprofilen, sei es für Versicherungsunternehmen oder für Geheimdienste.
- Ein ganzes Unternehmen, bzw. eine ganze Organisation. Die dabei entstehende umfassende Datenbank dient als Grundlage einer ebenso umfassenden prozessorientierten integrierten Standardsoftware (ERP-Software), d.h. als Grundlage einer umfassenden Modellierung der Geschäftsprozesse einer Organisation.
- Finanzwesen eines Unternehmens mit dem Ziel, die finanzielle Seite der Leistungserbringung deutlich zu machen.
- Lehrbetrieb einer Hochschule mit dem Ziel, die Lehre zu organisieren und zu dokumentieren.
- Personalwesen eines Unternehmens mit dem Ziel, den Personaleinsatz zu erfassen und notwendige Aktivitäten (z.B. die monatliche Gehaltszahlung) zu ermöglichen.
- Private Sammlung von Filmen mit dem Ziel, immer einen vollständigen Überblick zu haben.
- Produktionsbereich eines Unternehmens mit dem Ziel, Daten für ein Produktionsplanungssystem zur Verfügung zu stellen.

Die Liste könnte beliebig fortgesetzt werden.

1.4   Logische Datenmodelle, Datenorganisation

Abstrahiertes Abbild der Realität

Oben wurde es schon angedeutet: Grundlage einer jeden Datenbank ist ein sog. *Datenmodell*. Dieses stellt ein *abstrahiertes Abbild eines Anwendungsbereichs oder Weltausschnittes* dar. "Abstrahiert" deshalb, weil von der vielschichtigen Realität nur die Strukturen aufgenommen werden, die für die Anwendung benötigt werden. Etwa so, wie es bei den konzeptionellen Überlegungen festgelegt wurde.

Datenmodelle sind theoriespezifisch. D.h., sie werden mit Hilfe eines Instrumentariums erstellt, das eine Datenbanktheorie zur Verfügung stellt. Z.B. die relationale Datenbanktheorie, die objektorientierte oder die für die semantische Modellierung. Die relationale Theorie wird im weiteren hier vorgestellt.

Nach Fertigstellung werden Datenmodelle mit Hilfe des entsprechenden Datenbanksystems in eine Datenbank umgesetzt. Diesen Zusammenhang veranschaulicht die folgende Abbildung.

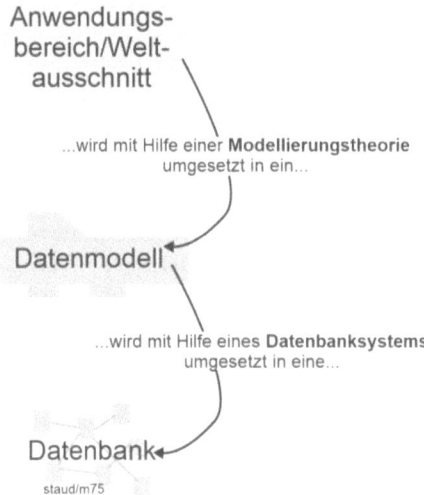

Abbildung 1.4-1:   Vom Weltausschnitt zur Datenbank

Zusammenfassung

Ein Datenmodell ist ein Abbild des jeweiligen Weltausschnitts, das mit den Mitteln und gemäß den Regeln des jeweiligen datenbanktheoretischen Ansatzes realisiert wurde und das mit Hilfe eines Datenbanksystems in eine Datenbank umgesetzt wird.

Datenmodelle sind also ein Werkzeug, um mit Hilfe eines Datenbanksystems Datenbanken einzurichten.

Festlegungen. Die Nutzung eines Instruments gibt einerseits viele Möglichkeiten, bringt andererseits immer auch Einschränkungen mit sich. Der jeweilige datenbanktheoretische Ansatz legt fest, was wir erfassen können, mit welchen Mitteln wir dies tun und wie das Ergebnis aussieht. Hier nur einige sehr allgemeine Festlegungen, die spezifischen werden in den einzelnen Kapiteln diskutiert:

- Die meisten heutigen Datenmodelle sind *attributbasiert*, d.h. sie erfassen den Anwendungsbereich durch die Zuweisung von Attributsausprägungen zu Objekten und zu Beziehungen zwischen Objekten. Dies ist im Kern auch so, wenn von Name/Wert-Paaren oder Key/Value-Paaren die Rede ist, wie in der Diskussion rund um NoSQL und BigData (vgl. Kapitel 24).
- Die meisten heutigen Datenmodelle gehen im Kern von Objekten und Beziehungen aus, die im Anwendungsbereich gesucht und beschrieben werden.

Weiter legt das Datenmodell als Methode fest, was wir von den sonstigen Strukturen und Regeln des Anwendungsbereichs - der Semantik - erfassen können. Diese *semantischen Integritätsbedingungen* (constraints) schränken die Operationen ein, die auf den Daten erlaubt sind.

Bis zum Aufkommen der objektorientierten Modellierung galt außerdem, dass ein Datenmodell nur Strukturen (statische Aspekte) erfasst, nicht "Verhalten" (dynamische Aspekte).

1.5   Relationale Datenbanksysteme

Die Software für das Einrichten, Befüllen, Betreiben und Auswerten von Datenbanken wird *Datenbanksystem* genannt. Im Falle von Relationalen Datenbanken dann entsprechend *Relationales Datenbanksystem* (RDBS). Der Begriff "relational" kommt von der zugrundeliegenden Theorie, die zu einem *relationalen Datenmodell* führt, das im folgenden intensiv betrachtet wird. Es besteht aus verknüpften Tabellen einer bestimmten Struktur. Damit entsteht ein integrierter Datenbestand, die Datenbank. Ein korrektes relationales Datenmodell beschreibt a) alle benötigten Daten redundanzfrei und erfasst b) die *Beziehungen zwischen den Daten*, wobei in relationalen Datenmodellen die "Beziehungen" v.a. Verknüpfungen zwischen den Relationen sind.

Ohne Theorie geht es also bei der Verwaltung von Daten ganz grundsätzlich nicht. Die effiziente Speicherung von Informationen benötigt sie. Andere zu Datenbanken führende Theorien führen zu objektorientierten Datenbanken, zu spaltenorientierten (vgl. Abschnitt 24.3), zu multidimensionalen (vgl. Abschnitt 24.2), usw., früher auch zu Hierarchischen- und Netzwerk-Datenbanken.

Theorie + zugehörige Software ==> Datenbanken

Somit entstehen Relationale Datenbanken mit Hilfe der in den Kapiteln 4 bis 15 vorgestellten relationalen Theorie, *relationale Datenmodellierung* genannt. Es gibt ...

- eine Modellierungstheorie,
- die zugehörige Software (ein Datenbanksystem (DBS))
- und die daraus entstehenden Datenbanken.

Relationale Datenbanksysteme setzen also relationale Datenmodelle in Relationale Datenbanken um, d.h. in die adäquate physische Datenstruktur und erlauben deren Verwaltung. Es sind nichts anderes als Softwaresysteme, die auf diese Aufgabe zugeschnitten sind.

Ähnliches gibt es noch für die objektorientierte Theorie[1] und die objektorientierten Datenbanken bzw. Datenbanksysteme sowie für neuere Modellierungsansätze (vgl. Kapitel 24). Allerdings sind im Umfeld von Unternehmen, Verwaltungen und sonstigen Organisationen die Relationalen Datenbanken absolut führend und am meisten verbreitet.

Aufgaben von Datenbanksystemen

Die Hauptaufgabe von Datenbanksystemen ist die effiziente Verwaltung der Informationsarten, für die sie geschaffen wurden. Bei Relationalen Datenbanken also die von attributbasierten (vgl. unten sowie Abschnitt 2.4), in Datensätzen (vgl. Kapitel 21) organisierten Daten. Wesentlich ist, dass diese Datenverwaltung über lange Zeiträume stattfinden soll, womit eine langfristige Speicherung der Daten einhergeht. Man spricht hier auch von *persistenter Datenhaltung*.

---

[1] Und für ältere Datenmodelle bzw. Datenbanksystemtypen (Netzwerkdatenbanken, Hierarchische Datenbanken), die aber heute keine Rolle mehr spielen.

Relationale Datenbanken für Geschäftsprozesse

Da die unternehmerische Wirklichkeit und auch die anderer Organisationen durch *Geschäftsprozesse* geprägt ist, ist es dort die Aufgabe der Datenbanken, die Geschäftsprozesse zu unterstützen. Sie stellen für diese Informationen bereit und nehmen die im Geschäftsprozess neu entstehenden auf.

Mit obigem und mit dem Hinweis, dass letztendlich durch Datenbanken die Geschäftsprozesse der Organisationen unterstützt werden müssen, kann man die Hauptaufgaben von Relationalen Datenbanksystemen wie folgt formulieren. Sie ...

- ermöglichen die Umsetzung eines relationalen Datenmodells in eine relationale Datenbank.
- leisten die redundanzfreie und integrierte Datenspeicherung.
- ermöglichen Auswertungen auf den abgespeicherten Daten.
- unterstützen die Geschäftsprozesse des jeweiligen Anwendungsbereichs, d.h. sie stellen Informationen zu allen Aspekten der Geschäftstätigkeit zur Verfügung und verwalten diese. Dies rührt daher, weil eine Datenbank so etwas wie ein informationelles Abbild des Anwendungsbereichs darstellt.

Datenbanksysteme sichern aber auch den laufenden Betrieb über den gesamten Lebenszyklus einer Datenbank hinweg, insbesondere die *Integrität der Daten*. Dazu gehört die Redundanzfreiheit, Korrektheit der Schlüssel (identifizierende Attribute) und der relationalen Verknüpfungen. Also auch stimmige Schlüssel und Fremdschlüssel (Attribut, das der Verknüpfung von Relationen bzw. ihren Tupeln dient, vgl. Kapitel 5.).

Eigenschaften von Datenbanksystemen

Zusammengefasst und noch etwas ergänzt gehören somit zu den Eigenschaften, die von Datenbanksystemen gefordert werden, die folgenden:

- Unterstützung eines Datenmodells, dazu gehört auch die redundanzfreie Speicherung
- persistente Datenhaltung
- Unterstützung einer formalen Sprache, mit der die Nutzer die Datenstruktur definieren, auf die Daten zugreifen und sie verarbeiten können. Z.B. SQL, vgl. Kapitel 19.
- Ermöglichung von Mehrfachzugriffen, die Fähigkeit vielen Nutzern auf einmal den Zugriff auf die Daten zu erlauben.
- Zugangskontrolle, die Fähigkeit, den Zugriff auf die Daten zu kontrollieren.
- Prüfungen der semantischen Integrität (der inhaltlichen Richtigkeit, wie im Datenmodell hinterlegt)
- Ausfallsicherheit, d.h. Absicherung der Daten für allen erdenklichen Fälle, angefangen vom Rechnerausfall bis zur Zerstörung durch Feuer.
- Transaktionsmanagement, d.h. die Fähigkeit, vielen Nutzern auf einmal den Zugriff auf die Daten zu erlauben. Vgl. Abschnitt 19.9.
- Für Relationale Datenbanksysteme gilt zusätzlich, dass sie auf effiziente Weise die Verknüpfung von Daten aus verschiedenen Dateien (Schlüssel / Fremdschlüssel (vgl. Kapitel 5) ermöglichen.

Damit kann nun definiert werden.

Definition: relationale Datenbank
Eine *relationale Datenbank* beruht auf einem Datenmodell. Sie besteht aus einer Sammlung von Dateien, die untereinander in inhaltlich begründeten Beziehungen stehen. Sie wird mit Hilfe eines Datenbanksystems angelegt, ausgewertet und verwaltet sowie an die sich ständig verändernden Strukturen im Anwendungsbereich angepasst.

Definition: Datenbanksysteme
Datenbanksysteme sorgen für eine effiziente Verwaltung der in der Datenbank persistent gespeicherten komplexen Daten über einen Anwendungsbereich. Sie sichern die Redundanzfreiheit und Integrität der in der Datenbank gespeicherten Daten im Zeitverlauf. Darüber hinaus ermöglichen sie den Mehrfachzugriff sowie eine Kontrolle des Zugriffs auf die gespeicherten Daten. Und natürlich ermöglichen sie eine flexible Auswertung der Daten.

1.6   Die drei Ebenen der ANSI-SPARC - Architektur

Der SPARC-Ausschuss (Standards Planning and Requirements Committee) des amerikanischen Normungsinstituts ANSI (American National Standards Institution) hat bezüglich der Architektur von Datenbanken schon in den 1970er-Jahren drei gegeneinander abgegrenzte *Ebenen* eingeführt, die ANSI-SPARC - Architektur, deren Betrachtung auch heute noch lohnt:

- Die *externe Ebene* beschreibt die Sichten der Anwender auf die Daten einer Datenbank. Hier ist festgelegt, wie bestimmte Anwendergruppen die Daten sehen, z.B. als Tabelle oder als Liste. Hier werden auch Einschränkungen vorgenommen, z.B. weil für eine bestimmte Aufgabe nur ein Teil der Daten wichtig ist oder weil bestimmte Nutzer nicht alle Daten sehen sollen. Es kann mehrere externe Sichten geben, jede für eine bestimmte Anwendung.
- Die *konzeptionelle Ebene* betrachtet die konzeptionelle Gesamtstruktur der Daten[2]. Das Ergebnis wird *konzeptionelles Schema* genannt. Sämtliche Daten und ihre Beziehungen müssen hier dargestellt werden - unabhängig von Spezialanforderungen der Benutzer und der physischen Speicherung der Daten. Das konzeptionelle Schema ist die Sichtweise des Datenbankadministrators. Er muss hierfür ein Datenmodell finden, das am besten den Anforderungen genügt.
- Die interne Ebene beschreibt die physische Organisation und Speicherungsform der Daten. Das Ergebnis wird auch *internes Schema* genannt. Hier werden auch die Zugriffsarten festgelegt.

Eine ausführliche Darstellung findet sich in [Connolly, Begg und Stachan 2002, S. 80ff].

Sichten – views. Die sog. *Sichten* (views) auf eine Datenbank sind in der externen Ebene angesiedelt. Da eine Datenbank in der Regel einen großen Datenbestand enthält ist es sinnvoll, einzelnen Nutzern einen Ausschnitt davon zur Verfügung zu stellen. Da kann dann der Produktionsleiter alle Daten rund um die Produktion ausgewählt bekommen und die Personalchefin alle Daten des Personalwesens.

---

2   Einige Autoren übersetzen "conceptual modeling" mit "konzeptuelle Modellierung". Das englische "conceptual" meint aber genau das deutsche "konzeptionell".

1.7   Syntax, Semantik, Pragmatik

Die im Datenbankkontext verwalteten Informationen werden i.d.R. durch Daten ausgedrückt (vgl. auch Kapitel 20), weshalb wir von diesem Begriff ausgehen.

Solche Daten haben einen bestimmten Aufbau (Syntax), eine Bedeutung (Semantik) und dienen einem Zweck (Pragmatik):

- *Semantik* meint hier im Datenbankkontext die Bedeutung, den Bedeutungsgehalt der Informationen, die über den Anwendungsbereich gewonnen wurden.
- Den korrekten Aufbau legt die sog. *Syntax* fest, die dafür die Regeln vorgibt.
- Mit *Pragmatik* ist der zielgerichtete Zweck gemeint, durch den Daten zu einer (eindeutig interpretierbaren) Information werden.

Datumsangaben: Tag, Monat, Jahr

Betrachten wir einige Beispiele, zuerst Datumsangaben. Diese haben eine schlichte Struktur. Sie bestehen aus einer Tages-, einer Monats- und einer Jahresangabe. Z.B. könnte die Syntax folgenden Aufbau vorschreiben: 4. Mai 2021 oder auch 2021/05/04. Also z.B. dass die Tagesangabe aus einer maximal zweistelligen positiven Zahl besteht, die Monatsangabe ebenfalls (oder aus einer Zeichenfolge) und die Jahresangabe entweder ebenfalls als zweistellige oder als vierstellige positive Zahl erfasst wird. Damit legt die *Syntax* den korrekten Aufbau dieser Information schon etwas fest, würde aber auch den 31. April 2024 oder den 35. 12. 2022 zulassen.

Dies unterbindet die Semantik, die zur weiteren Festlegung der Datumsangaben führt:

- Tagesangaben liegen nur zwischen 1 und 31
- Monatsangaben nur zwischen 1 und 12
- Die Monate April, Juni, September, November haben maximal 30 Tage
- Der Monat Februar hat maximal 28 Tage mit Ausnahme der Schaltjahre
- Das Jahr 2004 ist ein Schaltjahr, der Februar hat also 29 Tage
- Das Jahr 2000 war ebenfalls ein Schaltjahr (die Schaltjahrregelungen sind recht kompliziert, so gibt es Schaltjahre, die nur in großem Abstand auftreten).

usw.

Solche Festlegungen stellen also die Semantik der Datumsangaben dar. Genauer formuliert ist es so, dass die Realwelt (Datumsangaben) eine Semantik hat, die durch die Datumsangaben im Datenbestand möglichst genau erfasst werden soll. Dem Datenbanksystem liefert damit die Semantik weitere Regeln für die Korrektheit der Information. Dabei spricht man auch von *Semantischen Integritätsbedingungen* (englisch: constraints).

Noch präziser wird die Information durch die *Pragmatik* beschrieben. Eine Datumsangabe kann zum Beispiel einen Auftragseingang, ein Zahlungsziel oder den Abgabetermin für die Bachelorarbeit bedeuten. Das weiß die jeweilige Nutzerin und richtet ihr Verhalten daran aus.

Zahl 19

Betrachten wir ein weiteres Beispiel. Die Ausprägung einer Information sei die Zahl "19". Dieses Datenelement kann verschiedene Bedeutung haben:

- eine Hausnummer
- eine Uhrzeit

- ein Kalendertag
- die Nummer einer Buslinie

Diese Semantik wird erst durch den Zusammenhang klar:

- Steht 19 neben der Eingangstür an einer Hauswand, weiß man: Es ist die "Hausnummer 19".
- Steht 19:00 auf einer digitalen Armbanduhr, so weiß man: Es ist "7 Uhr abends".
- Steht 19 auf Anzeige vorne in der S-Bahn, so weiß man: Es ist "die Linie 19".

Beispiel Lehrbetrieb. In einer Hochschule könnten folgende Grundsätze unserer Daseins zur Semantik gehören und bei der Gestaltung einer Datenbank zum Lehrbetrieb wichtig sein:

- In einem Raum kann in einer Zeitspanne nur eine Veranstaltung stattfinden.
- Ein Dozent kann in einer Zeitspanne nur einen Kurs abhalten.
- Ein Dozent sollte pro Tag nicht mehr als 6 Stunden Vorlesungen und Übungen geben.
- Veranstaltungen, die das lokale PC-Netz zum Absturz bringen könnten (z.B. Programmierkurse) sollten nicht am Freitag Nachmittag stattfinden, da ab 13.00 Uhr die Rechenzentrumsmitarbeiter nicht mehr da sind, um einen evtl. Netzzusammenbruch "zu reparieren".

usw. Wenigstens ein kleiner Teil solcher Semantikaspekte kann in Datenmodellen erfasst werden. Allerdings wirklich nur ein kleiner, wie im folgenden zu sehen sein wird, weshalb die diesbezüglichen Anstrengungen weitergehen.

Mehr Semantik in das Datenmodell. Woher kommt der Wunsch, möglichst viel Semantik des jeweiligen Weltausschnitts in einem Datenmodell und dann in der Datenbank zu erfassen? Nun, die Semantik gehört zur Anwendung. Sie muss auf jeden Fall berücksichtigt werden, soll die Anwendung leistungsstark sein. Entweder wird sie in der Datenbank hinterlegt oder in den Programmen softwaretechnisch realisiert (dann ist sie Gegenstand der Systemanalyse).

> Es geht natürlich nur um den Teil der Semantik, der für die jeweilige Anwendung bzw. für die Geschäftsprozesse, denen die Datenbank "dient", Bedeutung hat.

Die Hinterlegung in der Datenbank, aufbauend auf der vorangehenden Berücksichtigung beim Datenbankentwurf, hat aber Vorteile: Sie ist sehr übersichtlich (z.B. als Semantische Integritätsbedingungen (constraints) auf den Relationen) und leicht änderbar. Man kann es auch so formulieren: Alle (zu berücksichtigende) Semantik, die nicht in der Datenbank hinterlegt wird, muss bei der Systemanalyse für die Anwendungsprogramme berücksichtigt werden.

Fehlt noch die *Pragmatik* von Daten bzw. Informationen. Daten, die eine Bedeutung haben, sind immer noch keine (eindeutige) Information. Dazu fehlt der praktische Wert, den eine Angabe für den Empfänger der Information bekommt. Eine Datumsangabe zum Beispiel kann einen Auftragseingang, ein Zahlungsziel oder den Abgabetermin für die Bachelorarbeit bedeuten. Das weiß der jeweilige Nutzer. Daten und ihre Bedeutung müssen also über einen zielgerichteten, pragmatischen Zweck verfügen, um zu einer (eindeutig interpretierbaren) Information zu werden. Diesen Aspekt von Daten nennt man auch *Pragmatik*.

***Teil I

Grundlagen

2 Informationen, Daten, Attribute

3 Konzeptionelle Modellierung

2 Informationen, Daten, Attribute

2.1 Informationen, Daten

Alles was wir wahrnehmen. „Information" bedeutet in erster Linie Wahrnehmung. Wahrnehmung wiederum ist für uns Menschen mit irgendeinem Phänomen der Realwelt verbunden, einem *Informationsträger*. Die englische Fachliteratur hat dafür den Begriff *entity*. Information ist deshalb jegliche Kenntnis über Dinge, Ereignisse, Beziehungen, Abläufe, Tatsachen, usw. Sie kommt in irgendeiner Form, die wir wahrnehmen können, entweder direkt (Bild, Ton, Text, Ziffern, usw.) oder mithilfe von Hifsmitteln (Fernsehen, Computer, Smartphone, Radio, usw.).

Strukturiert vs. unstrukturiert. Informationen sind also eigentlich schon strukturiert, werden aber als unstrukturiert bezeichnet. Strukturiert für uns Menschen, unstrukturiert weil sie nicht direkt in unsere digitalen Systeme und Speicher aufgenommen und nicht direkt digital verarbeitet werden können.

Maschinelle Informationsverarbeitung

Diese Diskrepanz wird Schritt um Schritt aufgelöst. Menschliche Sprache kann heute nicht nur aufgezeichnet, sondern auch gleich digital-textlich verfügbar gemacht werden. Genauso Handschrift. Der Tablet-Computer, auf dem dieser Text gerade bearbeitet wird, hat eine Texterkennung, die keine Probleme mit der nicht "unkrakeligen" Handschrift des Autors hat. Ein großes Internetunternehmen kann digital erfasste Gesichter identifizieren und sie Personen zuordnen, die ihrem Datenbestand zugeliefert wurden. Eine Sache von der die Künstliche Intelligenz - Forschung (KI), die Strafverfolgungsbehörden und die Geheimdienste vor einigen Jahren noch geträumt haben. Aus den zwar digitalen aber komplexen Daten des SocialWeb werden durch Programme Profile von Nutzern, Situationen ("hat geheiratet und will Haus bauen", ...) gewonnen, die nicht nur Geheimdiensten ("neigt zum Terrorismus"), sondern auch Versicherungsunternehmen dienen. Im Sommer 2014 wurde eine Software zum Formulieren von einfachen Texten vorgestellt. Diese Liste liese sich lange fortsetzen.

Ein Gegenbeispiel soll nicht verschwiegen werden: Das Verstehen von textlich formulierter Information. Dies ist - trotz der intensiven Anstrengungen kapitalstarker Internetunternehmen mit riesigen Entwicklerabteilungen - noch nicht gelöst (das Programm, das menschliche Gegner im Quiz schlägt, versteht die Fragen nicht, sondern löst sie aufgrund massenhafter Datenabgleiche). Dafür wäre "Verstehen" notwendig, Verstehen von Semantik, Zusammenhängen, usw., also der Besitz von Weltwissen, wie das in der KI genannt wird. Das geht noch nicht, aber wer weiß ...

Daten

Information an und für sich ist etwas abstraktes, immaterielles. Sie kann nur mitgeteilt (transportiert) und verarbeitet werden, wenn sie z.B. in Worten formuliert, mit Buchstaben aufgeschrieben, mithilfe von Symbolen gezeichnet, wenn sie also in irgendeiner Form dargestellt wird. Die so repräsentierten Informationen nennen wir *Daten*. Sie stellen Informationen aufgrund bestimmter Regeln oder Abmachungen in einer zur maschinellen Verarbeitung, Speicherung oder Übertragung geeigneten Form dar. Informationen haben Semantik, Daten nicht - deren Semantik muss durch das datenverwaltende System unterstützt bzw. sicher gestellt sein.

Analog, digital

Bilder, Töne und andere physikalische Größen wie Temperatur, Geschwindigkeit oder elektrische Spannung bestehen meist nicht aus einzelnen *(diskreten)* Werten, sondern sind durch einen kontinuierlichen Verlauf gekennzeichnet. Sie sind stetig veränderlich und können somit unendlich viele Werte annehmen. Man spricht deshalb von *analogen* Größen. Im Gegensatz dazu heißt eine Darstellung, die sich aus einzelnen, endlich vielen Zeichen zusammensetzt, *digital*.

Beispiel: Uhren

Ein Beispiel stellen die verschiedenen Uhrentechnologien dar. Grundsätzlich ist der Zeitverlauf kontinuierlich. Zwischen 0 und 24 Uhr durchläuft die Zeit unendlich viele Punkte. Bei einer analogen Uhr, die auf der Basis ihres Uhrwerks mit Ziffernblatt und Zeiger arbeitet, kann jeder auch noch so winzige Zeitpunkt angezeigt werden. Der Zeiger überstreicht unendlich viele Positionen. Ganz anders bei einer digitalen Uhr: Diese stellt nur einzelne (ausgewählte) Zeitpunkte durch Zeigerpositionen oder Ziffern dar. Sie beginnt bei 0 Uhr und zählt die einzelnen Sekunden hoch. Alle Zwischenwerte werden auf- oder abgerundet. Somit gilt:

- Digitale Daten bestehen aus aufeinanderfolgenden (diskreten) Zeichen.
- Analoge Daten entsprechen kontinuierlichen Funktionen und werden durch physikalische Größen dargestellt, die stufenlos veränderbar sind und den zu beschreibenden Sachverhalt repräsentieren.

Weitere Beispiele für analoge Daten sind die Darstellung der Temperatur durch die Höhe einer Quecksilbersäule in einem Thermometer oder die Musik auf einer Schallplatte. Auf einer CD gespeicherte Worte, Zahlen oder Musik sind Beispiele digitaler Daten. Selbstverständlich sind alle im Internet gespeicherten Daten ebenfalls digital.

Digitalisierung

Computer können nur mit digitalen Daten umgehen. Liegen analoge Werte vor, müssen sie zur Verarbeitung im Rechner digital dargestellt werden. Will man etwa den analog erhobenen Temperaturverlauf eines Tages zur Wettervorhersage für den nächsten Tag heranziehen und durch einen Computer verarbeiten lassen, so muss die Temperaturkurve vor der Verarbeitung in digitale Werte umgewandelt werden. Werden analoge Übertragungseinrichtungen benutzt (z.B. Datenübertragung über das analoge Telefonnetz) ist eine Analog-Digital-Wandlung erforderlich. Man nennt dies *Digitalisierung*. Dabei verliert man Informationen, das Ergebnis ist gegenüber den analogen Daten ungenau. Stellt man die Abtastrate (Zeitabstufung) und die Empfindlichkeit des Messvorgangs jedoch fein genug ein, bemerkt man den Fehler normalerweise nicht.

Ohne Digitalisierung geht es also nicht, soll die Information in Rechnern erfasst und verarbeitet werden. Sie hat darüberhinaus große Vorteile. Im Gegensatz zu analogen Daten können digitale Daten komprimiert (verdichtet) werden. Das bedeutet, dass sie weniger Speicherplatz auf den Datenträgern benötigen und dass größere Datenmengen transportiert werden können. So steigt durch Komprimierung die Kapazität von Datenübertragungswegen beträchtlich an. Auch sind digitale Daten bei einer Übertragung weniger störanfällig als analoge. Strom- oder Spannungsverläufe in elektrischen Kabeln lassen sich durch elektromagnetische Einflüsse sehr leicht verändern. Sind die Spannungswerte dagegen digitalisiert, führt ihre "Ungenauigkeit" dazu, dass kleinere Störungen unerheblich bleiben, die evtl. gestörten Zwischenwerte interessieren nicht.

Träger von Daten

Eine weitere Eigenschaft von Daten ist, dass sie einen Träger brauchen, denn sie existieren auch außerhalb der menschlichen Vorstellungswelt. Früher war das "in Stein meißeln" üblich, heute ist sehr oft Papier der Träger der Wahl (z.B. als Buch oder Aufsatz), im Rahmen der Informatik sind aber andere Träger notwendig. Vor allem solche, die schnell, leicht und immer wieder beschrieben werden können. Ein solches Mittel, auf dem Daten aufbewahrt und auch transportiert werden können, heißt Datenträger. Die Entwicklung ist hier, genauso wie in der sonstigen IT, sehr dynamisch. Heute werden Festplatten mit bis zu 20 Terabyte Daten und sehr kurzen Zugriffszeiten zu erschwinglichen Preisen angeboten.

Kapitel 22 gibt einen Überblick zu den aktuell genutzten Datenträgern

Dauerhaft, flüchtig, nur zum Transport

Datenträger können Daten dauerhaft speichern, z.B. auf Magnetplatten, in einem Solid State Drive (SSD), auf optischen Speichern (DVD, Blue Ray, CD-ROM). Oder sie nur vorübergehend festhalten (die "flüchtigen", aber schnellen Speicher bei der Informationsverarbeitung rund um die CPU) bzw. sehr kurz abbilden, d.h. nur während eines Transports bewahren (z.B. elektromagnetische Schwingung, Gleichstromimpuls).

2.2   Klassifizierung von Daten

Es gibt Daten in unendlicher Vielfalt, wie es eben auch Informationen aller Art gibt. Alle diese Daten werden in Datenbanken gespeichert. Hier nun einige Definitionen grundsätzlicher Natur und aus dem Umfeld betrieblicher Anwendungsbereiche.

Formatierte Daten

Daten, die zur maschinellen Verarbeitung in einem fest vereinbarten Aufbau geordnet sind, bezeichnet man als *formatierte Daten*. Dabei erhalten sie eine Struktur (in Feldern und Sätzen) und werden zusammenfassend in Dateien und Datenbanken abgelegt. Vgl. dazu Kapitel 20 und 21.

Unformatierte Daten

Daten, die über keine solche formale Struktur verfügen, nennt man unformatierte Daten. Das wichtigste Beispiel dafür ist Text, eine Aneinanderreihung von Buchstaben, Ziffern und Sonderzeichen zu Wörtern und Sätzen, die nur durch unsere Sprachkompetenz erzeug- und verstehbar sind. Es wird allerdings schon lange an textverstehenden Programmen gearbeitet, erste Erfolge sind erzielt. Zum Beispiel bei der Sprachsteuerung in Kraftfahrzeugen oder bei Diktiersystemen, die gesprochenen Text in Dateien niederschreiben.

Die folgenden Definitionen sind im Umfeld von Informationssystemen von Organisationen (insbesondere Unternehmen) üblich (vgl. [Mertens 2013] für eine vertiefte Betrachtung):

- Nach dem Inhalt: Nutzdaten, Steuerdaten
- Bezüglich statischer und dynamischer Aspekte: Zustandsorientierte und abwicklungsorientierte Daten
- Nach dem Verwendungszweck: Stammdaten, Bestandsdaten, Änderungsdaten, Bewegungsdaten
- Nach der Stellung im Verarbeitungsprozess: Eingabedaten, Ausgabedaten

Nach dem Inhalt

Nutzdaten. Daten, die Phänomene der betrieblichen (unternehmerischen, organisationellen) Anwendungsbereiche beschreiben, heißen Nutzdaten. Mit ihnen arbeiten die betrieblichen Anwendungssysteme. Sie werden unterschieden von den *Steuerdaten*, die für die Steuerung der rechnerinternen Verarbeitungsprozesse benötigt werden.

Bezüglich statischer und dynamischer Aspekte

Zustandsorientierte Daten. Damit sind Daten gemeint, die den Zustand einer Organisation zu einem Zeitpunkt beschreiben. Angaben über einen Auftrag, also etwa die Auftragsnummer, der Name und die Anschrift des Auftraggebers, bestellte Mengen, geforderter Liefertermin usw. und Informationen über die Kapazitäten, etwa Auslastung der vorhandenen Maschinen, einsetzbares Personal usw. beschreiben den Zustand des Betriebs. Es sind zustandsorientierte Daten, die eine gewisse zeitliche Gültigkeit haben. Die Anschrift des Auftraggebers wird sich normalerweise nicht so schnell ändern und auch der Liefertermin oder die bestellte Menge bleiben zumindest während der Gültigkeit des Auftrags stabil. Erst wenn der Auftrag geändert oder ein neuer Auftrag gestellt wird, verlieren diese Angaben ihre Gültigkeit und müssen angepasst werden. Der Zustand des Auftrags und damit der des Betriebs verändern sich.

Abwicklungsorientierte Daten. Daten, die Aktionen oder Ereignisse beschreiben, die zustandsorientierte Daten verändern, heißen *abwicklungsorientierte Daten*. Die Entscheidung, Sonderschichten einzuführen, würde über solche Daten dargestellt werden, also die Einteilung von Mitarbeitern zu den einzelnen Schichten. Damit steigt (verändert sich) die verfügbare Kapazität des Betriebs.

Nach dem Verwendungszweck

Stammdaten. Stammdaten sind zustandsorientierte Daten, die der Identifizierung, Klassifizierung und Charakterisierung von Sachverhalten dienen und die unverändert über einen längeren Zeitraum hinweg zur Verfügung stehen. Sie ändern sich nicht oder nur sehr selten.

Bestandsdaten. Anders sieht es aber mit dem Lagerbestand der Artikel, dem Kassenbestand, dem Umsatz oder dem Resturlaub von Mitarbeitern aus. Sie werden oftmals, von Monat zu Monat, variieren. Diese werden *Bestandsdaten* genannt. Sie sind zustandsorientierte Daten, welche die betriebliche Mengen- und Wertestruktur kennzeichnen und durch das Betriebsgeschehen systematischen Änderungen unterworfen sind.

Änderungsdaten. Änderungsdaten sind abwicklungsorientierte Daten, die fallweise eine Änderung von Stammdaten auslösen. So sind beispielsweise eine neue Telefonnummer, Angaben über neue oder auslaufende Artikel oder Änderungsmitteilungen von Lieferantenadressen Änderungsdaten. Ihre Verarbeitung führt zu einer Aktualisierung der jeweiligen Stammdatensätze.

Bewegungsdaten. Bewegungsdaten sind abwicklungsorientierte Daten, die Bestandsdaten verändern. Sie stellen den größten Teil der anfallenden Daten und entstehen immer wieder neu durch die betrieblichen Leistungsprozesse. Für die laufende Bearbeitung von Geschäftsvorfällen werden sie gespeichert, nach einer gewissen Zeitspanne können sie jedoch wieder aus den Datenbanken entfernt werden, da sie nur für kurze Zeit aktuell sind. Bewegungsdaten sind beispielsweise Warenlieferungen, Warenentnahmen, Ein- oder Auslagerungen, Rechnungsbegleichungen oder Kontobewegungen.

Obiges kann die Vielfalt und den Aufbau dieser Daten nur andeuten. Einen vertieften Einblick geben die einschlägigen Bücher aus der Wirtschaftsinformatik, z.B. die Bücher von Mertens zur Integrierten Informationsverarbeitung (vgl. [Mertens 2013]).

Alle oben beschriebenen Daten haben eines gemeinsam, sie bestehen aus Zeichenfolgen, die aus einem Zeichenvorrat nach bestimmten Regeln erzeugt werden.

2.3   Zeichen, Zeichenvorrat

Zeichen *(Symbole)* sind Elemente zur Darstellung von Informationen. Ein *Zeichenvorrat (Alphabet)* ist die Menge aller vereinbarten oder verfügbaren Zeichen für eine Darstellung von Informationen. Im einfachsten Fall definiert man die Menge der Zeichen durch das Aufzählen ihrer Elemente, z.B. so:

- Ziffern von 0 bis 9
- Buchstaben von a bis z und A bis Z
- Sonderzeichen: .,?! _ -+* usw., aber auch
- Farben, z.B. schwarz, weiß, rot, grün, blau usw., oder
- Schuhgrößen, z.B. 36 bis 46

Man unterscheidet

- numerische Daten, die aus Ziffern und gegebenenfalls einem Vorzeichen gebildet werden.
- alphabetische Daten, die nur aus Buchstaben gebildet werden.
- alphanumerische Daten, die aus beliebigen Zeichen (Ziffern, Buchstaben und Sonderzeichen) gebildet werden.

Grafische Daten, Akustische Daten

Es gibt aber auch Daten, die nicht aus einzelnen Zeichen zusammengesetzt sind, z.B. Videos, Bilder und Töne. Sie können unter den Stichworten

- *grafische Daten*, die Grafiken bzw. Bilder entweder über einzelne Bildpunkte mit den dazugehörenden Koordinaten oder über Vektoren beschreiben, und
- *akustische Daten* wie Töne, gesprochene Worte usw.

zusammengefasst werden.

Daten im Internet

Es gibt auch andere. Zum Beispiel im Internet, wo unsere Daten inzwischen intensiv ausgewertet werden. Da sind natürlich auch Bilder, Videos und Attribute dabei (Name, Alter, usw.), aber auch *Beziehungsdaten*, die man im SocialWeb erzeugt ("mag ich, mag ich nicht").

Fachinformationsdatenbanken

Ein Bereich, der von Informatik und Wirtschaftsinformatik beharrlich übersehen wird, die Fachinformationsdatenbanken, verwaltet schon seit Jahrzehnten weitere Arten von Daten. Die Vielfalt ist sehr groß. Die wichtigsten Datenarten und Datenbanktypen:

- Dokumente in Dokumentendatenbanken (auch Faktendatenbanken) zur Verwaltung beliebiger Dokumente.
- Bibliographische Information in Bibliographischen Datenbanken
- Volltexte in Volltextdatenbanken zur Verwaltung von Texten
- Zeitreihen in Statistischen Datenbanken
- Statistische Datenbanken mit Merkmalsräumen
- Naturwissenschaftliche Daten aller Art in entsprechenden Datenbanken zu Messwerten, Kernresonanzspektren, usw.
- Chemische Strukturformeln in Chemiedatenbanken

Ein Beispiel für einen Anbieter solcher Datenbanken ist das FIZ Karlsruhe. Vgl. für einen Überblick

```
https://www.fiz-karlsruhe.de/de/     produkte-und-dienstleis-
tungen/produkte-dienstleistungen
```

2.4 Attribute

Die meisten der oben beschriebenen Daten stellen *Eigenschaften* von Ojekten und Beziehungen dar. Diese Eigenschaften sind es auch, die in Datenbanken erfasst werden. Für Datenbankzwecke werden sie etwas formaler gefasst und *Attribute* genannt.

Attributbasierte Datenbanken

Ein großer Teil des klassischen Datenbankgeschehens beruht tatsächlich auf Attributen. Es gibt auch andere Informationen in anderen Datenbanken, aber in wichtigen Bereichen liegen attributbasierte Datenbanken vor, die meist als *Relationale Datenbanken* realisiert sind. Vor allem in den Unternehmen und sonstigen Organisationen. Mit Hilfe von Attributen wird also die Information erfasst, die in der Datenbank gespeichert wird. Etwas konkreter und auf die heutige Datenbanktechnologie bezogen: Durch sie werden die zu erfassenden Objekte und Beziehungen (vgl. die Abschnitte 3.2 und 3.3) identifiziert und beschrieben. Außerdem erfolgt mit ihrer Hilfe dann auch die Abfrage der Datenbestände. SQL, die Abfrage-, Auswertungs- und Verwaltungssprache für relationale Datenbanken baut vollkommen auf Attributen auf (vgl. zu SQL Kapitel 19).

Struktur von Attributen

Wie sind nun diese Attribute strukturiert? Sie besitzen eine *Bezeichnung*, verschiedene *Attributsausprägungen* und *Objekte* oder *Beziehungen*, die sie beschreiben. Betrachten wir einige Beispiele:

- *Widmer, Maier, usw.* als <u>Namen</u> von **Angestellten** in einem Unternehmen
- *Schwarz, weiß, grau, rot, ...* als <u>Farben</u> von **Autos**
- *Männlich, weiblich* als <u>Geschlecht</u> von **Katzen**
- *126* als <u>Messwert des Blutzuckers</u> bei **Diabetikern**
- *5, 10, 20, 50, ...* als <u>Dauer</u> von **Ehen** in Jahren
- *450,00 Euro* als <u>Preis</u> eines **Datenbanksystems bei einem bestimmten Händler**
- *5000,00 Euro oder ein anderer positiver Betrag* als <u>Gehalt</u> von **Menschen**
- *10050, 10051, ...* als <u>Personalnummer</u> von **Angestellten**
- 1,7 oder eine andere Zahl zwischen 1 und 5 als <u>Note</u> von **Hochschulklausuren**

Alle <u>unterstrichenen</u> Wörter: Name, Farbe, Geschlecht, Blutzucker, Ehedauer, Gehalt, Personalnummer und Note sind Beispiele für *Attributsbezeichnungen*.

Alle *kursiv* gesetzten Wörter und Zahlen sind Beispiele für *Attributsausprägungen*, d.h. von Werten, die ein Attribut annehmen kann. Die Zahl vonAusprägungen muss mindestens 2 sein (zum Beispiel bei Geschlecht), sie kann einige umfassen (Farbe von Autos) oder viele (Namen, Messwerte).

Attribute können bestimmte Werte annehmen, diese werden Attributsausprägungen genannt.

Objekte

Alle **fett** gesetzten Wörter: Angestellte, Autos, Katzen, Diabetiker, Ehen, Datenbanksysteme, Menschen, Hochschulklausuren bezeichnen Objekte und Beziehungen (im allgemeinsten Sinn). Diese werden durch die Attribute und ihre Ausprägungen beschrieben. Sie müssen angegeben werden, da sonst nicht klar ist, worauf sich die Attribute beziehen. Dieser Zusammenhang zwischen Attributsbezeichnungen, -ausprägungen und Objekten / Beziehungen ist grundlegend und wie folgt:

- Attribute haben eine bestimmte Menge von Attributsausprägungen.
- Objekten / Beziehungen werden Attribute zugeordnet
- Ein Objekt hat für jedes Attribut eine gültige Attributausprägung, manchmal auch mehrere (vgl. zu letzterem das Attribut *Hobby* in der Tabelle unten).

> Vgl. hierzu das mit derselben Aufgabe bedachte (Zuweisung von Eigenschaften) semantisch ärmere Konzept der Key/Value-Tupel. Hier beschrieben in den Abschnitten 24.8 und 24.10.

Wenn man also, ganz am Anfang der Datenmodellierung und bei der Analyse eines Anwendungsbereichs *etwas* wahrnimmt und erfassen möchte, muss man zuerst entscheiden, ob es ein Attribut, eine Attributsausprägung oder ein Objekt / ein Beziehung bezeichnet. Oder etwas ganz anderes: Video-, Audiosequenz, chemische Strukturformel, Beziehungsdaten aus dem Social Web, usw.

Dieses "etwas" wird auch als *Realweltphänomen* bezeichnet, d.h. alles, was wir mit unserer körperlichen und geistigen Ausstattung als Menschen wahrnehmen können; z.B. einen AUDI A6, die Katze Miezi, die telefonische Bestellung des Kunden Kaiser, die mündliche Prüfung der Studierenden Müller. Hier stoßen wir an biologische und erkenntnistheoretische Fragen, die, was letztere angeht, z.B. in der sog. *Konzeptionellen Datenmodellierung* (Kapitel 3) oder "davor" in der Erkenntnistheorie, Psychologie, usw. behandelt werden.

"Etwas" ist Attribut

Erkennen wir etwas als Attribut, dann müssen wir die Ausprägungen suchen oder auch festlegen. Außerdem muss geklärt werden, auf welche Objekte es sich bezieht. Dies ist wichtig, weil Attributsbezeichnungen das Attribut alleine nicht definieren. Z.B. kann ein Attribut *Größe* sich auf Menschen, Tiere oder ein materielles Gut beziehen. Auch die grundsätzliche Entscheidung, ob etwas Attribut ist, ist nicht immer so einfach wie bei *Gehalt* oder *Personalnummer* von Angestellten. Liegt z.B. *Programmiersprache* (PS) vor, als Attribut, das die Programmiersprachenkompetenz von Entwicklern in einem Softwarehaus festhält, wird es schwieriger. Dann muss wirklich entschieden werden, ob diese Information als Attribut von Angestellten behandelt wird oder ob es selbst zum Objekt wird. Diese Frage ist Gegenstand von Kapitel 3.

"Etwas" ist Attributsausprägung

Wird es als Attributsausprägung erkannt, muss man die Bezeichnung des Attributs und die übrigen Ausprägungen suchen oder festlegen und kann dann auch das zugehörige Objekt ableiten. So kann man von einfließenden Geldbeträgen, z.B. in einem WebShop, auf Rechnungssumme und die dazugehörigen Rechnungen und Kunden schließen. Oder von der Zahl 1,7 auf Noten und die zugehörigen Klausuren. Oder von einer Ortsangabe auf ein Attribut Ort in Adressangaben.

"Etwas" ist Objekt oder Beziehung

Wird es als Objekt oder Beziehung erkannt, müssen die einschlägigen Attribute und ihre Ausprägungen gesucht bzw. festgelegt werden. Z.B. wenn im Rahmen eines Projekts zur Datenbankerstellung dem Modellierer Rechnungen, Lieferscheine und Produkte vorgelegt werden.

Anfangsfragen

Damit stellt sich zu Beginn jeder Datenmodellierung, bei der Betrachtung des Weltausschnitts oder Anwendungsbereichs, immer die Frage: Was beschreibt, was wird beschrieben?

In einer mehr technischen Sprache: Welches sind im Anwendungsbereich die Objekte, welche Attribute haben diese und welche Ausprägungen haben die Attribute.

Domain und entity. In der angelsächsischen Literatur wird die Menge der Attribut-sausprägungen eines Attributs mit *domain* bezeichnet, weshalb sich in der deutschspra-chigen Literatur auch die Bezeichnung *Domäne* findet.

Eigenschaften von Attributen

Attribute können nach verschiedenen Kriterien unterschieden werden. Eines davon hat auch im Zusammenhang mit Datenbanken Bedeutung und soll deshalb hier betrachtet werden. Es betrifft die Art und Weise, wie das jeweilige Attribut beschreibt. Unterschie-den werden dabei:

* identifizierende Attribute
* qualitative Attribute
* rangskalierte Attribute
* quantitative Attribute

Identifizierende Attribute sind eindeutige Bezeichnungen der Objekte bzw. Beziehungen. Oft z.B. Namen (z.B. von Datenbanksystemen, von Unternehmen) oder eindeutige Num-mern (z.B. Personalnummern oder Artikelnummern). Ihr Kennzeichen ist die Eindeutig-keit, d.h. jedes Objekt bzw. jede Beziehung wird durch eine andere Attributsausprägung benannt. Personennamen gehören hier im übrigen meist nicht dazu, auch nicht Postleit-zahlen, wenn es um Orte geht (da viele Orte mehrere Postleitzahlen haben).

Attribute dieses Typs dienen im Datenmodell - in Bezug auf ihre Objekte / Beziehun-gen - als Schlüssel, d.h. als identifizierende Information.

Dasselbe Attribut kann für die einen Objekte identifizierend sein und für die an-deren nicht. Nehmen wir als Beispiel die Bezeichnungen von Programmierspra-chen (C, COBOL, FORTRAN, usw.). Für die Objekte *Programmiersprachen* wäre dies ein identifizierendes Attribut, für *Angestellte*, wo jedem Angestellten die Pro-grammiersprachen zugeordnet werden, die er oder sie beherrscht, ein beschrei-bendes (qualitatives) Attribut.

Schlüssel: Definition 1. In den folgenden Kapiteln wird es noch mehrmals um *Schlüssel* gehen, hier ein Erstkontakt. Ist also ein Attribut so konstruiert, dass es für jedes Objekt / jede Beziehung eine andere Ausprägung hat, dann wird es *Schlüssel* (oder: Schlüsselatt-ribut) genannt. Der Schlüssel dient somit zur eindeutigen Identifizierung eines Objekts / einer Beziehung. So ist z.B. die Personalnummer ein Schlüsselattribut für Angestellte. Der Name kann es nicht sein, er ist nicht eindeutig (meist gibt es mehrere Angestellte mit den Namen Maier, Müller oder Schulze). Bei der Datenbankabfrage dienen Schlüssel zur Identifizierung einzelner Objekte und Beziehungen.

Während obiger Attributstyp identifizierenden Charakter hat, dienen die folgenden drei der weitergehenden Beschreibung der Objekte bzw. Beziehungen. Sie beruhen auf dem Gegensatz qualitativ/quantitativ, wie er aus der Statistik (genauer: der statistischen Messtheorie) bekannt ist.

Qualitative Attribute beschreiben die Objekte nicht-numerisch ("qualitativ"). Sie die-nen der Differenzierung zwischen Objekten und nicht dem "in Beziehung setzen", wes-halb auch in der Regel mehrere Objekte dieselbe Attributsausprägung aufweisen. Einige Beispiele hierzu:

* **Geschlecht, Name, Vorname** für Menschen

- **TypDBS** (Datenbanksystemtyp), **Produzent** eines Datenbanksystems für Datenbanksysteme
- **Abteilung**(szugehörigkeit), **PS** (beherrschte Programmiersprachen), **Gehalt** für die Angestellten eines Unternehmens
- **Bezeichnung** für technische Geräte aller Art

Bei der Datenbankabfrage dienen qualitative Attribute der inhaltlichen Festlegung der Suchmenge. Z.B. indem in einer entsprechenden Datenbank nach allen Angestellten gesucht wird, die in der Abteilung "IT" arbeiten und die fähig sind in Java zu programmieren. In Beziehung gesetzt werden können diese Attribute nur durch den Gleich/ungleich-Operator. Also zum Beispiel:

- Geschlecht='w' (Auswahl aller weiblichen Angestellten)
- TypDBS='RDBS' (Auswahl aller Relationalen Datenbanksysteme)
- PS='Java' (Wer kann Java?)
- Abteilung='IT' (Auswahl aller Angestellten in der IT-Abteilung)

In der Regel haben bei qualitativen Attributen mehrere Objekte dieselbe Attributsausprägung.

Rangskalierte Attribute drücken eine Rangfolge unter den Objekten / Beziehungen aus. Z.B. durch Noten oder Einschätzungen (schlecht, gut, hervorragend). Oft sind die Ausprägungen numerisch, allerdings kann mit ihnen nicht rechnerisch gearbeitet werden. Bei ihnen ist der Abstand zwischen den Werten nicht interpretierbar, nur die Rangfolge: 1. Preis, 2. Preis, usw. Nicht mal ein Mittelwert ist da eigentlich zulässig, wird aber oft berechnet.

Quantitative Attribute beschreiben die Objekte und Beziehungen numerisch und zwar so, dass die Ausprägungen verglichen werden können und dass man mit ihnen rechnen kann. Einige Beispiele:

- **Preise**, **MaxDS** (maximale Anzahl Datensätze) für Datenbanksysteme
- **Alter**, **Gehalt** für die Angestellten eines Unternehmens
- **Preis** für Lagerartikel (eines WebShops)

Diese Attributsart dient bei der Abfrage ebenfalls der inhaltlichen Festlegung der Suchmenge, z.B., wenn Datenbanksysteme mit einem Preis kleiner 3000,-- Euro gesucht werden. Die Ausprägungen quantitativer Attribute können - zusätzlich zum Gleich/Ungleich-Operator" auch mit dem Kleiner-/Größer-Operator in Beziehung gesetzt werden. Wichtiger ist, dass man mit den Ausprägungen quantitativer Attribute rechnen kann. In der Grundausstattung von SQL sind dann auch gleich Funktionen für die Aufsummierung, die Mittelung, das Finden des kleinsten/größten Werts, usw. enthalten.

In der Regel haben bei quantitativen Attributen mehrere Objekte dieselbe Attributsausprägung.

Quantitativ?

Nicht alles, was quantitativ erscheint, ist auch so. Zum Beispiel Personalnummern. Das Kriterium der Unterscheidung qualitativer und quantitativer Attribute ist einfach: Dient die Information - alphanumerisch oder numerisch - nur zur Unterscheidung der Objekte, ist sie qualitativ. Dient sie auch zu Berechnungen, ist sie quantitativ.

Attribute vs. Datentypen

Attribute als solche haben mit den konkreten Datenbanksystemen noch nichts zu tun. Dort stehen dann für die Attribute die *Datentypen* zur Verfügung (wie Integer, Real, Date, usw.). Vgl. hierzu Kapitel 18. Gleiches gilt für moderne Informationstypen wie Audio, Video, usw., die in Datenbanksystemen meist durch Binary Large Objects (BLOBs) realisiert werden. Der Begriff *Attribut* ist auf der Modellebene angesiedelt (auf der wir uns hier befinden), der Begriff *Datentyp* auf der Ebene der physischen Datenorganisation.

Die folgende Abbildung fasst die Ausführungen zu Attributen zusammen.

Zusammengefasst: Attribute

Ein Attribut hält eine Eigenschaft von Objekten / Beziehungen fest. Zu ihm gehören die *Attributsbezeichnung*, die *Attributsausprägungen* und die Objekte/Beziehungen, die durch sie beschrieben werden. Die Attributsausprägungen sind eine Menge von Begriffen, die zur Zuordnung der jeweiligen Eigenschaft dienen.

Hier werden folgende Attributsarten unterschieden:

- identifizierende Attribute
- qualitative Attribute
- rangskalierte Attribute
- quantitative Attribute

Identifizierende Attribute sind eindeutige Bezeichnungen der Objekte bzw. Beziehungen. Z. B. *Personalnummern* bei den Angestellten eines Unternehmens, *Bezeichnungen von Datenbanksystemen*, oder *Firmennamen*. Ihr Kennzeichen ist die Eindeutigkeit, d.h. jedes Objekt bzw. jede Beziehung wird durch eine andere Attributsausprägung benannt.

Qualitative Attribute beschreiben die Objekte qualitativ (nichtnumerisch). Dabei haben in der Regel mehrere Objekte dieselbe Attributsausprägung. Beispiele sind bzgl. der Angestellten eines Unternehmens *Abteilung*(szugehörigkeit) und beherrschte *Programmiersprachen*.

Rangskalierte Attribute drücken eine Rangfolge unter den Objekten / Beziehungen aus. Nur dieser Rang darf interpretiert werden. Ein Beispiel sind Noten.

Quantitative Attribute beschreiben die Beziehungen und Objekte numerisch und zwar so, dass die Ausprägungen verglichen werden können und dass man mit ihnen rechnen kann. Bei Angestellten z.B. *Alter* und *Gehalt*.

staud/m6

Abbildung 2.4-1:   Das Attributkonzept - zusammengefasst

3 Konzeptionelle Modellierung

Hinweis: Nicht verwirren lassen. Seit einigen Jahren taucht in der Fachliteratur der Ausdruck "konzeptuelle Modellierung" statt "konzeptionelle Modellierung" auf. Dies ist
wahrscheinlich vom englischen Fachbegriff "conceptual" her motiviert. Beide Begriffe
bedeuten dasselbe.

Exkurs: Informationsträger
Für *Objekte* im hier gebrauchten Sinn wird in der angelsächsischen Literatur nicht der Begriff *object*,
sondern der Begriff *entity* verwendet. Dieser bedeutet, betrachtet man den Sprachgebrauch, soviel
wie *Informationsträger* im Sinne von: Alles was durch Informationen (hier im wesentlichen Attribute)
beschrieben werden kann. Einige deutschsprachige Autoren verwenden für *entity* das Wort *Entität*.

3.1 Anwendungsbereiche

Am Anfang des Datenbankdesigns steht die Analyse des Anwendungsbereichs für den
die Datenbank zu erstellen ist. Dieser wird meist *Anwendungsbereich* genannt. Z.B. die
Abteilung *Vertrieb* eines Unternehmens. Oder ganze Unternehmen, wenn zum Beispiel
für eine integrierte prozessorientierte Software (wie sie z.B. SAP herstellt) die Datenbank
eingerichtet werden soll. Aber auch kleine Anwendungsbereiche sind denkbar. Z.B. wenn
ein Unternehmen für seine Produkte versucht, den Absatz vorherzusagen und wenn dafür
eine Datenbank eingerichtet wird. Und auch wenn man sich entschließt, die Filmesamm-
lung in einer Datenbank zu verwalten und dafür Daten zu erfassen, stellt diese einen Anwendungsbereich dar.

Internet

Ganz besonders spannende und auch große Anwendungsbereiche finden sich im Internet.
Nicht nur Geheimdienste sammeln dort Informationen und legen damit Datenbanken an,
sondern zum Beispiel auch Versicherungsunternehmen. Diese werten die Daten des SocialWeb aus und versuchen, daraus wirksame Angebote für die Internetnutzer zu generieren
("Sie sind Mutter geworden. Dürfen wir Ihnen eine Ausbildungsversicherung anbieten...").

Doch nun zurück zu den "normalen" Anwendungsbereichen, vor allem zu denen in
Unternehmen. In allen diesen Fällen interessiert beim Datenbankdesign nicht nur der Anwendungsbereich als solcher, sondern die in ihm realisierten Tätigkeiten, die Geschäftsprozesse, für die die Daten benötigt werden und in denen abzuspeichernde Daten entste-

hen. Anders ausgedrückt: Hier stellt sich beim Datenbankdesign zunächst die Frage, welche Daten die Geschäftsprozesse des Anwendungsbereiches benötigen und welche sie erzeugen.

Abstraktion. Nun ist so ein Anwendungsbereich sehr vielfältig. In ihm finden sich Aufgaben, Handelnde, Geschäftsobjekte (wie Rechnungen, Bestellungen Überweisungsbelege, usw.), Organisationsstrukturen und vieles mehr. Für das Datenbankdesign vereinfacht sich die Sache glücklicherweise, da können wir uns auf Objekte und - später - die Beziehungen zwischen ihnen konzentrieren. Das Finden dieser Objekte und Beziehungen wird im Rahmen der konzeptionellen Datenmodellierung geleistet.

Anwendungsbereiche mit Geschäftsprozessen

Geht es beim Datenbankentwurf um Organisationen (wie immer: Unternehmen, Körperschaften, Verwaltungen, usw.), dann gehört zur Analyse des Anwendungsbereichs auch die Analyse der in ihm realisierten Tätigkeiten (der Geschäftsprozesse), für die die Daten benötigt werden und in denen abzuspeichernde Daten entstehen. Anders ausgedrückt: Im Datenbankentwurf stellt sich in diesen Fällen zunächst die Frage, welche Daten die Geschäftsprozesse des Anwendungsbereiches benötigen und welche sie erzeugen.

Hier einige Beispiele für Anwendungsbereiche mit hoher Relevanz von Geschäftsprozessen:

- Anwendungsbereich GESAMTUNTERNEHMEN mit allen Geschäftsprozessen und Funktionen, die realisiert werden. Zum Beispiel, wenn für das Unternehmen eine umfassende Datenbank für eine ERP-Software erstellt werden soll.
- Anwendungsbereich ABTEILUNG EINES UNTERNEHMENS (z.B. Vertrieb, Beschaffung, Personalwesen) mit den dort vorliegenden Geschäftsprozessen und Funktionen.
- LOGISTIKKETTE einer Spedition
- HOTELKETTE mit weltweiten Buchungen
- INTERNETUNTERNEHMEN mit vollautomatisierten Geschäftsprozessen und umfassender Datenbank.
- Studienbetrieb einer HOCHSCHULE
- Markt für DATENBANKSYSTEME
- ANGESTELLTE eines Unternehmens

Die letzten drei sind hier didaktisch motiviert und tauchen - mit einfachen Beispielen - in den Kapiteln zur relationalen Modellierung immer wieder auf. Der Anwendungsbereich MARKT FÜR DATENBANKSYSTEME dient auch als Beispiel im SQL-Kapitel.

Obige Schriftgestaltung basiert auf den typographischen Festlegungen von Abschnitt 1.2.

3.2   Objekte und Beziehungen erkennen

Bei der Analyse des Anwendungsbereichs geht es im ersten Schritt darum, die (datenbanktechnisch wichtigen) Objekte und Beziehungen zu finden oder festzulegen. Denn genau diese werden in Datenbanken erfasst.

Der einfache Fall

Im einfachsten Fall nehmen wir Objekte und Beziehungen einfach wahr. Meist ist es jedoch nicht so einfach, sondern muss genauer geklärt werden. Dabei ist der Attributbegriff hilfreich. Denn Objekte und Beziehungen werden in Datenbanken durch ihre Attribute (in Feldern) beschrieben, diese macht sie für die Datenbank existent. Zu leisten ist dabei folgendes:

Schritt 1: Attribute identifizieren

Zuerst muss das Attribut gefunden werden, welches die Objekte und Beziehungen identifiziert. Dies ergibt sich oft von selbst, wie Fall einer Personalnummer oder einer eindeutigen Bezeichnung ("Bezeichnung Kraftfahrzeug"), muss aber oft auch gesucht oder festgelegt werden. Manchmal sind auch nur mehrere Attribute zusammen identifizierend, vor allem bei Beziehungen. Dazu später mehr. Möglich ist auch, dass es mehrere identifizierende Attribute zu denselben Objekten oder Beziehungen gibt. Dies führt dann in der Datenbank zu Primär- und Sekundärschlüsseln. Auch dazu unten mehr.

Schritt 2: Attribute festlegen

Der zweite Schritt besteht darin, die beschreibenden Attribute zu finden oder festzulegen. Dies ist ein wichtiger Schritt und einer der wohlbedacht sein muss:

Es werden genau die Attribute den Objekten bzw. Beziehungen zugeordnet, die für die Abwicklung der Geschäftsprozesse im zugehörigen Anwendungsbereich benötigt werden.

Früher sprach man statt von den Geschäftsprozessen, die durch die Datenbank unterstützt werden, vom *Zweck der Datenbank*. In einfachen Fällen ist auch heute noch diese Formulierung sinnvoll. Nehmen wir als Beispiel eine Datenbank, die eine einzelne Aufgabe unterstützen soll, z.B. die Absatzprognoserechnung für die Produkte eines Unternehmens. Hier werden die Attribute von dieser einzelnen Aufgabe abgeleitet.

Durch Analyse der Attribute

Eine im Bereich der relationalen Modellierung immer tragfähige Vorgehensweise ist die Identifizierung von Objekten (und danach auch von Beziehungen) durch Attributanalyse. Es gilt folgende Regel: Werden irgendwelche Realweltphänomene durch ein Attribut identifiziert, dann ist dieses erst mal ein einfaches beschreibendes Attribut.

Bsp. 1: Zum Beispiel Abteilungsbezeichnungen (**AbtBez**). Diese können den Angestellten zugewiesen werden, um festzuhalten, in welcher Abteilung sie arbeiten:

- Attribut: **AbtBez**
- Objekte: Angestellte

Bsp. 2: Oder die Personalnummern (**PersNr**) von Angestellten, durch die festgehalten wird, in welchen Projekten sie mitarbeiten:

- Attribut: **PersNr**
- Objekte: Projekte

Hier werden die Ausprägungen von **PersNr** den Projekten zugewiesen und halten fest, wer in welchem Projekt mitarbeitet.

Bsp. 3: Oder eine Angabe zu den von Angestellten eines Softwarehauses beherrschten Programmiersprachen, für jeden Angestellten seine wichtigste (**ProgSpr**):

- Attribut: **ProgSpr**
- Objekte: Angestellte

Identifizierung + Beschreibung => Objekt

Kommt nun aber bei der Beschreibung des Realweltphänomens zu der Benennung nur *ein einziges beschreibendes Attribut* dazu, erfolgt ein qualitativer Sprung: Die Beschreibung etabliert nun für die Datenmodellierung Objekte bzw. Beziehungen. In den obigen Beispielen:

zu Bsp. 1: Das Attribut **AbtBez** *wird ergänzt* durch das Attribut *Abteilungsleiter* (**AbtLeiter**) (und später noch viele mehr):

- Attribut 1: **AbtBez**
- Attribut 2: **AbtLeiter**

Jetzt geht es um Abteilungen (sie werden identifiziert und zusätzlich beschreiben). Abteilungen sind datenbanktechnisch zu Objekten geworden. Die Abteilungszugehörigkeit muss jetzt auf andere Weise erfasst werden.

zu Bsp. 2: Das Attribut **PersNr** wird ergänzt durch das Attribut **Name** (und später noch viele mehr):

- Attribut 1: **PersNr**
- Attribut 2: **Name**

Jetzt geht es um Angestellte (sie werden identifiziert und zusätzlich beschrieben), sie sind datenbanktechnisch zu Objekten geworden. Die Projektmitarbeit muss jetzt auf andere Weise erfasst werden.

zu Bsp. 3: Das obige Attribut **ProgSpr** wird ergänzt um das Attribut (verwendeter) **Compiler**:

- Attribut 1: **ProgSpr**
- Attribut 2: **Compiler**

Jetzt geht es um Programmiersprachen (sie werden identifiziert und zusätzlich beschrieben), auch sie sind datenbanktechnisch zu Objekten geworden. Die Programmierkompetenz muss jetzt auf andere Weise erfasst werden.

Jeweils ein weiteres Attribut genügt also für die Etablierung der Objekte und Beziehungen. Für Beziehungen gilt dies genauso, wenn ein einzelnes Attribut die Beziehung identifiziert ("Transaktionsnummer"). Meist werden in der relationalen Modellierung aber (mindestens) zwei Attribute zur Identifizierung von Beziehungen benötigt (vgl. Kapitel 5).

Mit obigem Regelwerk ist es einfach, Objekte und Beziehungen im datenbanktechnischen Sinn zu erkennen:

Wird ein Realweltphänomen durch ein Attribut (oder mehrere) identifiziert und durch mindestens ein weiteres beschrieben, handelt es sich datenbanktechnisch um ein Objekt oder eine Beziehung.

Vgl. zur Schriftgestaltung die typographischen Festlegungen von Abschnitt 1.2.

Schritt 3: Klassen bilden

Im nächsten Schritt werden alle gleich strukturierter Objekte und Beziehungen zusammengefasst. "Gleich strukturiert" bedeutet hier "dieselben Attribute besitzen". Daraus entstehen dann Gruppen gleichartiger Objekte und Beziehungen, die Klassen genannt werden:

Die Objekte und Beziehungen, die dieselben Attribute besitzen, werden zu Objektklassen bzw. Beziehungsklassen zusammengefasst.

Dies erfolgt oft schon automatisch beim ersten Schritt, beim Erkennen der Objekte und Beziehungen, wo wir unbewusst schon gleich an alle Studierende, an alle Angestellten, usw. denken, wenn wir die entsprechenden Objekte wahrnehmen. Diese Klassenbildung ist aber nicht immer so einfach und muss auf jeden Fall über die Attribute überprüft werden. Dies soll an einigen der oben eingeführten Beispiele verdeutlicht werden.

Exkurs für alle, die mit der objektorientierten Theorie vertraut sind:
So wie der Begriff *Klasse* hier verwendet wird, ist er durchaus verträglich mit dem entsprechenden Begriff der objektorientierten Theorie. Er soll aber nicht gleich gesetzt werden, denn dort gehört noch mehr dazu: Klassenattribute, Methoden, usw. Vgl. für eine Einführung [Staud 2019].

3.3   Beispiele

Studienbetrieb einer Hochschule

Im Studienbetrieb einer Hochschule sind unschwer die Objekte *Studierende*, *Dozenten*, *Vorlesungen* und *Veranstaltungsräume* zu erkennen. Sie werden identifiziert und beschrieben:

- Studierende z.B. durch eine Matrikelnummer (**MatrNr**), den Namen, Vornamen, usw.
- Dozenten durch eine Dozentennummer (**DozNr**), das gehaltene Fach, usw.
- Vorlesungen durch ihre Kurzbezeichnung (**BezVorl**), das Semester, in dem sie gehalten werden, usw.
- Veranstaltungsräume durch ihre Bezeichnung (**BezRaum**), die Anzahl der Sitzplätze, die Ausstattung, usw.

Auch eine Beziehung ist gleich erkennbar: Vorlesungsbesuch. Sie könnte Vorlesungen, Studierende und Dozenten verknüpfen. Vorlesungen und Veranstaltungsräume könnten auch einfach nur beschreibende Attribute bei anderen Objekten oder Beziehungen sein, z.B. bei Vorlesungsbesuch. Alle diese Objekte und Beziehungen werden dann auch zu Klassen.

Markt für Datenbanksysteme

Im *Markt für Datenbanksysteme* sind auf Anhieb folgende Objekte erkennbar, die dann auch zu Objektklassen aggregiert werden:

- die Datenbanksysteme selbst, z.B. `Oracle`, `DB2`, `ACCESS`, `MySQL`, `CouchDB`
- die Firmen, die diese Software programmieren lassen und auf den Markt bringen: Oracle, IBM, Microsoft usw.
- die Händler, die diese Software dem Endkunden zum Verkauf anbieten

Ebenfalls sofort erkennbar sind die Beziehungen "stellt her" und "bietet an". Erstere stellt die Datenbanksysteme mit den Produzenten in Beziehung, letztere die Datenbanksysteme mit den Händlern. Objekte und Beziehungen werden diese aber nur, weil wir auch sofort Attribute erkennen, auch identifizierende, die dann zu Schlüsseln werden (Bsp. Produktname, Firmenname, Händlername usw.).

Auch die beschreibenden Attribute sind leicht zu finden. Für die Datenbanksysteme liegen die Attribute **Bez** (Bezeichnung), **Typ** (relationales Datenbanksystem, objektorientiertes Datenbanksystem, NoSQL-System, ...), **Plattform** und deren jeweiliger Listenpreis (**LPreis**) nahe. Für die Produzenten (also die Unternehmen Oracle, IBM, Microsoft usw.) könnte man die Attribute **Bez**, **Land** und die Adresse im World Wide Web (**WWW**) erfassen. Für die Händler liegen die Attribute **Bez**, **Ort**, **Straße**, Telefonnummer (**Tel**) und Mailadresse (**EMail**) nahe.

Bezüglich der Beziehung "Händler bietet ein Datenbanksystem auf dem Markt an" (bietet an) könnte der Preis festhalten werden, zu dem dies geschieht. Die Beziehung "Produzent stellt ein Datenbanksystem her" (stellt her) könnte Attribute wie Beginn und Ende erhalten.

Die folgende Tabelle fasst die jetzt festgelegten Objektklassen und Beziehungsklassen mit ihren Attributen zusammen.

(Markt für) DATENBANKSYSTEME

Objekt-, Beziehungsklasse	Attribute
Datenbanksysteme	Bez, Typ, Plattform, LPreis
Produzenten	Bez, Land, WWW
Händler	Bez, Ort, Straße, Tel, EMail
bietet an	Preis
stellt her	Beginn, Ende

Die Klassenbildung ist nicht immer so einfach wie in diesen Beispielen. Würden wir uns z.B. dazu entschließen, für die einzelnen Arten von Datenbanksystemen spezifische Attribute zu erfassen, z.B. Dokumentart für NoSQL-Datenbanksysteme oder die Art der Vererbungstechnik bei objektorientierten Systemen, könnten wir diese nicht in einer einzigen Objektklasse zusammenpacken. Sie müsste aufgespaltet werden (vgl. dazu Abschnitt 14.1).

3.4 Zusammenfassung

Die konzeptionelle Modellierung für relationale Datenbanken klärt die für die Anwendung wichtigen Objekte und Beziehungen und - in einem ersten Schritt, der später verfeinert wird - deren Aggregation zu Objekt- und Beziehungsklassen. Dies geschieht wesentlich durch die Analyse der Attribute. Kurz gefasst gilt:

Ein Realweltphänomen, das durch ein Attribut (oder mehrere) identifiziert und durch mindestens ein weiteres beschrieben wird, ist datenbanktechnisch existent und wird zu einem Objekt oder einer Beziehung. Objekte und Beziehungen, die dieselben Attribute habe, werden zu Objekt- bzw. Beziehungsklassen zusammengeführt.

Soweit der erste Schritt, das Erkennen von Objekten und Beziehungen. Er führt in der Regel zu einer Vielzahl von Informationen, die weiter strukturiert werden. Bei dieser

Strukturierung kann es auch ohne weiteres geschehen, dass Objekte als solche wieder verschwinden oder dass neue entstehen.

Schrittweises Verfeinern. Obwohl dieses Zusammenstellen von Objekten und Beziehungen nur den Einstieg darstellt, ist es der erste und wichtige Schritt bei der Erstellung eines Datenmodells. Am besten führt man ihn so durch, dass alle Beteiligten ihre Ideen und Vorschläge zusammentragen. Zu den Beteiligten gehören neben den Datenbankspezialisten auch die zukünftigen Nutzer der Datenbank, z.B. Mitarbeiter des Lagers, wenn es um eine Datenbank für das Lagerwesen geht oder Mitarbeiter der Beschaffung, wenn das Beschaffungswesen in einer Datenbankanwendung erfasst werden soll. Oftmals fallen die beiden Gruppen allerdings zusammen oder die Nutzergruppe steht erst mal nicht zur Verfügung.

Mehr Semantik

Obiges Erfassen von Objekten und Beziehungen ist der erste Schritt. Anschließend erfolgt die Erfassung weiterer semantischer Aspekte, die für den Anwendungsbereich wichtig sind. Nur um dies anzudeuten, hier ein Beispiel:

Beispiel Lehrbetrieb. In einer Hochschule könnten folgende Grundsätze unserer Daseins zur *Semantik* gehören und bei der Gestaltung einer Datenbank zum Lehrbetrieb wichtig sein:

- In einem Raum kann in einer Zeitspanne nur eine Veranstaltung stattfinden.
- Ein Dozent kann in einer Zeitspanne nur einen Kurs abhalten.
- Ein Dozent sollte pro Tag nicht mehr als 6 Stunden Vorlesungen und Übungen geben.
- Die Semesterpläne müssen die aktuelle Studienordnung umfassend widerspiegeln.
- Veranstaltungen, die das lokale PC-Netz zum Absturz bringen könnten (z.B. Programmierkurse) sollten nicht am Freitag Nachmittag stattfinden, da ab 13.00 Uhr die Rechenzentrumsmitarbeiter nicht mehr da sind, um einen evtl. Netzzusammenbruch "zu reparieren".

usw. Wenigstens ein kleiner Teil solcher Semantikaspekte kann in Datenmodellen und später in Datenbanken erfasst werden, was zu den oben schon erwähnten semantischen Integritätsbedingungen führt.

Datenbank oder Anwendungsprogramme? Woher kommt der Wunsch, möglichst viel Semantik des jeweiligen Weltausschnitts in einem Datenmodell und dann in der Datenbank zu erfassen? Nun, die Semantik[3] gehört zur Anwendung. Sie muss auf jeden Fall berücksichtigt werden, soll die Anwendung leistungsstark sein[4]. Entweder wird sie in der Datenbank hinterlegt oder in den Programmen rund um die Datenbank softwaretechnisch realisiert (dann ist ihre Erfassung Gegenstand der Systemanalyse).

Die Hinterlegung in der Datenbank, aufbauend auf der vorangehenden Berücksichtigung beim Datenbankentwurf, hat aber Vorteile: Sie ist sehr übersichtlich (z.B. als Semantische Integritätsbedingungen (constraints) auf den Relationen) und leicht änderbar. Man kann es auch so formulieren:

---

3   Es geht natürlich nur um den Teil der Semantik, der für die jeweilige Anwendung bzw. für die Geschäftsprozesse, denen die Datenbank "dient", Bedeutung hat.

4   Zur Illustration stelle man sich nur eine Software für den oben skizzierten Lehrbetrieb vor. An einer solchen und an den entsprechenden Datenbanken durfte der Verfasser viele Jahre arbeiten.

Alle (zu berücksichtigende) Semantik, die nicht in der Datenbank hinterlegt wird, muss bei der Systemanalyse für die Anwendungsprogramme umfassend umgesetzt werden.

Internet, BigData. Allerdings hat uns die jüngste Vergangenheit gelehrt, dass in bestimmten Anwendungsbereichen (Internet, BigData) die durch die Erfassung von Semantik erforderliche größere Komplexität der Datenstrukturen hinderlich ist. Das beginnt schon bei einfacher referentieller Integrität (vgl. Kapitel 5) und verschärft sich bei komplexeren semantischen Integritätsbedingungen.

Vertiefung

Die Ausführungen in diesem Kapitel stellen nur die Grundlagen der konzeptionellen Modellierung dar. Für eine vertiefte Betrachtung empfiehlt sich die einschlägige Literatur, z.B. [Olivé 2007]. Vieles spielt sich hier allerdings in Tagungen und deren Tagungsbändenab. Vgl. beispielhaft [Ng, Storey, Trujillo et al. 2013].

***Teil II

Relationale Datenmodelle

4 Relationen bilden

Die oben gefundenen Objekte und Beziehungen werden nun zu einem relationalen Datenmodell zusammengeführt, mit dessen Hilfe dann später mit Hilfe eines relationalen Datenbanksystems die Datenbank erstellt wird. Ein Datenmodell ist ein Abbild des jeweiligen Anwendungsbereichs, das mit den Mitteln und gemäß den Regeln des jeweiligen datenbanktheoretischen Ansatzes realisiert wurde. In den nächsten Kapiteln wird nun betrachtet, welche "Mittel und Regeln" die relationale Theorie für die Erstellung von Datenmodellen zur Verfügung stellt.

Andere Modellierungstheorien haben natürlich andere Werkzeuge. Um nur die beiden "benachbarten" zu nennen: Die ER-Modellierung benutzt neben wichtigen Metaregeln u.a. Entitäts- und Beziehungstypen, um zu Modellen zu kommen, die objektorientierte (Daten)Modellierung Klassen, Methoden, Assoziationen, usw.

4.1 Von Klassen zu Relationen

Im nächsten Schritt wird nun jede der oben eingeführten Objekt- und Beziehungsklassen - falls letztere in der konzeptionellen Datenmodellierung bereits gefunden wurden - in einer Tabelle erfasst. Dies geschieht wie folgt:

- die Attributsbezeichnungen stehen im Kopf der Spalten
- darunter folgen Zeile für Zeile die Attributsausprägungen, die ein Objekt bzw. eine Beziehung beschreiben, geordnet nach der Attributsanordnung in der Kopfzeile. Diese Zeilen werden in der relationalen Theorie *Tupel* genannt.

Beispiel: Objektklasse Angestellte

Betrachten wir das Beispiel der Objektklasse Angestellte.Die Tabelle kann (in einfacher und abstrahierter Form) so aussehen, wie unten angegeben. Die Angestellten werden durch folgende Attribute beschrieben:

- Personalnummer (**PersNr**)
- **Name**
- Vorname (**VNname**)
- Datum der Einstellung (**DatEinst**)

- Geburtstag (**GebTag**)

Schlüssel: Definition 2

Eines der Attribute muss identifizierenden Charakter haben, hier ist es die Personalnummer. Es wird *Schlüssel* (der Relation) genannt und durch eine Raute gekennzeichnet (mehr dazu weiter unten). Für die Objektklasse Angestellte entsteht also eine Tabelle wie die folgende:

Tabelle Angestellte

PersNr	Name	VName	DatEinst	GebTag
1001	Müller	Karolin	1.3.2010	14.5.1985
1010	Jäger	Rolf	1.10.1990	21.9.1959
1020	Wilkens	Jenny	1.1.2007	23.3.1970
1030	May	Karl	1.10.2010	31.7.1985
1005	Sommer	Lisa	1.7.2009	21.9.1970
1040	Winter	Angelika	1.2.2007	17.9.1965
1007	Müller	Igor	1.5.2008	22.11.1962
1090	Stepper	Rolf	1.7.2013	15.4.1974

Betrachten wir noch ein zweites Beispiel, die Objektklasse Abteilungen mit den Attributen:

- Bezeichnung der Abteilung (**AbtBez**)
- Leiter der Abteilung (**AbtLeiter**)
- **Standort** der Abteilung

Hier ergibt sich folgende Tabelle

Tabelle Abteilungen

AbtBez	AbtLeiter	Standort
PW	Sommer	München
IT	Winter	Ulm
RE	Müller	München
VB	Stepper	München

PW=Personalwesen, IT=Datenverarbeitun, RE=Rechnungswesen, VB=Vertrieb

Nun noch die Objektklasse der Projekte. Für diese wird eine Bezeichnung (**Bez**), der Tag der Einrichtung (**TagEinr**), die **Dauer** und das **Budget** erfasst.

Tabelle Projekte

Bez	TagEinr	Dauer	Budget
LiefPortal	1.10.2013	60	200
Ind4p0	1.1.2014	48	600
BPM	1.4.2013	48	150

Abschließend noch die Objektklasse PC. Sie beschreibt die imUnternehmen benutzten PCs.

Tabelle PC

InvNr	Bez	Typ
pc2012	...	Desktop Büro
pc3015	...	Desktop Entwickler
Pc1414	...	Laptop

Von Tabellen zu Relationen

Genau solche Tabellen werden, wenn sie bestimmte Eigenschaften haben, *Relationen* genannt. Relationen sind also - auf dieser Ebene der Modellierung - nichts anderes als nach bestimmten Regeln gestaltete Tabellen, mit denen jeweils eine Objekt- oder Beziehungsklasse beschrieben wird.

Die Beziehungen und Beziehungsklassen betrachten wir in Kapitel 5. Somit besteht der nächste Schritt im Modellierungsprozess darin, für jede Objektklasse eine Relation anzulegen. Damit verlassen wir auch den Bereich der konzeptionellen Modellierung und beginnen mit der relationalen Modellierung.

4.2 Eigenschaften und Darstellung von Relationen

Folgendes sind die Eigenschaften, die eine Tabelle erfüllen muss, um zur *Relation* zu werden:

Eigenschaften von Relationen

(1) Jede Zeile (auch "Reihe" oder "Tupel") beschreibt ein Objekt (bzw. eine Beziehung), die Tabelle als Ganzes beschreibt die Objekt- oder Beziehungsklasse.

(2) In jeder Spalte steht als Kopf der Name eines Attributs, darunter stehen die Attributsausprägungen, die das jeweilige Objekt (die Beziehung) beschreiben.

(3) Eine Relation hat immer einen Schlüssel, der auch aus mehr als einem Attribut bestehen kann, und mindestens ein beschreibendes Attribut.

(4) Es gibt keine zwei identischen Tupel, d.h. jedes Tupel beschreibt ein anderes Objekt.

(5) Im Schnittpunkt jeder Zeile und Spalte wird *genau eine Attributsausprägung* festgehalten, nicht mehr. Dies macht die Tabelle zur *flachen Tabelle*.

Zu 1: Dies ist am Anfang der Erstellung eines Datenmodells richtig. Später, wenn eventuelle Redundanzen in den Modellentwürfen beseitigt werden - Stichwort *Normalisierung* (vgl. die Kapitel 7 - 13) - werden die Attribute zu einem Objekt u.U. auf mehrere Relationen und damit auf mehrere Tupel verteilt.

Zu 2: So wurden die Tabellen ja oben bereits eingeführt.

Zu 3: Denn ein Schlüssel alleine hat nicht allzuviel Aussagekraft.

Zu 4: Dies kann man auch mit der mathematischen Herleitung der relationalen Theorie begründen, vgl. [Staud 2006, Abschnitt 3.22]. Es genügt aber auch, sich klar zu machen, dass zwei Tupel einer Relation mit demselben Schlüssel und denselben Attributen keinen Sinn machen, denn sie beschreiben ja dasselbe Objekt bzw. die dieselbe Beziehung.

Flachheit – Mehrfacheinträge - Wiederholungsgruppen

Zu 5: Die letztgenannte Eigenschaft ist besonders wichtig in der relationalen Theorie und bereitet beim Aufbau einer Datenbank (bei der Erstellung des Datenmodells) auch einige Schwierigkeiten. Sie bedeutet konkret, dass eine Tabelle umorganisiert werden muss (mehr dazu in Kapitel 7), *wenn einem Objekt mehr als eine Ausprägung eines Attributs zugeordnet werden kann*. Man spricht dann von *Mehrfacheinträgen* oder auch *Wiederholungsgruppen* (repeating groups). Wäre z.B. in der folgenden Abbildung auch das Attribut **BezProj** (Projektbezeichnung) mitaufgeführt (Projekte, in denen die Angestellten mitarbeiten), könnten Mehrfacheinträge entstehen, wenn ein Angestellter in mehreren Projekten mitarbeitet.

Die oben eingeführten Tabellen erfüllen alle diese Anforderungen und können deshalb als Relationen weiter geführt werden.

Im Mittelpunkt: Flache Tabellen

Auf diesen Relationen und nur auf ihnen beruht die relationale Theorie und auf diesem wiederum die Relationalen Datenbanksysteme (RDBS). Alle Objekt- und Beziehungsklassen werden durch Relationen erfasst und nur durch diese.

Auch die relationalen *Datenbanksysteme* sind voll auf diesen Informationstyp zugeschnitten. Sie besitzen Befehle zum Einrichten dieser Relationen, zum Festlegen der Attribute usw. Sie erlauben dann, Relationen miteinander zu verknüpfen und auszuwerten, usw.

Die folgende Abbildung zeigt, wie Relationen als Tabellen dargestellt werden können und wie sie aufgebaut sind. Zu jeder Relation gehört eine Bezeichnung, hier Angestellte. In der obersten Zeile stehen die Bezeichnungen der Attribute. Hier sind schon mal *Schlüssel* (identifizierendes Attribut) und *Fremdschlüssel* markiert, sie werden unten erläutert. In den Zeilen darunter stehen die Ausprägungen der in der Kopfzeile angegebenen Attribute. Diese Zeilen werden in der relationalen Theorie *Tupel* genannt. Somit beschreibt ein Tupel ein Objekt oder eine Beziehung (vgl. dazu den nächsten Abschnitt). Die Attribute, die Fremdschlüssel sind, dienen zur Verknüpfung, vgl. die Definition oben und die genauere Darstellung im nächsten Abschnitt.

Darstellung 1: didaktisch motivierte grafische Darstellung

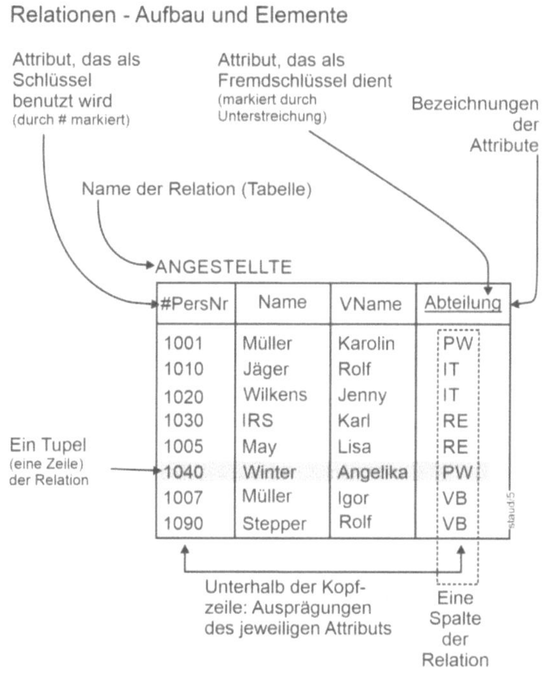

Relationen - Aufbau und Elemente

Attribut, das als
Schlüssel
benutzt wird
(durch # markiert)

Attribut, das als
Fremdschlüssel dient
(markiert durch
Unterstreichung)

Bezeichnungen
der
Attribute

Name der Relation (Tabelle)

ANGESTELLTE

#PersNr	Name	VName	Abteilung
1001	Müller	Karolin	PW
1010	Jäger	Rolf	IT
1020	Wilkens	Jenny	IT
1030	IRS	Karl	RE
1005	May	Lisa	RE
1040	Winter	Angelika	PW
1007	Müller	Igor	VB
1090	Stepper	Rolf	VB

Ein Tupel
(eine Zeile)
der Relation

Unterhalb der Kopf-
zeile: Ausprägungen
des jeweiligen Attributs

Eine
Spalte
der
Relation

Abbildung 4.2-1:   Aufbau von Relationen.
Vgl. zu den verwendeten Abkürzungen die Erläuterungen oben.

Darstellung 2: textliche Darstellung

Neben dieser grafischen Darstellung wird für Relationen auch die folgende textliche Schreibweise benutzt:

RELATIONENNAME (#A_1, A_2, A_3, ...)

Dabei stehen A_1, A_2 usw. für die Attribute der Relation. Die Raute kennzeichnet das Schlüsselattribut. Für das Beispiel oben also:

Angestellte (#PersNr, Name, VName, ...)

Mehrere Attribute im Schlüssel

Es kommt vor, dass der Schlüssel einer Relation aus mehreren Attributen besteht, z.B. bei bestimmten Beziehungen (vgl. dazu den nächsten Abschnitt). Dann werden die Schlüsselattribute (hier A_1 und A_2) in Klammern gefasst:

RELATIONENNAME (#(A_1, A_2), A_3, A_4, ...)

Soll ein Attributsnamen um die Angabe seiner Relation ergänzt werden (z.B. in SQL, wo es teilweise unabdingbar ist), wird der Relationenname voran gestellt:

RELATIONENNAME.Attributname

Also z.B. **Angestellte.Name** oder **Abteilungen.AbtLeit**.

Hier nun alle obige Relationen zum Anwendungsbereich ANGESTELLTE in dieser textlichen Darstellungsweise:

Angestellte (#PersNr, Name, VName, DatEinst, GebTag)

Abteilungen (#AbtBez, AbtLeiter, Standort)

Projekte (#Bez, TagEinr, Dauer, Budget)

PC (#InvPC, Bez, Typ)

Die Schlüssel bedeuten:

- **PersNr**: Pesonalnummer
- **AbtBez**: Kurzbezeichnung der Abteilung
- **InvPC**: Inventarnummer des PC
- **ProjId**: Identifizierende Information für PCs

Darstellung 3: Eigentliche grafische Darstellung von Relationen

Die eigentliche grafische Darstellungsweise für Relationen ist wie in der folgenden Abbildung angegeben. In einem Rechteck wird in der oberen Hälfte der Relationenname angegeben, darunter die Schlüssel und Fremdschlüssel[5] (und nur diese). Diese Darstellung wird benötigt, wenn ganze Datenmodelle (also viele Relationen mit ihren Verknüpfungen) dargestellt werden sollen (vgl. hierzu Kapitel 7 bis 13 und insbesondere die zahlreichen Beispiele in den Kapiteln 16 und 17).

Abbildung 4.2-2:   Grafische Darstellung von Relationen

Beispiele aus dem Anwendungsbereich ANGESTELLTE

In dem in diesem Abschnitt eingeführten Beispiel soll es um den Anwendungsbereich ANGESTELLTE eines Unternehmens (in vereinfachter Form) gehen. Hier die grafische Darstellung der vier Relationen.

Abbildung 4.2-3:   Relationen aus dem Anwendungsbereich ANGESTELLTE

Beispiele aus dem Anwendungsbereich RECHNUNGSSTELLUNG

> Vgl. hierzu die zusammenhängende Darstellung in Abschnitt 16.1. Dort ist auch eine abstrahierte Rechnung angegeben.

---

5   Fremdschlüssel dienen der Verknüpfung verschiedener Relationen miteinander und sind deshalb von großer Bedeutung in der relationalen Modellierung. Sie werden im nächsten Kapitel erläutert.

In diesem zweiten Beispiel soll es um den Anwendungsbereich RECHNUNGSSTEL-LUNG gehen. Erfasst werden die Informationen rund um die Rechnungen (Typ Möbel-haus). Im ersten Schritt legen wir die Relationen Kunden, Artikel, ReKöpfe (Rechnungs-köpfe) und Lagerort an. Hier die textliche Fassung der Relationen mit den Schlüsseln. Weitere Attribute werden folgen.

Kunden (#KuNr, ...)

Artikel (#ArtNr, ...)

ReKöpfe (#ReNr, ...)

Lagerort (#LoId, ...)

Die Schlüssel bedeuten:

- **ArtNr**: Artikelnummer
- **LoId**: Lagerortidentifikation
- **ReNr**: Rechnungsnummer
- **KuNr**: Kundennummer

Hier die grafische Darstellung der Relationen.

Abbildung 4.2-4:   Relationen aus dem Anwendungsbereich RECHNUNGSSTELLUNG

Grundbegriffe

Soweit die Relationen der einführenden Beispiele und ihre Darstellung. Die folgende Ta-belle fasst die Grundbegriffe zu Relationen zusammen. Dabei sind die Begriffe der da-tenbanktheoretischen Diskussion um die informellen Begriffe ergänzt, soweit solche exis-tieren.

Relationale Begrifflichkeit

Informell	Formell	Englisch
Tabelle	Relation	Table
Zeile	Tupel	row, tuple
Eigenschaft - Bezeichnung	Attribut(sname)	attribute
Eigenschaft - Ausprägung	Attributsausprägungen, Wertebereich	domain

5 Beziehungen erkennen und einrichten

5.1 Beziehungen erkennen

Beziehungen zwischen Objekten und zwischen Objektklassen

In Kapitel 3 zur konzeptionellen Modellierung wurden bereits die *Beziehungen zwischen Objekten bzw. Objektklassen* eingeführt, die im Anwendungsbereich erkannt werden und die für die Anwendung von Bedeutung sind. Also zum Beispiel die Beziehung zwischen Angestellten und Abteilungen: Ein Angestellter ist in genau einer Abteilung, eine Abteilung hat mehrere Angestellte.

Diese Beziehungen müssen beim Datenbankentwurf beachtet werden. Einige werden schon in der konzeptionellen Modellierung entdeckt und festgehalten. Andere erst, wenn die Relationen angelegt werden und das Datenmodell vervollständigt wird. Wiederum andere ergeben sich aus der Notwendigkeit, Beziehungen zwischen Relationen im Datenmodell und in der Datenbank zu verankern.

Dabei geht es nur um semantisch sinnvolle Beziehungen, nur um solche, die für den Anwendungsbereich von Bedeutung sind. Spielen z.B. Geschäftsprozesse im Anwendungsbereich eine Rolle, dann müssen alle die Beziehungen erfasst werden, die zu deren Abwicklung benötigt werden.

Zwei- und mehrstellig. Die meisten Beziehungen sind zweistellig (zwei Objektklassen / Relationen stehen in Beziehung), mehrstellige kommen aber auch vor und werden deshalb unten auch erläutert. Zu Beginn wollen wir aber hier von zweistelligen Beziehungen ausgehen.

Kardinalitäten. Wichtig ist, wieviele Objekte von jeder Relation an der Beziehung teilhaben. Im obigen Beispiel zu Abteilungen und Angestellten ist dies z.B.

- 1:n

Gesprochen wird dies "eins zu n", die Buchstaben n oder m stehen für "1 Objekt oder mehrere". Diese Angabe wird *Kardinalität* genannt. Sie bestimmt, auf welche Weise die Beziehung im Datenmodell und dann in den Daten erfasst wird. Dazu unten mehr. Datenbanktechnisch notwendig ist die Unterscheidung von genau drei Kardinalitäten:

- 1:1-Beziehungen, d.h. eine Beziehung der Kardinalität 1:1

- 1:n-Beziehungen, ...
- n:m-Beziehungen, ...

Kardinalität 1:1, 1:1 - Beziehung

Die folgende Abbildung zeigt ein erstes Beispiel. Der Text zwischen den Relationen beschreibt die gewünschte Beziehung. Im ersten Fall geht es um die Beziehung zwischen Angestellten und PCs in einer Organisation. Hier soll es so sein, dass jedem Angestellten genau ein PC zugewiesen ist und er oder sie diesen auch alleine nutzt.

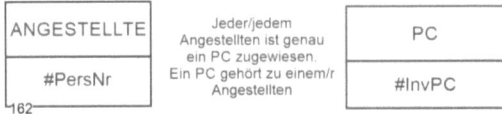

Abbildung 5.1-1:   Relationen aus dem Anwendungsbereich ANGESTELLTE

Das zweite Beispiel betrifft die Beziehung zwischenden Artikeln und dem Ort im Lager, wo sie aufbewahrt werden. Hier soll es so sein, dass jeder Artikel an einem Lagerplatz ist und umgekehrt an einem Lagerplatz nur ein einziger Artikel.

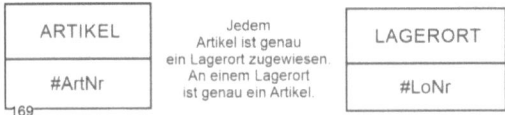

Abbildung 5.1-2:   Relationen aus dem Anwendungsbereich RECHNUNGSSTELLUNG

Diese beiden Beispiele stellen 1:1 - Beziehungen dar, da sie jeweils ein Tupel der einen Relation mit einem der anderen in Beziehung setzen.

Kardinalität 1: n, 1:n - Beziehung

Ganz anders in den folgenden Beispielen. Zwischen Abteilungen und den Angestellten gibt es die Beziehung *Abteilungszugehörigkeit*. Für diese gelten die in der Abbildung angegebenen Wertigkeiten. Sie drücken aus, dass eine Abteilung mehrere Angehörige hat und dass ein Angestellter nicht in mehr als einer Abteilung sein kann. Hier liegt also eine 1:n - Beziehung vor.

Abbildung 5.1-3:   Relationen aus dem Anwendungsbereich ANGESTELLTE

Die Beziehung zwischen Rechnungen und Kunden erfasst das nachfolgende Beispiel. Eine Rechnung ist für genau einen Kunden bestimmt, ein Kunde kann natürlich viele Rechnungen beim jeweiligen Unternehmen haben. Also auch wieder eine 1:n - Beziehung.

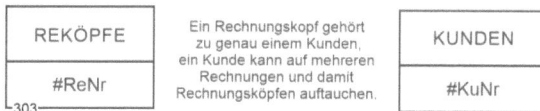

Abbildung 5.1-4:   Relationen aus dem Anwendungsbereich RECHNUNGSSTELLUNG

Kardinalität n:m, n:m – Beziehung

Projekte – Angestellte. Der dritte Beziehungstyp bringt mehrere Tupel der einen Relation mit mehreren der anderen in Beziehung. Das erste Beispiel betrifft *Projekte* (in Unternehmen) und *Angestellte*. Dabei gilt, dass in einem Projekt typischerweise mehrere Angestellte mitarbeiten und ein Angestellter in mehreren Projekten mitarbeiten kann. Damit liegt die Kardinalität n:m vor.

Kunden – Adresssen. Genauso kann man es bei der Erfassung von Adressangaben machen. Ein Kunde kann mehrere Adressen haben, unter einer Adresse können mehrere Kunden wohnen. Dies wird oft einfacher erfasst, z.B. ohne den zweiten Aspekt. Dann wäre die Kardinalität 1:n. Oder man lässt je Kunde nur eine Adresse zu, die "Hauptadresse", dann wird die Beziehung zu einer 1:1-Beziehung.

Zusammenfassung

Die folgende Abbildung drückt die verschieden Kardinalitäten grafisch aus. Die Punkte auf den beiden Seiten repräsentieren die Objekte bzw. Tupel. Die Linien zwischen ihnen die Beziehungen. Entsprechend ist bei einer Kardinalität von 1:1 jeder Punkt einer Seite mit genau einem auf der anderen Seite verbunden. Bei einer Kardinalität von 1:n ist ein Punkt der einen Seite mit einem oder mehreren verbunden. Bei der Kardinalität von n:m ist von beiden Seiten aus ein Punkt mit mehreren auf der anderen Seite verknüpft.

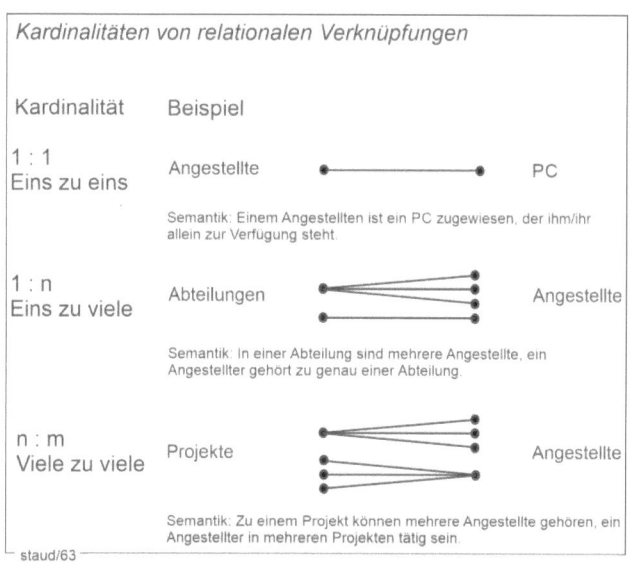

Abbildung 5.1-5:   Mögliche Kardinalitäten in Relationalen Datenmodellen

5.2 Schlüssel und Fremdschlüssel

Bevor nun die konkrete Art und Weise, wie diese Verknüpfungen realisiert werden, besprochen wird, müssen zwei Begriffe geklärt werden. Zuerst der des *Schlüssels*.

Schlüssel: Definition 3

Als *Schlüssel* wird ein Attribut bezeichnet, das für jedes Tupel eine andere Ausprägung hat. Ein Schlüssel weist somit jedem Objekt oder jeder Beziehung eine andere Ausprägung zu. Ein Schlüssel kann auch aus einer Kombination von Attributen bestehen. Dann gilt obiges entsprechend.

Zum Objektbegriff: Hier wird der Einfachheit halber weiterhin davon ausgegangen, dass jedes Tupel (jede Zeile) einer Relation ein Objekt (eine Beziehung) beschreibt und die Relation als Ganzes die Objektklasse (Beziehungsklasse).

Fremdschlüssel. Beziehungen in relationalen Datenmodellen und Datenbanken führen zu entsprechenden Verknüpfungen zwischen Attributen verschiedener Relationen, meist zwischen Schlüsseln und Fremdschlüsseln, weshalb letztere jetzt genauer betrachtet werden. Es wird in den folgenden Abschnitten vielfach und in allen Varianten gezeigt: Eine Beziehung zwischen zwei zu verknüpfenden Relationen A und B wird im Kern auf folgende Weise realisiert: Der Schlüssel von Relation A (**IdA**) wird zu der Relation B hinzugefügt. Dort wird er unterstrichen und stellt dann einen sog. *Fremdschlüssel* dar.

Relation-A (#IdA, ...)

Relation-B (#IdB, ..., IdA)

Dies ist nur eine von zahlreichen Varianten, die wir im folgenden kennenlernen. Ist eine Datenbank in guter Verfassung[6] gibt es dann für jede Ausprägung des Fremdschlüssels auch eine Attributsausprägung beim zugehörigen Schlüssel (hier IdA). Diese *referentielle Integrität* wird in der relationalen Theorie gefordert. Damit kann man wie folgt definieren:

Definition: Fremdschlüssel

Ein Attribut, das zusammen mit dem Schlüssel einer anderen Relation eine relationale Verknüpfung realisiert, wird *Fremdschlüssel* genannt. Es entspricht dem Schlüssel der anderen Relation, d.h., es hat auch seine Attributsausprägungen. Normalerweise besteht ein Fremdschlüssel aus einem einzelnen Attribut, selten aus mehreren. Die Verknüpfung erfolgt über die Ausprägungen von Schlüssel und Fremdschlüssel, z.B. mit Hilfe entsprechender SQL-Befehle.

Die folgenden Abschnitte bringen zahlreiche Beispiel mit allen möglichen Varianten.

5.3 Umsetzung von 1:1

1:1 - Einer hier, einer dort. Betrachten wir nun die in Abschnitt 5.1 vorgestellten Beispiele. Das erste betraf die Beziehung zwischen Angestellten und PCs. Es wurde hier als 1:1-Beziehung festgestellt. Es wird also angenommen, dass die PC-Nutzung so geregelt

---

6   Also nicht Beiträger zur oft thematisierten Stammdatenkrise, zu der auch fehlerhafte Schlüssel- / Fremschlüsselbeziehungen gehören.

ist, dass einem Mitarbeiter genau ein PC zugeordnet ist und dieser ihm alleine zur Verfügung steht. Eine solche semantische Beziehung verknüpft also je ein Tupel aus den beiden Relationen (je ein Objekt aus den beiden Objektklassen) und wird *1:1 - Beziehung* genannt.

In einem relationalen Datenmodell wird eine solche Beziehung verankert, indem entweder der Schlüssel von Angestellte zu den Attributen von PC oder der von PC zu den Attributen von Angestellte hinzugefügt wird:

Entweder also

Angestellte (#PersNr, Name, VNname, DatEinst, GebTag, **InvNrPC**)

PC (#InvNr, Bez, Typ)

oder

Angestellte (#PersNr, Name, VNname, DatEinst, GebTag)

PC (#InvNr, Bez, Typ, **PersNr**)

In der Tabellendarstellung mit Beispielsdaten wird die Verknüpfung noch klarer. Zuerst die beiden Ausgangsrelationen:

Angestellte

#PersNr	Name	VName	...
100	Sulger	Paul	...
200	Müller	Ulrike	...
150	Radetzky	Siegfried	...

PC

#InvNr	Typbez	...
Inv001	Server	...
Inv005	Laptop	...
Inv004	Laptop	...
Inv002	Desktop	...
Inv003	Desktop	...

Nach der Übernahme des Schlüssels von PC in die Relation Angestellte könnten sich dann zum Beispiel folgende Fremdschlüsseleinträge ergeben:

Angestellte

#PersNr	Name	VName	...	InvNrPC
100	Sulger	Paul	...	**Inv005**
200	Müller	Ulrike	...	**Inv001**
150	Radetzky	Siegfried	...	**Inv003**

Hier noch die beiden Varianten in der grafischen Darstellungsweise. Dabei wird auch der Fremdschlüssel in das Rechteck aufgenommen und die relationale Verknüpfung durch eine Pfeillinie zwischen Schlüssel und Fremdschlüssel dargestellt. Diese beiden Attributsarten, Schlüssel und Fremdschlüssel, sind auch die einzigen, die in dieser grafischen Darstellungsart angegeben werden. Mit ihnen und den Pfeillinien der Verknüpfungen werden dann die relationalen Datenmodelle dargestellt. Vgl. dazu die zahlreichen Beispiele in den Kapiteln 16 und 17.

1:1 - Beziehungen

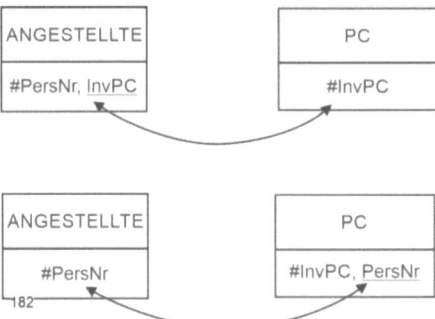

Abbildung 5.3-1:   Zwei Varianten einer Verknüpfung entlang einer 1:1-Beziehung - im Beispiel *Angestellte / PC*

Genauso bei dem Beispiel Artikel/Lagerort. Auch hier kann der Schlüssel der einen Relation als Fremdschlüssel in die andere kommen - in beide Richtungen.

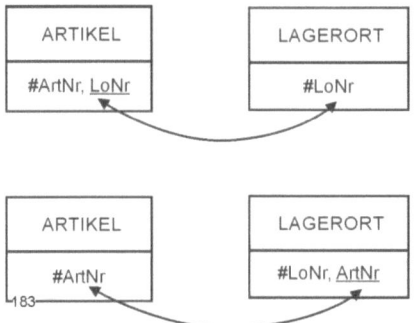

Abbildung 5.3-2:   Zwei Varianten einer Verknüpfung entlang einer 1:1-Beziehung - im Beispiel *Artikel / Lagerort*

5.4   Min-/Max-Angaben und "1:1 vertieft"

Min- / Max-Angaben - Wertigkeiten

Die oben gezeigte Verknüpfungsart ist zwar richtig, aber für die konkrete Arbeit nicht genau genug. Denn sie berücksichtigt nicht, ob es sich um Pflichtbeziehungen oder um optionale Beziehungen handelt. Im obigen Beispiel zu Angestellten und PCs:

- Nehmen alle Angestellten an der Beziehung teil, haben also alle einen zugeordneten PC?
- Sind alle PCs einem Angestellten zugeordnet oder gibt es welche, die zwar beschafft, aber nicht zugewiesen sind, z.B., weil sie erst noch hergerichtet werden?

Min-/Max-Angaben. Dies ist datenbanktechnisch und für die Gestaltung der Verknüpfungen von großer Bedeutung, wie gleich unten gezeigt wird, und muss deshalb auch erfasst werden. Dazu gibt man statt der Kardinalität bei jeder an der Beziehung beteiligten Relation an, wieviele Tupel *mindestens* und wieviele *höchstens* daran teilhaben. Damit entstehen sog. *Min-/Max-Angaben* (auch Wertigkeiten), mit denen dann für jede Relation die Beziehung wesentlich genauer angegeben werden kann. Im obigen Fall zum Beispiel:

- Jeder Angestellte muss *genau einen zugeordneten PC* haben. Min-/Max-Angabe: 1,1 (mindestens ein Tupel, höchstens ein Tupel => genau ein Tupel). Pflichtteilnahme.
- Ein Angestellter *kann, muss aber nicht* einen PC haben. Min-/Max-Angabe: 0,1 (evtl. kein Tupel, höchstens ein Tupel). Optionale Teilnahme.
- Jeder PC *muss genau einem* Angestellten zugeordnet sein. Min-/Max-Angabe: 1,1. Pflichtteilnahme.
- Ein PC *kann, muss aber nicht* einem Angestellten zugeordnet sein. Min-/Max-Angabe: 0,1. Optionale Teilnahme.

Für die 1:1-Beziehung zwischen Angestellten und PCs sind also folgende Varianten möglich:

- 1,1 : 1,1
- 0,1 : 1,1
- 1,1 : 0,1
- 0,1 : 0,1

Lesehinweis:
Meistens beziehen sich Min-/Max-Angaben auf zwei Relationen und deren Attribute (i.d.R. Schlüssel und Fremdschlüssel). Z.B. Relation 1 / Relation 2. Bei der Interpretation der Min-/Max-Angaben ist die Reihenfolge zu beachten, in der die Relationen angeführt sind. Der erste Min-/Max-Ausdruck vor dem Doppelpunkt bezieht sich auf die erstgenannte Relation (gibt also an, wie sie an der Beziehung teilnimmt), der zweite Min-/Max-Ausdruck auf die zweite. Liegen z.B. die Min-/Max-Angaben 1,1 : 1,n vor, bedeutet dies hier:
- Jedes Tupel von Relation 1 nimmt mindestens und maximal ein Mal an der Beziehung teil ("genau ein mal")
- Jedes Tupel von Relation 2 nimmt mindestens ein Mal an der Beziehung teil. Also auch u.U. mehrfach
Entsprechend in den Grafiken mit Datenmodellen. Von einer Relation ausgehend ist der erste Teil der Min-/Max-Angabe der für diese Relation zuständige.

Verknüpfungsvarianten

Die damit möglichen Präzisierungen der Verknüpfungen werden im folgenden dargestellt. Zuerst aber eine grafische Darstellung der Varianten in der folgenden Abbildung. Dabei repräsentieren die Punkte die Objekte (Tupel) der Relationen und die Linien die relationale Verknüpfung. Bleiben Punkte ohne Linie, handelt es sich um eine für die jeweilige Relation optionale Beziehung (mit Minimalwert 0), ansonsten ist es eine Pflichtbeziehung. Der Kardinalität 1:1 entsprechend ist hier jeweils ein Objekt (Tupel) der einen Seite mit genau einem der anderen Seite verknüpft. Durch die nicht verknüpften Punkte wird die Optionalität bzw. der Pflichtcharakter der Beziehung für die jeweilige Relation verdeutlicht.

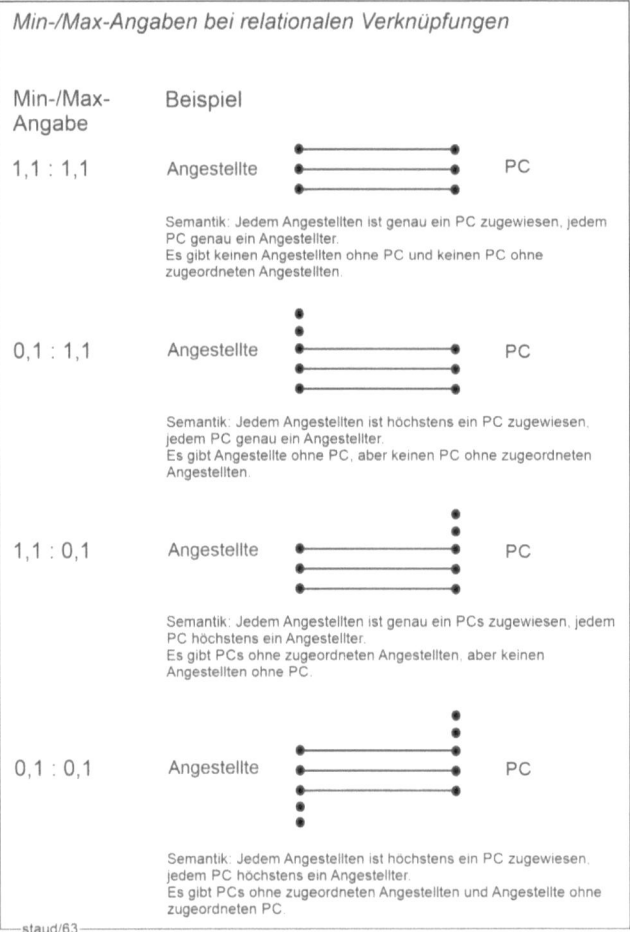

Abbildung 5.4-1:   Min-/Max-Varianten für Kardinalität 1:1

Verknüpfung für die Min-/Max-Angaben 1,1 : 1,1

Der oben bei der Diskussion der Kardinalität vorgestellte Fall betrifft die Situation, wenn auf beiden Seiten 1,1 als Min-/Max-Angabe vorliegt. Dann besteht freie Wahl, welcher Schlüssel in die andere Relation als Fremdschlüssel übernommen wird, genauso wie es oben in Abbildung 5.3-2 gezeigt wurde.

Verknüpfung für die Min-/Max-Angaben 1,1 : 0,1

Ist die Teilnahme der PCs an der Beziehung optional, muss der Schlüssel von PC in die Relation Angestellte aufgenommen werden:

Angestellte (#PersNr, Name, VNname, DatEinst, GebTag, **InvNr**)

PC (#InvNr, Bez, Typ)

Die andere Richtung ist nicht möglich, weil es da wiederum für den Fremdschlüssel teilweise keine Ausprägungen geben kann. Zur Veranschaulichung eine Tabelle mit der falschen Lösung. Es soll so sein, dass Müller, Stanis und Stoll keinen PC haben, die anderen aber schon. Dann wäre bei den drei genannten kein sinnvoller Eintrag möglich.

Angestellte

#PersNr	Name	VName	...	InvPC
100	Sulger	Paul	...	Inv005
200	Müller	Ulrike	...	?????
150	Radetzky	Siegfried	...	Inv001
199	Stanis	Rolf	...	?????
244	Stoll	Eva	...	?????

Die folgende Abbildung zeigt die richtige Lösung, d.h. die richtige Platzierung des Fremdschlüssels.

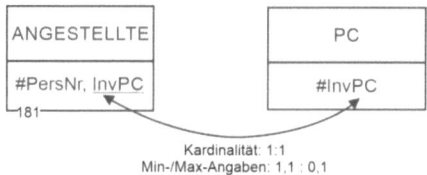

Abbildung 5.4-2:   Relationale Verknüpfung für *Angestellte* / *PC* und die Min-/Max-Angaben 1,1 - 0,1

Kardinalität: 1:1
Min-/Max-Angaben: 1,1 : 0,1
Semantik:
- Allen Angestellten ist ein PC zugewiesen. Dies fordert auch die referentielle Integrität.
- Es gibt PCs, die noch keinem Angestellten zugewiesen sind.

Verknüpfung für die Min-/Max-Angaben 0,1 : 1,1

Was ist, wenn auf der Seite der Angestellten die Min-/Max-Angabe 0,1 vorliegt? Dann kann in diese Relation nicht der Schlüssel von PC aufgenommen werden, denn es gäbe dann Tupel, für die es einen Attributseintrag nicht geben kann. Somit muss in diesem Fall die **PersNr** als Fremdschlüssel in PC eingefügt werden.

Angestellte (#PersNr, Name, VNname, DatEinst, GebTag)

PC (#InvNr, Bez, Typ, **PersNr**)

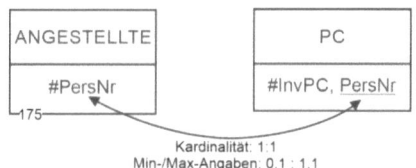

Abbildung 5.4-3:   Relationale Verknüpfung für *Angestellte* / *PC* und die Min-/Max-Angaben 0,1 : 1,1

Kardinalität: 1:1
Min-/Max-Angaben: 0,1 : 1,1
Semantik:
- Es gibt Angestellte, denen kein PC zugewiesen ist. Ansonsten haben sie maximal einen.
- Jeder PC wird datenbanktechnisch immer einem Angestellten zugeordnet.

Verknüpfung für die Min-/Max-Angaben 0,1 : 0,1

Dritte Relation. Eine Sondersituation liegt vor, wenn die Beziehung Angestellte / PC die Min-/Max-Angaben 0,1 : 0,1 hat. Dann kann weder der Schlüssel von Angestellte nach PC noch der von PC nach Angestellte genommen werden. In diesem Fall ist eine neue dritte Relation ("PC-NUTZUNG") nötig, in der die Schlüssel der beiden Relationen vereinigt sind:

PC-NUTZUNG (#AngNr, #InvNrPC)

Dies drückt dann die Beziehung korrekt aus. In tabellarischer Darstellung könnte es sich so ergeben:

PC-NUTZUNG

#PersNr	#InvPC
100	Inv005
150	Inv001

Durch diese neue Relation werden *nur die wirklich existierenden Bezi*ehungen erfasst. Eine Besonderheit dieser Relation ist, dass beide Attribute alleine Schlüssel sein können, da aufgrund der Zahl eins an der zweiten Stelle der Min-/Max-Angaben die Attribute **PersNr** und **InvPC** jede Ausprägung nur einmal besitzen.

Hier noch die grafische Darstellung.

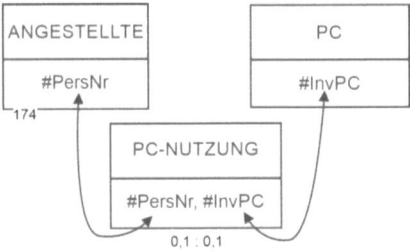

Abbildung 5.4-4:   Relationale Verknüpfung für *Angestellte* / *PC* und die Min-/Max-Angaben 0,1 : 0,1

Kardinalität: 1:1
Min-/Max-Angaben: 0,1 : 0,1
Semantik:
- Es gibt Angestellte, denen kein PC zugewiesen ist. Ansonsten haben sie maximal einen.
- Es gibt PC, die keiner Angestellten zugewiesen sind. Ansonsten ist maximal einer zugewiesen..

5.5   Umsetzung von 1:n

Grundsätzlich gilt: Allein die Möglichkeit, dass mehr als ein Objekt (mehr als ein Tupel) an einer Beziehung teilhaben kann, erhöht bereits ihre Stelligkeit auf der jeweiligen Seite über 1 hinaus, da dieser Fall dann ja in der Datenbank erfasst

werden muss und die höhere Stelligkeit die niedrigere umfasst, aber nicht umgekehrt.

Ausdifferenzierung

Die oben eingeführten 1:n-Beziehungen können mit den Min-/Max-Angaben ebenfalls
ausdifferenziert werden. Insgesamt gibt es folgende Varianten, von denen aber nicht alle
datenbanktechnisch bedeutsam sind:

- 1,1 : 1,n (für beide Relationen Pflicht)
- 1,1 : 0,n (Pflicht für die eine Relation, Option für die andere)
- 0,1 : 1,n (optional für die eine Relation, Pflicht für die andere)
- 0,1 : 0,n (optionale Beziehung für beide Relationen)

Die folgende Abbildung drückt für die Kardinalität 1:n die verschiedenen Min-/Max-An-
gaben grafisch aus. Der Kardinalität entsprechend ist hier jeweils ein Objekt (Tupel) der
einen Seite mit mehreren der anderen Seite verknüpft. Dabei repräsentieren wiederum die
Punkte die Objekte (Tupel) der Relationen und die Linien die relationale Verknüpfung.
Bleiben Punkte ohne Linie, handelt es sich um eine für die jeweilige Relation optionale
Beziehung (mit Minimalwert 0), ansonsten ist es eine Pflichtbeziehung.

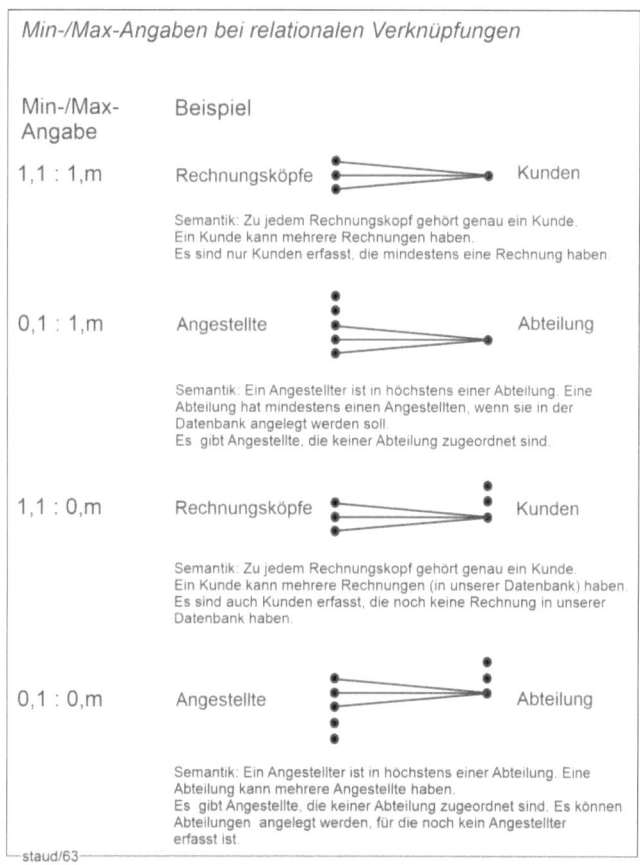

Abbildung 5.5-1:   Varianten der Kardinalität 1:n entlang der Min-/Max-Angaben

Konkrete Realisierung der Verknüpfung

1,1 : 1,n

Die erste Variante ist der Fall, an den man denkt, wenn man die Kardinalität 1:n wahrnimmt. In der Realität ist sie aber eher die Ausnahme. Bei ihr nimmt jedes Tupel der beiden Relationen an der Beziehung teil.

Im Beispiel Abteilungen / Angestellte bedeutet dies - durchaus nachvollziehbar - dass jede Abteilung Angestellte hat (mindestens eine/n) und jede/r Angestellte in einer Abteilung ist. Dementsprechend kann der Schlüssel von Abteilungen in der Angestelltenrelation hinterlegt werden:

Abteilungen (#AbtBez, AbtLeiter, Standort)

Angestellte (#PersNr, Name, VNname, DatEinst, GebTag, **AbtBez**)

Umgekehrt geht dies nicht. Der Schlüssel von Angestellte in Abteilungen würde zu Mehrfacheinträgen führen, was für relationale Datenmodelle verboten ist. Die folgende Abbildung zeigt die Umsetzung in ein Datenmodell.

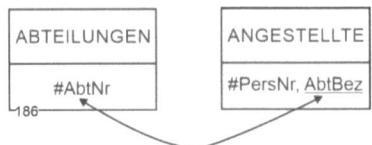

Abbildung 5.5-2:   Relationale Verknüpfung für *Abteilungen / Angestellte* und die Min-/Max-Angaben 1,n : 1,1

> Kardinalität: 1:n
> Min-/Max-Angaben: 1,n : 1,1
> Semantik:
> - Eine Abteilung hat mindestens einen Angestellten.
> - Ein Angestellter ist genau einer Abteilung zugeordnet.

1,1 :0,n. Diese Variante bedeutet, dass der Fremdschlüssel in der Relation mit Pflichtteilnahme hinterlegt werden muss. Dies ist dann die, von der jedes Tupel genau eine Beziehung eingeht. Sie bedeutet in diesem Beispiel, dass es Abteilungen gibt, denen (noch) keine Angestellten zugeordnet sind, z.B. weil sie zwar eingerichtet aber noch nicht mit Personal ausgestattet wurden. Andererseits nehmen alle Angestellten an der Beziehung teil. Deshalb kann die Umsetzung hier *genauso wie im vorigen Fall* sein.

0,n : 1,1 - Neue Relation. Diese Variante bedeutet, dass der Fremdschlüssel in der Relation hinterlegt werden müsste, bei der jedes Tupel eine mehrfache Beziehung eingehen könnte. Dies ist aber nicht möglich, weil dabei Mehrfacheinträge entstehen würden. Damit ergibt sich hier die Notwendigkeit für die relationale Beziehung eine neue Relation (Abteilungszughörigkeit; AbtZug) einzurichten.

0,1 : 0,n. Genau dasselbe gilt für die Variante 0,1 : 0,n. Sie bedeutet ja, dass der Fremdschlüssel in keiner der beiden Relationen untergebracht werden kann, da es dann in beiden Fällen Tupel gäbe, bei denen der Fremdschlüssel keinen Eintrag haben könnte und ein Fall sowieso wegen drohender Mehrfacheinträge nicht in Frage kommt. Also auch hier die neue Relation. Für beide obigen Fälle ergibt sich damit die folgende Lösung.

Abteilungen (#AbtBez, AbtLeiter, Standort)

Angestellte (#PersNr, Name, VNname, DatEinst, GebTag)

AbtZug (#(AbtBez, PersNr))

Die neue Relation hat einen zusammengesetzten Schlüssel, bestehend aus den zwei Fremdschlüsseln. Die folgende Abbildung zeigt das dabei entstehende kleine Datenmodell.

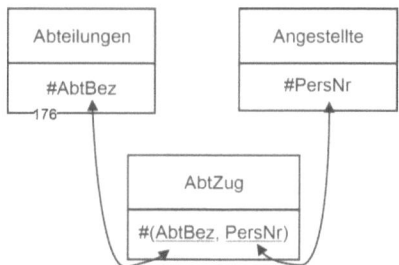

Abbildung 5.5-3:   Relationale Verknüpfung für *Abteilungen* / *Angestellte* und die Min-/Max-Angaben 0,1 : 1,n sowie 0,1 : 0,n

Kardinalität: 1:n
Min-/Max-Angaben: 0,1 : 1,n oder 0,1 : 0,n.
Semantik 0,1 : 1,n:
- Einer Abteilung ist kein Angestellter, einer oder es sind mehrere zugewiesen.
- Ein Angestellter ist keiner oder genau einer Abteilung zugewiesen.
Semantik 0,1 : 0,n:
- Einer Abteilung ist ein Angestellter zugewiesen oder mehrere („mindestens einer)".
- Ein Angestellter ist keiner oder genau einer Abteilung zugewiesen

5.6   Umsetzung von n:m

Eine Kardinalität von n:m bedeutet, dass mehrere Tupel der einen Relation mit mehreren der anderen in Beziehung stehen und dies in beide Richtungen. Folgende Varianten sind möglich:

- 1,n : 1,m
- 0,n : 1,m
- 1,n : 0,m
- 0,1 : 0,m

Die folgende Abbildung drückt für die Kardinalität n:m die verschiedenen Min-/Max-Angaben grafisch aus. Der Kardinalität entsprechend ist hier jeweils ein Objekt (Tupel) der einen Seite mit mehreren der anderen Seite verknüpft - in beide Richtungen. Dabei repräsentieren wiederum die Punkte die Objekte (Tupel) der Relationen und die Linien die relationale Verknüpfung. Bleiben Punkte ohne Linie, handelt es sich um eine für die jeweilige Relation optionale Beziehung (mit Minimalwert 0), ansonsten ist es eine Pflichtbeziehung.

Verknüpfungsvarianten für n:m

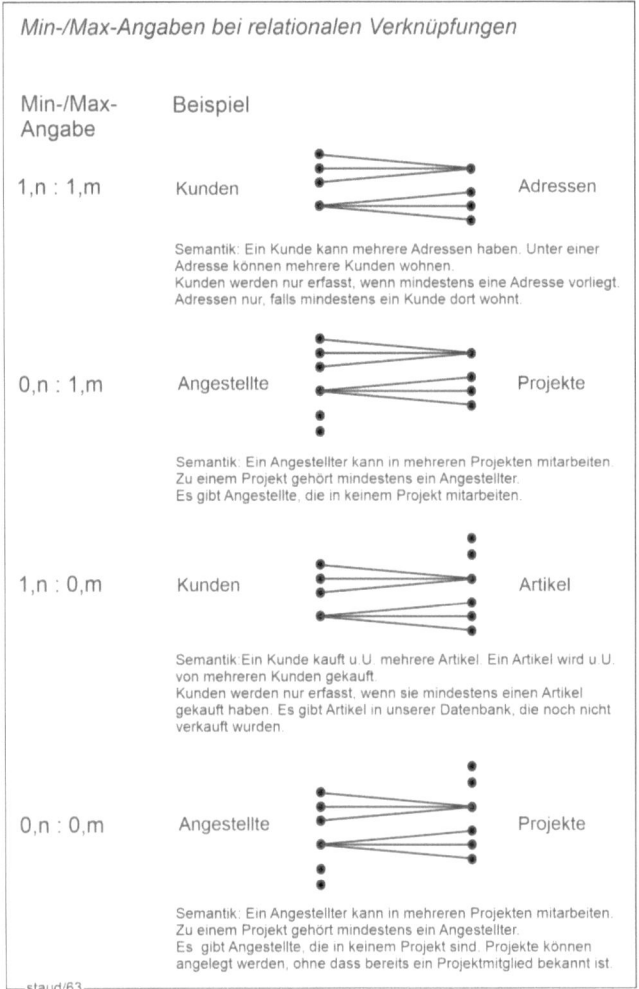

Abbildung 5.6-1:   Varianten der Kardinalität n:m entlang der Min-/Max-Angaben

Realisierung der Verknüpfung - Verbindungsrelation

Die Lösung besteht hier immer aus der Einrichtung einer neuen Relation, da jede Über-nahme eines Schlüssels in die andere Relation zu Mehrfacheinträgen führen würde. In der neuen Relation, die *Verbindungsrelation* genannt wird, sind die beiden Schlüssel der zu verknüpfenden Relationen zusammen Schlüssel und dabei einzeln jeweils Fremdschlüs-sel. Hier ergibt die Betrachtung der verschiedenen Min-/Max-Angaben keine Notwendig-keit für spezielle Lösungen. In allen Varianten leistet die Verbindungsrelation die prob-lemfreie Verknüpfung.

Beispiel Projektmitarbeit. So bei einer Beziehung "Projektmitarbeit" zwischen Ange-stellten und Projekten einer Organisation. Ein Angestellter kann in mehreren Projekten mitarbeiten, ein Projekt kann mehrere Angestellte zugewiesen haben:

Angestellte (#PersNr, Name, VNname, DatEinst, GebTag)

Projekte (#Bez, TagEinr, Dauer, Budget)

Die Verbindungsrelation ergibt sich wie folgt:

ProjMitarb (#(PersNr, BezProj))

Zusammen mit den Ausgangsrelationen ergibt sich ein kleines *Datenmodell*, das die n:m-Beziehung in allen Min-/Max-Varianten erfasst.

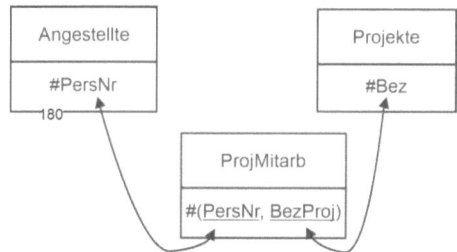

Abbildung 5.6-2:   Relationale Verknüpfung für *Angestellte* / *Projekte* und die Kardinalität n:m

Kardinalität: n:m
Min-/Max-Angaben:
1,n : 1,m / 1,n : 0,n / 0,n : 1,m / 0,n : 0,m
Semantik:
• 1,n : 1,m: Eine Angestellte ist mindestens einem Projekt zugeordnet. Ein Projekt hat mindestens einen zugewiesenen Angestellten.
• 1,n : 0,n: Eine Angestellte ist keinem, einem oder mehreren Projekten zugewiesen. Ein Projekt hat mindestens einen zugewiesenen Angestellten.
• 0,n : 1,m: Eine Angestellte ist mindestens einem Projekt zugeordnet. Ein Projekt hat keinen, einen oder mehrere zugewiesene Angestellte.
• 0,n : 0,m: Eine Angestellte ist keinem, einem oder mehreren Projekten zugewiesen. Ein Projekt hat keinen, einen oder mehrere zugewiesene Angestellte.
Schlüssel: Zusammengesetzt aus zwei Attributen. Für jedes Tupel müssen beide Attribute Einträge haben.

Die konkrete Verknüpfung zeigt die folgende tabellarische Darstellung mit Beispielsdaten.

Angestellte

#PersNr	Name	VName	...
100	Sulger	Paul	...
200	Müller	Ulrike	...
150	Radetzky	Siegfried	...
102	Meindl	Karl	...
300	Friedrich	Eugenie	...
350	Paulsen	Heinrich	...
390	Lürsen	Lars	...
400	Schlichter	Ute	...

Projekte

#Bez	Leiter	Budget	...
BPR	Müller	10000	...
Change Management	Paulsen	50000	...
IT2014	Lürsen	1500000	...

BPR: Business Process Reengineering (Geschäftsprozessoptimierung)

Die Verbindungsrelation hält in jedem Tupel eine Projektmitarbeit fest. Arbeitet ein Angestellter in mehreren Projekten mit, gibt es entsprechend mehrere Tupel.

ProjMitarb

ProjBez	PersNr	...
BPR	Müller	...
BPR	Radetzky	...
Change Management	Radetzky	...
IT2014	Lürsen	...
IT2014	Schlichter	...
...	...	...

Schlüssel: #(ProjBez, PersNr)

Diese angegebenen Tupel genügen, um die n:m - Beziehung deutlich zu machen: Ein Projekt hat mehrere Mitarbeiter, ein Mitarbeiter ist in mehreren Projekten.

Verbindungsrelation. Die Bezeichnung Verbindungsrelation rührt daher, weil sie die anderen beiden semantisch (und dann später auch für Abfragen und Auswertungen) verknüpft. Auch sie benötigt natürlich einen Schlüssel. Dieser besteht aus den beiden von den Ausgangsrelationen übernommenen Attributen und ist unten an der Tabelle angegeben. Er ist das erste Beispiel für einen zusammengesetzten Schlüssel. Dazu später mehr.

Beziehungen in relationalen Datenmodellen und damit in relationalen Datenbanken können meist nur auf die oben beschriebene Weise erfasst werden, also nur durch Attribute, die von der einen Relation kommen (meist als Schlüssel) und bei der anderen eingefügt werden (meist als Fremdschlüssel). Nach der Übernahme eines Attributs als Fremdschlüssel gibt jedes Tupel eine der Beziehungen an.

5.7   Verknüpfung konkret

Es wurde oben schon deutlich: Relationen stehen nicht isoliert im Datenmodell, sondern sind miteinander verknüpft. Dies ist sogar ein grundsätzliches Wesensmerkmal relationaler Datenmodelle. Alle Relationen eines relationalen Datenmodells müssen untereinander in Beziehung stehen, wobei mit *Beziehung* die oben eingeführte Verknüpfung durch Attribute gemeint ist.

Anmerkung:
Eine Ausnahme von dieser Regel ergibt sich, wenn man Tabellen zum "Nachschlagen" mit in das Datenmodell integriert. Z.B. mit Kalenderdaten, wenn es um ein Datenmodell geht, bei dem Kalenderdaten eine große Rolle spielen. Eine solche "Nachschlagetabelle" ist nicht auf die übliche "relationale" Weise mit den übrigen Relationen des Datenmodells verknüpft (wie es in diesem Abschnitt erläutert wird), hat aber trotzdem Bedeutung für das Datenmodell.
Bei Datenbanken, deren Ersteller wenig Kompetenz in Datenmodellierung haben, sieht man Lösungen ohne attributbasierte Schlüssel-/Fremdschlüsselbeziehungen. Da werden dann diese Beziehungen im Anwendungsprogramm hinterlegt und durch dieses realisiert. Die jeweilige Semantik ist damit im Programm hinterlegt.

DBS / PROD mit Min-/Max-Angaben 1:n

Was bedeuten nun solche Verknüpfungen konkret? Die folgenden Abbildungen sollen darauf eine Antwort geben. Als Beispiel dient die Beziehung zwischen Datenbanksystemen (DBS) und ihren Produzenten. Da ein Produzent u.U. mehrere Datenbanksysteme herstellt und ein Datenbanksystem von einem einzigen Produzenten kommt, handelt es sich hier um eine 1:n - Beziehung mit den Min-/Max-Angaben 1,1 : 1,n. D.h., wir nehmen nur die Produzenten auf, von denen wir auch eine Datenbank erfasst haben. DBS erhält also einen Fremdschlüssel. Die textliche Fassung sei wie folgt:

DBS (#(Bez, Typ, Plattform, IdProd)

PROD (#IdProd, Ort, Straße, Land)

Hier das Datenmodell in grafischer Fassung.

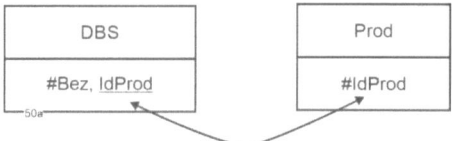

Abbildung 5.7-1:   Datenmodellfragment DBS / Prod in grafischer Darstellung

Nun zur Verdeutlichung die Relationen in Tabellenform mit abstrahierten Daten. Die Verbindungslinie soll wiederum zeigen, dass bei gleichen Ausprägungen eine Verknüpfung erfolgen kann. Dabei wird dann, z.B. mit SQL, das Tupel zu DBS4 über den Fremdschlüsseleintrag "P2" mit dem Tupel von "P2" in Prod verknüpft.

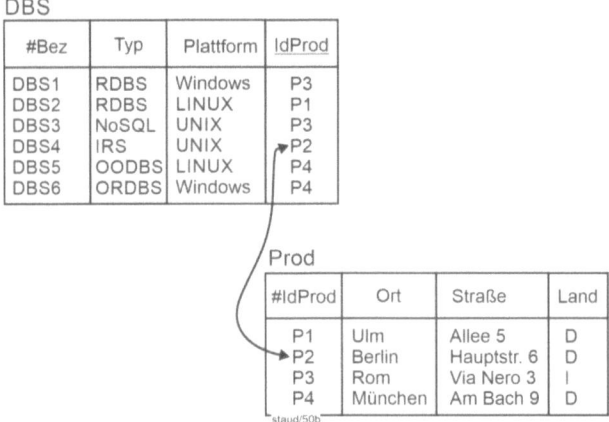

Abbildung 5.7-2:   Datenmodellfragment DBS / PROD in Tabellendarstellung

Dies wird noch deutlicher, wenn man wie in der nächsten Abbildung diese Tupelverknüpfung verdeutlicht. Die Pfeile deuten jetzt an, dass ein Tupel der Relation PROD(uzenten) mit mehreren Tupeln der Relation DBS verbunden sein kann, entsprechend der 1:n-Verknüpfung.

Hier kann man sich auch die Probleme vorstellen, die entstehen, wenn es Fremdschlüsseleinträge gibt, die beim zugehörigen Schlüssel nicht vorhanden sind. Dies ist auch explizit untersagt. Liegt es nicht vor, ist die sog. *referentielle Integrität* des Datenmodells und später der Datenbank gesichert (vgl. Abschnitt 5.9). Dagegen macht es datenbanktechnisch keine Probleme, wenn beim Schlüsselattribut einer solchen Verknüpfung Ausprägungen vorhanden sind, die "auf der anderen Seite" fehlen. Dann ist die Beziehung eben optional im oben diskutierten Sinn.

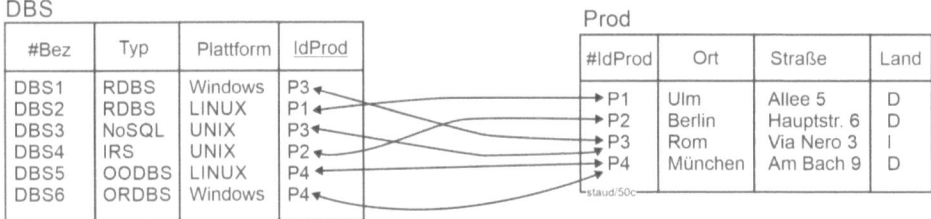

Abbildung 5.7-3:   Darstellung der Verknüpfung auf Tupelebene

Über eine solche relationale Verknüpfung können die beiden Relationen auch insgesamt zusammengeführt werden.

5.8   Mehrstellige Beziehungen

Zusammengesetzte Schlüssel. Es gibt natürlich auch mehrstellige Beziehungen in Datenbanken und Datenmodellen. In diesen Fällen muss immer eine Verbindungsrelation gebildet werden. Diese hat einen zusammengesetzten Schlüssel, der aus den Schlüsseln der beteiligten Relationen besteht, wie es auch dieses abstrakte Beispiel zeigt:

R1 (#Attr1, Attr2, Attr3, ...)

R2 (#Attr4, Attr5, ...)

R3 (#Attr6, Attr7, Attr8)

Verbindungsrelation

R1-R2-R3 (#(Attr1, Attr4, Attr6))

Soweit - sozusagen - die Standardlösung in einfacher abstrahierter Darstellung. In jedem Tupel der Verbindungsrelation ist dann genau eine Beziehung festgehalten. Der konkrete Aufbau hängt dann noch von den Min-/Max-Angaben und einer eventuellen zeitlichen Dimension ab. Außerdem werden natürlich nur die Schlüsselbestandteile Fremdschlüssel, für die es eine beschreibende Relation "am anderen Ende der Verknüpfung" gibt.

Beispiel: Training. Zwei Beispiele sollen dies noch mehr verdeutlichen. Im ersten geht es um das Training von Mannschaften, z.B. im Fussball. Der Trainer ist ein Angestellter des Vereins und hat deshalb eine Personalnummer (**PersNr**). Das Training kann an verschiedenen Orten stattfinden (Bezeichnung Ort: **BezOrt**). Die (vereinfachten) Relationen seien wie folgt:

Mannschaften (#MannschNr, Bez, ...)

Trainer (#PersNr, Name, VName, ...)

Orte (#BezOrt, Typ, Strasse, PLZ, Ort)

In einer konkreten Trainingsdurchführung kommen dann drei Objekte (im Sinne der konzeptionellen Modellierung) bzw. Relationen zusammen. Hinzugenommen werden muss noch der Zeitpunkt des Trainings (vgl. zur zeitlichen Dimension in der Datenmodellierung Kapitel 15), hier mit der Angabe des Tages. Der Einfachheit halber soll angenommen werden, dass nur einmal am Tag trainiert wird, dann reicht die Angabe des Tages aus:

Training (#(MannschNr, PersNr, BezOrt, Tag), Beginn, Ende)

Damit identifiziert jeder Schlüssel eine Trainingseinheit und das Tupel als Ganzes beschreibt sie. Hier einige Beispiele:

Training

MannschNr	PersNr	BezOrt	Tag	Beginn	Ende
1001	700	Stadion	20.9.2021	8.00	12.00
2000	440	Stadion	17.7.2021	9.00	10.30
1001	700	Halle	22.9.2021	14.00	17.30
...					

Vorlesungsbetrieb (VLB). Das zweite Beispiel betrifft die Durchführung von Vorlesungen über die Semester hinweg. Welche Vorlesung hat stattgefunden? Welcher Dozent hat sie realisiert, usw.? Also nicht die konkreten Vorlesungstermine, sondern die Durchführung der einzelnen Vorlesungen in den Semestern, z.B. der Vorlesung *Datenbanksysteme* mit der Vorlesungsnummer (**VorlNr**) *9012* im *SS2021* durch den Dozenten mit der **DozId** *Sta*. Das könnte die folgende Relation leisten:

VLB (#(VorlNr, Semester, DozId))

Zusätzlich existieren Relationen zu den Vorlesungen und den Dozenten:

Vorlesungen (#VorlNr, Bez, SWS, cps, ...)

Dozenten (#DozId, Name, Vorname, ...)

> Vgl. Abschnitt 16.5 für ein umfassendes Beispiel zum Vorlesungsbetrieb.

5.9   Integritäten

Dies ist nun die Stelle, um zwei grundsätzliche Forderungen an Relationen bzw. Datenmodelle anzuführen: *Objektintegrität* und *referentielle Integrität*.

Objektintegrität - Nie ohne vollständigen Schlüssel

Objektintegrität wird die Forderung genannt, dass kein Tupel mit unvollständigem Schlüssel in eine Relation eingetragen werden darf. D.h., es kommt natürlich vor, dass unvollständige Tupel in eine Relation eingetragen werden, z.B. weil eine Information noch fehlt, aber der Schlüssel muss vollständig vorhanden sein. Dies wird normalerweise gar nicht als Problem erkannt, da bei einem Schlüssel, der aus einem Attribut besteht, niemand auf die Idee kommt, ihn wegzulassen. Besteht der Schlüssel aber aus mehreren Attributen (vgl. den nächsten Abschnitt), kann man beim Eintragen schon auf diese Idee kommen.

Referentielle Integrität

Es wurde oben schon öfters thematisiert. Bei einer relationalen Verknüpfung sollten beim Fremdschlüssel keine Ausprägungen vorhanden sein, die es beim zugehörigen Schlüssel nicht gibt. Denn ist dies der Fall, gibt es zu der Ausprägung keine "Fortsetzung" in der anderen Relation.

Man kann es auch so formulieren: In den jeweiligen Fremdschlüssel einer relationalen Verknüpfung darf eine Ausprägung nur eingetragen werden, wenn sie als Ausprägung des Schlüssels in der anderen Relation (wo dieses Attribut ja Schlüssel ist) vorkommt. Damit soll verhindert werden, dass Fremdschlüsseleinträge erfolgen, die nicht verknüpft werden können.

Betrachten wir als Beispiel nochmals die beiden Relationen DBS (mit dem Fremdschlüssel **IdProd**) und PROD (mit dem Schlüssel **IdProd**). Die Forderung der referentiellen Integrität verbietet es, einen Produzenten in **DBS.IdProd** einzutragen, der nicht in **PROD.IdProd** vorhanden ist.

> Erinnerung: Die Schreibweise DBS.IdProd bedeutet "Attribut IdProd von der Relation DBS". Entsprechend bedeutet PROD.IdProd "Attribut IdProd von der Relation PROD".

5.10 Schlüssel vertieft

Oben kam es nun schon mehrmals vor. Zuletzt bei den mehrstelligen Verknüpfungen und davor in Abschnitt 5.6: Schlüssel, die aus mehr als einem Attribut bestehen. Das Beispiel aus Abschnitt 5.6 betraf die Projektmitarbeit. Die Relation

ProjMitarb (#(PersNr, BezProj))

benötigt zwei Attribute um den Sachverhalt ausdrücken, welche Angestellten in welchen Projekten mitarbeiten. Dann sieht man, dass Radetzky in den Projekten BPR und Change Management mitarbeitet, Müller aber nur im Projekt BPR.

Relation ProjMitarb

BezProj	PersNr
BPR	Müller
BPR	Radetzky
Change Management	Radetzky
...	...

Hier noch die grafische Darstellung solcher Relationen:

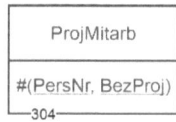

Textliche Notation. In der textlichen Notation werden zusammengesetzte Schlüssel wie oben gesehen angegeben. Hier noch ein weiteres Beispiel aus den obigen Abschnitten, *Abteilungszugehörigkeit (AbtZug)*, mit den Min-/Max-Angaben 01, : 0,n.

AbtZug (#(AbtBez, PersNr)) // vgl. Abschnitt 5.5

Grundsätzlich müssen die einzelnen Attribute des Schlüssels ("Schlüsselattribute") nicht Fremdschlüssel sein, sie sind es aber oft, da meist eine von den Fremdschlüsseln ausgehende relationale Verknüpfung vorliegt.

Konkurrierende Schlüssel

Von dieser Situation, dass ein Schlüssel aus mehreren Attributen besteht, ist zu unterscheiden, wenn eine Relation mehrere, voneinander unabhängige Schlüssel hat (*konkurrierende Schlüssel*). Nehmen wir als Beispiel eine Relation zu Abteilungen:

Abteilungen (#AbtID, #AbtBez, AbtLeiter, Standort)

Hier sind **AbtId** und **AbtBez** jeweils identifizierend.

Die grafische Darstellung:

Primärschlüssel und Sekundärschlüssel

Es soll zu jeder Abteilung eine identifizierende Kurzbezeichnung geben wie PW, ORG, IT, usw. und zusätzlich die ganz normale Bezeichnung. Beide erhalten die Raute für die Kennzeichnung als Schlüssel. In einem solchen Fall macht es auch Sinn, von *Sekundärschlüsseln* und *Primärschlüsseln* zu reden. Einer der Schlüssel, meist der für die interne Verknüpfung verwendete, wird zum Primärschlüssel, der andere ist dann der Sekundärschlüssel.

Der von einigen Autoren verwendete Begriff *Schlüsselkandidat* ist eine direkte Übersetzung des amerikanischen Begriffs "candidate key" für Sekundärschlüssel.

6 Zusammenfassung Grundlagen

6.1 Erste Schritte

Die bisherigen Ausführungen zum Entwurf eines relationalen Datenmodells lassen sich wie folgt zusammenfassen:

1. Schritt
Konzeptionelle Modellierung 1

- Im ersten Schritt wird die Komplexität des betrachteten Weltausschnitts dadurch reduziert, dass bedeutsame Objekte und Beziehungen identifiziert/festgelegt werden. Von Bedeutung für die Anwendung, für die Geschäftsprozesse, die dort eine Rolle spielen.

2. Schritt
Konzeptionelle Modellierung 2

- Dann werden bedeutsame Attribute von Objekten und Beziehungen erfasst. Auch bei den Attributen gilt, dass nur solche genommen werden, die "Bedeutung" im Sinn der obigen Anmerkung haben. Die Reihenfolge der ersten beiden Schritte ist unterschiedlich. Manchmal werden zuerst die Informationsträger (Objekte und Beziehungen) und dann die beschreibende Information (Attribute) entdeckt, manchmal ist es umgekehrt.

3. Schritt
Konzeptionelle Modellierung 3

- Im dritten Schritt werden die Objekte bzw. Beziehungen zusammengefasst, die durch dieselben Attribute beschrieben werden. Die sich dabei ergebenden Mengen werden Klassen genannt, Objektklassen bzw. Beziehungsklassen.

4. Schritt
Relationale Modellierung

- Im nächsten Schritt wird für Objekt- bzw. Beziehungsklassen je eine Relation angelegt. Dabei müssen die Anforderungen an Relationen beachtet werden. In dieser Phase sollte auch für jede Relation ein Schlüssel angelegt werden.

Die so entstehenden Relationen sind relational verknüpft. Ergab sich die Verknüpfung nicht direkt aus dem Designprozess, muss sie jetzt ergänzt werden. Nach dieser Phase liegen kleine Datenmodelle vor, Fragmente des geplanten Gesamtmodells.

6.2   Warum eigentlich flache Tabellen?

Warum stehen solche flachen Tabellen im Mittelpunkt eines datenbanktheoretischen Ansatzes? Wieso lässt man nicht Mehrfacheinträge zu[7], die sich ja ständig ergeben (vgl. unten). Die Gründe sind i.w. folgende:

- Mit den beschriebenen flachen Tabellen ist eine umfassende Modellierung möglich, d.h. die im konventionellen Bereich vorkommenden Datenstrukturen können dadurch repräsentiert werden. Mit "konventionell" ist hier v.a. der kaufmännische Bereich gemeint. Zusätzlich aber auch alle anderen, deren Informationen sich durch Attribute erfassen lassen. Nichtkonventionell in diesem Sinn sind z.B. die Datenbanken der Chemie, Physik, der Technik (teilweise), usw. Hier liegen neben den Attributen ganz andere Informationsarten vor (Strukturformeln, Spektren, technische Zeichnungen, usw.). Ebenso nichtkonventionell sind die sog. unstrukturierten Daten, die unter dem Stichwort BigData und NoSQL behandelt werden (vgl. Kapitel 24).
- Flache Tabellen können weitgehend redundanzfrei organisiert werden.
- Eine Modellierung mit flachen Tabellen ist insgesamt übersichtlich.
- Flache Tabellen können ohne Schwierigkeit verknüpft werden, um entsprechende Datenstrukturen abzubilden (z.B. solche, die sich als 1:n- oder n:m- Beziehungen äußern).
- Flache Tabellen können problemlos als Dateien geführt und dann leicht abgefragt und verwaltet werden.

Die Anhängsel "_UN" (unnormalisiert) und "_1NF" (erste Normalform) werden im nächsten Kapitel erläutert.

Das folgende Beispiel der Relationen Pers_UN (UN=in **un**normalisierter Form, eine Tabelle zu Personen mit Mehrfacheinträgen) und Pers_1NF (Relation zu Personen als flache Tabelle[8]) möge dies veranschaulichen. In beiden wird für irgendwelche Personen festgehalten, welche Programmiersprachen sie beherrschen (**ProgSpr**) und wieviel Jahre Erfahrung sie damit haben (**Erfahrung**). Die Attribute **ProgSpr** und **Erfahrung** haben Mehrfacheinträge, was ja nicht erlaubt ist. Außerdem hängen die beiden Attribute dergestalt zusammen, dass die Angabe zur Programmiererfahrung an einer bestimmten Position zur Programmiersprache an derselben Position gehört.

---

7   Es gibt in der Tat Datenbanksysteme, die ausdrücklich solche nicht-flachen Strukturen zulassen, dominierend sind aber in Unternehmen (bzw. Organisationen aller Art) derzeit Relationale Datenbanksysteme.

8   Eine solche Relation wird als Relation in erster Normalform (1NF) bezeichnet (vgl. unten), was einfach bedeutet, dass sie keine Mehrfacheinträge hat, d.h. flach ist.

Pers_UN

#PersNr	ProgSpr	Erfahrung
123	C, COBOL, PHP, C++	10, 14, 2, 5
456	C++, Java, C	5, 2, 7

Pers-UN enthält als Ausprägungen des Attributs **ProgSpr** eine Liste der Programmiersprachen, die von der jeweiligen Person beherrscht werden. Das Attribut **Erfahrung** gibt die Zahl der Jahre an, die mit der Sprache gearbeitet wurden. Die Beziehung zwischen den Attributsausprägungen von **ProgSpr** und **Erfahrung** wird nur durch die Position in der Liste festgehalten.

Flach durch Tupelvermehrung

Die nachfolgende Tabelle zeigt dieselben Daten als flache Tabelle. Dabei wurde einfach für jeden der Mehrfacheinträge ein eigenes Tupel angelegt. Diese Methode wird *Tupelvermehrung* genannt.

Pers_1NF

PersNr	ProgSpr	Erfahrung
123	C	10
123	COBOL	14
123	PHP	2
123	C++	5
456	C++	5
456	Java	2
456	C	7

#(PersNr, ProgSpr)

Auch wenn diese Relation auf den ersten Blick redundant anmutet, ist sie es im relationalen Sinn nicht und stellt eine effiziente und "wartungsfreundliche" Informationsstruktur dar. Wenn die Mehrfacheinträge so wie hier beseitigt sind,

- ... kann jedes Feld leichter abgefragt werden. In Pers-UN kann die Suche nach allen, die C++ beherrschen, nicht einfach durch Abgleich erfolgen, sondern durch das Absuchen der Zeichenkette nach dem Auftreten der Zeichenfolge "C++".

- ... kann jedes Feld für die Verknüpfung mit anderen Relationen genutzt werden. Hier z.B. zu einer Relation, die zu den jeweiligen Programmiersprachen nähere Angaben enthält.

- ... ist die Beschreibung der Objekte eindeutig, denn sonst kann bereits bei zwei Feldern mit Mehrfacheinträgen die Eindeutigkeit verloren gehen. Beispiel: In der Tabelle Pers_UN ist die Zuordnung zwischen Programmiersprache und Programmiererfahrung sicherlich schwerer korrekt zu halten, als in der Relation Pers_1NF.

- ... ist ohne Schwierigkeit in die heute gängigen Dateitypen abzubilden (z.B. als indexsequentielle Datei).

- ... ist leichter zu korrigieren, wenn z.B. die Schreibweise einer Ausprägung an allen Stellen geändert werden soll. In Pers-UN erfordert dies lange Suchprozesse und nicht ganz einfache Änderungen, in Pers_1NF könnte durch einen Befehl in allen Datensätzen z.B. "Fortran" durch "Fortran 2000" ersetzt werden.

Die Bedeutung der flachen Tabelle ist also sehr groß und kann so zusammengefasst werden:

Relationale Datenbanken bauen in all ihren Aspekten (Datenstruktur, Datenab-frage, Datenverwaltung, usw.) voll auf flachen Tabellen mit den beschriebenen Eigenschaften auf (Relationen). Diese sind daher beim Entwurf des Datenmo-dells zu realisieren.

Ausnahmen stellen Felder dar, die ausdrücklich nur zur Ausgabe dienen, die also weder Schlüsselattribut sind, noch Determinanten (vgl. unten), noch in Abfragen für die Festle-gung der auszugebenen Menge dienen, noch die Verknüpfung mit anderen Relationen leisten.

***Teil III

Optimierung des Datenbankentwurfs

7 Die erste Normalform (1NF)

Wenn es um die relationale Theorie geht, insbesondere um die Normalformenlehre, ist der Klassiker von Date immer noch die erste Wahl. Er ist 2006 in 8. Auflage erschienen:

Date, C.J; Kannan, A. und Swamynathan, S.: *An Introduction to Database Systems. (8. Auflage)*, New Delhi 2006

Vgl. dort insbesondere die vertiefenden Ausführungen zum Datenbankentwurf in *Part III Database Design*.

Mit dem in den ersten sechs Kapiteln gelernten kommt man schon sehr weit im Datenbankdesign. Man könnte sogar schon einen ersten Datenmodellentwurf aufstellen. Dies wird aber noch etwas verschoben, auf das Ende dieses Kapitels. Denn dieser erste mögliche Entwurf weist in der Regel noch viele Unzulänglichkeiten auf, v.a. Mehrfacheinträge und Redundanzen. Deren Beseitigung wird in den nächsten acht Kapiteln beschrieben.

7.1 Optimierung durch Normalisierung

"Optimierung" bedeutet hier unterschiedliches, z.B. auch die *Beseitigung eventueller Mehrfacheinträge*, v.a. aber die *Beseitigung von Redundanz* in den Daten einer Relation. Diese bedeutet hier, dass ein und dieselbe Information in einer Relation mehrfach erfasst wird. Z.B. die Tatsache, dass Person X die Programmiersprache C++ beherrscht. In den folgenden Abschnitten sind viele Beispiele für Redundanzen in Relationen angeführt.

Zentrale Regel des Datenbankentwurfs

Letztendlich ist eine Regel für die im folgenden dargestellten Bemühungen verantwortlich, die wegen ihrer Bedeutung getrost zu einer zentralen Regel des Datenbankentwurfs ernannt werden kann:

Jede Information darf in einer Datenbank nur einmal vorkommen.

Dabei geht es um Information im "Attributsinne". Also z.B. die Information, dass *Lisa Steiner* in der Abteilung *Controlling* arbeitet, dass *Heiner Müller* Abteilungsleiter der Abteilung *Personalwesen* ist, dass *Angelika Widmer* die Programmiersprache *C++* beherrscht, usw.

Normalformen. Als Werkzeug für diese Optimierung stellt die relationale Datenbanktheorie die Normalformen zur Verfügung. Insgesamt gibt es sechs, die

- Erste Normalform (1NF)
- Zweite Normalform (2NF)
- Dritte Normalform (3NF)
- Boyce-Codd - Normalform (BCNF)
- Vierte Normalform (4NF) und die
- Fünfte Normalform (5NF).

Aufbauend. Die einzelnen Normalformen bauen aufeinander auf. Ist die n-te erfüllt, sind auch alle "darunterliegenden" erfüllt. Jede Normalform hat das Ziel, das Datenmodell - aufbauend auf der vorangehenden - weiter zu "optimieren". Was dies jeweils bedeutet, wird bei den Normalisierungsschritten betrachtet.

Universalrelation. Die Normalformen kommen zum Zug, wenn die Objekt- und Beziehungsklassen des ersten Entwurfs in Relationen "gegossen" und die Verknüpfungen geklärt wurden - wie in Teil I dargestellt. Oftmals endet dieser erste Entwurf auch in einer einzigen großen *Universalrelation*, in die alle gewünschten Attribute geschrieben wurden. Auf die Relationen dieses ersten Datenmodells werden dann die Normalformen angewandt.

7.2 Definition und Herbeiführung

Definition: 1NF. Oben - bei der Definition von Relationen - wurde bereits beschrieben, dass Relationen *flache Tabellen* (d.h. ohne Mehrfacheinträge) mit den angeführten Eigenschaften sind. Dann sind sie auch gleich in erster Normalform (1NF). Solange sie diese Eigenschaften nicht voll erfüllen werden sie, sprachlich nicht ganz korrekt, als *unnormalisierte Relationen* bezeichnet.

Definition 1NF
Eine Relation ist in 1NF, falls sie keine Mehrfacheinträge aufweist.

Datenmodelle mit NF. Auch einem gesamten Datenmodell kann man eine Normalform zuweisen. Dabei ist die niedrigste gemeinsame Normalform aller Relationen die des Datenmodells. Haben z.B. alle Relationen eines Datenmodells die 3NF erreicht, ist auch das Datenmodell in dieser, aber nur dann.

"Unnormalisierte Relationen" kommen sehr oft vor, teilweise schon beim ersten Anlegen einer Relation, vor allem aber bei der Weiterentwicklung im Rahmen der Normalisierung. Z.B. weil ein neu hinzukommendes Attribut Mehrfacheinträge aufweist. Ein Beispiel wurde oben schon angegeben, die Relationen Pers_UN, die dann in die 1NF gebracht wurde (Pers_1NF). In den folgenden Kapiteln werden oft die Normalformen an die Relationenbezeichnung angehängt, z.B. auch, um die Entwicklung einer Relation über mehrere Normalformen deutlich zu machen.

Herbeiführung der 1NF. Wie wird nun die 1NF herbeigeführt? Insgesamt gibt es folgende Verfahren, eine unnormalisierte Relation in die 1NF zu bringen, wobei aber nur die ersten drei korrekt sind:

- Tupelvermehrung
- Zerlegung entlang einer 1:n - Beziehung
- Zerlegung entlang einer n:m - Beziehung
- Attributvermehrung
- Ausprägungen zu Attributsnamen
- Neue Ausprägungen

7.3   Tupelvermehrung

Die Ausgangsrelationen haben hier den Zusatz "_UN" für "unnormalisiert". Die optimierten Relationen erhalten in diesem Abschnitt das Anhängsel 1NF, auch wenn in Wirklichkeit die erreichte Normalform SCHON HÖHER IST. Diese höheren Normalformen sind aber an dieser Stelle des Textes noch nicht bekannt.

Die Tupelvermehrung wurde oben bereits gezeigt, beim Weg von der Pers_UN zur Pers_1NF. Dabei werden die Mehrfacheinträge so aufgelöst, dass für jeden Eintrag ein eigenes Tupel angelegt wird. So entstanden in Pers_1NF für die Person mit der Personalnummer 123 insgesamt vier Tupel, für jede Programmiersprache eines. Diese Lösung ist naheliegend, man stelle sich aber vor, es würden zahlreiche weitere Attribute in der Relation noch folgen. Dann würde diese Lösung eine gewaltige Vervielfachung von Informationen bedeuten. Auf der anderen Seite erlaubt diese Lösung problemlos die spätere Abfrage der Daten. Sie passt insofern hervorragend in den relationalen Ansatz.

Zweites Beispiel Prod_UN. Die Relation Prod_UN erfasst abstrahiert und vereinfacht Hersteller von Datenbanksystemen, mit den Datenbanksystemen und Adressangaben.

Prod_UN

#NameProd	BezDBS	Ort	Straße	Land
Microsoft	FoxPro, ACCESS	AAA	...	...
Borland	Visual dBase, Paradox	BBB	...	...
CA	INGRES	CCC	...	...
Oracle	Oracle	DDD	...	...
...				

NameProd = Name des Herstellers eines Datenbanksystems.
BezDBS = Name des Datenbanksystems. Ort, Straße,
Land = Adressangaben zum Produzenten.

Die Tupelvermehrung führt zu folgender Lösung:

Prod_1NF

NameProd	#BezDBS	Ort	Straße	Land
Microsoft	FoxPro	AAA	...	...
Microsoft	ACCESS	AAA	...	...
Borland	Visual dBase	BBB	...	...
Borland	Paradox	BBB	...	...
CA	INGRES	CCC	...	...
Oracle	Oracle	DDD	...	...
...				

Schlüssel: #BezDBS

Hier wird die Erhöhung der Redundanz offensichtlich. Die Adressangaben werden für jedes Datenbanksystem wiederholt. Das Ausmaß der Redundanz wird noch deutlicher, wenn man sich vorstellt, die Adressangaben würden aus den üblichen 10 bis 20 Attributen bestehen. Trotzdem ist obiger Lösungsweg für die Herbeiführung der 1NF sinnvoll, da die dabei evtl. entstehende Redundanz schon beim nächsten Optimierungsschritt, der Realisierung der 2NF, beseitigt wird.

Abkürzungen. Führt man das obige Verfahren durch, entstehen somit erstmals Redundanzen, die dann aber im nächsten Schritt beseitigt werden. Will man dieses vorübergehende Auftreten von Redundanzen nicht, muss man eines der Verfahren wählen, die in den nächsten zwei Abschnitten vorgestellt werden. Diese erfordern allerdings ein vertieftes Verständnis relationaler Beziehungen.

7.4   Zerlegung nach 1:n

Oftmals rühren Mehrfacheinträge daher, dass eine 1:n - Verknüpfung nicht erkannt wurde. Erkennt man dies, kann man sich den Umweg über die Tupelvermehrung sparen[9] und gleich die Zerlegung durchführen. Dann wird also die Ausgangsrelation in zwei miteinander verknüpfte Relationen zerlegt.

Zu erkennen ist dieses Strukturdefizit daran, dass es mindestens ein Attribut gibt, das gegenüber dem Schlüssel Mehrfacheinträge aufweist. Die Lösung ist dann wie folgt:

- Ist es nur ein Attribut, muss dieses identifizierenden Charakter haben. Es wird in eine eigene Relation ausgelagert, zusammen mit dem Schlüssel der Ausgangsrelation. Dieser bildet den Fremdschlüssel für die relationale Verknüpfung. Hier drückt die neue Relation also die Beziehung aus. Vgl. das folgende Beispiel Prod_UN.
- Sind es mehrere, bilden diese eine eigene Relation. Eines ist der Schlüssel, der Schlüssel der Ausgangsrelation bildet den Fremdschlüssel.

Beispiele

Beispiel Prod_UN. Betrachten wir nochmals die Relation Prod_UN von oben:

Prod_UN (#NameProd, BezDBS, Ort, Straße, Land)

---

9   Die Tupelvermehrung führt im darauffolgenden Schritt auch zu einer Zerlegung.

Die Semantik soll so sein[10], dass ein Datenbanksystem auch nur *von einem* Produzenten hergestellt wird. Dann handelt es sich um eine eindeutige 1:n - Beziehung zwischen Produzenten und Datenbanksystemen[11]. Die Zerlegung führt zu folgenden Relationen:

Prod_1NF

#NameProd	Ort	Straße	Land
Microsoft	...	...	...
Borland	...	...	...
CA	...	...	...
...			

DBS_1NF

#BezDBS	NameProd
FoxPro	Microsoft
ACCESS	Microsoft
Visual dBase	Borland
Paradox	Borland
INGRES	CA
...	

Fremdschlüssel: NameProd

Eigentlich sind diese beiden Relationen schon in der 5NF, da die weiteren Normalformen aber noch nicht besprochen sind, wird hier die nächste erreichte Normalform in der Relationenbezeichnung angeführt.

Wiederverknüpfbarkeit. Wie oben beschrieben, führt diese Zerlegung zu einer neuen Relation in der das Attribut mit den Mehrfacheinträgen zum Schlüssel wird und der Schlüssel der Ausgangsrelation in die neue Relation als Fremdschlüssel kommt. Mit ihm können die beiden Relationen bei Bedarf wieder verknüpft werden. Diese Möglichkeit, auch nach einem durch die Normalisierung erzwungenen Zerlegungsschritt die "alten" Attribute wieder zusammenzufügen, ist von großer Bedeutung. Sie ist Ausdruck einer der Grundregeln der Normalisierung:

Die Zerlegungen im Rahmen der Normalisierung dürfen zu keinem Informationsverlust führen.

Der Grund ist einfach: In der unnormalisierten Relation wurden die Attribute ja nicht willkürlich zusammengestellt, sondern weil sie "irgendwie" zusammengehören (vgl. unten). Dieser Zusammenhang kann bei Auswertungen oder Abfragen wieder Bedeutung gewinnen.

"Vermengung" schafft Redundanz

Doch zurück zu den beiden Relationen. Sie machen deutlich, dass die Ursprungsrelation *zwei verschiedene Aspekte der Realwelt* erfasst hat: zum einen die Beschreibung der Produzenten (von Datenbanksystemen), zum anderen die Beziehung "wer produziert welches

---

10 Das "Festlegen der Semantik" ist ein durchaus notwendiges Verfahren beim Datenbankdesign. Es ist natürlich nur möglich, wenn die Festlegung nicht die Erfüllung des Zwecks der Datenbank behindert.

11 Denn dann steht ein Datenbanksystem mit einem Produzenten und ein Produzent mit mehreren Datenbanksystemen in der genannten Beziehung.

System?". Eine solche Vermengung zweier Aspekte in einer Relation führt immer zu Schwierigkeiten. Die Zerlegung in die zwei Relationen führt zu einer sauberen Trennung.

Beispiel Projektmitarbeit: ProjMitarb

Im folgenden Beispiel geht es um eine Relation zu Angestellten (Ang), in die auch die Information eingefügt wurde, die festhält, in welchen Projekten er oder sie mitarbeitet (**BezProj**). Damit weist **BezProj** Mehrfacheinträge auf. Die Lösung sieht so aus, dass eine neue Relation ProjMitarb in der oben beschriebenen Form entsteht (vgl. die Abbildung). Jedes Tupel dieser Relation erfasst eine Beziehung, der Schlüssel der Ausgangsrelation **PersNr** ist hier Fremdschlüssel und Schlüsselbestandteil.

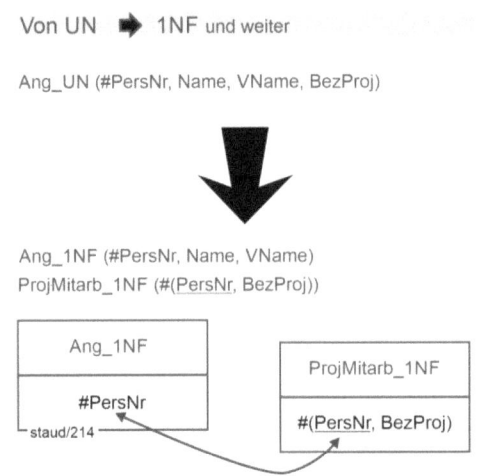

Abbildung 7.4-1:   Der Weg zur 1NF - am Beispiel *Projektmitarbeit*

Beispiel Kundenrechnungen

Das letzte Beispiel zu diesem Themenbereich beschäftigt sich mit Rechnungsartikeln. Hier wurden in einer Relation zu Rechnungsköpfen auch die Artikel (mit der Artikelnummer, **ArtNr**) erfasst. Damit liegen natürlich Mehrfacheinträge vor. Beseitigt werden sie durch eine Relation Rechnungsartikel (ReArtikel), in der sich die Artikelnummer und der Schlüssel der Ausgangsrelation befinden. Zusammen sind sie Schlüssel der neuen Relation. Jedes Tupel der neuen Relation erfasst jetzt genau einen in der Rechnung enthaltenen Artikel.

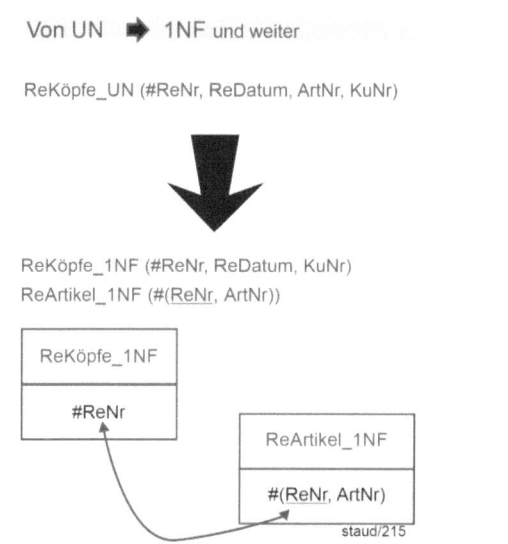

Abbildung 7.4-2:   Der Weg zur 1NF - am Beispiel *Rechnungsköpfe / Artikel*

7.5 Zerlegung nach n:m

Mehrfacheinträge durch nicht erkannte n:m-Beziehung

Oftmals gehen Mehrfacheinträge auch darauf zurück, dass in den Daten eine n:m - Beziehung vorliegt und nicht erkannt wird. Dann muss eine Zerlegung in drei Relationen erfolgen. Eine für die erste Objektklasse, eine für die zweite und eine für die Verknüpfung. Letztere wird zur *Verbindungsrelation*.

Beispiele

Das erste Beispiel ist eine leicht veränderte Version der Relation Pers_UN. Nehmen wir an, dass wir beim Attribut **ProgSpr** nicht einen spezifischen Compiler, sondern nur die Bezeichnung der Programmiersprache erfassen. Dann handelt es sich um eine n:m - Beziehung zwischen Angestellten und Programmiersprachen: eine Person kann mehrere Programmiersprachen beherrschen und eine Programmiersprache wird u.U. von mehreren Personen beherrscht.

Pers_UN

#PersNr	Name	ProgSpr	Stellenwert
123	Maier	C, COBOL, PHP, C++	1, 4, 2, 3
456	Müller	C++, Java, C	3, 5, 10
...			

n:m in Mehrfacheinträgen. Das Attribut **Stellenwert** beschreibt die Bedeutung, den die Programmiersprache *für das Unternehmen* hat. Mit diesem Attribut werden also die Programmiersprachen beschrieben. Insgesamt sind die Angestellten, die Programmiersprachen und ihre Programmierkompetenz in dieser Relation erfasst. Zu erkennen ist das Vorliegen einer n:m - Beziehung in den Mehrfacheinträgen entweder aus der Semantik des Weltausschnitts heraus, wenn es sich in Wirklichkeit um zwei Objektklassen A und B handelt, die zusammen in einer Relation beschrieben werden, oder durch die einfache

Analyse der Daten. Hier machen z.B. die drei folgenden Beziehungen bereits den n:m-Charakter deutlich:

- Maier mit C
- Müller mit C
- Müller mit C++

D.h., ein Angestellter beherrscht mehrere Sprachen und eine Sprache wird von mehreren Angestellten genutzt. In einem solchen Fall wird die unnormalisierte Relation in drei Relationen zerlegt: eine für die eine Objektklasse, eine für die andere und eine für die Beziehung zwischen ihnen. Die Relationen, die die Objektklassen repräsentieren, erhalten als Schlüssel jeweils eines der Attribute mit Mehrfacheinträgen und alle Attribute, die dieselbe Objektklasse beschreiben. Die Relation für die Beziehungsklasse, die *Verbindungsrelation*, enthält die beiden Schlüssel, die in ihr zusammen Schlüssel und allein Fremdschlüssel sind.

Im obigen Beispiel entstehen dann folgende Relationen: Pers beschreibt die Objektklasse der Personen, ProgSpr die der Programmiersprachen und Kompetenz ist die Verbindungsrelation die festhält, welche Person welche Programmiersprache beherrscht.

Pers

#PersNr	Name
123	Maier
456	Müller
...	

PS

#ProgSpr	Stellenwert
C	1
COBOL	4
Fortran	2
Prolog	3
C++	10
...	

Kompetenz

PersNr	PS
123	C
123	COBOL
123	Fortran
123	Prolog
456	C
456	C++
...	

#(PersNr, PS)

Im realen Datenbankentwurf ist es meist so, dass sich die m:n - Beziehung bereits bei der ersten Beschreibung des Weltausschnittes herausstellt und dann gleich entsprechend berücksichtigt werden kann.

Der Vorteil der Zerlegung einer solchen in einer Relation angelegten n:m - Beziehung in mehrere Relationen ist fundamental. Erst dadurch werden die Informationen zugängig und können für Abfragen und Verknüpfungen sinnvoll genutzt werden. Der einzige Nachteil ist unumgänglich und liegt in der Zerlegung selbst, da bei Abfragen mit mehreren Relationen gearbeitet werden muss.

Kundenadressen (KuAdr). Das zweite Beispiel betrifft die Situation zwischen Kunden und Adressen. Ein Kunde soll mehrere Adressen haben und unter einer Adresse sollen mehrere Kunden wohnen können. Ausgangspunkt ist die unnormalisierte Kundenrelation:

Kunden_UN (#KuNr, Name, Vname, PLZ, Ort, Straße)

In ihr werden zum einen Kunden beschrieben (über **#KuNr**, **Name**, **VName**), zum anderen Adressen (**PLZ**, **Ort**, **Straße**). Die Lösung besteht nun darin, für die Kunden eine eigene Relation anzulegen (Kunden_1NF) mit dem Schlüssel **KuNr**. Genauso für die Adressen (Adressen_1NF) mit einer Adressennummer (**AdrNr**). dieser Schlüssel muss hinzugefügt werden. Die Verbindung zwischen Adressen und Kunden wird über eine Verbindungsrelatioin **KuAdr_1NF** hergestellt. In solchen Verbindungsrelationen sind dann die beiden Schlüssel der Ausgangsrelationen Fremdschlüssel und zusammen der Schlüssel.

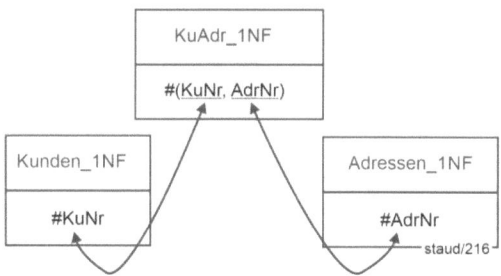

staud/216

Abbildung 7.5-1:   Der Weg zur 1NF - am Beispiel *Kundenadressen* - Variante 1

Pragmatik. Oftmals wird darauf verzichtet die Tatsache, dass mehrere Kunden dieselbe Adressen haben, in die Modellierung einzubeziehen. Man verhindert damit zwar Redundanz in den Daten (allerdings nicht sehr viel), muss aber eine weitere Relation akzeptieren, was die Abfragen und Auswertungen komplizierter macht. Die einfachere Lösung zeigt die folgende Abbildung. Die Beziehung zwischen Kunden und Adressen wird als 1:n - Beziehung festgelegt, so dass bei jeder Adresse die Kundennummer (**KuNr**) als Fremdschlüssel hinterlegt werden kann. Eine solche pragmatische Entscheidung muss im Datenbankdesign öfters gefällt werden. Sie sollte jeweils in ihren Konsequenzen sorgfältig bedacht werden.

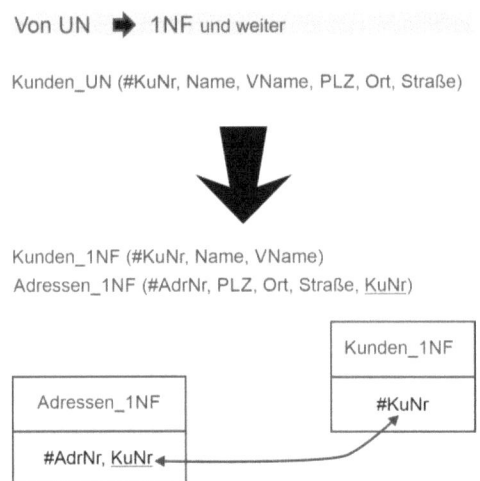

Abbildung 7.5-2:   Der Weg zur 1NF - am Beispiel *Kundenadressen* - Pragmatische Variante 2

Mehrere Mehrfacheinträge - Siehe auch Kapitel 12 mit der 4NF

Es kommt auch vor, dass beim Entwurf einer Relation mehrere einzelne Attribute Mehrfacheinträge aufweisen. In einem solchen Fall muss man die Mehrfacheinträge in getrennten Relationen auflösen. Für jedes Attribut entsteht also eine neue Relation mit dem Attribut, das Mehrfacheinträge aufweist und mit dem Schlüssel der ursprünglichen Relation. Dies ist auch Gegenstand der 4NF, die in Kapitel 12 beschrieben wird. Bei ihr geht es um die Schwierigkeiten, die man sich einhandelt, wenn man beide (oder noch mehr) Mehrfacheinträge innerhalb einer Relation auflöst.

Mehrere Spieler, mehrere Trainer. Die folgende Abbildung zeigt ein Beispiel. In eine Relation, die Mannschaften beschreibt (Fußball, Handball, ...) wurde auch ein Attribut für die Spieler (identifiziert durch die Spielernummer, **SpNr**) und eines für die Trainer (identifiziert durch die Trainernummer, **TrNr**) eingefügt. Beide haben aber Mehrfacheinträge, gehören also nicht in diese Relation. In die erste Normalform kommen die Relationen, indem man für beide eine neue Relation anlegt. Die Verknüpfung zur Ausgangsrelation erfolgt über die Mannschaftsbezeichnung (**MaBez**) als Fremdschlüssel in den beiden neuen Relationen.

Von UN ➡ 1NF und weiter

Mannschaften_UN (#MaBez, SpNr, TrNr, KapNr, Liga)

Mannschaften_1NF (#MaBez, KapNr, Liga)
Spieler_1NF (#(<u>MaBez</u>, SpNr))
Trainer_1NF (#(<u>MaBez</u>, TrNr))

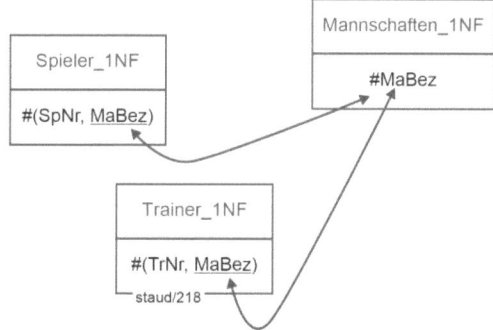

Abbildung 7.5-3:   Der Weg zur 1NF - am Beispiel *Mannschaften*

Projektmitarbeit n:m. Wie sehr eine kleine Änderung in der Attributzusammensetzung der unnormalisierten Relation das Ergebnis verändert zeigt das folgende Beispiel. In Abbildung 7.4-1 wurde Projektmitarbeit nur mit einem Attribut erfasst (der Projektbezeichnung). Das Ergebnis war dann eine einzige ausgelagerte Relation. Werden die Projekte aber durch zwei oder mehr Attribute beschrieben, wird aus der "1:n-Zerlegung" eine "n:m-Zerlegung", wie es die folgende Abbildung zeigt.

Hier wird für die Projekte noch zusätzlich die Länge und der Standort (**StOrt**) erfasst. Dadurch entsteht die weitere Relation Projekte_1NF. Der Grund ist klar: Die Projektbezeichnung ist nicht mehr nur beschreibendes (mehrwertiges) Attribut von Angestellte, sondern Schlüssel einer eigenständigen Relation.

Von UN  1NF und weiter

Angestellte_UN (#PersNr, Name, VName, BezProjekt, Länge, StOrt)

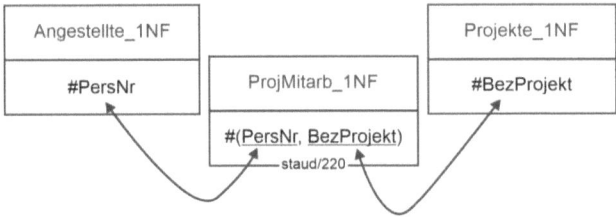

Angestellte_1NF (#PersNr, Name, VName)
ProjMitarb_1NF (#(PersNr, BezProjekt))
Projekte_1NF (#BezProj, Länge, StOrt)

Angestellte_1NF	ProjMitarb_1NF	Projekte_1NF
#PersNr	#(PersNr, BezProjekt) staud/220	#BezProjekt

Abbildung 7.5-4:   Der Weg zur 1NF - am Beispiel *Projektmitarbeit*

7.6   Schlechte Lösungen

Attributvermehrung

Ein oft genutzter Lösungsweg für die Beseitigung von Mehrfacheinträgen besteht darin, aus dem Attribut mit Mehrfacheinträgen mehrere Attribute zu machen und zwar so, dass jedes der neu entstandenen Attribute "flach" ist. Dabei hängt die Zahl der entstehenden Attribute von der maximalen Zahl von Ausprägungen ab, die sich bei den Mehrfacheinträgen finden. Betrachten wir folgende Variante der Relation Pers_UN, bei der zu jedem Angestellten noch der Name angegeben ist.

Pers_UN

#PersNr	ProgSpr	Name
123	C, COBOL, PHP, C++	Müller
456	C++, Java, C	Maier
234	PHP, C	Schweizer
345	Smalltalk, Prolog	Fricksen
567	C++, Java	Rau

Die maximale Zahl von Mehrfacheinträgen ist vier. Mit obigem Verfahren sieht die auf diese Weise in die 1NF gebrachte Relation dann so aus:

Pers_1NF

PersNr	PS-1	PS-2	PS-3	PS-4	Name
123	C	COBOL	PHP	C++	Müller
456	C++	Java	C	-	Maier
234	PHP	C	-	-	Schweizer
345	Smalltalk	Prolo	-	-	Fricksen
567	C++	Java	-	-	Rau

Es ist wohl sofort ersichtlich, dass diese Lösung zwar zu einer flachen Tabelle führt, in der Praxis aber kaum bestehen kann und den Prinzipien der relationalen Theorie in vollem Umfang widerspricht. Einige der Nachteile:

- Die Abfrage der Programmiersprachen wird komplizierter (man stelle sich eine Abfrage des Typs "Wer beherrscht Java?" vor, von komplizierteren Abfragen ganz zu schweigen).
- Relationale Verknüpfungen über ein solches Feld sind praktisch unmöglich.
- Sollte jemand eingestellt werden, der mehr als vier Programmiersprachen beherrscht, muss die Struktur der Relation geändert werden.
- Da die Zahl der Mehrfacheinträge in der Regel stark schwankt, entstehen viele Felder mit Leereinträgen.

Diese Lösung ist somit nicht mit der relationalen Theorie vereinbar.

Ausprägungen zu Attributsnamen

Dasselbe gilt für die Lösung, die in der folgenden Tabelle angedeutet ist. Hier wurden die Attributsausprägungen eines Attributs (beherrschte) **Programmiersprachen** zu Attributsnamen gemacht. Leider ist so etwas in real existierenden Datenbanken sehr oft zu sehen.

Pers_1NF

PersNr	C	PHP	Prolog	C++	Cobol	Java	Smalltalk	Name
123	ja	ja		ja	ja			Müller
234	ja	ja						Schweizer
345			ja				ja	Fricksen
456	ja			ja		ja		Maier
567				ja		ja		Rau

Eine solche Lösung hat alle oben beschriebenen Schwächen. Zusätzlich ist es ohne Kontaktierung des Data Dictionary[12] nicht mehr möglich abzufragen, welche Programmiersprachen im Unternehmen vorhanden sind.

Neue Ausprägungen

Auch die letzte hier angeführte Lösung ist nicht tauglich. Dabei wird das Attribut einfach umdefiniert, z.B. von "Beherrschte Programmiersprachen" zu "Liste der beherrschten Programmiersprachen" bzw. von "Telefonnummer" zu "Liste der Telefonnummern". Natürlich bedeutet auch dies den gänzlichen Verzicht auf alle Operationen, die über die reine Informierung durch die Ausprägungen hinausgehen.

---

12 Ein Verzeichnis der Relationen, der Schlüssel, der Fremdschlüssel, der sonstigen Attribute, der semantischen Integritätsbedingungen, usw., welches vom Datenbanksystem bei der Anlage der Datenbank automatisch erstellt wird.

7.7 Relationale Datenmodelle

Textliche und grafische Darstellung (auch *Notation* genannt)

Oben wurden ja schon zahlreiche Modellfragmente erstellt. Spätestens nach der Herbeiführung der 1NF lohnt es sich aber, ganze Datenmodelle mit mehreren Relationen, Verknüpfungen, usw. darzustellen. Dabei wird dann auch deutlich, welche Bedeutung die beiden Darstellungstechniken (textliche und grafische) haben.

- Die *grafische Darstellung* zeigt den Gesamtzusammenhang auf, die Verknüpfung der einzelnen Relationen durch Schlüssel und Fremdschlüssel. Deshalb werden in dieser Notation auch nur Fremdschlüssel und Schlüssel angegeben (vgl. die folgende Abbildung). Die Beziehungen zwischen den Relationen, die relationalen Verknüpfungen, werden durch die oben schon gezeigten Linien zwischen den beteiligten Attributen ausgedrückt (meist Schlüssel in der einen und Fremdschlüssel in der anderen Relation).
- Die *textliche Notation* gibt dagegen die Gesamtheit aller Attribute an. Schlüssel und Fremdschlüssel werden dabei auch gekennzeichnet.

Datenmodell Angestellte

Für ein Beispiel fassen wir die Modellfragmente der oberen Kapitel zum Anwendungsbereich ANGESTELLTE zu einem kleinen Datenmodell Angestellte zusammen. Folgende Semantik gilt bzw. wurde festgelegt:

- Angestellte / Abteilungen: Ein Angestellter arbeitet in genau einer Abteilung, einer Abteilung können mehrere Angestellte zugeordnet sein: Kardinalität n:1. Mit den Min-/Max-Angaben 1,1 : 1,n kann noch festgelegt werden, dass es keine Angestellten ohne Abteilungszugehörigkeit gibt und dass jede Abteilung mindestens einen zugeordneten Angestellten hat.
- Angestellte / PC: Einem Angestellten ist genau ein PC zugeordnet: Kardinalität 1:1. Mit den Min-/Max-Angaben 1,1 : 0,1 wird noch präzisiert, dass es keinen Angestellten ohne zugehörigen PC gibt, sehr wohl aber PCs, die noch nicht zugeordnet sind.
- Angestellte / Projekte: Ein Angestellter kann in mehreren Projekten mitarbeiten, ein Projekt kann mehrere zugeordnete Angestellte haben: n:m. Mit den Min-/Max-Angaben wird noch präzisiert, dass es Angestellte ohne Projektzugehörigkeit gibt und dass man Projekte anlegen kann, ohne bereits Projektmitarbeiter zu kennen.

Textliche Darstellung

Damit ergeben sich folgende Relationen:

Projekte (#Bez, TagEinr, Dauer, Budget)

ProjMitarb (#(PersNr, BezProj))

Abteilungen (#AbtBez, AbtLeiter, Standort)

Angestellte (#PersNr, Name, VNname, DatEinst, GebTag, AbtBez, InvNrPC)

PC (#InvPC, Bez, Typ)

Die folgende Abbildung zeigt die grafische Darstellung.

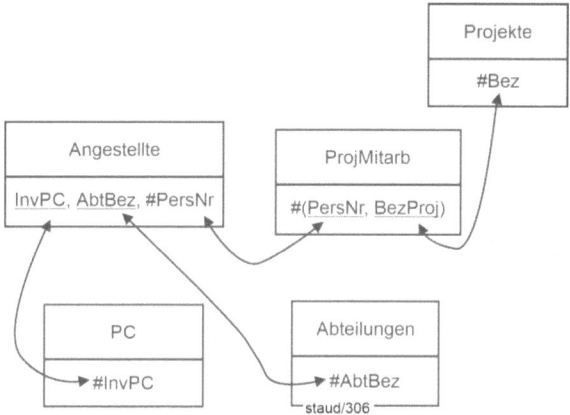

Abbildung 7.7-1:   Datenmodell Angestellte - grafische Darstellung

Semantik

Allein durch die Gestaltung der Relationen, Schlüssel und Fremdschlüssel ist ein großer Teil der oben gewünschten Semantik bereits festgelegt:

- ProjMitarb ist eine Verbindungsrelation. Dies bedeutet aufgrund der Schlüssel-konstruktion, dass in einem Projekt mehrere Mitarbeiter erfasst werden können und dass ein Mitarbeiter auch in mehreren Projekten mitwirken kann. Daten-banktechnisch: Jeder Eintrag in ProjMitarb muss eine Personalnummer und eine Projektbezeichnung enthalten, d.h. der Schlüssel muss vollständig sein (Objekt-integrität). Zu jedem Eintrag in **Angestellte.PersNr** gibt es keinen, einen oder mehrere Einträge in **ProjMitarb.PersNr**. Zu jedem Eintrag in **Projekte.Bez** gibt es keinen, einen oder mehrere Einträge in **ProjMitarb.BezProj**. Umgekehrt gilt: zu jedem Eintrag in der Relation ProjMitarb gibt es entsprechende Einträge in Projekte und Angestellte. Dies verlangt die Forderung nach *referentieller Integrität*.
- Angestellte / PC: Hier ist aus der Anlage des Fremdschlüssels erkennbar, dass jede/r Angestellte genau einen zugewiesenen PC hat. Außerdem kann es PCs geben, die keinem Angestellten zugwiesen sind.
- Angestellte / Abteilungen: Hier ist, wiederum aus der Anlage des Fremdschlüssels, erkennbar, dass jeder Angestellte zu genau einer Abteilung gehört. Umgekehrt kann es Abteilungen geben, denen noch kein Angestellter zugwiesen ist. Dies widerspricht den obigen Anforderungen. Dazu gleich unten mehr.

Datenmodell *Angestellte* - mit Kardinalitäten

Keinen Zuwachs an semantischer Aussagekraft bringt das Hinzufügen der Kardinalitäten. Es erlaubt aber dem flüchtigen oder nicht so theoriefesten Betrachter das schnellere Ver-ständnis.

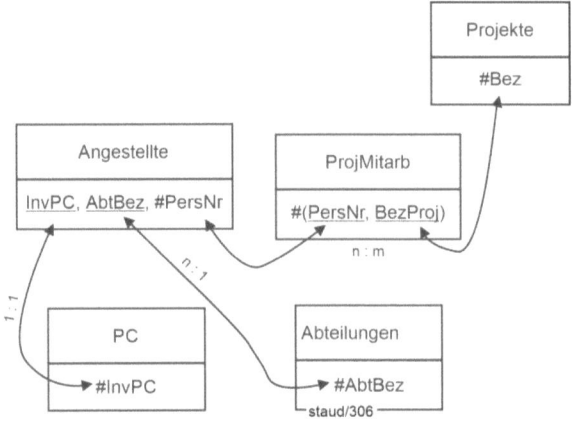

Abbildung 7.7-2:   Datenmodell **Angestellte** – mit Kardinalitäten

Lesehilfe zu den Kardinalitäten (einschließlich Schlüssel-/Fremdschlüsselverknüpfungen)
Angestellte / PC:
- Ein PC hat genau einen zugeordneten Angestellten
- Ein Angestellter hat genau einen zugeordneten PC
Angestellte / Abteilungen:
- Eine Abteilung hat zugeordnete Angestellte
- Ein Angestellter ist einer Abteilung zugeordnet
ProjMitarb:
- Ein Angestellter kann in mehreren Projekten mitwirken
- Ein Projekt kann mehrere zugeordnete Angestellte haben

Datenmodell *Angestellte* – mit Min-/Max-Angaben

Eine genauere Beschreibung der Semantik bringt das Einfügen der Min-/Max-Angaben, wie es die folgende Abbildung zeigt. Hier kann nun auch der semantische Aspekt umgesetzt werden, dass wir Abteilungen nur anlegen wollen, wenn wir mindestens einen zugehörigen Anestellten haben, z.B. die Abteilungsleiterin. Dies leisten die Min-/Max-Angaben (1,1 : 1,n) für Angestellte / Abteilungen.

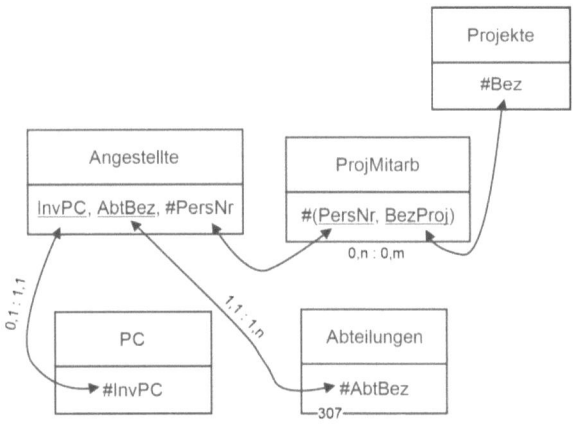

Abbildung 7.7-3:   Datenmodell **Angestellte** - mit Min-/Max-Angaben

Lesehilfe zu den Min-/Max-Angaben

Angestellte / PC:
- Ein PC hat keinen oder maximal einen zugeordneten Angestellten
- Ein Angestellter hat genau einen zugeordneten PC

Angestellte / Abteilungen:
- Eine Abteilung hat mindestens einen zugeordneten Angestellten
- Ein Angestellter ist genau einer Abteilung zugeordnet

ProjMitarb:
- Für jeden Eintrag in ProjMitarb.BezProjekt gibt es genau einen Eintrag in Projekte.Bez.
- Für jeden Eintrag in ProjMitarb.PersNr gibt es genau einen Eintrag in Angestellte.PersNr.
- Ein Projekt kann auch angelegt werden, wenn noch kein Projektmitarbeiter bekannt ist. D.h., für jeden Eintrag in Projekte.Bez kann es keinen, einen oder mehrere Einträge in ProjMitarb.BezProj geben.
- Ein Angestellter kann, muss aber nicht in durchaus mehreren Projekten mitarbeiten. D.h., für jeden Eintrag in Angestellte.PersNr kann es keinen, einen odere mehrere Einträge in ProjMitarb.PersNr geben.

Konsequenzen für die Datenbank:

- Ein Angestellter kann nur eingegeben werden, wenn ein zugewiesener PC bekannt ist und wenn seine Abteilung klar ist.
- Eine Abteilung kann in der Relation Abteilungen erst eingegeben werden, wenn zumindest ein Abteilungsmitglied bekannt ist, z.B. der Abteilungsleiter.
- Eine Projektmitarbeit kann auch angelegt werden, wenn das Projekt in Projekte noch nicht existiert bzw. wenn der Angestellte nicht in Angestellte eingetragen ist.

Ganz schön viel Semantik, die natürlich auch ganz anders sein kann. Auf jeden Fall hat sie Einfluss auf die Struktur der Datenbank, die Eingabe- und Auswertungs-möglichkeiten.

Beispiel: (Markt für) DATENBANKSYSTEME.

Auch das zweite einfache Beispiel ist oben in den Fragmenten teilweise schon aufge-taucht. Es geht um Datenbanksysteme, ihre Produzenten und Datentypen sowie um die Händler, von denen das Datenbanksystem gekauft werden kann. Die Beziehungen seien wie folgt:

- Produzenten / DBS (Datenbanksysteme) mit Kardinalität 1:n. Ein Produzent produziert ein Datenbanksystem oder mehrere, jedes Datenbanksystem hat genau einen Produzenten. Genauer mit Min-/Max-Angaben, z.B. 1,n : 1,1. Einen Produzenten erfassen wir erst, wenn mindestens ein von ihm hergestelltes Datenbanksystem bekannt ist. Ein Datenbanksystem wird nur erfasst, wenn der Produzent bekannt ist (dies fordert allerdings bereits die referentielle Integrität).

Dafür wird in der Relation DBS ein Fremdschlüssel **PrName** angelegt.

- DBS / Datentypen mit Kardinalität 1:n. Zu einem Eintrag in DBS können mehrere in Datentypen gehören (zusammengesetzter Schlüssel). Zu einem Eintrag in (**BezDBS**, **BezDT**) gehört genau ein Eintrag in **DBS.Bez**. M.a.W.: Ein Datenbanksystem hat mehrere Datentypen, ein Datentyp kann in mehreren Datenbanksystemen vorkommen. Die Min-/Max-Angaben 1,n : 1,1 legen zusätzlich fest, dass für Einträge in die Datenbank jeweils mindestens ein Datentyp bzw. ein Datenbanksystem vorliegen muss.

Dafür wurde die Verbindungsrelation Datentypen (#BezDBS, BezDT) angelegt. **BezDT** ist nur deshalb nicht Fremdschlüssel, weil keine Beschreibung der Datentypen in einer weiteren Relation vorhanden ist.

- DBS / Händler mit Kardinalität n:m. Ein Datenbanksystem wird von mehreren Händlern angeboten, ein Händler bietet u.U. mehrere Datenbanksysteme an. Die Min-/Max-Angaben 0,n : 0,m für Angebot legen fest, dass auch Datenbanksysteme erfasst werden, für die noch kein Händler vorliegt und Händler, von denen wir noch kein Datenbanksystem kennen.

Dafür wird eine Verbindungsrelation Angebot (#(FiName, BezDBS), Preis) angelegt.

Bei Verbindungsrelationen ist es auch möglich, die einzelnen Verknüpfungen bzgl. ihrer Min-/Max-Angaben zu betrachten. Für DBS – Angebot ist dies hier 0,n : 1,1, für Händler – Angebot 0,n : 1,1.

Die textliche Notation ergibt sich damit wie folgt:

Produzenten (#Name, Ort, Straße, Land, WWW)

DBS (#Bez, Typ, Plattform, LPreis, PrName)

Angebot (#(FiName, BezDBS), Preis)

Händler (#Name, Ort, Straße, Tel, Fax, Rabatte, AnsprP)

Datentypen (#(BezDBS, BezDT)

Die grafische Notation mit Kardinalitäten und Min-/Max-Angaben:

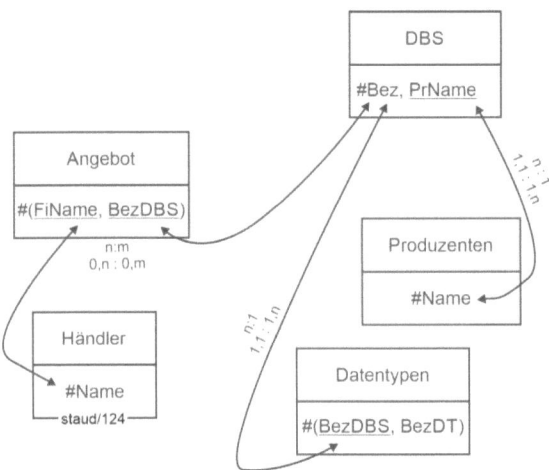

Abbildung 7.7-4:   Relationales Datenmodell (Markt für) Datenbanksysteme

Bezeichnungen der Attribute, soweit nicht selbsterklärend:
- DBS.LPreis: Listenpreis des jeweiligen Datenbanksystems
- DBS.Typ: Datenbanksystemtyp (relational, objektorientiert, NoSQL, …)
- DBS.PrName: Name (Bezeichnung) des Datenbankproduzenten
- Angebot.FiName: Firmenname
- Angebot.BezDBS: Bezeichnung des Datenbanksystems
- Händler.AnsprP: Ansprechpartner
- Datentypen.NameDT: Bezeichnung des Datentyps

7.8   Redundanzen in 1NF-Relationen

Die Ausgangsrelationen haben hier den Zusatz "_1NF". Die optimierten Relationen erhalten das Anhängsel 2NF, auch wenn in Wirklichkeit die erreichte Normalform schon höher ist. Diese höheren Normalformen sind aber an dieser Stelle des Textes noch nicht bekannt.

Mit obigem Normalisierungsschritt sind schon recht vorzeigbare Relationen realisierbar und die Ergebnisse im vorigen Abschnitt waren auch schon in der höchsten denkbaren Normalform (5NF), auch wenn bei den Abbildungen jeweils aus didaktischen Gründen 1NF angehängt wurde. In der Modellpraxis ist es aber so, dass Relationen in 1NF durchaus noch Mängel aufwiesen. Dies sind immer solche, die zu Redundanzen in den Daten führen, wenn die Relation bei der Einrichtung der Datenbank angelegt und die dann entstehende Datei mit Daten gefüllt wird. Diese Redundanzen entstehen im wesentlichen aus zwei Quellen:

- Wenn die Relation einen zusammgesetzten Schlüssel hat und sich von den übrigen Attributen eines (oder mehrere) auf Teile des Schlüssels beziehen.
- Wenn sich von den übrigen Attributen eines (oder mehrere) gar nicht auf den Schlüssel beziehet, sondern auf ein anderes Attribut.

Beispiel Projektmitarbeit

Dazu einige Beispiele. Die folgende Relation hält Informationen zur Projektmitarbeit fest. Sie ist ohne Mehrfacheinträge, also in 1NF. Neben der Zordnung von Angestellten zu Projekten wird auch der jeweilige Name des Angestellten und die Dauer des Projekts eingefügt:

ProjMitarb (#(PersNr, BezProj), Name, Dauer)

Diese Relation ist in 1NF, da sie keine Mehrfacheinträge aufweist. Trotzdem hat sie "Schwachstellen". Dies macht die folgende tabellarische Darstellung mit Beispielsdaten deutlich.

ProjMitarb_1NF

PersNr	BezProj	Name	Dauer
1001	BPM	Maier	18 Monate
1001	SocWeb	Maier	12 Monate
2001	BPM	Rau	18 Monate
…			

Schlüssel: #(PersNr, BezProj)

Schon die wenigen Tupel zeigen die Redundanz. Für jede einzelne Projektmitarbeit wird der Name erfasst sowie die Dauer des Projekts. Wenn also eine Person in fünf Projekten mitarbeitet, taucht der Zusammenhang von Angestellten und Namen sowie von Projekten und Projektdauer fünffach in den Daten auf. Redundanzen dieses Typs werden durch die 2NF beseitigt.

Beispiel Auftragsköpfe

Die folgende Relation beschreibt Auftragsköpfe. Sie enthält zusätzlich zum Schlüssel noch das Auftragsdatum, die Kundennummer (**KuNr**) und den Namen des Kunden (**KuName**).

AuftrKöpfe(#AuftrNr, AuftrDatum, KuNr, KuName)

Wo ist die Redundanz? Die nachfolgende tabellarische Darstellung macht es deutlich. Der Kundenname wird bei jedem Auftrag angegeben. Hat ein Kunde also 200 Aufträge realisiert, wird 200 mal der Zusammenhang von Kundennummer und Kundenname festgehalten.

AuftrKöpfe_1NF

AuftrNr	AuftrDatum	KuNr	KuName
1001	10.1.2014	1007	Müller GmbH
1010	5.10 2015	2008	Steiner
2011	1.9.2015	1007	Müller GmbH
2012	20.12.2015	2008	Steiner
...			

Schlüssel: #AuftrNr

Redundanzen dieses Typs werden durch die 3NF beseitigt

Beispiel Lehre an Hochschulen

Die folgende Relation soll erfassen, welcher Dozent (Dozentennummer, **DozNr**; Dozentenname, **DozName**) in welchem Semester welche Lehrveranstaltung (**LV**) hält (in jedem Semester nur einmal). Die Namen der Dozenten seien eindeutig.

Lehre (#(DozNr, LV), DozName, Semester)

oder

Lehre (#(DozName, LV), DozNr, Semester)

Wiederum zeigen einige Beispielsdaten in der tabellarischen Darstellung die Redundanz.

Lehre_1NF

DozNr	LV	Semester	DozName
1001	DBS	WS15	Müller
1007	BWL	WS15	Steiner
1001	EinführungWI	SS15	Müller
1007	BI	SS15	Steiner
...			

Schlüssel: #(DozNr, LV) oder #(DozName, LV)

Redundanzenbeseitigung durch die BCNF. Die Relation ist in 1NF (sogar in einer höheren, wie später zu sehen sein wird, vgl. Kapitel 11), trotzdem hat sie Redundanzen. Der Zusammenhang zwischen **DozNr** und **DozName** wird in jedem Tupel erfasst. Wenn also ein Dozent fünf verschiedene Lehrverantaltungen gibt, insgesamt fünf mal.

Soweit ein erster Blick auf die in 1NF-Relationen vorkommenden fehlerhaften Strukturen. In den nächsten Kapiteln wird gezeigt, wie sie beseitigt werden können. Zuerst aber erst noch ein Blick auf die negativen Konsequenzen dieser Strukturdefizite.

7.9 Anomalien

Relation Aufträge - in 1NF und doch fehlerbehaftet.

Dazu betrachten wir eine Relation, in die alle diese Defizite eingebaut wurden. Die Konsequenzen der Defizite werden in der Literatur auch als *Anomalien* bezeichnet.

Diese Relation hält Informationen zu Aufträgen fest. Die **AuftrNr** identifiziert den Auftrag, die **PosNr** die einzelnen Positionen eines Auftrags. Jede Position bezieht sich auf ein Produkt, das durch **ProdBez**(eichnung) benannt und zusätzlich durch die **ProdNr** identifiziert wird. **Menge** gibt an, wieviele Produkte in der Position aufgeführt sind. Das Attribut **KuNr** identifiziert den Kunden, auf den sich der Auftrag bezieht. Die Kundennamen (**KuName**) sind nicht eindeutig.

Aufträge_1NF

AuftrNr	PosNr	ProdNr	ProdBez	Menge	Auftr-Datum	KuNr	KuName
0001	1	9901	Laser Dru x	1	30.06.15	1700	Müller
0001	2	9910	Toner xyz	3	30.06.15	1700	Müller
0001	3	9905	Papier abc	5.000	30.06.15	1700	Müller
0010	1	9905	Papier abc	30.000	01.07.14	1201	Sammer
0010	2	9910	Toner xyz	1	01.07.14	1201	Sammer
0011	1	9901	Laser Dru x	1	02.07.15	1600	Stanzl KG
0011	2	9911	Tintenpatr x	20	02.07.15	1600	Stanzl KG
0011	3	9905	Papier abc	5.000	02.07.15	1600	Stanzl KG
0011	4	9906	InkJet-Dru y	2	02.07.15	1600	Stanzl KG
0012	1	9998	z-Bildschirm	1	04.07.16	1900	Max OHG
...							

Schlüssel: #(AuftrNr, PosNr)

Schlüssel der Relation. Es ist unschwer zu erkennen, dass die beiden Attribute **AuftrNr** und **PosNr** den Schlüssel der Relation darstellen, weil mit den Ausprägungen dieser Attribute jedes Tupel (jede Zeile) eindeutig identifiziert werden kann. Diese Relation ist in 1NF, da sie keine Mehrfacheinträge aufweist. Trotzdem hat sie Schwachstellen. Betrachten wir als erstes Schwierigkeiten, die sich beim Aktualisieren von Datensätzen ergeben können.

Aktualisierungsanomalie

Eine Aktualisierung, mehrere zu ändernde Tupel. Eine sogenannte *Aktualisierungsanomalie* liegt vor, wenn die Änderung einer Information dazu führt, dass in mehreren Tupeln die Ausprägung des entsprechenden Attributs verändert werden muss. Dies ist grundsätzlich unerwünscht. Es hat bei der Aktualisierung des Werts die Konsequenz, dass die Zahl der zu ändernden Tupel im Vornehinein unbekannt ist. Unter Umständen muss die gesamte Relation durchsucht werden.

Ursache für eine solche Struktur ist, dass eine bestimmte Information mehrfach in der Datenbank abgespeichert ist. Im obigen Beispiel: Werden die Produktbezeichnungen geändert, indem z.B. der Produktnummer 9901 statt "Laser Dru(cker) x" jetzt "HP Laser

Dru Serie 5" zugeordnet wird, dann muss die Prdouktbezeichnung nicht nur in einem Tupel, sondern in mehreren geändert werden. Dies führt leicht dazu, dass die eine oder andere Stelle vergessen wird.

Gleiches gilt für das **AuftrDatum**. Müssen wir dieses aus irgendwelchen Gründen ändern, muss dies mehrfach geschehen. Auch die Kundennamen weisen diese Eigenschaft auf. Ändert sich der Kundenname des Kunden 1700 von "Müller" nach "Müller & Paul", sind bei der Aktualisierung wieder mehrfache Änderungen nötig.

Es ist klar, wodurch diese Anomalie verursacht ist. Durch einen Verstoß gegen die oben angeführte zentrale Regel des Datenbankentwurfs, wonach die Datenbank so zu gestalten ist, dass jede Information nur an einer Stelle gespeichert wird.

Einfügeanomalie

Einfügbarkeit gefährdet. Redundanzen bereiten auch Schwierigkeiten beim einfachen Einfügen von Daten, dies führt zur *Einfüge-Anamolie*. Eine solche liegt vor, wenn ein neues (noch) unvollständiges Tupel nicht in die Relation eingetragen werden kann, z.B. weil unter den fehlenden Attributen ein Schlüsselattribut ist. Diese Anomalie beruht also auch auf der oben dargelegten Festlegung, dass ein Tupel in die Relation nur eingetragen werden darf, wenn die Ausprägungen für die Schlüsselattribute (die Attribute, die den Schlüssel ausmachen) vorhanden sind (vgl. Abschnitt 5.9 zur Forderung nach Objektintegrität).

Im obigen Beispiel: Nehmen wir neue Produkte mit **ProdNr** und **ProdBez** auf, so können wir sie in der Relation erst erfassen, wenn wir zumindest einen Auftrag mit Positionsnummer haben, in dem sie erscheinen. Sonst wäre eine Erfassung nicht möglich, da ja kein Schlüsselattribut vorliegen würde. Ähnlich gilt für das **AuftragsDatum**. Es kann erst erfasst werden, wenn die erste Position des Auftrags bekannt ist. Gleiches gilt für **KuNr** und **KuName**.

Verschmelzung von Objekten, Objektklassen. Die Ursache für diese Anomalie liegt darin, dass in obiger Relation mehrere verschiedene "Dinge" zusammen beschrieben werden: die Objektklassen Aufträge, Produkte und Kunden, sowie die Beziehungsklasse Aufträge-Kunden. Diese Strukturschwäche wird mit Hilfe des Konzepts der funktionalen Abhängigkeit gelöst (vgl. das nächste Kapitel).

Löscheanomalie

Probleme beim Löschen. Die letzte Anomalie beschreibt Schwierigkeiten, die aus den Redundenzen beim Löschen von Datensätzen auftreten. Von einer *Löscheanomalie* wird gesprochen, wenn beim Löschen einer Information, die nur einen Teil des Tupels betrifft, auch die übrigen Attributswerte verloren gehen. Im obigen Beispiel: Löscht man den Auftrag 0012, der nur eine Position hat, geht auch die Information verloren, dass z-Bildschirme die Produktnummer 9998 haben.

Wiederum liegt die Ursache in der Vermischung mehrerer Objekt- und Beziehungsklassen in einer Relation.

Ziel

Ordnung in den "Attributshaufen". Was ist das Ziel bei der Erkennung und Beseitigung der Anomalien? Selbst dieses sehr einfachen Beispiele machen deutlich, wohin die drei

Anomalien zielen: sie dienen zur Klärung, welche Attribute am besten zusammen erfasst werden und welche besser getrennt werden. Sie bringen also Ordnung in den zu Beginn jeder Modellierung entstehenden "Attributs- und Merkmalshaufen", der sog. *Universalrelation*.

Während die 1NF dazu führte, dass die Attribute zusammen bleiben, deren Ausprägungen so den Objekten zugeordnet werden können, dass je genau eine Ausprägung mit den anderen kombiniert wird, liegt hier eine andere Situation vor. Hier geht es darum, die Attribute zusammenfassen, die zusammen mit einem Schlüssel einen "homogenen" Block bilden, *indem sie genau die vom Schlüssel identifizierten Objekte* beschreiben und keine anderen.

Dies wird erreicht durch Beseitigung der Redundanz, die in solchen Relationen angelegt ist. Deren Beseitigung klärt auch die Anordnung der Attribute in der Relation. Ein sehr hilfreiches Mittel für die Klärung der inneren Struktur von Relationen sind die sog. *funktionalen Abhängigkeiten*, die im nächsten Kapitel betrachtet werden.

8   Funktionale Abhängigkeiten

In diesem Abschnitt geht es um die Beziehungen zwischen den Attributen *einer einzelnen Relation*, nicht um die Beziehungen zwischen verschiedenen Relationen.

8.1   Einführung

Vereint modellieren

Die wichtigste Beziehung zwischen den Attributen einer einzelnen Relation ist die, *dass sie zusammen die Objekte / Beziehungen der jeweiligen Objekt- oder Beziehungsklasse modellieren.* So wie in der oben schon eingeführten Relation *Aufträge* modelliert werden. Daher rührt die Bezeichnung *Relation* für eine Tabelle, die diese Zusammengehörigkeit ausdrückt. Neben dieser fundamentalen Beziehung gibt es aber noch weitere, die bei der Optimierung der Relationen helfen.

Schließen, vom Einen auf das Andere

Betrachten wir obige Relation Aufträge_1NF nochmals und etwas genauer.

Aufträge_1NF

Auf-trNr	PosNr	ProdNr	ProdBez	Menge	AuftrDa-tum	KuNr	KuName
0001	1	9901	Laser Dru x	1	30.06.15	1700	Müller
0001	2	9910	Toner xyz	3	30.06.15	1700	Müller
0001	3	9905	Papier abc	5.000	30.06.15	1700	Müller
0010	1	9905	Papier abc	30.000	01.07.14	1201	Sammer
0010	2	9910	Toner xyz	1	01.07.14	1201	Sammer
0011	1	9901	Laser Dru x	1	02.07.15	1600	Stanzl KG
0011	2	9911	Tintenpatr x	20	02.07.15	1600	Stanzl KG
0011	3	9905	Papier abc	5.000	02.07.15	1600	Stanzl KG
0011	4	9906	InkJet-Dru y	2	02.07.15	1600	Stanzl KG
0012	1	9998	z-Bildschirm	1	04.07.16	1900	Max OHG
...							

Schlüssel: #(AuftrNr, PosNr)

Zusammenhang zwischen Attributen

Dann können wir feststellen, dass *von bestimmten Attributen auf andere geschlossen werden kann* (wobei die Grundlage dafür die Kenntnis der Semantik des jeweiligen Weltausschnitts ist). D.h., ist die Ausprägung des einen Attributs bekannt, kann die Ausprägung des anderen angegeben werden. Im obigen Beispiel ist dies in folgenden Fällen möglich:

- Von der **ProdNr** kann auf die **ProdBez** geschlossen werden, *und umgekehrt*, wenn wir von der naheliegenden Tatsache ausgehen, dass beide - Produktnummern und Produktbezeichnungen - eindeutig sind.
- Von der **AuftrNr** kann auf das **AuftragsDatum** geschlossen werden, weil ein Auftrag ein bestimmtes Datum hat.
- Von der **KuNr** kann auf den **KuName**(n) geschlossen werden.
- Von **AuftrNr** *und* **PosNr** zusammen(!) auf die **ProdNr**, die **ProdBez**(eichnung) und die **Menge**, da an einer Position eines Auftrags nur ein Produkt mit einer Mengenangabe aufgeführt wird.

Solche Beziehungen müssen nicht existieren. So kann z.B. weder von der **AuftrNr** auf die **PosNr**, noch von der **ProdBez**(eichnung) auf den **KuName**(n), usw. geschlossen werden. Wenn sie aber da sind, sind sie für die Modellierung von großer Bedeutung.

8.2   Funktionale Abhängigkeit

Sind nun aber zwischen Attributen oder Attributkombinationen solche "Schlüsse" möglich, wird von *voller funktionaler Abhängigkeit* (f.A.) gesprochen. Die Wortwahl ist folgende: Kann vom Attribut A auf das Attribut B "geschlossen" werden, ist B funktional abhängig von A.

In der textlichen Notation wird die volle funktionale Abhängigkeit mit dem grafischen Symbol "Pfeil mit Doppellinie" => dargestellt, also z.B. so:

A => B (Attribut B ist funktional abhängig von Attribut A) oder

AuftrNr => **KuNr**

Alle bisher betrachteten funktionalen Abhängigkeiten sind sogenannte "volle". Auf die Unterscheidung von "voller" und "einfacher" f.A. wird weiter unten eingegangen.

Zweite Interpretation

Eine andere - gleichwertige - Interpretation der funktionalen Abhängigkeit ist es, die Attributsausprägungen zu betrachten: Gibt es für eine Ausprägung eines Attributs A für alle Tupel immer genau dieselbe für ein Attribut B, dann ist B funktional abhängig von A. Im obigen Beispiel:

- Jedesmal, wenn in einem Tupel eine bestimmte Produktnummer auftritt, kommt dieselbe Produktbezeichnung vor. Dies gilt auch umgekehrt.
- Jedesmal, wenn in einem Tupel eine bestimmte Auftragsnummer vorkommt, kommt dasselbe Auftragsdatum vor.
- Jedesmal, wenn in einem Tupel eine bestimmte Kundennummer vorkommt, kommt derselbe Kundenname vor.
- Für eine bestimmte Kombination aus Auftragsnummer + Positionsnummer gibt es genau eine Angabe zu Produktnummer, Produktbezeichnung und zur Menge.
- Jedesmal wenn in einem Tupel eine bestimmte Auftragsnummer vorkommt, kommt dieselbe Kundennummer vor.

Zwei Interpretationen. So kann funktionale Abhängigkeit also auch gesehen werden und manchen leuchtet diese Interpretation leichter ein als die obige. Beide Interpretationen ("schließen auf" bzw. "genau eines") sind aber gleichwertig. Einmal hilft bei der praktischen Modellierungsarbeit die eine, manchmal die andere.

Basis der funktionalen Abhängigkeit. Das obige Beispiel macht auch deutlich, was die Voraussetzung für das Erkennen funktionaler Abhängigkeiten ist: das Wissen, das der Nutzer über den Anwendungsbereich und seine konkreten Objekte hat. Ohne dieses Wissen können die Relationen und dann das gesamte Datenmodell nicht konstruiert werden und dieses Wissen legt auch die funktionalen Abhängigkeiten fest.

Grundkonzept: Funktionale Abhängigkeit drückt Zusammengehörigkeit aus. Sie geht davon aus, dass es eine identifizierende Information gibt (bestehend aus einem Attribut oder mehreren), die jedes Tupel (d.h. Objekt oder Beziehung) identifiziert und weitere Attribute, die genau dieses Objekt oder diese Beziehung näher beschreiben.

In der relationalen Theorie wird dann noch zusätzlich verlangt, dass von den beschreibenden Attributen jeweils genau eine Ausprägung Gültigkeit hat.

Funktionale Abhängigkeiten einer Relation können auch grafisch dargestellt werden, durch ein sog. *Diagramm der funktionalen Abhängigkeiten* (FA-Diagramm). In ihm werden die Attribute durch Rechtecke repräsentiert und die funktionalen Abhängigkeiten durch Pfeile. Das folgende FA-Diagramm (in der US-amerikanischen Literatur *FD-Diagram*, wegen: functional dependency) zeigt die funktionalen Abhängigkeiten der obigen Relation Aufträge_1NF.

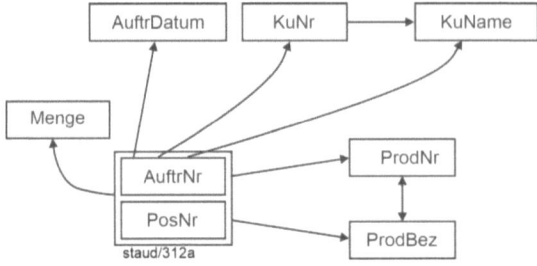

Abbildung 8.2-1:   FA-Diagramm der Relation Aufträge

Anmerkung: Jeder Pfeil repräsentiert eine *volle* funktionale Abhängigkeit.

Aufbau von FA-Diagrammen

Für jedes Attribut wird ein Rechteck angelegt. Handelt es sich um einen Schlüssel, wird die Raute vorangesetzt:

Besteht ein Schlüssel aus zwei oder mehr Attributen, wird um diese ein weiteres Rechteck gezeichnet:

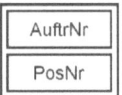

Die Pfeillinien zwischen den Attributen bedeuten jeweils eine funktionale Abhängigkeit. D.h. von dem Attribut am Pfeilanfang kann auf das Attribut an der Pfeilspitze geschlossen werden. So wie hier von der Kundennummer auf den Namen des Kunden:

Ob es sich um eine volle oder einfache funktionale Abhängigkeit handelt, geht aus dem FA-Diagramm hervor. Das für das Erkennen notwendige Instrumentarium wird in den nächsten Abschnitten vorgestellt. Ganz grundsätzlich gilt im übrigen, dass alle Attribute einer Relation in irgendeiner Form mit anderen verbunden sein müssen.

Strukturierungshinweis durch funktionale Abhängigkeiten

Die Bedeutung der funktionalen Abhängigkeiten liegt auch darin, dass man die Anforderung an korrekte und redundanzfreie Relationen grafisch darstellen kann. Dadurch wird jede Abweichung sofort in der Abbildung sichtbar.

Idealer Aufbau. Korrekt und redundanzfrei sind Relationen, wenn sie einen Schlüssel haben (oder auch mehrere konkurrierende) und wenn alle anderen Attribute vom Schlüssel voll funktional abhängig sind. Die folgenden Abbildungen zeigen solche - abstrahierten - Idealstrukturen am Beispiel von vier Attributen[13] und einem Schlüssel (mit einem Attribut bzw. mit zweien).

---

13 Die Anzahl der Attribute und Schlüssel ist ohne Bedeutung. Wichtig ist nur das Strukturmerkmal.

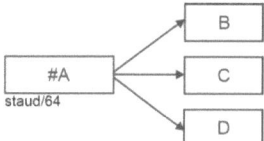

Abbildung 8.2-2:   Idealstruktur 1 - Relation ohne Redundanz und Anomalien

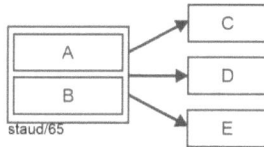

Abbildung 8.2-3:   Idealstruktur 2 - Relation ohne Redundanz und Anomalien mit zusammen-
                        gesetztem Schlüssel

Anmerkung: Das Rechteck um die beiden Schlüsselattribute kennzeichnet diese als Schlüssel.

Ziel der Normalisierung

Liegen nun von dieser Idealstruktur abweichende funktionale Abhängigkeiten vor, sind sie in der Abbildung sofort erkennbar und können beseitigt werden. Im Rahmen der weiteren Normalisierungsschritte geht es nun darum, für jede Relation - ohne Informationsverlust - eine solche Idealstruktur zu erreichen.

Determinanten

Bevor wir dies vertiefen, soll noch ein weiterer Begriff eingeführt werden: *Determinante*. Jedes Attribut, von dem andere funktional abhängig sind, wird Determinante genannt. Determinanten können auch aus mehreren Attributen bestehen, wie im obigen Beispiel: Hier sind **AuftrNr** und **PosNr** zusammen Determinante für **ProdNr** und weitere Attribute. Natürlich sind alle Schlüssel auch Determinanten. Damit liegen insgesamt folgende "Rollen" von Attributen in Relationen vor:

- Schlüssel
- Teil eines zusammengestzten Schlüssels, diese werden *Schlüsselattribute* (SA) genannt
- Attribute, die nicht Teil eines Schlüssels sind, diese werden *Nichtschlüsselattribute* (NSA) genannt
- Determinanten

Der Weg zur oben angedeuteten "Idealstruktur" kann dann auch so beschrieben werden, dass durch sie jeweils eine Determinante und die von ihr funktional abhängigen Attribute zu einer Relation werden, wobei die Determinante dann Schlüssel wird.

Zur Veranschaulichung hier eine Abbildung, die im FA-Diagramm der Relation Aufträge_1NF die Determinanten (D), die Schlüsselattribute (SA) und die Nichtschlüsselattribute (NSA) markiert.

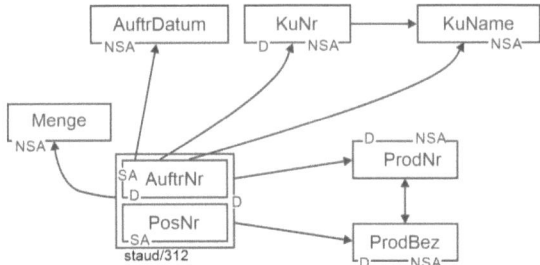

Abbildung 8.2-4:   Schlüsselattribute (SA), Nichtschlüsselattribute (NSA) und Determinanten (D) in Aufträge_1NF

Jetzt wird deutlich, dass die oben angesprochenen Strukturdefizite zwei Ursachen haben:

1) Die Tatsache, dass einzelne Schlüsselattribute Determinanten sind.

Dies führt immer zu Redundanz, die Beseitigung dieses Defizits wird zur 2NF führen. Der Grund ist folgender: Die Ausprägungen eines einzelnen Schlüsselattributs kommen in der Regel jeweils mehrfach vor. Damit kommen auch die Ausprägungen des funktional abhängigen Attributs mehrfach vor. Im obigen Beispiel: **AuftrNr** hat Ausprägungen, die gleich sind (die eines Auftrags). Für alle diese gleichen Ausprägungen wird die **KuNr** erfasst. Damit sind die erfassten Daten redundant.

2) Die Tatsache, dass es Determinanten gibt, die Nichtschlüsselattribute sind.

Auch dies erzeugt immer Redundanz, die Beseitigung dieses Defizits führt zur 3NF. Der Grund: Die Ausprägungen von Nichtschlüsselattributen kommen natürlich mehrfach vor und damit auch die Ausprägungen der funktional abhängigen Attribute. Im obigen Beispiel: **KuNr** hat gleiche Ausprägungen (für die Aufträge von einem Kunden). Damit wird auch der **KuName** mehrfach erfasst.

8.3   Schneller Weg zum Erfolg

Beispiel "Aufträge" - Zerlegung in 4 Relationen

Ein schneller Weg zum Erreichen der Idealstruktur (der höchsten Normalform), der allerdings erst nach einiger Übung leicht fällt, besteht darin, aus jeder Determinante und den von ihr abhängigen Attributen eine eigene Relation zu machen und die dabei entstehenden Relationen dann noch durch Fremdschlüssel zu verknüpfen. Nimmt man die in diesem Beispiel vorliegenden vier Determinanten

AuftrNr

KuNr

ProdNr bzw. **ProdBez**

und

(AuftrNr, PosNr)

kann man, sozusagen auf direktem Weg, durch Bildung von vier Relationen zur "Idealstruktur" kommen. Beachtet werden muss lediglich, dass bei der notwendigen Zerlegung die Verknüpfbarkeit erhalten bleibt. Im folgenden sind die dabei entstehenden Relationen in Tabellenform angegeben. Um die Beseitigung der Redundanz deutlich zu machen, wurden die in den neuen Relationen wegfallenden Tupel durchgestrichen stehen gelassen.

Die neuen Relationen sind bereits in der höchsten Normalform, der 5NF.

AuftrKöpfe_5NF

AuftrNr	AuftrDatum	KuNr
0001	30.06.15	1700
~~0001~~	~~30.06.15~~	~~1700~~
~~0001~~	~~30.06.15~~	~~1700~~
0010	01.07.14	1201
~~0010~~	~~01.07.14~~	~~1201~~
0011	02.07.15	1600
~~0011~~	~~02.07.15~~	~~1600~~
~~0011~~	~~02.07.15~~	~~1600~~
~~0011~~	~~02.07.15~~	~~1600~~
0012	04.07.16	1900
...		

Schlüssel: #AuftrNr

In obiger Relation wird die **KuNr** zum Fremdschlüssel. Jetzt wurde nur noch ein einziges Mal erfasst, dass die Auftragsnummer 0001 das Auftragsdatum 30.06.15 hat, usw.

Kunden_5NF

#KuNr	KuName
1700	Müller
~~1700~~	~~Müller~~
1700	Müller
1201	Sammer
~~1201~~	~~Sammer~~
...	

Dass zur Kundennummer 1700 der Kunde Müller gehört, ist jetzt nur noch einmal in der Datenbank vermerkt.

Produkte_5NF

#ProdNr	#ProdBez
...	
9901	Laser Dru x
~~9901~~	~~Laser Dru x~~
9905	Papier abc
9905	Papier abc
~~9905~~	~~Papier abc~~
9906	InkJet-Dru y
9910	Toner xyz
~~9910~~	~~Toner xyz~~
9911	Tintenpatr x
9998	z-Bildschirm
...	

Schlüssel: #ProdNr, #ProdBez

Die Tatsache, dass "Papier abc" die Produktnummer 9905 hat, wird jetzt nur noch einmal erfasst.

AuftrPos_5NF

AuftrNr	PosNr	ProdNr	Menge
0001	1	9901	1
0001	2	9910	3
0001	3	9905	5.000
0010	1	9905	30.000
0010	2	9910	1
0011	1	9901	1
0011	2	9911	20
0011	3	9905	5.000
0011	4	9906	2
0012	1	9998	1
...			

Schlüssel: #(AuftrNr, PosNr)

Hier müssen keine Zeilen durchgestrichen werden. Dieser Teil der Relation war bereits frei von Redundanz, da hier alle Nichtschlüsselattribute (NSA) voll funktional abhängig sind vom Gesamtschlüssel. **ProdNr** wird zum Fremdschlüssel, der diese Relation mit der Relation Produkte verknüpft. **AuftrNr** verknüpft mit AuftrKöpfe.

Vermischung verschiedener Objekte / Relationen

Somit zeigt sich, dass in der Ausgangsrelation Aufträge_1NF vier verschiedene Aspekte der Realwelt modelliert waren: die Beziehung zwischen Aufträgen und Kunden, die Kunden, Produkte und Auftragspositionen.

Bei jeder solchen Neuordnung muss dann noch geprüft werden, ob die Zerlegung nicht zu einem Informationsverlust geführt hat. Dazu muss lediglich überprüft werden, ob die neuen Relationen durch Attribute wieder verknüpft werden können oder ob vielleicht das eine oder andere Attribut als Fremdschlüssel ergänzt werden muss, bzw. ob eine Verbindungsrelation nötig ist. Hier ergaben sich die Fremdschlüssel von selbst, dies ist aber nicht immer so.

Die grafische Darstellung des Datenmodells Aufträge_5NF gibt den Zusammenhang zwischen den Relationen an:

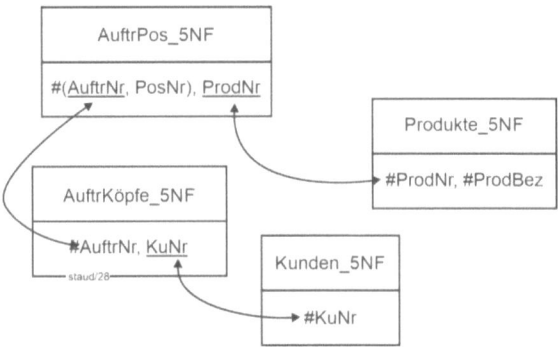

Abbildung 8.3-1:   Datenmodell Aufträge

Abschließend noch die textliche Notation dieses Datenmodells:

AuftrKöpfe_5NF (#AuftrNr, AuftrDatum, KuNr)

AuftrPos_5NF (#(AuftrNr, PosNr), ProdNr, Menge)

Kunden_5NF (#KuNr, KuName)

Produkte_5NF (#ProdNr, #ProdBez)

Im Rahmen der Datenbanktheorie wird diese "Idealform" durch zwei Normalisierungs-schritte (2NF und 3NF) erreicht, die im Folgenden vorgestellt werden. Bevor wir uns dem zuwenden, muss noch die Unterscheidung von *einfacher* und *voller funktionaler Abhängigkeit* eingeführt werden.

8.4 Einfache und volle FA

f.A. = funktionale Abhängigkeit

Alle bisherigen funktionalen Abhängigkeiten waren sogenannte "volle". Zur Einführung der "einfachen" betrachten wir nochmals die ursprüngliche Relation **Aufträge_1NF**, die den Schlüssel #(**AuftrNr, PosNr**) hat. Von diesem Schlüssel kann - sonst wäre es kein Schlüssel - auf alle übrigen Attribute geschlossen werden, wenn auch auf unterschiedliche Weise. Die folgende Liste gibt all diese Abhängigkeiten an, die vollen f.A. sind mit => gekennzeichnet:

AuftrNr, **PosNr** => **ProdNr** (volle f.A.)

AuftrNr, **PosNr** => **ProdBez** (volle f.A.)

AuftrNr, **PosNr** => **Menge** (volle f.A.)

AuftrNr, **PosNr** --> **AuftragsDatum** (einfache f.A.)

AuftrNr, **PosNr** --> **KuNr** (einfache f.A.)

AuftrNr, **PosNr** --> **KuName** (einfache f.A.)

Wie zu sehen ist, liegen nun Abhängigkeiten vor, die nicht volle f.A. sind. Dies sind *einfache funktionale Abhängigkeiten*. Sie werden in den Abbildungen mit einem einfachen Pfeil --> gekennzeichnet.

Determinante überausgestattet. Bei diesen ist die Determinante "überausgestattet", d.h., sie weist mehr Attribute auf, als für die volle funktionale Abhängigkeit nötig wäre. In den obigen drei Fällen einfacher funktionaler Abhängigkeit würde z.B. das Attribut **AuftrNr** alleine für eine volle funktionale Abhängigkeit ausreichen. Somit gilt:

Definition: Volle und einfache funktionale Abhängigkeit (f.A.)

Eine funktionale Abhängigkeit heißt *voll*, wenn von der Determinante kein Attribut weggenommen werden kann, ohne dass die funktionale Abhängigkeit verloren geht.
Sie heißt *einfach*, wenn die Determinante mehr Attribute enthält, als für die funktionale Abhängigkeit nötig ist.

Im obigen Beispiel gelten darüberhinaus auch noch die sozusagen trivialen einfachen funktionalen Abhängigkeiten von der Determinante auf ihre Teile:

AuftrNr, **PosNr** --> **AuftrNr**

AuftrNr, PosNr --> PosNr

Diese sollen allerdings im weiteren nicht betrachtet werden.

Formale Definition: einfach und voll

Nun zu einer formalen Definition der funktionalen Abhängigkeiten. Diese bezieht sich darauf, dass das Vorkommen eines Werts eines Attributs (bzw. einer Attributkombination) AK_1 über alle Tupel hinweg mit dem Vorkommen eines bestimmten Werts eines Attributs (oder einer Attributkombination) AK_2 verbunden sein kann. Die erste Definition beschreibt funktionale Abhängigkeit als solche, noch ohne die Unterscheidung in "volle" oder "einfache".

Definition (formal): funktionale Abhängigkeit (f.A.)

Seien T die Menge der Attribute einer Relation und AK_1, AK_2 Teilmengen von T, d.h.
$AK_1 = \{A_{11}, A_{21}, A_{31}, ..., A_{m1}\}$, $AK2 = \{A_{12}, A_{22}, A_{32}, ..., A_{n2}\}$.
AK_2 ist funktional abhängig von AK_1 (in der jeweiligen Relation), in Zeichen: $AK_1 \rightarrow AK_2$, falls gilt: alle Tupel, die in den AK_1-Ausprägungen übereinstimmen, tun dies auch in den AK_2-Ausprägungen.

Eine Attributkombination (AK) besteht aus einem oder mehreren Attributen von T, der Menge der Attribute einer Relation. Nachfolgende Definition der vollen funktionalen Abhängigkeit erfasst nun den Tatbestand, dass die Determinante nur die Minimalausstattung an Attributen haben sollte.

Definition (formal): volle f.A.

Seien AK_1, AK_2 Teilmengen von T. AK_2 heißt *voll* funktional abhängig von AK_1, in Zeichen: $AK_1 \Rightarrow AK_2$, falls gilt:
1) $AK_1 \rightarrow AK_2$
und
2) Es gibt keine echte Untermenge AK_1^* von AK_1, so dass gilt:
$AK_1^* \rightarrow AK_1$
Ist AK_1 ein einziges Attribut, dann ist $AK_1 \rightarrow AK_2$ gleichbedeutend mit $AK_1 \Rightarrow AK_2$

Als *einfache funktionale Abhängigkeit* soll hier weiterhin eine funktionale Abhängigkeit bezeichnet werden, die keine volle ist.

Beispiel Projektmitarbeit

Hier noch ein weiteres Beispiel, eine Relation, die recht einfach die Mitarbeit von Angestellten in Projekten erfasst. Wie immer soll die Semantik gelten, dass ein Angestellter in mehreren Projekten mitarbeiten kann und ein Projekt mehrere ihm zugewiesene Angestellte hat. In einer Relation

Angestellte (#(PersNr, BezProj), ProgSpr, AntProj)

(mit Personalnummer; Projekt, in dem der/die Angestellte mitarbeitet; Programmiersprachen, die ein Angestellter beherrscht; Anteil der Arbeitszeit, die ein Angestellter für ein Projekt tätig ist) gelten dann folgende funktionalen Abhängigkeiten:

PersNr, **BezProj** --> **ProSpr**

PersNr, **BezProj** => **AntProj**

PersNr => **ProgSpr**

Das FA-Diagramm ergibt sich dann wie folgt:

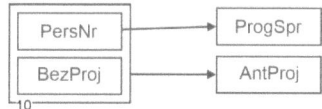

Abbildung 8.4-1:   FA-Diagramm der Relation Angestellte

Die funktionale Abhängigkeit des Attributs **ProgSpr** vom Schlüssel ist nur eine einfache, da als Determinante die **PersNr** alleine genügen würde.

8.5   Schlüssel (formal)

Weiter oben wurde ein Schlüssel kurz als ein Attribut definiert, das für jedes Objekt (für jedes Tupel) eine andere Ausprägung hat, dessen Ausprägungen, m.a.W., paarweise verschieden sind. Damit gleichbedeutend ist, dass ein Schlüssel die eindeutige Identifikation aller Objekte (Datensätze) erlaubt. Dies kann nun präziser gefasst werden:

Schlüssel: Definition 4

Sei AK Teilmenge von T, d.h. AK = $\{A_1, A_2, ..., A_n\}$. AK heißt Schlüssel, falls für alle A_m (A_m NICHT enthalten in T) aus der Relation R gilt:
$A_1, A_2, ..., A_n => A_m$
und keine echte Untermenge von AK hat diese Eigenschaft.

Damit gilt (mit AK_1 und AK_2 als Attributskombinationen einer Relation):

AK_1 Schlüssel ==> $AK_1 => AK_2$

D.h., falls AK_1 ein Schlüssel ist, sind alle anderen Attributskombinationen davon voll funktional abhängig.

AK_1, AK_2 Schlüssel ==> $AK_1 => AK_2$ und $AK_2 => AK_1$.

Erinnerung:
1. Das Zeichen '==>' meint hier die logische Implikation. Damit bedeutet A ==> B: aus A folgt B.
2. T: Menge der Attribute einer Relation
3. Attributskombination AK: Attribute einer Relation, z.B. die eines zusammengesetzten Schlüssels

---

Liegen zwei Schlüssel vor, sind diese natürlich gegenseitig voneinander funktional abhängig. Wie oben schon angeführt, werden Attribute, die Teil eines Schlüssels sind, *Schlüsselattribute* (SA) genannt. Die anderen *Nichtschlüsselattribute* (NSA).

9 Die zweite Normalform (2NF)

Die zweite Normalform besteht darin, die funktionalen Abhängigkeiten, die von einem Teil des Schlüssels herrühren, zu beseitigen. Nach dessen Beseitigung ist die jeweilige Relation in 2NF und damit redundanzfreier. Ganz abstrakt und auf das Wesentliche reduziert, drückt die folgende Abbildung das Problem bei Relationen aus, die nicht in 3NF sind: Es gibt eine Determinante, die Teil des Schlüssels ist (Schlüsselattribut; SA). Da eine solche Determinante typischerweise mehrere gleiche Ausprägungen hat, wird die davon abhängige Attributsausprägung in C auch mehrfach erfasst. Das Strukturdefizit ist hervorgehoben.

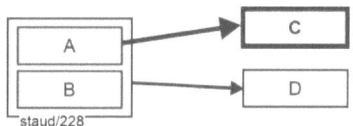

Abbildung 8.5-1:   1NF und nicht 2NF - abstrakt

Strukturdefizit: funktionale Abhängigkeit von einem Schlüsselteil

9.1 Redundanz trotz 1NF

Redundanzquelle

Wo steckt die Redundanz bei einer Relation, die in 1NF und nicht in 2NF ist? Betrachten wir dazu eine Relation zum Vorlesungsbetrieb einer Hochschule:

VorlBetrieb (#(MatrNr, LVNr, DozNr, Tag, Beginn), Name, LVBez)

MatrNr: Matrikelnummer (für Studierende eindeutig)
LVNr: Nummer der Lehrveranstaltung (für Lehrveranstaltungen eindeutig)
DozNr: Personalnummer des Dozenten (für Dozenten eindetuig)
Name: Name des Dozenten
LVBez: Bezeichnung der Lehrveranstaltung

Tag und **Beginn** identifizieren jeden einzelnen Vorlesungstermin. Es geht also nicht um die Lehrveranstaltungen also solche, sondern *um die einzelnen Termine.* Der Schlüssel besteht aus zahlreichen Attributen. Jedes Tupel hält fest, dass ...

> ein Studierender eine bestimmte Lehrveranstaltung bei einem bestimmten Dozenten an einem Tag mit einem bestimmten Startzeitpunkt ...

besucht. Damit ist ein bestimmter Lehrveranstaltungstermin und sein Besuch durch einen Studierenden eindeutig festgehalten. Es gelten die im FA-Diagramm angegebenen funktionalen Abhängigkeiten. Dies sind beides *einfache* funktionale Abängigkeiten.

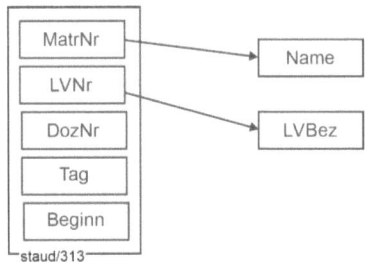

Abbildung 9.1-1:   FA-Diagramm zur Relation VorlBetrieb_1NF

Die Redundanz entsteht dadurch, dass für jeden Lehrveranstaltungstermin der Name des Studierenden und die Bezeichnung der Lehrveranstaltung festgehalten wird. Ursache ist, dass Nichtschlüsselattribute (NSA; **Name** und **VBez**) funktional abhängig sind von *einem Teil* des Schlüssels.

Optimaler Aufbau

Wird dieses Strukturdefizit beseitigt, entstehen die in den folgenden Abbildungen als FA-Diagramme angegebenen redundanzfreien Relationen. Für die Studierenden und Lehrveranstaltungen je eine neue, die alte bleibt erhalten, erhält aber Fremdschlüssel. Alle angegebenen funktionalen Abängigkeiten sind volle. Die Relationen sind alle bereits in der 5NF.

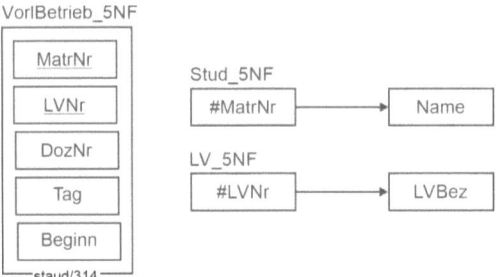

Abbildung 9.1-2:   FA-Diagramme zu den Relationen Vorlesungsbetrieb (VorlBetrieb_5NF), Studierende (Stud_5NF) und Lehrveranstaltungen (LV_5NF).

9.2   Definition

Damit kann die 2NF wie folgt definiert werden:

Definition: Zweite Normalform (2NF)

Eine Relation ist in *zweiter Normalform* (2NF), falls jedes Nichtschlüsselattribut voll funktional abhängig ist vom (gesamten) Schlüssel.
Alternativ: ... falls kein (echtes) Schlüsselattribut Determinante für Nichtschlüsselattribute ist.

Somit müssen in einer Relation mit 1NF und ohne 2NF einfache funktionale Abhängigkeiten bestehen. Werden diese beseitigt, beschreibt jedes Attribut dann das Objekt, das durch den Primärschlüssel identifiziert wird und nicht ein anderes, das durch einen Teil des Schlüssels identifiziert wird. Ist diese Bedingung erfüllt, können die oben angeführten Anomalien nicht auftreten.

Überführung von 1NF nach 2NF. Was oben gezeigt wurde, gilt grundsätzlich. Relationen in 1NF, die nicht in 2NF sind, können in diese überführt werden. Dies erreicht man dadurch, dass die Attribute der Relation so in verschiedenen Relationen neu angeordnet werden, dass a) obige 2NF-Bedingung erfüllt ist und b) keine Information verloren geht. Etwas konkreter Jedes Schlüsselattribut, das Determinante ist, wird Schlüssel einer neuen Relation. Ihr werden die von diesem Schlüssel funktional abhängigen Attribute zugeordnet. Die Determinante selbst bleibt in der 1NF-Relation, wird aber zum Fremdschlüssel. Im folgenden noch einige Beispiele für diesen Normalisierungsschritt.

9.3   Beispiel Aufträge

Betrachten wir nochmals obige Relation Aufträge_1NF. Ein FA-Diagramm zu dieser Relation liegt in Abschnitt 8.2 vor.

Aufträge_1NF

AuftrNr	PosNr	ProdNr	ProdBez	Menge	AuftrDatum	KuNr	KuName
0001	1	9901	Laser Dru x	1	30.06.15	1700	Müller
0001	2	9910	Toner xyz	3	30.06.15	1700	Müller
0001	3	9905	Papier abc	5.000	30.06.15	1700	Müller
0010	1	9905	Papier abc	30.000	01.07.14	1201	Sammer
0010	2	9910	Toner xyz	1	01.07.14	1201	Sammer
0011	1	9901	Laser Dru x	1	02.07.15	1600	Stanzl KG
0011	2	9911	Tintenpatr x	20	02.07.15	1600	Stanzl KG
0011	3	9905	Papier abc	5.000	02.07.15	1600	Stanzl KG
0011	4	9906	InkJet-Dru y	2	02.07.15	1600	Stanzl KG
0012	1	9998	z-Bildschirm	1	04.07.16	1900	Max OHG
...							

Schlüssel: #(AuftrNr, PosNr)

Schrittweise normalisieren

Sie soll nun schrittweise und nicht wie oben "auf einen Schlag" in die höheren Normalformen gebracht werden. Sie ist tatsächlich in 1NF und nicht in 2NF, da von dem Schlüsselattribut **AuftrNr** funktionale Abhängigkeiten ausgehen, dieses also Determinante ist:

AuftrNr => **AuftrDatum**

AuftrNr => **KuNr**

AuftrNr => **KuName**

Damit bestehen auch einfache funktionale Abhängigkeiten, deren Existenz immer ein Hinweis auf einen Verstoß gegen die 2NF ist:

AuftrNr, PosNr --> AuftrDatum

AuftrNr, PosNr --> KuNr

AuftrNr, PosNr --> KuName

Ein solches Defizit ist in den FA-Diagrammen besonders leicht erkennbar. Hier nochmals die Ausgangsrelation in textlicher Notation:

Aufträge_1NF (#(AuftrNr, PosNr), ProdNr, ProdBez, Menge, AuftragsDatum, KuNr, KuName)

Um die 2NF zu erreichen wird das Schlüsselattribut (Determinante) **AuftrNr** mit allen *von ihm* funktional abhängigen Attributen in eine neue Relation AuftrKöpfe getan. Diese ist dann in 2NF (weiter noch nicht, vgl. den nächsten Abschnitt).

AuftrKöpfe_2NF

#AuftrNr	AuftrDatum	KuNr	KuName
0001	30.06.15	1700	Müller
~~0001~~	~~30.06.15~~	~~1700~~	~~Müller~~
~~0001~~	~~30.06.15~~	~~1700~~	~~Müller~~
0010	01.07.14	1201	Sammer
~~0010~~	~~01.07.14~~	~~1201~~	~~Sammer~~
0011	02.07.15	1600	Stanzl KG
~~0011~~	~~02.07.15~~	~~1600~~	~~Stanzl KG~~
~~0011~~	~~02.07.15~~	~~1600~~	~~Stanzl KG~~
~~0011~~	~~02.07.15~~	~~1600~~	~~Stanzl KG~~
0012	04.07.16	1900	Max OHG
...			

Die durchgestrichenen Tupel sind die jetzt überflüssigen. Für diese Relation gilt: Schlüssel ist **AuftrNr**, Nichtschlüsselattribute (NSA) sind **AuftrDatum**, **KuNr**, **KuName**

Folgende funktionale Abhängigkeiten bestehen:

AuftrNr => AuftragsDatum

AuftrNr => KuNr

AuftrNr => KuName

KuNr => KuName

Es liegt also eine volle funktionale Abhängigkeit aller Nichtschlüsselattribute vom Schlüssel vor. Die restlichen Attribute von Aufträge_1NF bilden dann eine Relation zu den Auftragspositionen (AuftrPos), in der die einzelnen Auftragspositionen festgelegt sind. Die **AuftrNr** verbleibt hier ebenfalls und ist nun einfaches Schlüsselattribut und ein Fremdschlüssel.

AuftrPos_2NF

AuftrNr	PosNr	ProdNr	ProdBez	Menge
0001	1	9901	Laser Drucker xyz	1
0001	2	9910	Toner xyz	3
0001	3	9905	Papier abc	5.000
0010	1	9905	Papier abc	30.000
0010	2	9910	Toner xyz	1
0011	1	9901	Laser Drucker xyz	1
0011	2	9911	Tintenpatronen x	20
0011	3	9905	Papier abc	5.000
0011	4	9906	InkJet-Drucker yz	2
0012	1	9998	xyz-Bildschirm	1
...				

Für diese Relation gilt: Schlüssel ist #(**AuftrNr**, **PosNr**), Schlüsselattribute (SA) sind **AuftrNr** und **PosNr**. Außerdem bestehen folgende vollen funktionalen Abhängigkeiten:

AuftrNr, **PosNr** => **ProdNr**

AuftrNr, **PosNr** => **Menge**

AuftrNr, **PosNr** => **ProdBez**

ProdNr => **ProdBez**

Die Verknüpfung der beiden nun entstandenen Relationen und damit die eventuelle Wiederherstellung der alten "Zusammenhänge" erfolgt über das Attribut **AuftrNr**, das ja in beiden Relationen vorkommt:

AuftrKöpfe.**AuftrNr** bzw. AuftrPos.**AuftrNr**

Erinnerung: dies stellt die in SQL übliche Kennzeichnung für Attribute und ihre Relationen dar.

Damit ergibt sich auch der in AuftrPos angegebene Fremdschlüssel. Die folgende Abbildung zeigt das sich daraus ergebende kleine Datenmodell.

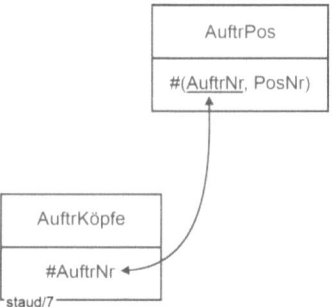

Abbildung 9.3-1:   Relationales Datenmodell Aufträge_2NF

Faustregel. Die 2NF ist immer dann von vornherein erfüllt, falls jeder Schlüssel aus einem einzigen Attribut besteht, denn in diesem Fall ist die funktionale Abhängigkeit immer die volle funktionale Abhängigkeit und da das Attribut Schlüssel ist, sind alle NSA voll von ihm abhängig (nicht aber die anderen Schlüsselattribute).

Eine Zerlegung einer Relation wie oben gezeigt wird *Projektion* genannt. Grundsätzlich gilt, dass jede Relation, die in 1NF ist und nicht in 2NF, durch Projektionen immer in 2NF-Relationen zerlegt werden kann. Die Originalrelation kann durch einen sog. *Verbund* wiederhergestellt werden (ein Verbund zweier Relationen entspricht der oben eingeführten relationalen Verknüpfung zweier Relationen). Zu Projektion und Verbund vgl. Abschnitt 19.8.

9.4   Beispiel PROJEKTMITARBEIT

Projektmitarbeit Variante 1

Ein weiteres Beispiel: Die Relation Projektmitarbeit (ProjMitarb_1NF) erfasst Informationen zu Angestellten und ihrer Mitwirkung in Projekten:

ProjMitarb_1NF

Name	PersNr	Funktion	FuBeschr	BezProj	Dauer	Zugeh	Budget
Stein	12345	Leiter	...	LCD	24	24	10
Maier	12346	DV	...	LCD	24	18	10
Müller	23456	Leiter	...	786zz	18	18	30
Bach	54321	InfMan	...	786zz	18	10	30
Bach	54321	DV	...	LCD	24	24	10
...			...				

Schlüssel: #(PersNr, BezProj)

Die textliche Darstellung:

ProjMitarb_1NF (PersNr, BezProj), Name, Funktion, FuBeschr, Dauer, Zugeh, Budget)

Das folgende FA-Diagramm gibt die vollen funktionalen Abhängigkeiten an.

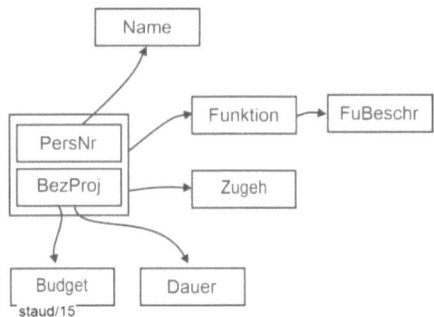

Abbildung 9.4-1:   FA-Diagramm der Relation ProjMitarb_1NF

Es bedeuten:
Funktion: Funktion der Person im Projekt
FuBeschr: Genauere Klärung der Funktion
BezProj: Eindeutiger Name des Projekts
Dauer: Dauer des Projekts in Monaten
Zugeh: Anzahl Monate, die die jeweilige Person dem Projekt angehört
Budget: Budget des Projekts in Millionen Euro

Daneben existieren die folgenden einfachen funktionalen Abhängigkeiten:

PersNr, **BezProj** --> **Name**

PersNr, **BezProj** --> **Budget**

PersNr, BezProj --> Dauer

Das FA-Diagramm zeigt: Die im Attribut **FuBeschr** festgehaltene Beschreibung der Funktion ist nicht von den Personen abhängig, die die jeweilige Funktion inne haben, sondern nur von der Funktion selbst.

In welcher Normalform ist diese Relation? Die 1NF ist erfüllt. Ein Verstoß gegen sie wäre im FA-Diagramm nicht erkennbar, weshalb FA-Diagramme nur bei Relationen eingesetzt werden, die in 1NF sind. Die 2NF ist nicht erfüllt, weil die Nichtschlüsselattribute (NSA) Name, Budget und Dauer nicht voll funktional vom Schlüssel abhängig sind.

Exkurs: Anomalien in diesem Beispiel
Einfügeanomalie
- Wird ein neues Projekt gestartet, so kann es erst eingetragen werden, wenn die erste Person, die im Projekt mitarbeitet, ebenfalls bekannt ist.
Löscheanomalie
- Angenommen, ein Projekt ist vorübergehend ohne Personal, z.B. weil die Mitarbeiter aus dem Projekt gekündigt haben, neue aber noch nicht bestimmt sind. Dann verschwindet, wenn die Projektzugehörigkeit der letzten Person gelöscht wird, auch die Information über das Projekt.
Aktualisierungsanomalien
- Falls die **Dauer** eines Projekts verändert wird, muss diese Information nicht nur an einer Stelle geändert werden, sondern an mehreren. Gleiches gilt für das **Budget**. Falls ein Mitarbeiter seinen Namen verändert, z.B. durch Heirat, gilt dasselbe.

Diese Relation wird normalisiert in die drei Relationen[14]

ProjMitarb_2NF (PersNr, BezProj), Funktion, FuBeschr, Zugeh)

Projekte_5NF (#BezProj, Budget, Dauer)

und

Ang_5NF (#PersNr, Name).

Die tabellarische Darstellung:

ProjMitarb_1NF

PersNr	Funktion	FuBeschr	BezProj	Zugeh
12345	Leiter	...	LCD	24
12346	DV	...	LCD	18
23456	Leiter	...	786zz	18
54321	InfMan	...	786zz	10
54321	DV	...	LCD	24
...	...			

Schlüssel: #(PersNr, BezProj)

---

14 Es wird jeweils die tatsächlich erreichte Normalform angegeben, auch wenn die höheren noch nicht besprochen sind.

Projekte_5NF

#BezProj	Dauer	Budget
LCD	24	10
~~LCD~~	~~24~~	~~10~~
786zz	18	30
~~786zz~~	~~18~~	~~30~~
~~LCD~~	~~24~~	~~10~~

Ang_5NF

Name	#PersNr
Stein	12345
Maier	12346
Müller	23456
Bach	54321
~~Bach~~	~~54321~~
...	

Schlüssel: #(PersNr, BezProj)

Die durchgestrichenen Zeilen sind jetzt, gegenüber der Ausgangsrelation, überflüssig. Hier noch die FA-Diagramme der neuen Relationen:

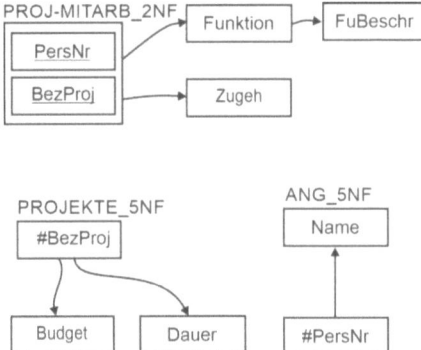

Abbildung 9.4-2:   FA-Diagramme der Relationen ProjMitarb, Projekte und Ang(estellte)

Abschließend das Datenmodell:

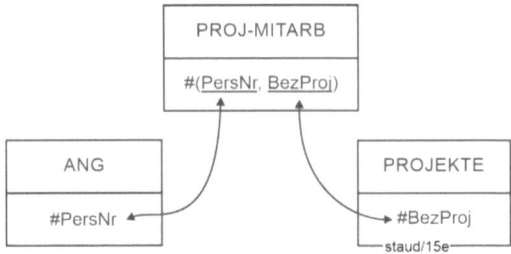

Abbildung 9.4-3:   Relationales Datenmodell ProjMitarb

9.5   Zerlegung und Zusammengehörigkeit

Keine Informationsverluste durch Zerlegungen

Der Normalisierungsschritt von der 1NF zur 2NF ist immer mit einer Zerlegung der Relation verbunden. Immer wird die "störende" Determinante, die Teil des Schlüssels ist, mit den von ihr abhängigen Attributen herausgenommen und zu einer neuen Relation gemacht.

Auch die weiteren Normalisierungsschritte führen meist zu Zerlegungen. Für alle diese Zerlegungen sind zwei Regeln zu beachten:

- Die Zerlegung darf zu keinem Informationsverlust führen. Dies wird i.d.R. durch entsprechende Schlüssel/Fremdschlüssel realisiert.
- Kommt es vor, dass eine neu entstehende Relation eine Objekt- oder Beziehungsklasse beschreibt, die bereits in einer anderen Relation angelegt ist, dann werden die beiden Relationen zusammengeführt. Denn es gilt: Für eine bestimmte Objekt- oder Beziehungsklasse darf nur eine Relation existieren. Dafür gibt es nur wenige Ausnahmen, z.B. bei der Generalisierung / Spezialisierung (vgl. Abschnitt 14.1).

Identisch sind zwei Relationen in diesem Sinne, wenn sie denselben Schlüssel haben.

10 Die dritte Normalform (3NF)

10.1 Redundanz trotz 2NF

Redundanz durch "NSA-Determinanten"

Ganz abstrakt und auf das Wesentliche reduziert, drückt die folgende Abbildung das Problem bei Relationen aus, die nicht in 3NF sind: *Es gibt eine Determinante, die nicht Schlüssel und nicht Schlüsselattribut ist* (im ersten Beispiel D, im zweiten B). Da eine solche Determinante typischerweise mehrere gleiche Ausprägungen hat, wird die davon abhängige Attributsausprägung in C mehrfach erfasst.

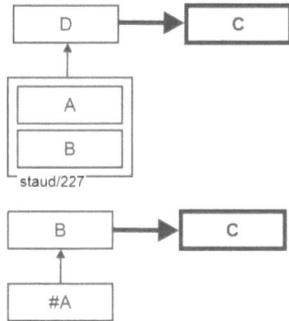

Abbildung 10.1-1:   2NF und nicht 3NF - abstrakt

Transitive Abhängigkeit. Solche "fortgesetzten" funktionalen Abhängigkeiten werden *transitive* genannt (vgl. unten). Relationen mit einem solchen Strukturmerkmal werden wie folgt normalisiert:

> Die Determinante, die nicht Schlüsselattribut ist, bildet zusammen mit dem von ihr abhängigen Attribut eine neue Relation. In der Ursprungsrelation muss diese Determinante (die nach der Normalisierung keine mehr ist) ebenfalls stehen bleiben. Dort wird sie zum Fremdschlüssel und sichert so den Zusammenhalt zwischen den Daten bzw. verhindert Datenverluste.

Hierzu die obigen Relationen in 3NF:

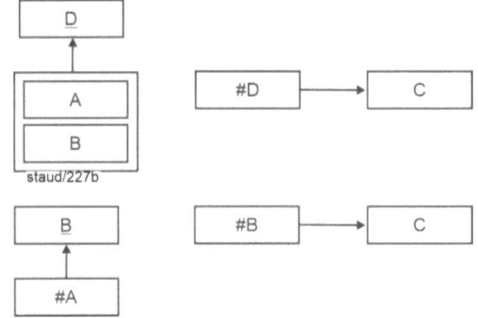

Abbildung 10.1-2:   Relationen in 3NF - abstrakt

10.2 Beispiel Auftragsköpfe

Im vorigen Abschnitt ergab sich bei der Herbeiführung der 2NF u.a. die folgende Relation, die hier um ein Attribut und einige Tupel ergänzt wurde:

AuftrKöpfe(#AuftrNr, AuftrDatum, KuNr, KuName, Ort)

AuftrKöpfe_2NF

#AuftrNr	AuftrDatum	KuNr	KuName	Ort
0001	30.06.15	1700	Müller	München
0010	01.07.14	1201	Sammer	Ravensburg
0011	02.07.15	1600	Stanzl KG	Berlin
0012	04.07.16	1900	Max OHG	Passau
1001	19.05.14	1700	Müller	München
1010	20.03.15	1201	Sammer	Ravensburg
1011	05.09.15	1600	Stanzl KG	Berlin
10112	20.12.14	1900	Max OHG	Passau
...				

AuftrNr: Auftragsnummer
AuftrDatum: Datum des Auftrags
KuNr: Kundennummer
KuName: Kundenname

Sie hält Informationen zu Aufträgen fest, genauer zu den Auftragsköpfen, und zu den Kunden. Es gelten die folgenden funktionalen Abhängigkeiten:

AuftrNr => **AuftrDatum**

AuftrNr => **KuNr**

AuftrNr => **KuName**

KuNr => **KuName**

AuftrNr => **Ort**

KuNr => **Ort**

Redundanz. Die Relation ist ohne Zweifel in 2NF. Die trotzdem noch vorliegende Redundanz kommt daher, dass dieselbe Kundennummer natürlich sehr oft vorkommen kann und für jedes Vorkommen der Kundennamen und der Wohnort des Kunden erfasst wird.

Die Ursache liegt darin, dass ein Nichtschlüsselattribut (NSA), **KuNr**, Determinante ist und dass es "fortgesetzte" funktionale Abhängigkeiten gibt:

AuftrNr => **KuNr** => **KuName** und

AuftrNr => **KuNr** => **Ort**

Die Bezeichnung transitive Abhängigkeit[15], erfolgt in Anlehnung an den entsprechenden Begriff der Mathematik. Sie wird so dargestellt:

AuftrNr --> :: --> **KuName**

AuftrNr --> :: --> **Ort**

Um dieses Defizit beseitigen zu können, muss die Relation in zwei Relationen zerlegt werden. Die "NSA-Determinante" zusammen mit dem funktional abhängigen Attribut **Ort** ergibt die neue Relation **Kunden_5NF**.

Kunden_5NF (#KuNr, KuName, Ort)

Die "alte" Relation verliert das Attribut **KuName** und behält die ursprüngliche Determinante **KuNr** als Fremdschlüssel.

Aufträge_5NF (#AuftrNr, AuftragsDatum, KuNr)

Die folgende Abbildung zeigt den ganzen Normalisierungsschritt einschließlich des dabei entstehenden kleinen Modellfragments.

---

15 Zur Erinnerung (an die Schulalgebra): transitiv bedeutet eine Beziehung über ein anderes Element hinweg. A und B sind in (irgendeiner) transitiven Beziehung (bez), wenn für diese gilt: A bez C bez B.

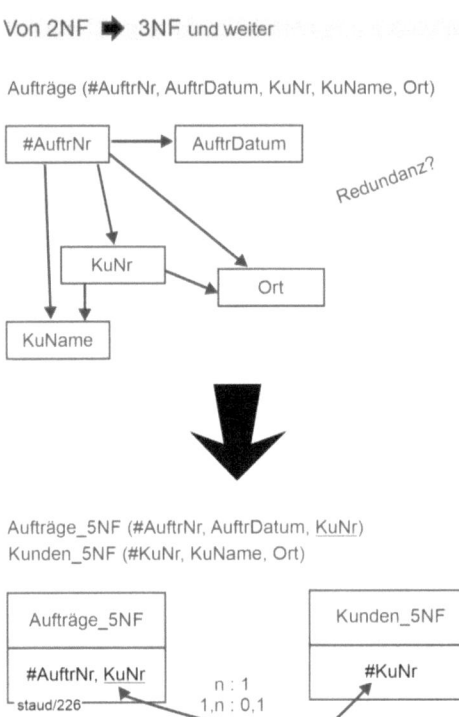

Abbildung 10.2-1: Von 2NF zu 3NF - am Beispiel *Aufträge / Kunden*

KuNr: Kundennummer **KuName:** Name des Kunden

10.3 Beispiel Angestellte

Das nächste Beispiel betrifft eine Relation mit Informationen zu Angestellten. Im Rahmen eines Modellierungsvorhabens habe sich folgende Relation ergeben:

Angestellte (#PersNr, Abteilung, AbtLeiter, Name, VName, Alter, Wohnort, Straße)

Mit der Festlegung, dass hier nur der Hauptwohnsitz erfasst wird, dass also jede/r nur eine Adresse hat, gelten folgende funktionalen Abhängigkeiten:

PersNr => **Name**

PersNr => **VName**

PersNr => **Abteilung**

PersNr => **AbtLeiter**

PersNr => **Alter**

PersNr => **Wohnort**

PersNr => **Straße**

Somit gilt:

PersNr => Abteilung => AbtLeiter

und damit die folgende transitive Abhängigkeit:

PersNr --->::---> AbtLeiter

Die Redundanz liegt hier in der Mehrfacherfassung des Zusammenhangs

Abteilung => AbtLeiter

Bei jedem Eintrag einer Abteilung wird auch der Abteilungsleiter eingetragen. Das folgende FA-Diagramm mit den vollen funktionalen Abhängigkeiten macht dieses Strukturmerkmal deutlich. Die störende funktionale Abhängigkeit (NSA als Determinante) ist hervorgehoben.

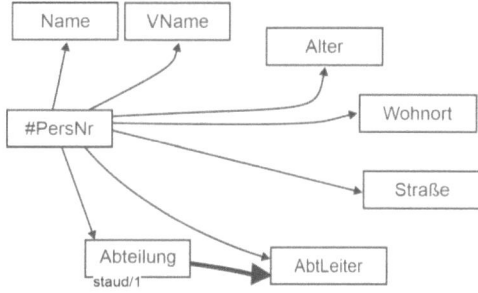

Abbildung 10.3-1:   FA-Diagramm der Relation Angestellte_2NF

Die Beseitung erfolgt auf die oben vorgestellte Weise: Die Determinante (hier **Abteilung**) wird zum Schlüssel einer neuen Relation (Abteilungen), in die auch die von ihr abhängigen Attribute kommen.

Abbildung 10.3-2:   FA-Diagramm der Relation Abteilungen_3NF

Sie bleibt aber auch in der "alten" Relation zurück - als Fremdschlüssel.

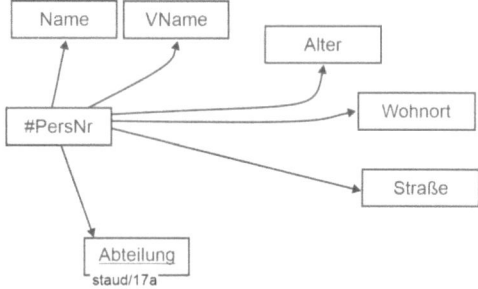

Abbildung 10.3-3:   FA-Diagramm der Relation Angestellte_3NF

10.4 Beispiel Aufträge / Artikel / Kunden

Von 1NF zu 3NF. Zum Abschluss dieses Abschnitts nun noch ein größeres Beispiel für den Weg von der 1NF zur 3NF. Im Rahmen eines Modellierungsvorhabens habe sich folgende Relation ergeben:

Aufträge_1NF (#(AuftrNr, PosNr), Menge, AuftrDatum, KuNr, KuName, ArtNr, ArtBez, Preis)

Wenn man sie betrachtet und dies vielleicht auch mit einem FA-Diagramm (vgl. die nächste Abbildung) erkennt man, dass gleich mehrere Strukturdefizite vorliegen:

> Die funktionalen Abhängigkeiten von **AuftrNr** signalisieren den Verstoß gegen die 2NF und die daraus folgenden Redundanzen. Die transitiven Abhängigkeiten von **KuNr** und **ArtNr** zeigen zwei Verstöße gegen die 3NF, was ebenfalls zu Redundanzen führt.

Man erkennt diese Defizite entweder gleich im FA-Diagramm oder bei der Betrachtung der einfachen und vollen funktionalen sowie der transitiven Abängigkeiten:

AuftrNr, PosNr => **ArtNr** //in Ordnung

AuftrNr, PosNr => **Menge** //in Ordnung

AuftrNr, PosNr --> **AuftrDatum** //einfache funktionale Abhängigkeit: 2NF?

AuftrNr, PosNr --> **KuNr** //einfache funktionale Abhängigkeit: 2NF?

AuftrNr, PosNr --> **KuName** //einfache funktionale Abhängigkeit: 2NF?

AuftrNr, PosNr -->::--> **ArtBez** //transitive Abhängigkeit: 3NF?

AuftrNr, PosNr -->::--> **Preis** //transitive Abhängigkeit: 3NF?

AuftrNr => **AuftrDatum**

AuftrNr => **KuNr**

AuftrNr => **KuName**

KuNr => **KuName** //NSA als Determinante: 3NF?

ArtNr => **ArtBez** //NSA als Determinante: 3NF?

ArtNr => **Preis** //NSA als Determinante: 3NF?

Normalisierung zur 3NF. Die Herbeiführung der 3NF erfolgt wie oben beschrieben. Für den Schlüssel der Ausgangsrelation und für jede Determinante, die nicht Schlüssel ist, wird eine eigene Relation angelegt und die Determinanten werden zu Schlüsseln:

#(AuftrNr, PosNr) //Schlüssel der Relation Auftragsköpfe

#AuftrNr //Schlüssel der Relation Aufträge

#KuNr //Schlüssel der Relation Kunden

#ArtNr //Schlüssel der Relation Artikel

An diese Schlüssel werden die voll funktional abhängigen Attribute angehängt:

#(AuftrNr, PosNr), ArtNr, Menge

#AuftrNr, AuftrDatum, KuNr

#KuNr, KuName

#ArtNr, ArtBez, Preis

Danach werden die früheren Determinanten zu Fremdschlüsseln:

#(AuftrNr, PosNr), ArtNr, Menge

#AuftrNr, AuftrDatum, KuNr

#KuNr, KuName

#ArtNr, ArtBez, Preis

Mit den Relationenbezeichnungen liegt dann die Lösung vor. Vgl. die Abbildung. Alle Relationen sind auch bereits in 5NF, wie in der Abbildung angegeben.

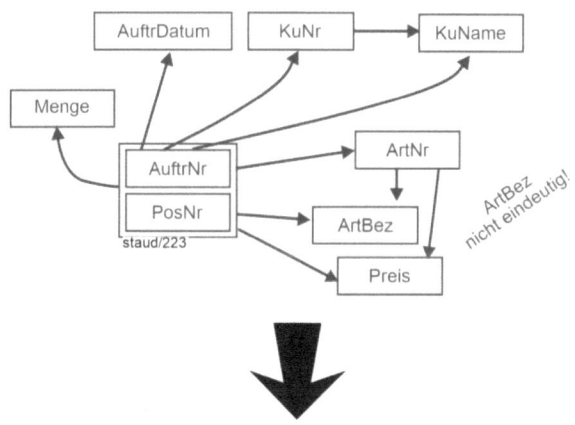

Abbildung 10.4-1:   Von 1NF zu 3NF - am Beispiel *Aufträge / Artikel / Kunden*

Die nächste Abbildung zeigt die grafische Darstellung des Datenmodells. Hier wird insbesondere die durch die Zerlegung entstandene Notwendigkeit deutlich, für Auswertungen die Relationen zu verknüpfen.

Das ist sozusagen der Preis, den man für die redundanzfreien Datenbestände zahlen muss. Die Abbildung zeigt im unteren Teil auch die FA-Diagramme aller entstandenen Relationen. Alle sind in der 5NF und weisen auch darüberhinaus keine Defizite auf.

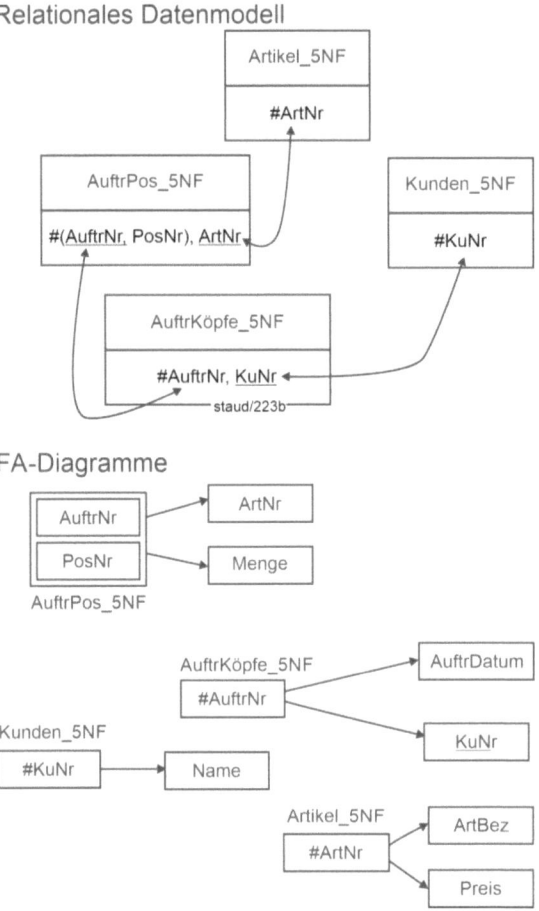

Abbildung 10.4-2:   Relationales Datenmodell und FA-Diagramme zum Beispiel *Aufträge / Artikel / Kunden*

10.5 Definition 3NF

Hier nun die formale Fassung der oben eingeführten Definitionen. Zuerst die der transitiven Abhängigkeit:

Definition: transitive Abhängigkeit

A, B und C seien Attribute einer Relation R. C heißt transitiv abhängig von A, in Zeichen:

A --->::---> C,

falls es ein Attribut B aus R gibt mit dem gilt:

A => B => C (für A <> B <> C)

Entsprechendes gilt für Attributkombinationen, wenn also für A, B oder C mehrere Attribute stehen. Liegen solche Strukturen nicht vor oder wurden sie beseitigt, ist eine Relation in dritter Normalform:

Definition: 3NF

Eine Relation ist in dritter Normalform (3NF), falls sie in 2NF ist und falls keine transitiven Abhängigkeiten zwischen dem Schlüssel und Nichtschlüsselattributen (NSA) bestehen (alternativ: ... falls kein NSA Determinante ist).

Somit gilt:

- in einer 3NF-Relation ist kein Nichtschlüsselattribut (NSA) transitiv von einem Schlüssel abhängig, d.h. jedes NSA beinhaltet eine Eigenschaft, die dem zugrunde-liegenden Objekt als Ganzes zukommt.
- Eine Relation ist genau dann in 3NF, wenn alle NSA gegenseitig unabhängig und voll abhängig vom Schlüssel sind.
- "A relation R is in third normal form (3NF) if and only if, for all time, each tuple of R consists of a primary key value that identifies some entity, together with a set of zero or more mutually independent attribute values that describe the entity in some way" [Date 1990, S. 367].

Damit ist dann der Bezug auf ein Objekt im relationalen Sinn voll hergestellt. Im FA-Diagramm äußert sich dies so, dass Pfeile nur vom Schlüssel ausgehen, so wie oben als Idealstrukturen gezeigt.

Relationale Objekt- und Beziehungsklasse

Objektklasse vs. Relation I: Ganz zu Beginn des Kapitels, bei der Einführung des Relationenbegriffs, wurde als ein Modellierungsschritt genannt, dass jede Objektklasse und jede Beziehungsklasse in genau eine Relation "eingefüllt" wird. Ist dies geschehen, entsprechen sich (Objekt-/Beziehungs-)Klasse und Relation noch sehr genau.

Objektklasse vs. Relation II: Wird dann die 1NF herbeigeführt sind u.U. Attribute mit Mehrfacheinträgen weggenommen und in eigene Relationen getan worden. Die Übereinstimmung von (Objekt-/Beziehungs-)Klasse und Relation ist nicht mehr voll gegeben. Die Klasse wird durch zwei oder drei Relationen beschrieben.

Objektklasse vs. Relation III: Genauso bei der Herbeiführung der 2NF und 3NF. Die Attribute der (Objekt-/Beziehungs-)Klasse werden, falls nötig, auf verschiedene Relationen verteilt, diesmal aber, weil in der Ausgangsrelation verschiedene Objekt-/Beziehungsklassen zusammen beschrieben wurden.

Insgesamt gilt, dass die ursprüngliche Beschreibung der (Objekt-/Beziehungs-) Klasse sich nach den Normalisierungsschritten nicht mehr in einer Relation, sondern in mehreren (unter Umständen zahlreichen) befindet.

Normalisierung durch Zerlegung

Soweit die Betrachtung der ersten drei Normalformen. Dies sind gleichzeitig auch die wichtigsten, zumindest für die Praxis der Datenhaltung. Wie zu erkennen ist bedeutet Normalisierung, dass Relationen in eine höhere Normalform gebracht werden und dass dies meist durch Zerlegung geschieht. Diese Zerlegung sollte aber gewissen Regeln genügen. Die wichtigsten seien hier nochmals zusammengefasst:

- Es darf keine Information verloren gehen. D.h., es muss durch entsprechende Schlüssel/Fremdschlüssel-Anordnung erreicht werden, dass die zerlegten Relationen gegebenenfalls wieder verknüpft werden können.
- Es darf durch die Zerlegung in keinem Bereich des Datenmodells ein Rückschritt bezüglich der Normalformen erfolgen.
- Nach jeder Zerlegung ist zu prüfen, ob die neu entstandenen Relationen nicht mit anderen, schon bestehenden, verschmolzen werden können. Grundsätzlich gilt, dass für eine relationale Objekt- oder Beziehungsklasse immer nur eine Relation vorhanden sein darf.

11 Die Boyce-Codd - Normalform (BCNF)

11.1 Redundanz trotz 3NF

Schlüssel, die aus zwei oder mehr Attributen bestehen, kamen oben schon vor. Sie bedeuten immer, dass jedes der Attribute (z.B. **PersNr** und **BezProj**) einen Aspekt des erfassten Realweltphänomens (z.B. Projektmitarbei) identifizierend beschreibt und dass sie zusammen das Realweltphänomen selbst beschreiben ("wer in welchem Projekt").

Es kommt nun vor, wenn auch nicht oft, dass eine Relation überlappende Schlüssel hat. Dann besteht jeder Schlüssel aus mindestens zwei Attributen (z.B. **#(A,B)** und **#(B,C)**), die mindestens ein Attribut gemeinsam haben (hier **B**). Die folgende Abbildung zeigt, wie diese Situation in einem FA-Diagramm ausgedrückt wird.

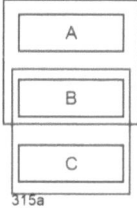

Abbildung 11.1-1:   Redundanzen in der 3. Normalform - 3NF und nicht BCNF

So weit so gut. Wenn dies von den Notwendigkeiten des Anwendungsbereichs gefordert ist, muss man so modellieren. Redundanzen entstehen, wenn es funktionale Abängigkeiten zwischen den Schlüsseln gibt, wenn also z.B. ein Attribut des einen Schlüssels von einem des anderen funktional abhängig ist. Dies ist dann auch umgekehrt der Fall, da beide ja als Schlüsselbestandteil für einen Teilaspekt des beschriebenen Phänomens identifizierenden Charakter haben. Die folgende Abbildung zeigt eine solche Situation.

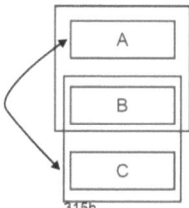

Abbildung 11.1-2:   Redundanzen in der 3. Normalform – F.A. zwischen Schlüsselattributen

Für jede Ausprägung von A gibt es eine entsprechende von C. Da in A eine bestimmte Ausprägung mehrfach vorkommt (Schlüsselbestandteil), kommt die zugehörige in B auch mehrfach vor. Diese Beziehung muss auch umgekehrt gelten, weil A und B in einer solchen Anordnung Schlüsselcharakter für Teilaspekte haben müssen. Diese Redundanz wird noch vergrößert, wenn Nichtschlüsselattribute (NSA) hinzukommen. Die folgende Abbildung zeigt dies am Beispiel eines einzelnen NSAs.

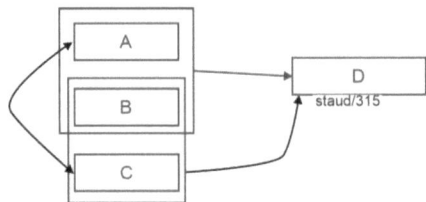

Abbildung 11.1-3:   3NF und nicht BCNF - abstrakt

Bei einer solchen Schlüsselkonstellation ist jedes NSA von zwei Schlüsseln abhängig. Für jedes mehrfache Auftreten einer Attributsausprägung in A bzw. C liegen auch mehrfache Einträge in D vor. Auch dies ist redundant, wenn auch von den bisherigen Schritten der Normalisierungstheorie nicht bedacht.

2NF und 3NF erfüllt. Trotz dieser Defizite ist eine solche Relation in 2NF, denn es gibt keine funktionalen Abhängigkeiten von einem Schlüsselattribut zu einem NSA und auch in 3NF, da kein NSA Determinante ist.

Die Lösung besteht darin, den Zusammenhang zwischen den beiden Attributen, der durch die gegenseitigen funktionalen Abängigkeiten ausgedrückt wird, in eine eigene Relation auszulagern. In unserem abstrakten Beispiel entsteht dadurch die Relation A-C. Da kommt jede Ausprägung des einen und des anderen Attributs nur einmal vor, der Zusammenhang wird nur einmal festgehalten.

Die Semantik, die sich durch die funktionale Abhängigkeit zum NSA ausdrückte, wird durch eine neue Relation mit einem der "alten" zusammengesetzten Schlüssel (egal mit welchem) und dem NSA festgehalten. Im Beispiel entsteht dabei die Relation A-B. Das Attribut, das aus dem zusammengesetzten Schlüssel auch in der anderen Relation vorkommt, wird dort zum Fremdschlüssel und erlaubt damit die Verknüpfung mit der anderen entstehenden Relation.

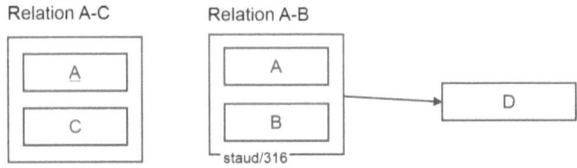

Abbildung 11.1-4:   Relationen A-C und A-B in BCNF – als FA-Diagramme

Diese neuen Relationen sind dann in der Boyce-Codd - Normalform (BCNF), benannt nach ihren Entdeckern. Auch sie dient dem Zweck der Optimierung der relationalen Struktur, d.h. der optimierten Anordnung der Attribute in flachen Tabellen.

Mit ihr werden Defizite beseitigt, die in Bezug auf die Coddsche dritte Normalform im Laufe der Jahre entdeckt wurden. Konkret waren dies Schwierigkeiten die auftreten, falls eine Relation mehrere zusammengesetzte (aus mehreren Attributen bestehende) und sich überlappende Schlüssel hat und zwischen einzelnen Schlüsselattributen funktionale

Abhängigkeiten bestehen. Denn die 3NF verlangt nicht die volle funktionale Abhängigkeit eines Attributs vom Primärschlüssel, falls es selbst Attribut eines Schlüssels ist.

11.2 Beispiel Projektmitarbeit

Betrachten wir als Beispiel die folgende Relation zu Projektmitarbeit (**ProjMitarb**).

ProjMitarb

AngName	PersNr	Funktion	BezProj	Zugeh
Stein	12345	Leiter	BPR	24
Maier	12346	DV	BPR	18
Müller	23456	Leiter	ITIL	18
Bach	54321	InfMan	ERP-Einf	10
Bach	54321	DV	Portal	24
Bach	54321	InfMan	SDK	6
...				
SA	SA	NSA	SA	NSA

Schlüssel: #(**AngName, BezProj**) oder #(**PersNr, BezProj**)
Primärschlüssel sei #(**AngName, ProjName**)
SA: Schlüsselattribut, NSA: Nichtschlüsselattribut

Es gelte folgende Semantik:

- Das Attribut **AngName** sei eindeutig(!). Es kann sich also nur um ein kleines Unternehmen handeln.
- Die **Funktion** beschreibt die Stellung der Angestellten (*Leiter*: Projektleiter, *InfMan*: Informationsmanager, *DV*: DV-Spezialist). Angestellte können in verschiedenen Projekten unterschiedliche Funktionen haben.
- **BezProj** ist die (eindeutige) Bezeichnung des Projekts (z.B. *BPR*: Business Process Reengineering)
- **Zugeh** erfasst die Dauer der Projektzugehörigkeit in Monaten.

Die textliche Notation:

ProjMitarb (#(AngName, (BezProj), PersNr), Funktion Zugeh) //überlappender Schlüssel

Zwischen den Attributen bestehen folgende *vollen* funktionalen Abhängigkeiten:

(**AngName, BezProj**) => **Funktion**

(**AngName, BezProj**) => **Zugeh**

(**PersonalNr, BezProj**) => **Funktion**

(**PersonalNr, BezProj**) => **Zugeh**

AngName => **PersNr**

PersNr => **AngName**

Die folgende Abbildung zeigt im oberen Teil das FA-Diagramm. **PersNr** und **AngName** sind gegenseitig funktional abhängig. Die Relation ist in der 3NF, weil die Nichtschlüsselattribute voll funktional abhängig sind vom Schlüssel und weil es zwischen den NSAs keine weiteren vollen funktionalen Abhängigkeiten gibt.

Vermischung

Trotzdem weist diese Relation Redundanzen auf und vermischt Konzepte zweier Real-weltphänomene, was zu den schon diskutierten Anomalien führt: Zum einen erfasst sie die Funktion und Projektzugehörigkeit der Personen, zum anderen erfasst sie, welche Personalnummer die Personen haben. Das Problem liegt hier also darin, dass die 1:1 - Beziehung zwischen den beiden Schlüsselattributen **AngName** und **PersNr** mehrfach erfasst wird. Z.B. dass Bach die Personalnummer 54321 hat.

Diese Redundanz wird von der 3NF nicht beseitigt, da dort funktionale Abhängigkeiten zwischen Schlüsselattributen nicht betrachtet werden. Die Anomalien hier im einzelnen:

- Einfügeanomalie: Dörrer wird neu eingestellt und erhält eine Personalnummer. Sie ist allerdings noch keinem Projekt zugeordnet. Ihre Daten können nicht erfasst werden (wegen der Forderung der Objektintegrität), da zum Schlüssel ja auch ein Projekt gehört.

- Löscheanomalie: Stein verlässt das Projekt "LCD", sein Datensatz wird gelöscht. Damit verschwindet auch die Information, welche Personalnummer er hat.

- Aktualisierungsanomalie: Bach erhält eine neue Personalnummer. Um diese Information in die Datenbank einzutragen, muss für jeden Eintrag "Bach/54321" die Änderung vorgenommen werden. Es wird also gegen die Regel verstoßen, dass jede in der Datenbank gespeicherte Information nur an einer Stelle stehen sollte.

Lösung durch Zerlegung

Wieder besteht die Lösung in der Zerlegung der Relation. Zum einen in eine Relation **ProjMitarb**, zum anderen in eine Relation **Angestellte** (vgl. die Abbildung), die natürlich mit einer entsprechenden evtl. schon existierenden verschmelzen würde.

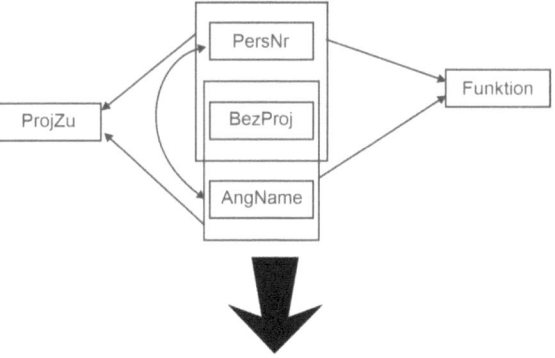

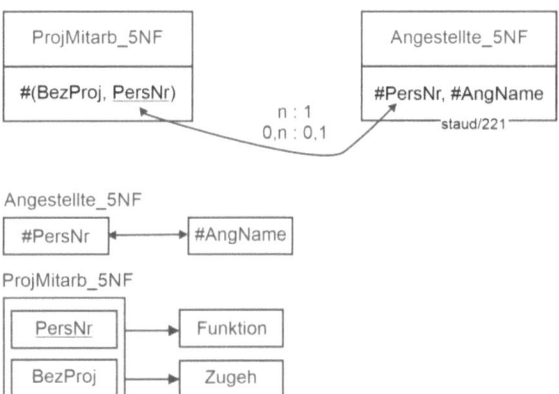

Abbildung 11.2-1:   Von 3NF zu BCNF - am Beispiel *Projektmitarbeit*

Die Abbildung enthält im unteren Teil auch die FA-Diagramme der neuen Relation. Diese machen nochmals deutlich, dass die erreichte Normalform optimal (redundanzfrei) ist. Endgültig klärt dies wohl die tabellarische Darstellung. Die in den neuen Relationen überflüssigen Tupel wurden zur Verdeutlichung durchgestrichen stehen gelassen.

Angestellte_5NF

#AngName	#PersNr
Stein	12345
Maier	12346
Müller	23456
Bach	54321
~~Bach~~	~~54321~~
~~Bach~~	~~54321~~
...	
SA	SA

Schlüssel: #AngName oder #(PersNr, BezProj)
Primärschlüssel sei #(AngName, ProjName)

ProjMitarb

PersNr	Funktion	BezProj	Zugeh
12345	Leiter	BPR	24
12346	DV	BPR	18
23456	Leiter	ITIL	18
54321	InfMan	ERP-Einf	10
54321	DV	Portal	24
54321	InfMan	SDK	6
...			
SA	NSA	SA	NSA

Schlüssel: #(AngName, BezProj) und #(PersNr, BezProj)

11.3 Definition BCNF

Relationen, die in der 3NF sind und kein oben beschriebenes Strukturdefizit aufweisen, befinden sich in der Boyce-Codd-Normalform (BCNF). Diese kann wie folgt definiert werden:

Definition: BCNF

Eine Relation ist in Boyce/Codd-Normalform (BCNF), falls jede Determinante Schlüssel ist (Primär- oder Sekundärschlüssel).

Diese Definition umfasst auch die 2NF und die 3NF. Sie geht weiter, als die der 3NF, wo ja nur verhindert wird, dass ein NSA zur Determinante wird. Hier wird auch verhindert, dass ein SA, das nicht selbst Schlüssel ist, Determinante wird. Mit anderen Worten: Nimmt man diese Definition als Grundlage der Modellierungsbemühungen sind alle Normalformen einschließlich der BCNF realisiert.

11.4 Noch ein Beispiel

Relation Vorlesungen

Im folgenden Beispiel (nach [Date 1990, S. 546]) gilt folgende zugegeben etwas konstruierte Semantik:

- Ein bestimmtes Fach hört jeder Student / jede Studentin (**Stud**) nur bei einem Dozenten (**Doz**)

- Jeder Dozent an dieser Hochschule lehrt nur ein Fach, aber jedes Fach wird von mehreren Dozenten gegeben.

VORLESUNGEN

Stud	Fach	Doz
Schmidt	DBS	Steiner
Schmidt	IT-Management	Grauer
Müller	DBS	Steiner
Müller	IT-Management	Grauer
Johnson	No-SQL-DB	Wagner
SA	SA	SA

[SA: Schlüsselattribut]
Schlüssel: #(**Stud**, **Fach**)

Aus der ersten obigen Semantikfestlegung ergibt sich:

(**Stud**, **Fach**) => **Doz**

Aus der zweiten Semantikfestlegung folgt

Doz => **Fach**

Damit gibt es einen zweiten Schlüssel: #(**Doz**, **Stud**). All dies führt zu folgendem FA-Diagramm:

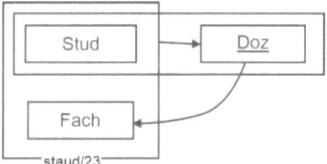

Abbildung 11.4-1: FA-Diagramm der Relation VORLESUNGEN

Beide (zusammengesetzten) Schlüssel sind durch entsprechende Rechtecke gekennzeichnet. Die beiden Schlüssel überlappen sich.

In welcher Normalform befindet sich diese Relation? Die 2NF ist erfüllt, da es keine Nichtschlüsselattribute gibt, ebenso die 3NF. Überprüfen wir die BCNF. Diese verlangt, dass jede Determinante Schlüssel ist, was hier offensichtlich nicht der Fall ist. Bevor wir diese Relation normalisieren, suchen wir die Anomalien. Diese sind darin begründet, dass der Zusammenhang Dozent - Fach ("jeder Dozent lehrt nur ein Fach") mehrfach erfasst wird, was bereits bei den wenigen Tupeln der obigen Tabelle sichtbar wird. Im einzelnen:

Aktualisierungsanomalie. Ändert der Dozent Steiner den Namen seines Fachgebietes zu Computergestützte Informationssysteme ist diese Änderung mehrfach zu vollziehen, so oft, wie die Anzahl der Studierenden ist, die das Fach belegt haben.

Einfügeanomalie. Ein neuer Dozent gibt das Fach Geschäftsprozessoptimierung. Er kann erst eingetragen werden, wenn sich der erste Studierende für sein Fach entschieden hat, da erst dann ein Eintrag möglich ist, bei dem der Schlüssel vollständig ist (Forderung nach Objektintegrität).

Löscheanomalie. Verlässt der Studierende Müller den Kurs Netzwerkdatenbanken des Dozenten Wagner, geht auch die Information verloren, dass Wagner dieses Fach lehrt.

Wie immer deutet die Löscheanomalie damit an, dass "verschiedene Dinge" in eine Relation gepackt wurden. Hier ist es zum einen der Vorlesungsbesuch der Studierenden, zum andern die Dozententätigkeit.

Die Normalisierung - gemäß den Forderungen der BCNF - führt zu folgendem Ergebnis:

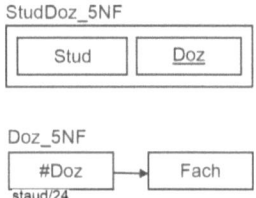

Abbildung 11.4-2:   FA-Diagramme der Relationen zu *Vorlesungen* in BCNF (und 5NF)

Die Relation **StudDoz** hält fest, welcher Studierende bei welchem Dozent einen Kurs besucht. Die untere, welches Fach ein Dozent lehrt. Wäre in der ersten Relation statt "Dozent" das Attribut Fach genommen worden, wäre die Relation zwar korrekt, was den Zusammenhang Studierende - Fach angeht, es wäre aber keine Verknüpfung mit der anderen Relation möglich gewesen. Insofern wäre gegen die Regel, dass eine Zerlegung ohne Informationsverlust zu erfolgen hat, verstoßen worden und die Lösung wäre falsch. Die folgende Abbildung zeigt das Datenmodell, es soll **StudDoz** genannt werden.

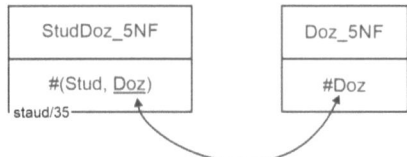

Abbildung 11.4-3:   Relationales Datenmodell **StudDoz**

12 Die vierte Normalform (4NF)

12.1 Das Defizit

Obwohl die BCNF zu weitgehend redundanzfreien Relationen führt, fanden sich im Laufe der Zeit doch Attributkonstellationen, die von ihr nicht erfasst werden. Eine solche wird in der 4NF bearbeitet.

Oft ist zu hören, dass diese Normalform keine Bedeutung in der Praxis hätte. Dies ist nicht ganz richtig. Sie gibt uns zumindest einen Hinweis auf eine mögliche Fehlerquelle gleich zu Beginn der Normalisierung, bei der Behandlung der unnormalisierten Relation. Deshalb soll sie hier auch betrachtet werden.

Problemursache: mehrfache Mehrfacheinträge

Der Hintergrund der vierten Normalform kann wie folgt beschrieben werden: Angenommen, es liegt eine unnormalisierte Relation vor, in der drei oder mehr Attribute Mehrfacheinträge aufweisen (d.h., sie sind nicht flach; Einige Autoren verwenden auch den Begriff Wiederholungsgruppen, vom angelsächsischen repeating groups). In einem solchen Fall könnte man auf die Idee kommen, diese Mehrfacheinträge einfach durch Tupelvermehrung gegeneinander aufzulösen. Dabei entsteht aber eine Relation mit Strukturdefiziten, die von den bisherigen Normalformen nicht erfasst werden. Dazu ein Beispiel.

12.2 Beispiel Vorlesungsbetrieb

Gegeben sei die folgende unnormalisierte Relation, mit der die Beziehungen zwischen Vorlesungen (als solchen, also nicht *Vorlesungstermine*), den Dozenten und Räumen in einer Tabelle erfasst werden. Es gilt folgende Semantik: Eine Vorlesung kann von mehreren Dozenten gehalten werden und sie kann in mehreren Räumen stattfinden (nur in bestimmten, wegen ihrere Anforderungen: Größe, DV-Ausstattung, ...).

V-D-R_UN

Vorlesung	Dozent	Raum
V1	D1, D2	R1, R2
V2	D1	R2
V3	D1, D3	R3

[V-D-R: Vorlesungen - Dozenten - Räume]

Was bedeuten in einer solchen Relation die Tupel (Zeilen)? Die Bedeutung der ersten Zeile ist wie folgt: Vorlesung V1 wird von den Dozenten D1 und D2 angeboten und kann in den Räumen R1 und R2 durchgeführt werden. Entsprechend bedeutet die zweite Zeile: Vorlesung V2 wird von D1 angeboten und kann in R2 stattfinden. Und die dritte: Vorlesung V3 wird von D1 und D3 angeboten und kann in R3 stattfinden.

Normalisierung durch kartesisches Produkt

Wird diese unnormalisierte Tabelle nun direkt mittels Tupelvermehrung in die 1NF gebracht, müssen die Mehrfacheinträge miteinander kombiniert werden (mittels des kartesischen Produkts), nur dann bleibt die Information der unnormalisierten Relation erhalten. Dann entsteht folgende Relation:

V-D-R_1NF

Vorlesung	Dozent	Raum
V1	D1	R1
V1	D1	R2
V1	D2	R1
V1	D2	R2
V2	D1	R2
V3	D1	P3
V3	D3	P3

[V-D-R: Vorlesungen - Dozenten - Räume]

In dieser haben die Tupel folgende Bedeutung:

* Tupel 1: V1 wird von D1 angeboten und kann in R1 stattfinden
* Tupel 2: V1 wird von D1 angeboten und kann in R2 stattfinden
* Tupel 3: V1 wird von D2 angeboten und kann in R1 stattfinden
* Tupel 4: V1 wird von D2 angeboten und kann in R2 stattfinden

usw. Die ersten vier Tupel werden benötigt, um den Informationsgehalt des ersten Tupels der Relation V-D-R_UN zu erfassen (1 * 2 * 2 = 4). Es ist leicht zu sehen, dass eine solche Relation nur Schwierigkeiten bereitet. Trotzdem ist sie in BCNF, da alle Attribute Schlüsselattribute sind ("all key") und die Regeln der BCNF gegenüber einer solchen Situation nicht greifen.

Redundanz

Die Redundanz ist offensichtlich: Dass V1 von D1 angeboten wird, ist nicht nur einmal erfasst, sondern mehrmals (für jeden Raum). Ebenso wird die Tatsache, dass V1 in R1 stattfinden kann, mehrfach erfasst (Zahl der Dozenten). Dieses Strukturdefizit entsteht, weil im Rahmen der Normalisierung die Information auf "flache" Tupel verteilt werden muss. Die Komplexität entsteht durch die Bildung der Relation aus dem kartesischen Produkt der Ausprägungen mit Mehrfacheinträgen. Dadurch "lastet" auf ihr eine komplexe Regel:

Falls (V1, D1, R1) und (V1, D2, R2) beide da sind, müssen auch (V1, D1, R2) und (V1, D2, R1) vorkommen.

Dies resultiert aus der Entstehung der Relation durch Tupelvermehrung. Aus dem ersten Teil der Regel folgt, dass in der unnormalisierten Ursprungsrelation die nachfolgend aufgeführte Zeile vorhanden war:

V1 mit seinen Dozenten und Räumen

Vorlesung	Dozent	Raum
V1	D1, D2	R1, R2

Denn diese führt zu folgenden Kombinationen:

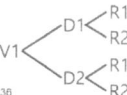

War diese aber vorhanden, müssen (wegen der Bildung des kartesischen Produkts aus (D1, D2) x (R1, R2) auch die Tupel (V1, D2, R1) und (V1, D2, R2) vorhanden sein. Eine solch komplexe Regel (eine semantische Integritätsbedingung) kann im Zeitverlauf kaum aufrechterhalten werden. Bei jedem neuen Eintrag, der entweder mehrere Hosts oder mehrere Produzenten aufweist muss ja nicht nur ein Tupel, sondern es müssen mehrere eingetragen werden.

Wird zum Beispiel V1 zusätzlich von einem Dozenten D4 angeboten, muss nicht nur das Tupel (V1, D4, R1), sondern auch das Tupel (V1, D4, R3) zusätzlich eingetragen werden.

Normalisierung durch Zerlegung

Auch hier besteht die Lösung wiederum in einer Zerlegung der Relation. Mit den obigen Abkürzungen wird V-D-RS in die zwei Relationen

V-D_4NF (#(Vorlesung, Dozent)) //tatsächlich in 5NF

und

V-R_4NF (#(Vorlesung, Raum)) //tatsächlich in 5NF

zerlegt. V-D_4NF erfasst nun die Beziehung zwischen Vorlesungen und ihren Dozenten ("welcher Dozent gibt welche Vorlesung). V-R_4NF erfasst die Beziehung zwischen Vorlesungen und Räumen ("in welchen Räumen können die Vorlesungen stattfinden). Es entstehen die folgenden Tabellen:

V-D_4NF

Vorlesung	Dozent
V1	D1
~~V1~~	~~D1~~
V1	D2
~~V1~~	~~D2~~
V2	D1
V3	D1
V3	D3

Schlüssel: #(Vorlesung, Dozent)

V-R_4NF

Vorlesung	Raum
V1	R1
V1	R2
~~V1~~	~~R1~~
~~V1~~	~~R2~~
V2	R2
V3	R3
~~V3~~	~~R3~~

Schlüssel: #(Vorlesung, Raum)

Bewältigte Redundanz

Die durchgestrichenen Zeilen zeigen wiederum die Redundanz der ursprünglichen Relation. Die Kennzeichnung von **Vorlesung** als Fremdschlüssel (durch Unterstreichung) hat nicht genau dieselbe Bedeutung wie sonst, da (hier) ja die Relation fehlt, die Vorlesungen beschreibt und in der das Attribut **Vorlesung** Schlüssel wäre. Sie wurde trotzdem gewählt, weil die beiden Attribute Fremdschlüsselcharakter haben. Allerdings wäre eine direkte Verknüpfung problematisch (wegen der jeweils mehrfachen Ausprägungen), weshalb im folgenden Datenmodell eine Relation VORLESUNGEN ergänzt wurde.

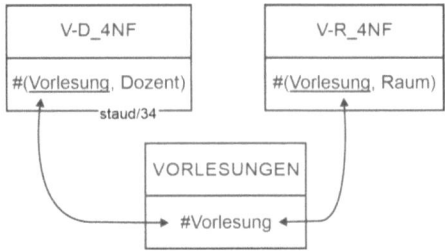

Abbildung 12.2-1:   Relationales Datenmodell V-D-R

Regel

Wegen der hier diskutierten Probleme mit mehrfachen Wiederholungsgruppen weist Date darauf hin, dass bei der Normalisierung einer unnormalisierten Relation auf jeden Fall zuerst die voneinander unabhängigen Wiederholungsgruppen getrennt werden sollten [Date 1990, S. 383].

12.3 Mehrwertige Abhängigkeit

Für die Definition der vierten Normalform (4NF), in der also die oben beschrieben Strukturdefizite nicht (mehr) auftreten, kann eine weitere Form der Abhängigkeit zwischen den Attributen einer Relation eingeführt werden, die sog. *mehrwertige Abhängigkeit* (MWA; engl. multi-valued-dependency (MVD)). Bei dieser stehen zwei Attribute A und B einer Relation in folgender Beziehung zueinander: Kennt man eine Ausprägung von A, kann man zwar nicht genau eine (einzige) von B "vorhersagen" (dies wäre eine funktionale Abhängigkeit), aber eine genau definierte Menge von Ausprägungen von B. Beispiele hierfür sind leicht zu finden.

In obiger Relation zu Vorlesungen - Dozenten - Räumen:

- Kennt man die Bezeichnung einer Vorlesung, kann man zwar nicht genau einen Dozenten nennen, der sie halten kann, aber eine genau definierte Gruppe von Dozenten.
- Kennt man die Bezeichnung einer Vorlesung, kann man zwar nicht genau einen Raum nennen, der geeignet ist, aber eine genau definierte Menge von Räumen, in denen die Vorlesung stattfinden kann.

In einer Relation zu den Angestellten eines Unternehmens:

- Vom Namen eines Angestellten kann nicht eine einzelne von ihm beherrschte Programmiersprache genannt werden, aber eine Liste, nämlich genau die der von ihm beherrschten.

In einer Relation zu Datenbanksystemen:

- Da ein DBS mehrere Datentypen hat, gilt auch hier eine solche Beziehung, da vom Namen eines Datenbanksystems zwar nicht auf einen Datentyp, aber auf eine wohldefinierte Menge von Datentypen geschlossen werden kann.

Aus der Sicht der Abhängigkeiten zwischen Attributen bedeutet dies, dass nicht eine Ausprägung genannt werden kann, aber eine genau definierte Menge. Das ist die oben angeführte *mehrwertige Abhängigkeit (MWA)*.

Exkurs: Abhängigkeiten zwischen den Attributen einer Relation
Attribute einer Relation stehen miteinander in Beziehung. Mit der obigen mehrwertigen Abhängigkeit sind insgesamt folgende Beziehungen möglich:
- Unabhängigkeit (die Ausprägungen der beiden Attribute sind unabhängig voneinander. Jede Ausprägung beschreibt eine eigenständige Eigenschaft).
- volle und einfache funktionale Abhängigkeit
- transitive Abhängigkeit
- mehrwertige Abhängigkeit
Mit Ausnahme der ersten gibt jede Beziehung einen Hinweis auf Optimierungsbedarf.

In einer Relation schlägt sich die mehrwertige Abhängigkeit in der Form von Mehrfacheinträgen bei einem der Attribute nieder. Diese Form der Abhängigkeit zwischen zwei Attributen einer Relation ist somit etwas weiter als die der funktionalen Abhängigkeit, aber deutlich enger als die der Unabhängigkeit zweier Attribute (dann ist überhaupt keine "Vorhersage" möglich ist).

Schwierigkeiten bereitet diese Art der Abhängigkeit nur, falls sie doppelt in einer unnormalisierten Relation vorkommt. Dann müssen mindestens drei Attribute A, B und C im Spiel sein und zwei davon stehen in der beschriebenen Abhängigkeit vom dritten (wie im obigen Beispiel).

Definition: Mehrwertige Abhängigkeit (MWA)

Seien A, B, C Attribute einer Relation R. B heißt mehrwertig abhängig von A, in Zeichen: A_C =>=> B falls für jede Kombination von Attributsausprägungen von A, C eine wohldefinierte Menge von Ausprägungen von B existiert, die von A, aber nicht von C abhängt. Es gilt dann auch: A_B =>=> C

Am leichtesten veranschaulicht man sich die Definition anhand des obigen Beispiels. Hier gilt

Vorlesung$_{Dozent}$ =>=> **Raum**

Vorlesung$_{Raum}$ =>=> **Dozent**

Das tiefgestellte Attribut wird mit angegeben, um deutlich zu machen, dass die MWA nur dann gegeben ist, wenn drei Attribute im Spiel sind, denn nur dann treten die beschriebenen Schwierigkeiten auf. Liegen nur zwei (die zwei mit den Mehrfacheinträgen) vor, werden sie gegeneinander aufgelöst und es entsteht eine Situation wie bei einer Verbindungsrelation.

Echte MWA

Jede funktionale Abhängigkeit ist auch eine (einfache) mehrwertige Abhängigkeit (eine, bei der nur ein "Treffer" vorliegt). Im Folgenden sollen mehrwertige Abhängigkeiten, die keine funktionalen Abhängigkeiten sind, als echte mehrwertige Abhängigkeiten bezeichnet werden.

12.4 Definition 4NF

Eine Relation mit einer echten mehrwertigen Abhängigkeit hat die beschriebenen Strukturdefizite, die durch einen weiteren Normalisierungsschritt beseitigt werden, der zur *vierten Normalform* (4NF) führt. Dies geschieht so, dass aus jedem Attribut mit Mehrfacheinträgen zusammen mit dem Schlüssel eine neue Relation gebildet wird: Waren A, B und C die Attribute mit A_C =>=> B und A_B =>=> C, dann kann die Relation in die zwei Relationen $R_1(A,B)$ und $R_2(A,C)$ zerlegt werden. Die so entstehenden Relationen befinden sich dann in vierter Normalform.

Definition 1: 4NF

Eine Relation R ist in 4NF, falls sie in BCNF ist und falls sie keine echten mehrwertigen Abhängigkeiten aufweist.

Gleichwertig ist die folgende Definition nach [Date 1990, S. 558]:

Definition 2: 4NF

Eine Relation R ist in 4NF, falls alle mehrwertigen Abhängigkeiten in R auf den Schlüsseln von R basieren.

Denn wenn sie auf den Schlüsseln beruhen, liegt bei einem Schlüssel aus einem Attribut in einer Richtung immer Eindeutigkeit vor, vom Schlüssel zu den Nichtschlüsselattributen. Sollten - Alternative 2 - zwei Attribute mit Mehrfacheinträgen als Schlüssel vorliegen, sind sie von allen anderen unabhängig, werden gegeneinander aufgelöst und stellen einen zusammengesetzten Schlüssel dar.

Faustregel

Wie oben ausgeführt, treten die Probleme nur auf, wenn zwei Attribute mit Mehrfacheinträgen auftreten. Liegt nur ein solches vor, wird die Tabelle einfach flach gemacht, z.B. durch Tupelvermehrung (vgl. oben).

Probleme mit der 4NF können also nur auftreten, wenn eine echte mehrwertige Abhängigkeit durch Tupelvermehrung aufgelöst wurde. Umgekehrt: Liegt keine echte MWA vor, können die Strukturdefizite, die zu Problemen mit der 4NF führen, nicht vorliegen.

13 Die fünfte Normalform (5NF)

Motivation

Stellen wir uns vor, in einer Relation zum Anwendungsbereich PROJEKTMITARBEIT (in einem Softwarehaus) geht es darum festzuhalten, mit welcher Programmiersprache jeder Mitarbeiter in einem bestimmten Projekt mitwirkt. In der zugehörigen Relation – nennen wir sie AngProjPS (Angestellte – Projekte – Programmiersprachen) könnten z.B. folgende Attribute und Tupel vorliegen:

Relation AngProjPS

PersNr	BezProj	BezPS
1007	SocWeb	XHTML
1007	WebPl	PHP
1007	WebPl	MySQL
1008	WebPl	PHP
1008	WebPl	MySQL
1009	PPS	Cpp
1009	PPS	Cpp
1009	PPS	C
1010	PPS	C
1010	PPS	Cpp
1010	WebPl	PHP
1010	WebPl	MySQL

Schlüssel: (PersNr, BezProj, BezPS)

Attribute
PersNr: Personalnummer
BezProj: Bezeichnung des Projekts
BezPS: Bezeichnung der Programmiersprache
Einträge bei Projekte
WebPl soll ein Projekt zur Erstellung einer neuen Webplattform für das Unternehmen sein.
SocWeb eines zur Analyse von Daten im Social Web.
PPS soll das (selbst programmierte) Produktionsplanungssystem des Unternehmens verbessern.

Es soll nun aber nicht die übliche Semantik einer solchen Relation gelten, die einfach die Attribute in die üblichen Beziehungen (funktionale Abhängigkeiten) stellt, z.B.:

- „1008" arbeitet im Projekt WebPl mit und nutzt dort die Abfragesprache MySQL

Sondern es gilt eine vertiefte semantische Struktur, die an diesem Beispiel so beschrieben werden kann:

- Falls die Angestellte 1007 im Projekt SocWeb mitarbeitet und falls im Projekt SocWeb XHTML benötigt wird, dann arbeitet 1007 mit XHTML in dem Projekt mit.

Für die Tupel bedeutet dies an obigem Beispiel: Falls

- eine Person in einem Projekt mitwirkt,
- falls in diesem Projekt eine bestimmte Programmiersprache benötigt wird
- und falls die Person diese Programmiersprache beherrscht,
- dann wirkt diese Person mit dieser Programmiersprache in diesem Projekt mit.

Es werden hier also Projektmitarbeit, Programmiersprachenkompetenz und Programmierspracheneinsatz in Projekten miteinander verknüpft.

Diese Relation verstößt im übrigen gegen keine der uns bisher bekannten Normalformen:

- Funktionale Abhängigkeiten liegen nicht vor, auch nicht bei Schlüsselattributen (BCNF). Die einzelnen Attribute sind unabhängig voneinander.
- Alle drei Attribute zusammen sind Schlüssel.
- Es liegen keine mehrwertigen Abhänfigkeiten vor (4NF).
- Es liegt kein Verstoß gegen die ersten vier Normalformen vor.

Trotzdem wäre eine solche Relation nur schwer zu pflegen, weil die beschriebene komplexe Semantik beim Löschen, Einfügen und Aktualisieren ja erhalten bleiben müsste.

Wie meist beim Optimieren von Relationen könnte die Lösung darin liegen, eine solche Relation ohne Semantikverluste zu zerlegen. Wie dies in diesem Fall geht, zeigen die Ausführungen in diesem Kapitel.

Vorbemerkung

Bevor die abschließende fünfte Normalform (5NF) besprochen werden kann, werden die beiden Techniken *Verbund* und *Projektion* benötigt. Diese beschreiben zwei sog. *Relationale Operatoren* (oder *Operationen*).

Hier wird, zur Darstellung von Verbund (Join) und Projektion, mit SQL gearbeitet. Es wäre daher sinnvoll, zuerst Kapitel 19 mit einer Einführung in SQL zu lesen, insbesondere die Abschnitte 19.5 und 19.8.

13.1 Verbund (Join) und Projektion

Verbund (Join)

Vgl. auch Abschnitt 19.8

Ein *Verbund* (Join) zweier Relationen ist die relationale Verknüpfung auf der Basis der Ausprägungen zweier Attribute (meist Schlüssel / Fremdschlüssel). Dabei werden die Tupel einer Relation A (mit Verknüpfungsattribut **a1**) mit denen einer Relation B (Verknüpfungsattribut **b1**) zu neuen Tupeln zusammengefügt, falls sich in **a1** und **b1** identische Attributsausprägungen finden. Meist ist **a1** ein Schlüssel und **b1** ein Fremdschlüssel, dann muss sich also zu einer Schlüsselausprägung eine übereinstimmende Fremdschlüsselausprägung finden, damit die Tupel verknüpft werden. Falls sich zu einer Schlüsselausprägung mehrere Fremdschlüsselausprägungen finden, entstehen mehrere verknüpfte Tupel.

Beispiel. Im folgenden Beispiel gehe es in Ang um die Angestellten und in Abt um die Abteilungen eines Unternehmens.

Relation Ang

PersNr	Name	Vname	AbtBez
1030	May	Karl	IT
1005	Sommer	Lisa	PW
1040	Winter	Angelika	IT
1090	Stepper	Rolf	PW
1008	Rülp	Fred	VB
1009	Baum	Ottilie	FE
1017	Czerny	Rudi	CO

Relation Abt

AbtBez	AbtLeiter	Standort
PW	Sommer	Hamburg
RE	Müller	Passau
VB	Rülp	Ulm
CO	Czerny	Ulm
LA	Dorr	Hamburg

PW=Personalwesen, IT=Datenverarbeitung, RE=Rechnungswesen, VB=Vertrieb
CO Controlling, LA Lager

Ein Verbund dieser zwei Relationen kann über über die Abteilungsbezeichnung (**AbtBez**) durchgeführt werden. Dieses Attribut ist Schlüssel in Abt und Fremdschlüssel in Ang. Mit dem folgenden VERBUND-Befehl (mit MySQL, vgl. Kapitel 19) werden nun alle Tupel aus Ang nacheinander abgeglichen mit den Tupeln der Relation Abt. Tritt in Abt dieselbe Ausprägung in **AbtBez** auf, wird ein neues zusammengesetztes Tupel aus allen oder ausgewählten Attributen beider Relationen gebildet. Die neuen Tupel werden zu einer Ergebnisrelation zusammengefasst.

Vgl. Abschnitt 5.7 für eine anschauliche Darstellung.

Der SQL-Befehl ist wie folgt:

```
Select a.PersNr, a.Name, a.VName, a.AbtBez,
   b.AbtBez, b.AbtLeiter, b.Standort
      from ang a, abt b
         where a.AbtBez=b.AbtBez
```

Das Ergebnis des Verbunds:

PersNr	Name	VName	AbtBez	AbtBez	AbtLeiter	Standort
1005	Sommer	Lisa	PW	PW	Sommer	Hamburg
1090	Stepper	Rolf	PW	PW	Sommer	Hamburg
1008	Rülp	Fred	VB	VB	Rülp	Ulm
1017	Czerny	Rudi	CO	CO	Czerny	Ulm

Das erste Attribut **AbtBez** stammt aus der Relation Ang, das zweite aus Abt.

Temporäre Ausgaberelation. Das Ergebnis der Abfrage ist nur für die Ausgabe und für eine eventuelle Weiterverarbeitung (z.B. in einem Reportgenerator oder einer Maske der Bedienoberfläche) vorhanden, es wird nicht dauerhaft (persistent) gespeichert. Es enthält die verknüpften Daten mit den Redundanzen im Bereich der Abteilungsinformation und ist nur in 2NF.

Referentielle Integrität. Wie in Abschnitt 5.9 dargelegt, fordert die referentielle Integrität, dass es keinen Fremdschlüsseleintrag geben darf, den es im zugehörigen Schlüssel nicht gibt. Dies ist hier nicht gegeben:

Für die Abteilungsbezeichnung IT in Ang (Fremdschlüssel!) gibt es keine Entsprechung in **Abt.AbtBez**. Ebenso für FE. Umgekehrt: Der Schlüsselwert RE in Abt hat keine Entsprechung in den Fremdschlüsseln **Ang.AbtBez**. Ebenso LA. Es bleiben also nur die Ausprägungen PW, VB und CO, die in beiden Relationen vorkommen, so dass es auch nur für diese verknüpfte Tupel gibt.

Diese Operation Verbund (Join) wird in SQL ständig benötigt, da sie temporär Relationen wieder zusammenfügt, die vielleicht vorher im Rahmen der Normalisierung getrennt wurden.

Vgl. für eine Einführung in SQL Kapitel 19, zum Join Abschnitt 19.8.

Projektion

Die relationale Operation *Projektion* besteht darin, bestimmte Attribute (Spalten) einer Relation zu streichen, so dass als Ergebnis eine "schlankere" Relation entsteht. Sollten dabei gleiche Tupel entstehen, werden diese gestrichen.

Beispiel Angestellte. Betrachten wir als erstes Beispiel wiederum eine Relation zu den Angestellten eines Unternehmens (Ang). Neben dem Namen enthält sie auch noch die Bezeichnung der Abteilung, in der der Angestellte arbeitet (**AbtBez**).

Ang

PersNr	Name	VName	AbtBez
1030	May	Karl	IT
1005	Sommer	Lisa	PW
1040	Winter	Angelika	IT
1090	Stepper	Rolf	PW
1008	Rülp	Fred	VB
1009	Baum	Ottilie	FE
1017	Czerny	Rudi	CO

Eine Projektion könnte darin bestehen, nur die Attribute **Name** und **VName** auszuwählen:

```
select Name, VName from Ang;
```

Projektion 1 auf Ang

Name	VName
May	Karl
Sommer	Lisa
Winter	Angelika
Stepper	Rolf
Rülp	Fred
Baum	Ottilie
Czerny	Rudi

Eine andere könnte für irgendeinen Zweck nur die Abteilungszugehörigkeit auswählen:

```
select PersNr, AbtBez from Ang;
```

Projektion 2 auf Ang

PersNr	AbtBez
1030	IT
1005	PW
1040	IT
1090	PW
1008	VB
1009	FE
1017	CO

Oftmals ergeben sich bei Projektionen identische Tupel. Diese sind in Relationen sinnlos und nicht vorgesehen. Das folgende Beispiel einer Relation zur Thematik …

Angestellte - Projekte - Funktionen

… möge dies verdeutlichen. Die Relation hält fest, wer in welchem Projekt mit welcher Funktion mitarbeitet. Es liegt eine n:m-Beziehung vor: Ein Angestellter kann in mehreren Projekten mitarbeiten, zu einem Projekt gehören typischerweise mehrere Angestellte.

AngProjFu

Name	Projekt	Funktion
Bauer	A	Leitung
Bauer	B	Controller
Dürr	D	Leitung
Hasslo	A	Entwickler
Hasslo	D	Entwickler
May	C	Leitung
Müller	A	IT
Müller	B	Leitung
Müller	C	IT
Müller	D	Finanzen

Schlüssel: #(**Name**, **Projekt**)

Projektion 1 auf AngFu

Eine Projektion könnte darin bestehen, die Attribute **Name** und **Funktion** auszuwählen, um festzustellen, welche Funktionen die einzelnen Personen in Projekten übernehmen. Dann ergibt sich, sortiert nach Name und Funktion sowie vor der Löschung der identischen Tupel, folgende Relation:

AngFu_redundant

Name	Funktion
Bauer	Controller
Bauer	Leitung
Dürr	Leitung
Hasslo	Entwickler
~~Hasslo~~	~~Entwickler~~
May	Leitung
Müller	Finanzen
Müller	IT
~~Müller~~	~~IT~~
Müller	Leitung

Schlüssel: #(**Name**, **Funktion**)

> Die redundanten Tupel sind durchgestrichen.

Werden die identischen Tupel gelöscht (identische Tupel gibt es in Relationen nicht!) entsteht AngFu_ohne Redundanz.

AngFu_ohne Redundanz

Name	Funktion
Bauer	Controller
Bauer	Leitung
Dürr	Leitung
Hasslo	Entwickler
May	Leitung
Müller	Finanzen
Müller	IT
Müller	Leitung

Schlüssel: #(**Name**, **Funktion**)

Soweit die benötigten Grundlagen für die 5NF.

13.2 N-Zerlegbarkeit

Kommen wir zurück zu der Relation AngProjPS aus dem Motivationsabschnitt:

Relation AngProjPS

PersNr	BezProj	BezPS
1007	SocWeb	XHTML
1007	WebPl	PHP
1007	WebPl	MySQL
1008	WebPl	PHP
1008	WebPl	MySQL
1009	PPS	Cpp
1009	PPS	Cpp
1009	PPS	C
1010	PPS	C
1010	PPS	Cpp
1010	WebPl	PHP
1010	WebPl	MySQL

Schlüssel: (PersNr, BezProj, BezPS)

> *WebPl* soll ein Projekt zur Erstellung einer neuen Webplattform für das Unternehmen sein. *SocWeb* eines zur Analyse von Daten im Social Web. *PPS* soll das (selbst programmierte) Produktionsplanungssystem des Unternehmens verbessern.

Sie hat, wie oben ausgeführt, nicht die „übliche" Semantik eines solchen Tupels, sondern eine vertiefte, die alle drei Attribute in Beziehung setzt:

> Falls eine Person in einem Projekt mitarbeitet, falls dort eine bestimmte Programmiersprache benötigt wird und die Person diese Programmiersprache beherrscht, dann arbeitet sie mit dieser Programmiersprache in diesem Projekt mit.

In obigem Beispiel:

> Falls die Angestellte 1007 im Projekt SocWeb mitarbeitet und falls im Projekt SocWeb XHTML benötigt wird, dann arbeitet 1007 mit XHTML in dem Projekt mit.

Für die Tupel bedeutet dies zum Beispiel:

Mit den zwei Einträgen „1007 / WebPl" (interpretiert als „1007 arbeitet im Projekt WebPl mit") und „WebPl / MySQL" (interpretiert als „in WebPl wird MySQL benötigt") muss also auch „1007 / MySQL" (interpretiert als „1007 beherrscht MySQL") im Tupel vorhanden sein.

Eine solche Relation wäre nur schwer zu pflegen, weil die beschriebene komplexe Semantik beim Löschen, Einfügen und Aktualisieren ja erhalten bleiben müsste. Entdeckt wurde dieses Strukturmerkmal von Relationen durch [Aho, Beeri und Ullman 1979], zitiert nach [Date, Kannan und Swamynathan 2006, S. 320].

Sie erfüllt die ersten vier Normalformen. Die dort jeweils angeführten Defizite liegen nicht vor. Trotzdem weist sie das beschriebene Defizit aus. Bleibt nur die Zerlegung, um eine Relationenstruktur zu schaffen, die gepflegt werden kann.

Die übliche Vorgehensweise wäre eine Zerlegung in zwei Relationen. Dies klappt hier aber nicht. Dabei geht der semantische Bezug über die drei Attribute hinweg verloren. Bleibt nur die Zerlegung in mehr als zwei Relationen mit dem Join als Werkzeug, um die zerlegten Relationen wieder zusammenzuführen.

Dies wurde in den einschlägigen Tagungen erarbeitet und führte zur Definition der n-Zerlegbarkeit:

Definition: n-Zerlegbarkeit

Eine Relation heißt n-zerlegbar, falls sie ohne Informationsverlust in n Relationen zerlegt werden kann, nicht aber in m (m < n).

Das Phänomen der n-Zerlegbarkeit bezieht sich also auf Beziehungen, die über mehr als zwei Attribute greifen.

Wann kommt es zu einer solchen - zugegeben etwas konstruierten - Situation? Sie liegt genau dann vor, *wenn die Relation dem Verbund von einigen ihrer Projektionen entspricht* bzw. wenn ihre Entstehung so gedacht werden kann.

Dies führte zur Definition der Verbundabhängigkeit, für die die beiden oben eingeführten Techniken (Verbund (Join) und Projektion) benötigt werden:

Definition: Verbundabhängigkeit

Seien T die Menge der Attribute einer Relation R und AK_1, AK_2, AK_n Teilmengen von T. R ist *verbund-abhängig*, in Zeichen
* (AK_1, AK_2, ..., AK_n)
falls R gleich dem Verbund seiner Projektionen auf AK_1, AK_2, ..., AK_n ist.

13.3 Definition 5NF

Damit kann dann die fünfte Normalform (5NF) definiert werden:

Definition: 5NF

Sei R eine Relation. R ist in der 5NF, falls jede Verbund-Abhängigkeit in R durch Schlüssel von R verursacht wird.

Zur Abklärung der 5NF muss also erst mal geklärt werden, ob eine Verbundabhängigkeit, wie oben beschrieben, vorliegt. Dann muss geklärt werden, ob diese durch die Schlüssel verursacht ist.

Beispiel: Verbund über Schlüssel, 5NF erfüllt:

Wir nutzen wieder die Relationen AngProj und AngPS sowie eine weitere, AngAbt, die auch den Schlüssel **PersNr** hat (damit der Verbund über den Schlüssel gehen kann). AngAbt (Angestellte / Abteilungen) erfasst die Abteilungszugehörigkeit:

```
select* from angabt;
```

PersNr	BezAbt
1007	IT
1008	Personalwesen
1009	Entwicklung
1010	Entwicklung
1011	Produktion
1012	Personalwesen
1013	Prozessmanagement
1014	Prozessmanagement

Führen wir nun einen Join durch, mit dem Ziel den Zusammenhang zwischen Personen, ihren Abteilungen und beherrschten Programmmiersprachen zu erfassen:

```
select   a.PersNr, a.BezAbt, b.BezProj, c.BezPS
from AngAbt a, AngProj b, AngPS C
   where a.PersNr=b.PersNr
      and b.PersNr=c.PersNr;
```

PersNr	BezAbt	BezProj	BezPS
1007	IT	WebPl	PHP
1007	IT	SocWeb	PHP
1007	IT	WebPl	MySQL
1007	IT	SocWeb	MySQL
1008	Personalwesen	WebPl	XHTML
1008	Personalwesen	WebPl	PHP
1009	Entwicklung	PPS	C
1009	Entwicklung	PPS	JavaScr
1010	Entwicklung	PPS	Cpp
1010	Entwicklung	WebPl	Cpp
1010	Entwicklung	PPS	HTML 5
1010	Entwicklung	WebPl	HTML 5
1010	Entwicklung	PPS	Fortran
1010	Entwicklung	WebPl	Fortran

Dieser Verbund wurde mit einem Schlüssel durchgeführt und führt zu einem fehlerfreien Ergebnis, da jedem Schlüsselwert der einen ein Schlüsselwert der anderen entspricht. In die Ergebnisrelation kommen auf diese Weise auch nur die Tupel der verschiedenen Relationen, die einen gemeinsamen Schlüssel haben.

Das Beispiel macht auch deutlich, dass die Verbundabhängigkeit die ganz normale funktionale Abhängigkeit mitumfasst. Denn wenn der jeweilige Schlüssel ein solcher ist, liegen funktionale Abhängigkeiten zwischen ihm und den NSA vor. Erfolgt der Verbund über Schlüssel, werden demzufolge Attribute zusammengeführt, die von demselben Schlüssel funktional abhängig sind.

5NF umfasst 4NF. Wie leicht gezeigt werden kann gilt damit: Jede Relation in 5NF ist auch in 4NF. Denn wenn die Relation aus einem Verbund mit Hilfe von Schlüsseln entstanden ist, können keine mehrwertigen Abhängigkeiten vorliegen.

„Nicht-Schlüssel-Verbund" - Beispiel AngProjPS

Nun ein Verbund, der nicht mit Schlüsseln realisiert wird, sondern mit Teilen von Schlüsseln (Schlüsselattributen).

Zur Veranschaulichung betrachten wir nochmals das Beispiel AngProjPS, jetzt ausgehend von einzelnen Relationen, deren Join zu AngProjPS geführt haben könnte.

Die Relationen AngProj (Angestellte, Projekte), ProjPS (Projekte, Programmiersprachen) und AngPS erfassen jeweils Aspekte der Tätigkeiten von Angestellten in Unternehmen:

- AngProj: Wer arbeitet in welchem Projekt mit?
- ProjPS: Welche Programmiersprachen werden in welchen Projekten genutzt?
- AngPS: Wer beherrscht welche Programmiersprachen

Sie verbinden jeweils zwei voneinander unabhängige Aspekte dieses Anwendungsbereichs, weshalb sie alle einen zusammengesetzten Schlüssel haben. Hier zur Veranschaulichung einige Beispieldaten.

Wer arbeitet in welchem Projekt mit:

Relation AngProj

PersNr	BezProj
1007	WebPl
1007	SocWeb
1008	WebPl
1009	PPS
1010	PPS
1010	WebPl

Schlüssel #(PersNr, BezProj)

Wieder gilt:
WebPl soll ein Projekt zur Erstellung einer neuen Webplattform für das Unternehmen sein. *SocWeb* eines zur Analyse von Daten im Social Web. *PPS* soll das (selbst programmierte) Produktionsplanungssystem des Unternehmens verbessern.

Zum Nachvollziehen, zum Beispiel mit MySQL (vgl. Kapitel 19):
Create table AngProj (PersNr int(4), BezProj char(6));
Insert into AngProj values
(1007, 'WebPl'),
(1007, 'SocWeb'),
(1008, 'WebPl'),
(1009, 'PPS'),
(1010, 'PPS'),
(1010, 'WebPl');

In Projekten benötigte Programmiersprachen:

Relation ProjPS

BezProj	BezPS
WebPl	PHP
WebPl	C#
WebPl	CSS
SocWeb	HTML5
SocWeb	Python
SocWeb	XHTML
WebPl	MySQL
PPS	C
PPS	Cpp

Schlüssel #(BezProj, BezPS)

Zum Nachvollziehen:
Create table ProjPS (BezProj char(6), BezPS char(6));
Insert into ProjPS values
('WebPl' ,'PHP'),
('WebPl', 'C#'),
 ('WebPl', 'CSS'),
('SocWeb', 'HTML5'),
('SocWeb', 'Python'),
('SocWeb', 'XHTML'),
('WebPl', 'MySQL'),
('PPS', 'C'),
('PPS', 'Cpp');

Programmiersprachen, die Angestellte beherrschen:

Relation AngPS

PersNr	BezPS
1007	PHP
1007	MySQL
1008	XHTML
1009	C
1009	JavaScr
1010	Cpp
1010	HTML 5
1010	Fortran
1011	Cpp

Schlüssel #(PersNr, BezPS)

Zum Nachvollziehen:
Create table AngPS (PersNr int(4), BezPS char(7));
Insert into AngPS values
(1007 ,'PHP'),
(1007, 'MySQL'),
(1008, 'XHTML'),
(1009, 'C'),
(1009, 'JavaScript'),
(1010, 'Cpp'),
(1010, 'HTML 5'),
(1010, 'Fortran'),
(1011, 'Cpp');

Nun der Verbund

Ein Verbund ist hier nur über Nichtschlüsselattribute (NSAs) möglich. Zuerst für zwei Attribute, mit denen die Projektmitarbeit und die Programmiersprachenkompetenz einer jeden Person zusammengeführt werden:

```
select    *
      from AngProj a, AngPS c
         where a.PersNr = c.PersNr
            order by a.PersNr, a.BezProj, c.BezPS
```

PersNr	BezProj	PersNr	BezPS
1007	SocWeb	1007	MySQL
1007	SocWeb	1007	PHP
1007	WebPl	1007	MySQL
1007	WebPl	1007	PHP
1008	WebPl	1008	PHP
1008	WebPl	1008	XHTML
1009	PPS	1009	C
1009	PPS	1009	JavaScr
1010	PPS	1010	Cpp
1010	PPS	1010	Fortran
1010	PPS	1010	HTML 5
1010	WebPl	1010	Cpp
1010	WebPl	1010	Fortran
1010	WebPl	1010	HTML 5

Es werden in diesem Beispiel bewusst alle Attribute ausgegeben, um die Verknüpfung und Einschränkungen zu verdeutlichen. Dabei wird auch deutlich, dass – wenn wir uns die doppelte Personalnummer wegdenken – eine optimale Struktur vorliegt. Beide, **BezProj** und **BezPS** sind funktional abhängig von **PersNr**.

Nun der erste Ausbau des Verbunds durch Hinzunahme der Einschränkung auf die Tupel, bei denen die Programmiersprache der Person identisch ist mit der benötigten Programmiersprache im Projekt.

```
select  *
    from AngProj a, ProjPS b, AngPS c
       where a.PersNr = c.PersNr
          AND b.BezPS = c.BezPS
             order by a.PersNr, a.BezProj, c.BezPS
```

PersNr	BezProj	BezProj	BezPS	PersNr	BezPS
1007	SocWeb	WebPl	MySQL	1007	MySQL
1007	SocWeb	WebPl	PHP	1007	PHP
1007	WebPl	WebPl	MySQL	1007	MySQL
1007	WebPl	WebPl	PHP	1007	PHP
1008	WebPl	WebPl	PHP	1008	PHP
1008	WebPl	SocWeb	XHTML	1008	XHTML
1009	PPS	PPS	C	1009	C
1010	PPS	PPS	Cpp	1010	Cpp
1010	WebPl	PPS	Cpp	1010	Cpp

Der zweite Ausbau des Verbunds bringt eine weitere semantische Einschränkung auf die Tupel, bei denen das bei AngProj (Projektmitarbeit) genannte Projekt gleich dem ist, welches in ProjPS genannt wird:

```
select  *
    from AngProj a, ProjPS b, AngPS c
       where a.PersNr = c.PersNr
          AND b.BezPS = c.BezPS
             AND a.BezProj = b.BezProj
                order by a.PersNr, a.BezProj, c.BezPS
```

PersNr	BezProj	BezProj	BezPS	PersNr	BezPS
1007	WebPl	WebPl	MySQL	1007	MySQL
1007	WebPl	WebPl	PHP	1007	PHP
1008	WebPl	WebPl	PHP	1008	PHP
1009	PPS	PPS	C	1009	C
1010	PPS	PPS	Cpp	1010	Cpp

Hier mit Unterdrückung identischer Attribute:

```
select  a.PersNr, a.BezProj, c.BezPS
    from AngProj a, ProjPS b, AngPS c
       where a.PersNr = c.PersNr
          AND b.BezPS = c.BezPS
             AND a.BezProj = b.BezProj
                order by a.PersNr, a.BezProj, c.BezPS
```

PersNr	BezProj	BezPS
1007	WebPl	MySQL
1007	WebPl	PHP
1008	WebPl	PHP
1009	PPS	C
1010	PPS	Cpp

Insgesamt tragen die Tupel nun folgende Semantik:

> Falls eine Person in einem Projekt mitwirkt, falls dort eine bestimmte Progammiersprache benötigt wird und falls die Person diese Programmiersprache beherrscht, dann wirkt sie auch mit dieser Programmiersprache in diesem Projekt mit.

Betrachten wir den Befehl nochmal detailliert:

```
select  a.PersNr, b.BezProj, c.BezPS
    from AngProj a, ProjPS b, AngPS c
```

where a.PersNr = c.PersNr

Damit wird jede Personalnummer von a mit der identischen von c zusammengefügt. Da beide Mehrfacheinträge haben, gibt es viele und auch gleiche gleiche Tupel.

AND b.BezPS = c.BezPS

Dies führt zu einer Einschränkung bzgl. der Tupelmenge. Gestrichen werden die, bei denen **b.BezPS** ungleich **c.BezPS** ist:

- **b.BezPS**: Im jeweiligen Projekt genutzte Programmiersprache.
- **c.BezPS**: von der jeweiligen Person beherrschte Programmiersprache.

Es bleiben also nur die Tupel übrig, bei denen (persönliche) Programmiersprachenkompetenz und notwendige (Projekt-)Programmiersprachen übereinstimmern.

AND a.BezProj = b.BezProj

Wieder eine Einschränkung auf der Tupelmenge. Gestrichen werden nun die, bei denen **a.BezProj** ungleich **b.BezProj** ist:

- **a.BezProj**: Projekt in dem die Person mitarbeitet.
- **b.BezProj**: Projekt in dem die jeweilige Programmiersprache genutzt wird.

Es bleiben also nur die Tupel übrig, bei denen bzgl. persönlicher Programmiersprachenkompetenz und benötigter (Projekt-)Programmiersprache derselbe Eintrag vorliegt.

Die dabei entstehende Relation ist nicht in 5NF. Eine Zerlegung in weniger als drei Relationen ist ohne Semantikverlust nicht möglich.

Eine einfache Zerlegung durch Projektionen in drei Relationen führt zu den oben angeführten Relationen, allerdings nur mit den Daten, die den semantischen Anforderungen genügen.

Zum besseren Verständnis nun noch der Join über die drei Projektionen.

Mit den Befehlen

```
create table angprojPS AS
    select  a.PersNr, a.BezProj, c.BezPS
```

```
from AngProj a, ProjPS b, AngPS c
  where a.PersNr = c.PersNr
    AND b.BezPS = c.BezPS
      AND a.BezProj = b.BezProj
        order by a.PersNr, b.BezProj, c.BezPS
```

erzeugen wir die Relation **AngProjPS**. Nun die Projektionen, die hier gleich als persistente Relationen angelegt wurden:

Projektion 1

PersNr	BezProj
1007	WebPl
1008	WebPl
1009	PPS
1010	PPS

Projektion 2

PersNr	BezPS
1007	MySQL
1007	PHP
1008	PHP
1009	C
1010	Cpp

Projektion 3

BezProj	BezPS
WebPl	MySQL
WebPl	PHP
PPS	C
PPS	Cpp

Nun der Join über diese drei Relationen:

```
select* from proj1 a, proj2 b, proj3 c
  where a.PersNr=b.PersNr
    and a.BezProj=c.BezProj
      and b.BezPS=c.BezPS
```

PersNr	BezProj	PersNr	BezPS	BezProj	BezPS
1007	WebPl	1007	MySQL	WebPl	MySQL
1007	WebPl	1007	PHP	WebPl	PHP
1008	WebPl	1008	PHP	WebPl	PHP
1009	PPS	1009	C	PPS	C
1010	PPS	1010	Cpp	PPS	Cpp

Die identischen Attribute zeigen, dass die gewünschte Semantik voll erfüllt ist. Allerdings enthält diese Relation nicht alle Daten, die in unseren Ausgangsrelationen **AngProj**, **AngPS** und **ProjPS** vorhanden waren, sondern nur diejenigen mit der gewünschten Semantik. Die ursprüngliche Ausgangsrelation **AngProjPS** erfüllt also nicht die 5NF.

13.4 Letzte denkbare Normalform

Normalformen sind bezüglich einer Operation (bzw. bezüglich zweier in Beziehung stehender Operationen) definiert. Die hier betrachteten bezogen sich auf die oben vorgestellten *Verbund/Projektion - Operationen*. Date weist darauf hin, dass die 5NF die letzte denkbare Normalform bezüglich der Verbund/Projektion-Operationen ist [Date 1990, S. 390].

In der Praxis spielt die 5NF so gut wie keine Rolle. Eine Verbund-Abhängigkeit ist auch nicht ohne weiteres zu erkennen, denn selbst wenn alle Einträge einer Relation angegeben sind, und die vorliegenden Daten die oben angegebene Regel einhalten, muss sie ja nicht gelten.

Normalisierung - wie weit?

Wenngleich es nicht immer sinnvoll ist, alle Normalisierungsschritte tatsächlich durchzuführen, verhilft die Kenntniss der Normalisierungstheorie doch zu einem besseren Datenmodell und zu einem tieferen Verständnis der attributbasierten Modellierung, die hier mit den Normalisierungsstufen einen ihrer Höhepunkte erlebt. Ein erheblicher Teil dessen, was Stammdatenkrise genannt wird, ist auf inkompetente Normalisierung zurückzuführen.

Auf jeden Fall ist die Realisierung der BCNF und die Verhinderung einer mehrfachen mehrwertigen Abhängigkeit zu empfehlen, so dass die 4NF immer sichergestellt ist.

NoSQL: Keine Normalisierung

Ganz aktuell und ganz anders: Im Bereich von BigData und NoSQL wird teilweise sogar auf elementare Normalisierungsschritte verzichtet. Grund ist die gewünschte hohe Verarbeitungsgeschwindigkeit. Voraussetzung ist eine entsprechende einfache Datenstruktur. Vgl. hierzu Kapitel 24.

Zum Nachdenken

Hier noch etwas zum Nachdenken und zum Überprüfen des Erkenntnigewinns: In [Date 1990, S. 558] finden sich folgende elegante Definitionen der drei höheren Normalformen:

- A relation R is in BCNF if and only if every FD in R is a consequence of the candidate keys of R
- A relation R is in 4NF if and only if every MVD in R is a consequence of the candidate keys in R
- A relation R is in 5NF if and only if every JD in R is a consequence of the candidate keys of R.

Zur Erinnerung:
FD = functional dependency =funktionale Abhängigkeit = FA
MVD = multi-valued dependency =mehrwertige Abhängigkeit =MWA
JD= join dependency = Verbund-Abhängigkeit = VA
candidate key = (Sekundär)Schlüssel, Schlüsselkandidat

13.5 Regeln für die Erstellung relationaler Datenmodelle

Hier nun - kurz zusammengefasst - die aus dem obigen Text ableitbaren Regeln für die Erstellung relationaler Datenmodelle:

- Jede Relation muss in 5NF sein. Dafür genügt meist ein Herbeiführen der 3NF und ein Prüfen, ob die BCNF erfüllt ist und ob keine mehrfachen mehrwertigen Attribute oder fehlerhafte Verbundabhängigkeiten vorliegen.

- Die Zerlegungen im Rahmen der Normalisierung dürfen zu keinem Informationsverlust führen. D.h., es ist immer darauf zu achten, dass durch relationale Verknüpfungen entlang von Schlüsseln und Fremdschlüsseln die in der Ausgangsrelation vorhandene Information erhalten bleibt.

- In jede Relation kommen nur die Attribute, die für alle Objekte Gültigkeit haben. Dies ergibt sich auch aus den Normalformen, soll aber nochmals deutlich gemacht werden (vgl. hierzu auch Kapitel 14 zum *Muster Generalisierung / Spezialisierung*). Es darf also *keine semantisch bedingten Leereinträge* geben. Ausnahmen sind Attribute zu Anfang und Ende bei zeitlichen Dimensionsangaben.

- Normalerweise gibt es keine unterschiedlichen Relationen mit identischem Schlüssel. Ausnahmen sind Relationen im Rahmen einer Generalisierung / Spezialisierung (vgl. Abschnitt 14) und große Relationen mit sehr lückenhaften Daten. Hier greift man u.U. ganz pragmatisch zu einer Aufteilung, damit die Leereinträge nicht vervielfacht werden. Ein Beispiel könnte eine Relation zu Datenbanksystemen sein, bei der man alle "kaufmännischen" Attribute hat, aber nur sehr wenige technische. Dann könnte in DBSKfm und DBSTech aufgeteilt werden.

Wird dies alles realisiert, ist auch eine *zentrale Regel des Datenbankentwurfs* umgesetzt:

Jede (hier ja immer attributbasierte) Information darf in einer Datenbank nur einmal vorkommen.

***Teil IV

"Feintuning"

14 Muster in Anwendungsbereichen
und Modellen
15 Die Zeit in Datenmodellen
und Datenbanken

14 Muster in Anwendungsbereichen und Modellen

In den obigen Kapiteln wurde der grundsätzliche Aufbau relationaler Datenmodelle vorgestellt. Bei der Erstellung von Datenmodellen für bestimmte Anwendungsbereiche muss dieses Instrumentarium eingesetzt werden. Dabei stößt man aber nicht nur auf einfache Strukturmerkmale, die sich problemlos in obiges abbilden lassen, sondern auch auf kompliziertere Strukturen , wie sie in realen Anwendungsbereichen eben vorliegen.

Semantik sucht Syntax

Diese erscheinen als *Muster der Realwelt*, die soweit wie möglich in *Muster des relationalen Datenmodells* abgebildet werden müssen. Semantik (der Realwelt/des Anwendungsbereichs) sucht Syntax (des relationalen Modells). Zum Beispiel folgende:

- *Enthaltensein von Objekten* ineinander (eine Festplatte ist in einem PC enthalten)
- *Ähnlichkeit von* Objekten (Objekte mit gemeinsamen Attributen: alle Angestellte, Entwickler, Haustechnikpersonal)
- *Existenzabhängigkeit* (die einen Objekte können ohne die anderen nicht existieren, z.B. (wenn eingebaut) Chip und Motherboard in einem PC, usw.

Da diese Muster für die Objekte und deren datenbanktechnische Verwaltung große Bedeutung besitzen, werden sie auch in den Datenmodellen ausgedrückt. Sie sind in der semantischen und objektorientierten Modellierung größtenteils schon länger bekannt, werden aber in der relationalen Theorie meist nur unzureichend thematisiert.

14.1 Ähnlichkeit - Generalisierung / Spezialisierung

Es gibt Objekte in Anwendungsbereichen, die sich in vielen Attributen gleichen, in einigen aber nicht. Betrachten wir die Angestellten eines Unternehmens. Gemeinsam könnten sie die Attribute

- Personalnummer (**PersNr**), **Name**, Vorname (**VName**), Abteilungsbezeichnung (**AbtBez**), Einstellungsdatum (**EinstDat**)

haben. Für die Entwickler wären noch die Attribute

- Entwicklungsumgebung (**EntwU**), Programmiersprache (**ProgSpr**) (jeweils nur eine, die meist genutzte)

denkbar. Für das leitende Management könnte noch das

- Entgeltmodell (**Entgelt**)

festgehalten werden.

Generalisierung / Spezialisierung (Gen/Spez)

Vgl. zur Herkunft der Begrifflichkeit [Staud 2019] bzw. die Literatur zur objektorientierten Theorie.

Wie bewältigt man ein solches Muster? Nimmt man alle Attribute zusammen in eine Relation, gibt es für Nicht-Entwickler und Nicht-Manager Attribute, die nicht belegt werden können ("semantisch bedingte Leereinträge", vgl. dazu das Dozentenbeispiel am Schluss des Abschnitts). Das ist eine höchst unzulängliche Struktur in (attributbasierten) Dateien und Datenbanken. In der semantischen Modellierung und in der objektorientierten Theorie wurde deshalb für dieses Muster die sog. *Generalisierung / Spezialisierung* (Gen/Spez) entwickelt. Diese kann in die relationale Theorie übernommen werden. Sie besteht hier darin, für alle gemeinsamen Attribute eine eigene Relation anzulegen, das wäre die sog. *Generalisierung,* und für die Attribute der jeweiligen spezialisierten Gruppen eine eigene, die *Spezialisierungen.* In unserem Beispiel entstehen damit folgende Relationen:

Angestellte (#PersNr, Name, VName, AbtBez, EinstDat)

Entwickler (#PersNr, EntwU, ProgSpr)

TopManagement (#PersNr, Entgelt)

Als Schlüssel wird jeweils **PersNr** genommen. Auf diese Weise erhält man Relationen, bei denen für jedes Objekt und jedes Attribut eine Attributsausprägung vorliegen kann, es braucht also keine semantisch bedingten Leereinträge geben.

Ein abstraktes Beispiel

Gemeinsame Attribute entdecken. Im folgenden Beispiel gehen wir von einer Standardsituation in Modellierungsprojekten aus: Mehrere Relationen liegen vor und plötzlich "entdeckt" man, dass sie gemeinsame Attribute haben. Betrachten wir die drei Relationen R1, R2 und R3 mit den angeführten Attributen:

R1 (#A1, A2, A3, A4, A5)

R2 (#A1, A2, A3, A6, A7, A8)

R3 (#A1, A2, A3, A6, A9, A10)

Offensichtlich haben die drei Relationen die Attribute A1, A2 und A3 gemeinsam, während ihre übrigen Attribute verschieden sind. In einem solchen Fall wird man die gemeinsamen Attribute in eine eigene Relation tun, die "oberste" Generalisierung. Sie soll R4 genannt werden.

R4 (#A1, A2, A3)

"Sparsame" Modellierung. Das macht ein weiteres Motiv für die Gen/Spez deutlich: Ein bestimmtes Attribut soll nur einmal im Datenmodell und dann in der Datenbank auftauchen und nicht mehrfach. R4 stellt die Generalisierung der anderen drei Relationen dar. Diese behalten den Schlüssel, verlieren aber die übrigen gemeinsamen Attribute:

R1 (#A1, A4, A5)

R2 (#A1, A6, A7, A8)

R3 (#A1, A6, A9, A10)

Diese drei Relationen stellen damit *Spezialisierungen* dar. Grafisch lässt sich dieses Datenmodell wie in der folgenden Abbildung ausdrücken. Die grafische Notation für dieses Muster hat kein eigenes grafisches Element, wie dies bei Entity Relationship - Modellen (ERM) und in Klassendiagrammen der objektorientierten Theorie der Fall ist. Man erkennt sie nur daran, dass die Relationen denselben Schlüssel haben und an den Min-/Max-Angaben zwischen diesen.

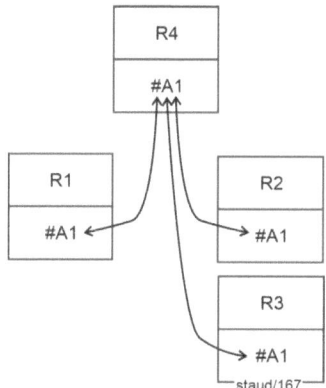

Abbildung 14.1-1:   Generalisierung / Spezialisierung - Abstrakt

Gleichzeitig Generalisierung und Spezialisierung

Betrachtet man die textliche Fassung dieses Datenmodells genauer, bemerkt man, dass R2 und R3 ein weiteres Attribut gemeinsam haben, **R6**. Dies erfordert eine weitere Zerlegung. Das gemeinsame Attribut wird nach **R5** ausgelagert. **R5** ist dann Spezialisierung von R4 und Generalisierung von **R2** und **R3**. Insgesamt gilt damit:

Generalisierung aller Relationen, "oberste" Generalisierung:

R4 (#A1, A2, A3)

Spezialisierung von R4:

R1 (#A1, A4, A5)

Spezialisierung von R4, Generalisierung von R2 und R3:

R5 (#A1, A6)

Spezialisierungen von R5:

R2 (#A1, A7, A8)

R3 (#A1, A9, A10)

Vererbung "relational"

Attribute weiterreichen, per SQL. Obige textliche Darstellung zeigt die Aufteilung der Attribute auf die Relationen. Die folgende Abbildung klärt den Zusammenhang zwischen den Relationen. Die evtl. nötige Verknüpfung erfolgt über die Primärschlüssel. Benötigt nun eine Anwendung oder Auswertung, die auf R2 fokussiert auch die Attribute von R5 und R4 bzw. deren Ausprägungen, kann sie sich diese durch die relationele Verknüpfung von den dortigen Relationen holen. Vgl. dazu das Beispiel am Abschnittsende. Diese Technik nennt man in der objektorientierten Theorie *Vererbung* (die obere Relation "gibt" den "unteren" ihre Attribute im Bedarfsfall). Vgl. [Staud 2019, Abschnitt 6.6].

Mengen und Teilmengen. Die Primärschlüssel der Generalisierungen und Spezialisierungen stehen in folgendem Verhältnis zueinander: Die oberste Generalisierung enthält alle Schlüsselausprägungen. Jede ihrer Spezialisierungen enthält *eine Teilmenge davon.* Dies ist in der nächsten Abbildung auch durch die Wertigkeiten ausgedrückt. Die Kardinalität ist 1:1, die Min-/Max-Angaben sind 0,1 und 1,1 da nicht jedes Objekt der Generalisierung an einer bestimmten Spezialisierung teilnehmen muss, umgekehrt aber jedes Objekt der Spezialisierung verknüpft sein muss. Auch R5 als Generalisierung enthält alle Schlüsselausprägungen von R5, R3 und R2, die beiden letztgenannten aber nur Teilmengen von R5.

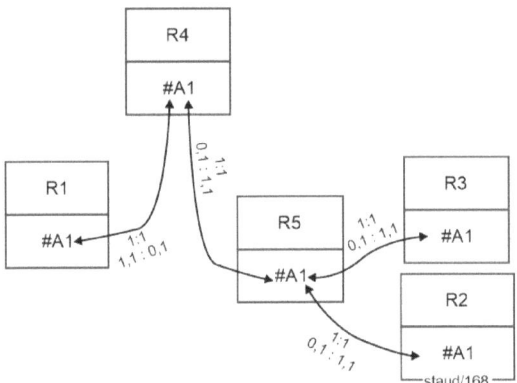

Abbildung 14.1-2:   Generalisierung / Spezialisierung – Zweistufig und abstrakt

Bleiben noch zwei Fragen:

1. Überlappen sich die Spezialisierungen (ist ihre Teilmenge nicht leer) oder tun sie es nicht (Überlappung).
2. Decken die Spezialisierungen alle Ausprägungen der Generalisierung ab, ist also die Vereinigungsmenge der Spezialisierungen gleich der Generalisierung, oder ist sie es nicht (Überdeckung).

Beides muss bedacht und (bei Abfragen, Auswertungen) berücksichtigt werden, schlägt sich aber im Datenmodell nicht nieder. Eine Detailbetrachtung hierzu findet sich für die objektorientierte Modellierung in [Staud 2019, Abschnitt 6.4].

Beispiel Dozenten

Das folgende Beispiel soll den Sachverhalt noch deutlicher machen und auf das Problem der semantisch bedingten Leereinträge hinweisen. Im Rahmen der Modellierung einer Hochschule habe sich für die Dozenten folgende Relation ergeben:

Dozenten (#DozNr, Name, VName, Raum, IntDozTel, IntDozSpr
ExtDozOrt, ExtDozStr, E-Mail, ExtDozTelOrg, ExtDozTelPriv, ExtDozOrg)

DozNr: Dozentennummer
VName: Vorname
IntDozTel: Telefonnummer des internen Dozenten
IntDozSpr: Sprechstunde des internen Dozenten
ExtDozOrt:: Wohnort des externen Dozenten)
ExtDozStr: Straße der Adresse des externen Dozenten
E-Mail: Mailadresse des internen oder externen Dozenten
ExtDozTelOrg: Telefonnummer des externen Dozenten an seinem Arbeitsplatz ("Organsiation")
ExtDozTelPriv: Private Telefonnummer des externen Dozenten.
ExtDozOrg: Organisation, in der der externe Dozent arbeitet.

Semantisch bedingte Leereinträge

Die Attribute mit "Int..." beziehen sich also auf die internen Dozenten, die mit "Ext..." auf die externen. In einer so gestalteten Relation wird es immer semantisch bedingte Leereinträge geben. Beschreibt ein Tupel einen internen Dozenten, können nur die Attribute Ausprägungen erhalten, die interne Dozenten beschreiben. Umgekehrt gilt dasselbe. Attribute für externe Dozenten erhalten nur Ausprägungen, wenn das betreffende Tupel auch externe Dozenten beschreibt. Lediglich die Attribute, die beide Dozententypen beschreiben, erhalten immer (für alle Tupel) Ausprägungen.

Die folgende Abbildung möchte dies veranschaulichen. Die Dozenten 1001 bis 1003 sind externe Dozenten, die übrigen interne. Ein "x" bedeutet, dass semantisch ordnungsgemäße Einträge an der jeweiligen Stelle möglich sind. Fragezeichen bedeuten, dass dies nicht möglich ist. Sind da Einträge, sind sie falsch, weil Attribute beschrieben werden, die es für die jeweilige Gruppe nicht gibt.

DozNr	Name	VName	Raum	E-Mail	IntDozTel	IntDozSpr	ExtDozOrt	ExtDozStr	ExtDozTelOrg	ExtDozTelPriv	ExtDozOrg
1001	x	x	x	x			x	x	x	x	x
1002	x	x	x	x	?		x	x	x	x	x
1003	x	x	x	x			x	x	x	x	x
1004	x	x	x	x	x	x					
1005	x	x	x	x	x	x					
1006	x	x	x	x	x	x					
1007	x	x	x	x	x	x			?		
1008	x	x	x	x	x	x					
1009	x	x	x	x	x	x					
1010	x	x	x	x	x	x					

staud/301

Abbildung 14.1-3:   Generalisierung / Spezialisierungung – Semantisch bedingte Leereinträge

Eine solche Struktur wird in der Datenmodellierung durch die oben eingeführte Generalisierung / Spezialisierung aufgelöst. Dazu wird die Relation zerlegt. Die Attribute für beide Dozententypen kommen in eine Relation (die Generalisierung), die für die externen und internen Dozenten jeweils in eine andere (Spezialisierungen):

Dozenten (#DozNr, Name, VName, Raum, E-Mail)

DozIntern (#DozNr, IntDozTel, IntDozSpr)

DozExtern (#DozNr, ExtDozOrt, ExtDozStr, E-Mail, ExtDozTelOrg, ExtDozTelPriv, Ext-DozOrg)

> Vgl. zu diesem Thema auch die Beispiele in den Kapiteln 16 und 17, insbesondere *Sprachenverlag*.

Damit entstehen drei Relationen, die keine der oben beschriebenen Lücken aufweisen. Im Bedarfsfall müssen aber, z.B. für Auswertungen, die Attribute der Generalisierung mit denen einer Spezialisierung zusammengebracht werden. Dies geschieht über den Schlüssel, der ja in der Generalisierung und in allen Spezialisierungen gleich ist.

Anwendungsbereich FAHRZEUGE aller Art

Das folgende Beispiel zeigt eine Generalisierung / Spezialisierung mit zahlreichen Ebenen. Es soll um ein Unternehmen gehen, das Fahrzeuge aller Art vermietet. Folgende Attribute werden für die Fahrzeugtypen erfasst:

- Für alle Fahrzeuge: Tag der Anschaffung (**TagAnsch**), **Preis**, nötiger Führerschein zum Fahren des Fahrzeugs (**Führerschein**)

Zusätzlich für die einzelnen Untertypen:

- Für PKW: **Motorart** (Diesel, Benziner, Elektro, Hybrid, Wasserstoff, …), Motorstärke (**PS**). Hierunter fallen Limousinen, Cabriolets (Dach fest oder flexibel: **Dachart**), Sportwagen (Beschleunigung von 0 auf 100: **Beschl**) und Familienautos (Zahl der **Sitzplätze**)
- für LKW: Getriebeart (**Getriebe**)
- Für Busse: Zahl der Sitzplätze (**Plätze**)
- Für Kettenfahrzeuge: bewältigbare Steigung (**Steigung**)
- Für militärische Kettenfahrzeuge: mit oder ohne Bewaffnung (**WaffeJn**). Hier wird außerdem festgehalten, ob es sich um Kampfpanzer (für diese wird **Feuerkraft** erfasst) oder um Brückenlegepanzer (für diese wird **Brückenlänge** erfasst) handelt.
- Für zivile Kettenfahrzeuge: **Schiebekraft** (wieviel Erde sie maximal wegschieben können)

> Folgendes gehört nicht zum Muster Gen/Spez, dient nur zur Abrundung.

Die Ausleihe eines jeden Fahrzeugs wird mit **Beginn** (Tag der Ausleihe) und **Ende** (Tag der Rückgabe) festgehalten. Es versteht sich, dass ein Kunde öfters ein Fahrzeug ausleihen kann und dass ein Fahrzeug im Zeitverlauf möglichst oft ausgeliehen werden soll. Nach jeder Rückgabe des Fahrzeugs durch einen Kunden wird der Fahrzeugzustand festgehalten (**ZustandF**). Die Ausprägungen sind *tadellos*, *normal*, *beschädigt*, *schwer beschädigt*, *funktionsunfähig*. Ziel ist hier, die Historie der Zustandsentwicklung festzuhalten. Von den Ausleihern werden die Adressangaben (nur eine Adresse) erhoben (**Name**, **Vorname**, **PLZ**, **Ort**, **Straße**, **Telefon**). Sie erhalten außerdem einen **Status**, der folgende

Ausprägungen haben kann: Neukunde (0), langjähriger solider Kunde (1), nicht solider Kunde (2).

Die folgende Tabelle ordnet die Attribute den Fahrzeugtypen zu.

Attribute zu Fahrzeugtypen

	1	2	3	4	5	6	7	8	9	10	11	12	13	14	15	16	17
Fahrzeuge	x	x	x	x	x												
PKW	x	x	x	x	x	x	x										
LKW	x	x	x	x	x			x									
Busse	x	x	x	x	x				x								
Kettenfahr-zeuge	x	x	x	x	x					x							
Familienautos	x	x	x	x	x	x	x				x						
Sportwagen	x	x	x	x	x	x	x					x					
Cabriolets	x	x	x	x	x	x	x						x				
Kettenfahr-zeuge Zivil	x	x	x	x	x					x				x			
Kettenfahr-zeuge Militä-risch	x	x	x	x	x					x					x		
Kampfpanzer	x	x	x	x	x					x					x	x	
Brückenlege-panzer	x	x	x	x	x					x					x		x

Anmerkung: Ein x bedeutet, dass das Attribut für den jeweiligen Fahrzeugtyp Bedeutung hat.

Attribute der Spaltenüberschriften:
1 Nr
2 FZTyp (Typ des Fahrzeugs)
3 TagAnsch (Tag der Anschaffung)
4 Preis (Preis des Fahrzeugs)
5 Führerschein (Benötiger Führerschein)
6 PS (Motorleistung, heute in kW gemessen)
7 Motorart (Art des Motors)
8 Getriebe (Art des Getriebes)
9 Plätze (Anzahl der Sitzplätze)
10 Steigung (Höchste bewältigbare Steigung)
12 Beschl (Beschleunigungsvermögen des Fahrzeugs, von 0 auf 100)
13 Dachart (Art des Daches)
14 Schiebekraft (Größte durch das Fahrzeug verschiebbare Menge an Erde)
15 WaffeJN (Waffenausstattung ja/nein)
16 Feuerkraft (Feuerkraft des Geschützes)
17 Brückenlänge (Länge der ausklappbaren Brücke)

Lösung 1 (textlich)

Als oberste Generalisierung ergibt sich die Relation Fahrzeuge mit den für alle Fahrzeugen gültigen Attributen:

Fahrzeuge (#Nr, FZTyp, TagAnsch, Preis, Führerschein)

FZTyp (Fahrzeugtyp): Ein solches Attribut, das die Zugehörigkeit zu einer Spezialisierung zeigt, ist zwar optional, aber sinnvoll. Es erleichtert die SQL-Abfragen entlang der Gen/Spez-Hierarchie.

Die folgenden vier Relationen sind Spezialisierungen von Fahrzeuge mit jeweils zusätzlichen Attributen.

PKW (#Nr, PS, Motorart)

LKW (#Nr, Getriebe)

Busse (#Nr, Plätze)

Kettenfahrzeuge (#Nr, Steigung)

PKW und Kettenfahrzeuge sind gleichzeitig auch Generalisierungen für weitere Relationen. PKW für die folgenden:

Familienautos (#Nr, Sitzplätze)

Sportwagen (#Nr, Beschl)

Cabriolets (#Nr, Dachart)

Kettenfahrzeuge für:

KettenfahrzeugeZivil (#Nr, Schiebekraft)

KettenfahrzeugeMilitärisch (#Nr, WaffeJN)

Die Relation KettenfahrzeugeMilitärisch hat die Spezialisierungen:

Kampfpanzer (#Nr, Feuerkraft)

Brückenlegepanzer (#Nr, Brückenlänge)

Nicht zur Generalisierung / Spezialisierung gehören die Relationen Ausleiher und Ausleihe:

Ausleiher (#Nr, Name, Vorname, PLZ, Ort, Straße, Telefon, Status)

Ausleihe (#(KNr, FahrzNr, Beginn), Ende, ZustandF)

Erinnerung: Ein Schlüssel einer Spezialisierung enthält eine Teilmenge der Schlüsselausprägungen des Schlüssels der Generalisierung.

Die folgende Abbildung zeigt die grafische Lösung. Hier wird die gestufte Gen/Spez-Hierarchie besonders deutlich. Für eventuelle Auswertungen werden die Tupel der Relationen über den Schlüssel zusammengebracht. Mittels SQL können natürlich beliebige Relationen verknüpft werden (vgl. Kapitel 19), allerdings wird die Menge der gemeinsamen Tupel nur dann nicht leer sein, wenn die Abfrage entlang einer bestimmten Generalisierung / Spezialisierung liegt.

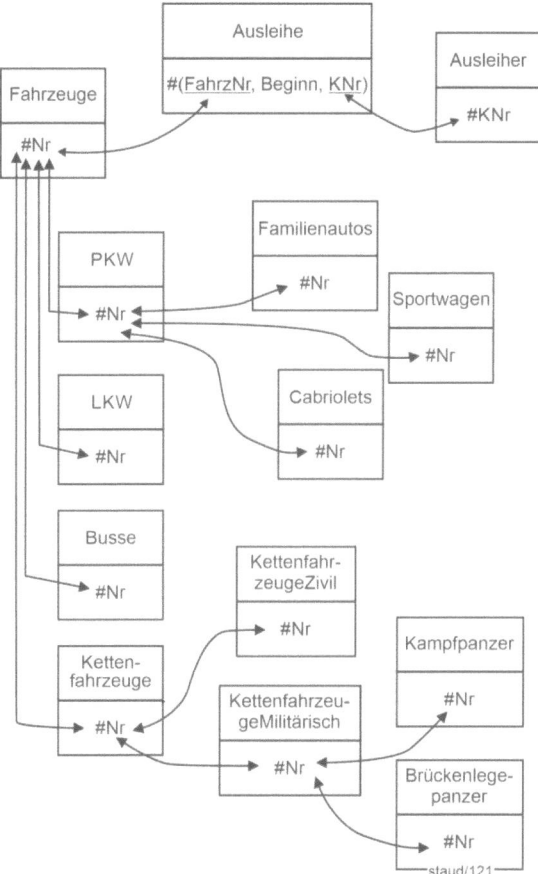

Abbildung 14.1-4:   Muster Gen/Spez – mehrstufig am Beispiel *Fahrzeuge*

Zusammengefasst

Die Generalisierung / Spezialisierung klärt die sinnvolle Speicherung von Relationen, die zwar viele Attribute gemeinsam haben, einige aber nicht. Zusammen mit dem Schlüssel werden alle gemeinsamen Attribute in einer Relation erfasst (Generalisierung). Die Spezialisierungen kommen mit ihren spezifischen Attributen und dem Schlüssel ebenfalls in jeweils eine Relation.

14.2 Einzel- und Typinformation

Attribute für die Einzelobjekte und die Klasse

In Kapitel 3 und insbesondere in Abschnitt 3.4 wurde gezeigt, wie einzelne Objekte zu Objektklassen zusammengefasst werden. In einer Klasse sind dann Objekte, die genau dieselben Attribute besitzen. Diese werden dann in der Datenbank verwaltet. Jedes Attribut beschreibt somit alle einzelnen Objekte der Klasse, jedem Objekt kann eine Attributsausprägung zugewiesen werden. Nun gibt es aber Situationen in Anwendungsbereichen, wo der Klasse als Ganzes ebenfalls Attribute und Attributsauswertungen zugewiesen werden müssen. Insgesamt liegen dann Attribute für die Einzelobjekte und für die Objektklasse vor.

In der objektorientierten Theorie wird dieses Muster durch die sog. *Klassenattribute* erfasst. Vgl. [Staud 2019, Abschnitt 2.3].

Dieses Muster – es wird hier *Einzel/Typ-Muster* genannt – ist in den Anwendungsbereichen ständig präsent und muss dementsprechend auch in den Datenmodellen der Anwendungsbereiche umgesetzt werden. Leider wird es oft übersehen, was zu Redundanz in den Datenbeständen führt. Seine Grundlage ist also, dass es Objekte (aller Art) gibt, die sich sehr ähneln und die demzufolge gleiche Attribute haben (Tiere einer Gattung, technische Geräte eines Typs, Menschen einer Gruppe,...), bei denen aber auch gleichzeitig die Gattungen / Gerätetypen / Menschengruppen Attribute aufweisen.

> Je nach Anwendungsbereich und Objekttyp wird die *Gesamtheit aller Objekte* auf abstrakte Weise unterschiedlich benannt: Ganz allgemein und zurückgreifend auf die objektorientierte Theorie *Klassen* (Objektklassen). Falls es sich um Tiere handelt *Gattungen*, bei Geräten *Typen* (Gerätetypen), bei Menschen *Gruppen*, usw.

Will man bei solchen Objekten die Informationen der einzelnen Objekte mit denen der Klasse ergänzen und fügt man diese einfach der Relation mit den Einzelinformationen hinzu, ist dies redundant. Einige Beispiele:

- In einem Zoo werden evtl. die einzelnen Tiere (Schimpanse Eddi, Orang Utan Franz, Elefant Paul, ...) durch Attribute erfasst, zum anderen auch die Gattungen (Schimpansen, Orang Utans, Elefant der Gattung, ...). Natürlich nur für Großtiere, die als Individuen in Erscheinung treten.
- In der Technik wird in bestimmten Situationen das einzelne Stück erfasst (einzelne Kraftfahrzeuge, Festplatten, Flugzeugersatzteile, ...), zum anderen auch die gleichartigen Gruppen (Kraftfahrzeuge, Festplatten, Flugzeugersatzteile eines Typs, ...).
- Bei Menschen wird oftmals der einzelne Mensch erfasst (mit Personalnummern, Namen, usw.) und auch die Gruppe, zu der er gehört (Mitarbeiter IT, Leiharbeiter, Leitendes Management, ...).

Liegt eine solche Situation vor, gibt es drei Möglichkeiten:

- In der Datenbank und damit im Datenmodell werden nur Attribute zu den einzelnen Objekten erfasst. Dann gibt es eine Relation zu diesen und alles ist in Ordnung. Das entspricht der Standardsituation.
- Es werden nur Attribute zur Klasse (Typ, Gattung, Gruppe) erfasst. Dann gibt es eine Relation zu diesen und die Sache ist ebenfalls geklärt. Lediglich bei einer eventuellen relationalen Verknüpfung mit einer anderen Relation muss aufgepasst werden. Vgl. dazu die Beispiele unten.
- Zu beidem, zu den einzelnen Objekten und zur Klasse sind Attribute zu erfassen. Dann müssen zwei Relationen angelegt werden (eine für die einzelnen Objekte, eine für die Klasse) und die Attribute müssen auf diese aufgeteilt werden. Attribute, die einzelne Objekte beschreiben, kommen in die Relation mit den Einzelinformationen. Beschreiben sie die Klasse als Ganzes, kommen sie in eine Relation mit den Typinformationen. Vgl. dazu die folgenden Beispiele.

Typen. Es gibt also in der Datenbank u.U. einzelne Objekte, zum anderen aber auch die Zusammenfassung gleichartiger Objekte. Die Zusammenfassung wird hier einheitlich für alle im jeweiligen Bereich üblichen Bezeichnungen (Typ, Gattung, Gruppe, usw.) *Typ* genannt. Das Muster soll dann *Einzel/Typ-Muster* genannt werden.

Beispiel: Zootiere - einzeln und als Gattung

Die folgende Abbildung zeigt das Muster in einem Anwendungsbereich, in dem es um Tiere geht, z.B. in einem Zoo. Die Tiergattungen des Zoos könnten aus Schimpansen, Orang Utans, Elefanten usw. bestehen. Für sie wird die Relation TiereGattung mit den Attributen Bezeichnung (**Bez**), Anzahl der Mitglieder (**Anzahl**), einer Angabe zur Klassifikation (**Klassif**) und Hinweisen zur Art der Unterbringung (**ArtUnt**) erfasst. Für die einzelnen Tiere in der Relation TiereEinzeln gibt es eine Tiernummer (**TNr**), einen Namen (**Name**), den Geburtstag (**GebTag**), das **Geschlecht** und die Nummer des Gebäudes, in dem sie untergebracht sind (**GebNr**). Zur Verbindung der beiden Relationen wird die Gattungsbezeichnung in TiereEinzeln aufgenommen. Diese beiden Relationen beschreiben den Sachverhalt absolut redundanzfrei.

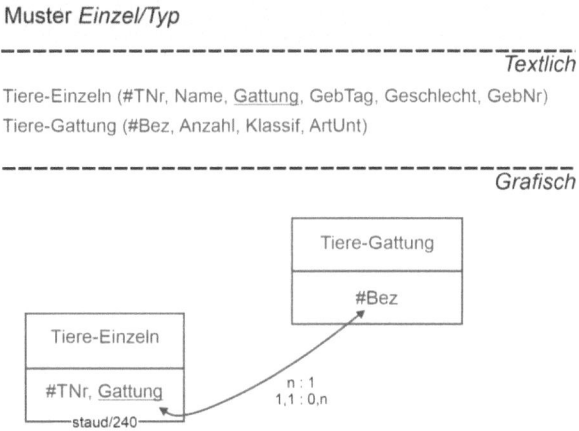

Muster *Einzel/Typ*

                                                  Textlich

Tiere-Einzeln (#TNr, Name, Gattung, GebTag, Geschlecht, GebNr)
Tiere-Gattung (#Bez, Anzahl, Klassif, ArtUnt)

                                                  Grafisch

Abbildung 14.2-1:   Muster Einzel/Typ zu *Zootieren*

Muster Einzel/Typ bei technischen Teilen

Im folgenden Beispiel soll es um hochwertige technische Teile gehen, z.B. Ersatzteile für Flugzeuge, für Kraftwerke, usw. Auf jeden Fall um Teile, die *auch einzeln identifiziert werden* und nicht nur als Typen, wie es in diesen Anwendungsbereichen ja meist der Fall ist.

Für die einzelnen Teile (Relation TeileEinzeln) wird eine Teilenummer (**TeilNr**), das Datum der Beschaffung (**DatBesch**), der Lieferantenname (**LiefName**; es gibt also unterschiedliche Lieferanten für die einzelnen Teile eines Typs) erfasst. Für die Teiletypen die Typbezeichnung (**TeilBez**), die Anzahl der für den Typ vorhandenen einzelnen Teile (**Anzahl**) und der minimale Lagerbestand, der für den Typ vorgehalten wird (**MinLag**).

Abbildung 14.2-2:   Muster Einzel/Typ am Beispiel *Teile*

Muster Einzel/Typ bei Festplatten (mit Einbindung ins Datenmodell)

Das folgende Beispiel ist auch aus dem technischen Bereich (Festplatten). Es zeigt zusätzlich, wie diese "Muster-Information" mit dem übrigen Datenmodell verknüpft wird.

Die *einzelnen* Festplatten (Relation FP-Einzeln) werden durch eine Seriennummer (**SerNr**), das Datum des Einbaus der Festplatte (**DatEinbFP**) und das Ergebnis der letzten Fehlerprüfung (**FehlPrüf**) beschrieben. Die Festplattentypen (FP-Typen) durch die Bezeichnung (**PlBez**), die Speicherkapazität (**Größe**) und die Zugriffsgeschwindigkeit (**Zugriff**). Die Verknüpfung der beiden Relationen geschieht wieder durch die Übernahme des Schlüssels der Typ-Relation als Fremdschlüssel in die Einzeln-Relation. Hier als **PlBez** nach FP-Einzeln.

Die Verknüpfung mit dem Rest des Datenmodells – hier zur Relation PC – erfolgt in der Regel über die Relation mit den einzelnen Objekten, hier FP-Einzeln. Hier soll die Semantik so sein, dass ein PC mehrere Festplatten haben kann und eine bestimmte Platte in genau einen PC eingebaut ist. Dann ergibt sich die relationale Verknüpfung so, wie es die folgende Abbildung im unteren Teil zeigt: **InvPC** wird Fremdschlüssel in FP-Einzeln.

Der untere Teil der Abbildung zeigt die Min-/Max-Angaben 0,n auf der Seite von FP-Typen. Dies bedeutet, dass wir einen neuen Festplattentyp gefunden haben (sehr viel Speicherplatz, besonders schneller Zugriff,...), den wir erfassen, aber noch nicht einbauen.

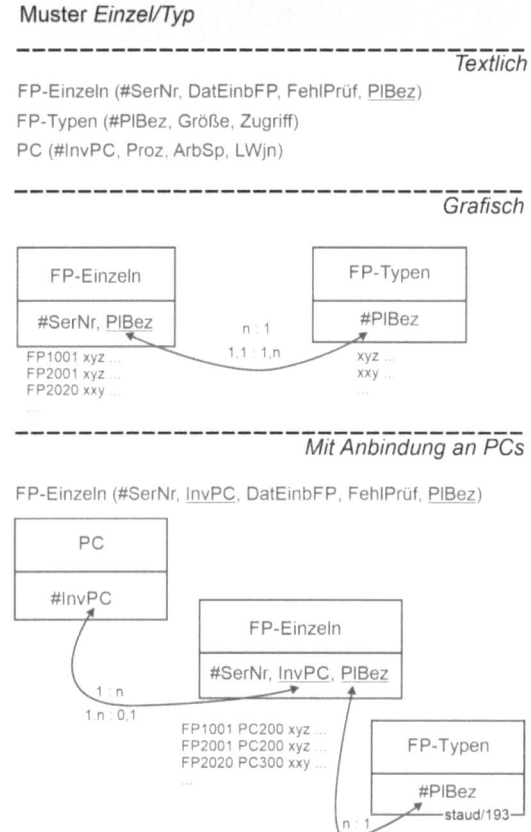

Abbildung 14.2-3:   Muster Einzel/Typ mit Verknüpfung ins Datenmodell

Verknüpfung mit Typinformation

Ungenaue relationale Verknüpfung. Das folgende Beispiel zeigt eine Verknüpfung mit Typinformationen. Die PCs seien über die Relation

PC (#InvPC, Proz, ArbSp, LWjn)

erfasst.

Optische Laufwerke sind - erkennbar am Schlüssel - per Typbezeichnung erfasst. Dies bedeutet, hinter einer Bezeichnung können viele Einzelgeräte stehen. Ist dann die Semantik so, dass ein PC mehrere optische Laufwerke haben kann (ein bestimmter Laufwerkstyp kann ja sowieso in vielen PC sein) ergibt sich folgende Lösung:

OptLwPC (#(LWBez, InvPC))

Dies hält fest, wieviele Laufwerkstypen in einem PC enthalten sind. Will man auch die Anzahl der einzelnen Geräte erfassen, muss eine Ergänzung vorgenommen werden:

OptLwPC (#(LWBez, InvPC), Anzahl)

Verknüpfung mit Typinformation

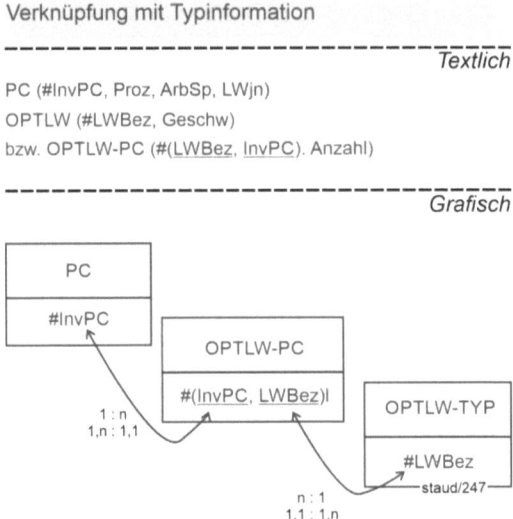

Abbildung 14.2-4:   Verknüpfung mit Typinformation am Beispiel *Optische Laufwerke*

InvPC: Inventarnumme des PC (eindeutig) Proz: Prozessorbezeichnung ArbSp: Größe des Arbeitsspeichers LWjn: Laufwerk vorhanden? (Ja/Nein) LWBez: Laufwerkbezeichnung Geschw: Geschwindigkeit des Laufwerks. Anzahl: Anzahl der Laufwerke im PC

14.3 Enthaltensein - Aggregation

Hier geht es um das Muster, das in der semantischen Datenmodellierung und in der objektorientierten Theorie *Aggregation* genannt wird. Es drückt aus, dass ein Objekt in einem anderen enthalten ist. Es drückt nicht Existenzabhängigkeit aus, das ist Aufgabe der *Komposition*, die im nächsten Abschnitt beschrieben wird.

Typisch für dieses Muster ist, dass die enthaltenen Teile eine eigene Existenz besitzen. Das kann auf zweierlei Weise modelliert werden. Entweder betrachtet man die Komponenten auf Typ-Ebene oder als individualisierte Komponenten. Die folgenden Beispiele rund um die Welt der PCs mögen dies verdeutlichen.

Anwendungsbereich PC – Aggregation mit individualisierten Komponenten

Hier soll es um Komponenten gehen, mit denen ein PC ausgestattet werden kann und die mit ihm fest, aber nicht untrennbar (vgl. dazu das Muster Komposition im nächsten Abschnitt) verbunden sind. Also z.B. Grafikkarten, interne Festplatten. Die Komponenten sind individualisiert, d.h. sie haben jeweils einen Schlüssel.

Die folgende Abbildung zeigt das (kleine) Datenmodell. Es gibt eine Relation **PC** und eine **PCKomp** für die Komponenten. **InvNr** bedeutet jeweils Inventarnummer. Sind PC und Komponenten die Ausgangsrelationen, muss die Aggregation durch eine eigene Relation **PCKomp** ausgedrückt werden:

PCKomp (#InvNrKomp, InvNrPC)

Damit kann die Komponente in **Komponenten** auch „existieren", falls sie nicht mehr in einen PC eingebaut ist.

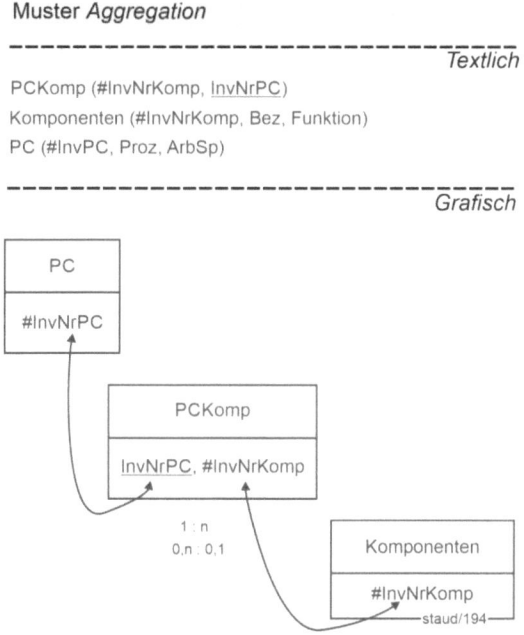

Abbildung 14.3-1:   Muster *Komposition* mit individualisierten Komponenten

Anwendungsbereich PC - Komponenten auf Typebene

Auch hier soll es wieder um die Ausstattung jedes einzelnen PCs mit Komponenten gehen, die Komponenten sollen aber nur über ihre Bezeichnung ("Grafikkarte xyz"), also auf Typebene, erfasst werden. Damit verändert sich die Relation zu den Komponenten:

KomponentenTypen (#BezKomp, Funktion) //BezKomp : Bezeichnung Komponente

Dann ergibt sich die unten angegebene Lösung. Die Agregation wird durch die Relation PCKomp wie folgt ausgedrückt:

PCKomp (#(InvNrPC, BezKomp))

Ein PC kann also mehrere Komponenten zugeordnet bekommen, eine Komponente („Festplatte IBM 123") kann mehreren PCs zugeordnet werden. Diese Modellierung auf Typebene ist allerdings ungenau, da die konkrete Anzahl von Komponenten des gleichen Typs so nicht erkennbar ist. Sollte auch dies ausgedrückt werden, müßte die Anzahl (z.B. der „Typ-gleichen" Festplatten) noch angegeben werden:

PCKomp (#(InvNrPC, BezKomp), Anzahl)

Muster *Aggregation*

Textlich

PCKomp (#(InvNrPC, BezKomp))

Komponenten-Typen (#BezKomp, Funktion)

PC (#InvPC, Proz, ArbSp)

Grafisch

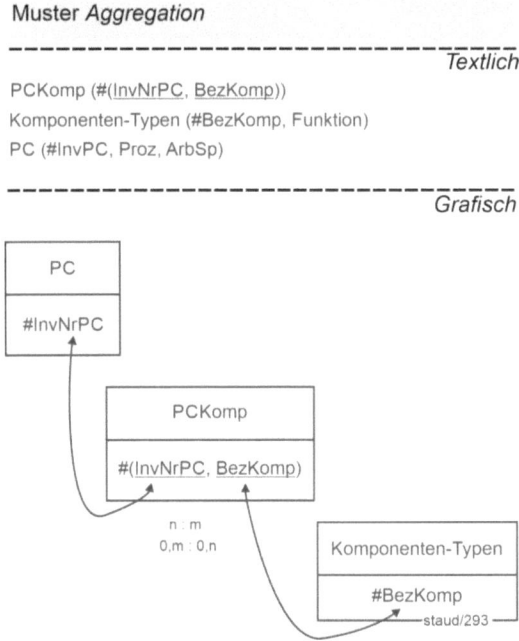

Abbildung 14.3-2:   Muster Aggregation mit Komponenten auf Typebene

Anwendungsbereich TEILE / rekursiv

Eine oftmals vorkommende Aggregation ist die rekursive Beziehung von (technischen) Teilen, die andere Teile enthalten, und dies auf mehreren Ebenen. Zur Veranschaulichung stelle man sich ein Gerät vor, z.B. ein Fahrrad oder ein Flugzeug. Das ganze Gerät besteht aus Grobkomponenten, jede dieser aus Subkomponenten, usw., bis man bei elementaren Komponenten angekommen ist. Eine solche Zusammenstellung von Komponenten mit den in ihnen enthaltenen Subkomponenten ist Grundlage von Stücklisten.

Die folgende Abbildung zeigt ein Beispiel. Die Relation für das Enthaltensein wird TeileEnth genannt. Sie stellt Teile in Beziehung: Teile mit „A" (**TeilNrA**) enthalten Teile mit „B" (**TeilNrB**), **Anzahl** gibt an, wieviele. Das Ganze ist mehrstufig, auch in den Beispielsdaten.

Relation TeileEnth

TeilNrA	TeilNrB	Anzahl
K1001	K1005	1
K1001	K1006	1
K1002	K1006	1
K1002	K1007	2
K1003	K1008	2
K1005	K1009	1
K1005	K1010	1
...		

Die Semantik („**TeilNrB** ist in **TeilNrA** enthalten") muss *im Anwendungsprogramm* hinterlegt sein. Die folgende Abbildung zeigt diese Relation und ihre Anbindung an eine i.d.R. notwendige Relation, mit der die Teile beschrieben werden (Teile).

Muster *Rekursive Aggregation*

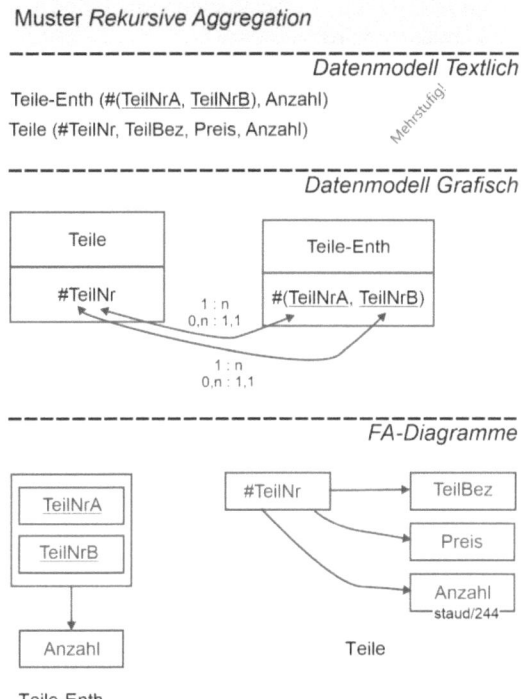

Abbildung 14.3-3:   Muster Aggregation am Beispiel einer rekursiven Beziehung

Wie man sehen kann, drückt das Datenmodell nicht sehr viel von der Semantik der mehrstufigen rekursiven Beziehung aus, so dass tatsächlich der Hauptanteil der Semantik durch das Anwendungsprogramm umgesetzt werden muss.

14.4 Enthaltensein und Existenzabhängigkeit - Komposition

Bei diesem Muster geht es auch um Enthaltensein, wie bei der Aggregation, allerdings sind die enthaltenen Teile untrennbar mit dem übergeordneten Teil verbunden. Zumindest datenbanktechnisch aber manchmal auch ganz real im Anwendungsbereich sind die enthaltenen Teile existenzabhängig vom "Ganzen": Wird ein"Ganzes" gelöscht, verschwinden auch die Komponenten. Am leichtesten kann man sich dies an den Anwendungsbereichen RECHNUNGSSTELLUNG und GEBÄUDE vorstellen:

*   Wird der Rechnungskopf gelöscht, verschwinden auch die Rechnungspositionen
*   Wird das Gebäude aus der Datenbank genommen, z.B. weil es verkauft wurde, müssen auch die zugehörigen Büros herausgenommen werden (falls sie datenbanktechnisch erfasst waren).

Typisch für alle Varianten ist, dass der Schlüssel der übergeordneten Relation als Schlüsselattribut und Fremdschlüssel in die untergeordnete eingefügt wird.

Anwendungsbereich RECHNUNGSSTELLUNG

Das klassische Beispiel für dieses Muster ist die Beziehung zwischen Rechnungsköpfen (ReKöpfe) und Rechnungspositionen (RePos) der jeweiligen Rechnung. Sie gehören untrennbar zusammen und die Rechnungspositionen verschwinden auch, wenn die Rechnung aus der Datenbank gelöscht wird.

Modelliert werden kann dies wie im folgenden Beispiel gezeigt. RePos erhält einen zusammengesetzten Schlüssel, bestehend aus Rechnungsnummer (**ReNr**) und Positionsnummer (**PosNr**). **ReNr** ist gleichzeitig auch Fremdschlüssel.

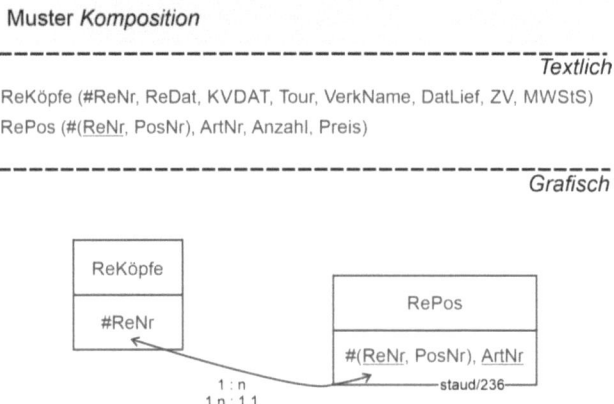

Abbildung 14.4-1:   Muster *Komposition* im Anwendungsbereich RECHNUNGSSTELLUNG

Anwendungsbereich PC (vgl. das Modellbeispiel in Abschnitt 16.3)

Hier soll es um Komponenten gehen, die mit dem PC fest verbunden sind und mit ihm (normalerweise) zu existieren aufhören. Z.B. die WLAN-Komponente, das Kartenlesegerät, usw. Diese sind datenbanktechnisch existent, haben also eine eigene Beschreibung, ausgedrückt durch Attribute. Die Modellierung erfolgt so, dass der Schlüssel der übergeordneten Relation PC zum Fremdschlüssel in der untergeordneten Relation Komponenten wird. Da ein Tupel ohne Fremdschlüsseleintrag nicht existieren kann, verschwinden die Einträge in Komponenten, wenn der entsprechende PC ausgemustert wird.

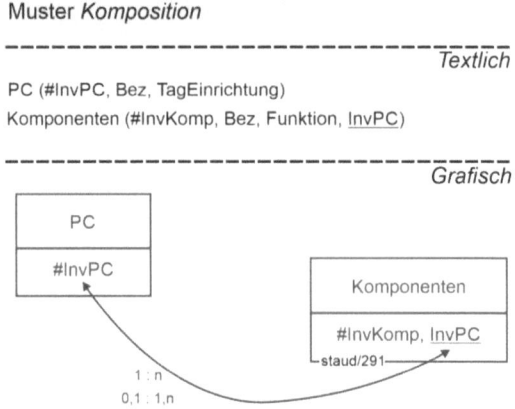

Abbildung 14.4-2:   Muster *Komposition* im Anwendungsbereich PC

Ich weiß, dass die "Bastler" diese Komposition leicht zu einer Aggregation machen, indem sie z.B. eine solche Komponente eben doch ausbauen und woanders verwenden, hier soll aber mal - z.B. im Rahmen einer PC-Massenfertigung - von der Komposition ausgegangen werden.

Anwendungsbereich ZOO

Das zugehörige Gesamtmodell Zoo wird in Abschnitt 17.6 vorgestell.

Im folgenden Beispiel wird angenommen, dass es zu jedem (größeren) Tier des Zoos eine Tierakte gibt, die bei seiner Geburt entsteht und beim Tod vernichtet wird. Sie besteht aus einzelnen Einträgen, die durch eine Aktennotiznummer (**AktNotizNr**) identifiziert werden.

Semantik sucht Syntax

Dies kann durch das folgende Beispiel ausgedrückt werden. Neben der Relation zu den einzelnen Tieren gibt es auch eine zu den Tierakten mit dem angegebenen Schlüssel. Die Struktur des Schlüssels sichert die Existenzabhängigkeit. Gibt es eine bestimmte Tiernummer nicht mehr, müssen auch die entsprechenden Akteneinträge verschwinden.

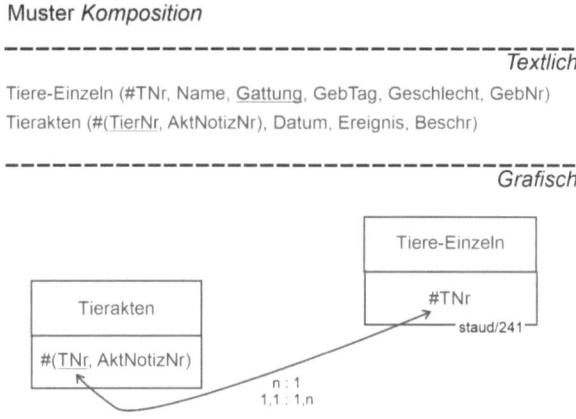

Muster *Komposition*

Textlich

Tiere-Einzeln (#TNr, Name, Gattung, GebTag, Geschlecht, GebNr)
Tierakten (#(TierNr, AktNotizNr), Datum, Ereignis, Beschr)

Grafisch

Abbildung 14.4-3:   Muster *Komposition* im Anwendungsbereich ZOO

Anwendungsbereich SPORTVEREIN - Zusätzliche Zeitaspekte

Das folgende Modellfragment stammt aus dem Beispiel Sportverein, vgl. Abschnitt 16.2. Es geht um Begegnungen von Mannschaften des Vereins mit anderen (fremden) Mannschaften. Dies könnte, wie unten gezeigt, modelliert werden. Da die zeitlichen Aspekte schon recht identifizierend wirken (eine Mannschaft kann zu einem Zeitpunkt nur gegen einen Gegner spielen) genügt es, die Mannschaftsnummer um den Tag und den Beginn der Begegnung zu ergänzen. Gegner und Ergebnis können außerhalb des Schlüssels platziert werden.

Auch bei dieser Konstruktion ist gesichert, dass die Begegnungen existenzabhängig sind von den Mannschaften. Würde zum Beispiel eine Mannschaft aufgelöst, müssten auch deren Begegnungen gelöscht werden.

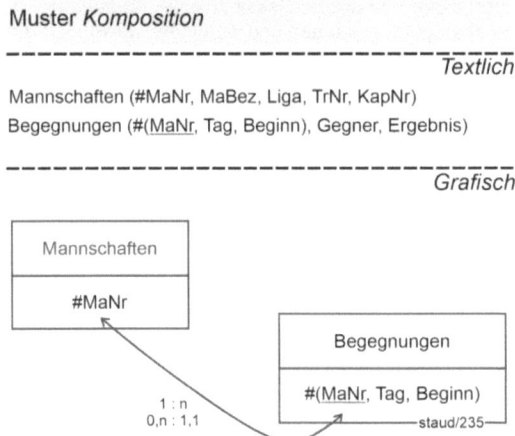

Abbildung 14.4-4:   Muster *Komposition* im Anwendungsbereich SPORTVEREIN

Anwendungsbereich FACHLITERATUR

In Abschnitt 16.4 wird eine Datenbank zu Fachliteratur vorgestellt. Erfasst werden alle Typen von Fachliteratur, auch Sammelbände und die einzelnen Beiträge in den Sammel-bänden. Dabei gilt: Ein Sammelbandbeitrag (SBB) gehört zu genau einem Sammelband (SB). Existenzabhängigkeit ist auch gegeben. Wenn ein Sammelband aus der Datenbank genommen wird, muss auch jeder SBB gelöscht werden. Die folgende Abbildung zeigt dies und zusätzlich die Einbettung in das Modell:

- Sammelbände (SB) sind eine Spezialisierung von Mono+SB (vgl. die Verknüpfung an Position 2), der Relation mit den gemeinsamen Attributen von Monographien (Mono) und Sammelbänden, vgl. Abschnitt 16.4.
- Sammelbandbeiträge (SBB) eine von ZSA-SBB, der Relation mit den gemeinsamen Attributen von Zeitschriftenaufsätzen (ZSA) und Sammelbandbeiträgen, vgl. Abschnitt 16.4.
- Der grau schraffierte Teil der Abbildung zeigt die Komposition (Position 1).

Abkürzungen:
Mono: Monographie
ZSA: Zeitschrifenaufsatz
WerkNr: Schlüssel von Werke (Überbegriff zu jeglicher Fachliteratur)
Vgl. auch Abschnitt 16.4

Semantik sucht Syntax

Die Semantik wird durch den Fremdschlüssel **SBNr** in der Relation SBB ausgedrückt und die Verknüpfung mit der **WerkNr** (vgl. Position 1). Damit ist modelltechnisch gesichert, dass die Tupel in SBB nur existieren, wenn die von SB vorhanden sind.

Muster *Komposition* mit *GenSpez*

Textlich

Werke (#WerkNr, Titel, Fach)

MonoSB (#WerkNr, ISBN, Auflage, Jahr, Rein, Raus)

ZS-SBB (#WerkNr, Von, Bis)

ZSA (#WerkNr, ZSName, HeftNr)

SBB (#WerkNr, KapitelNr, SBNr)

SB (#WerkNr, AnzKapitel)

Grafisch

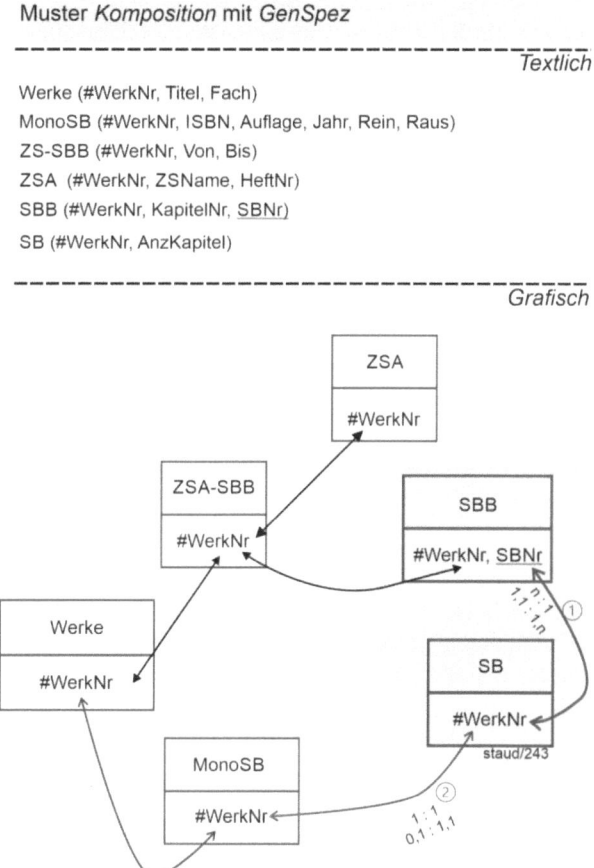

Abbildung 14.4-5:   Muster *Komposition* im Anwendungsbereich FACHLITERATUR

14.5 Beziehungsattribute

Beziehungen mit Eigenschaften. Beziehungen zwischen Relationen (bzw. den dort erfass-ten Objekten) sind erst mal genau dies: Beziehungen (wie oben gesehen) . Sie verknüpfen (typischerweise) einen Schlüssel und einen Fremdschlüssel und drücken damit die Bezie-hung aus. Manchmal weisen sie aber zusätzlich auch Eigenschaften auf, die als Attribute modelliert werden müssen. Diese sollen *Beziehungsattribute* genannt werden.

Zwei Relationen. Betrachten wir zuerst den Fall von zwei Relationen. Hier müssen der Beziehung diejenigen Attribute zugewiesen werden, die weder in die eine noch in die andere der verknüpften Relationen passen.

1:1-Beziehungen - 1,1 : 1,1   0,1 : 1,1   0,1 : 0,1

Beginnen wir mit 1:1-Beziehungen. Diese werden im Normalfall ja einfach durch Ein-richtung eines Fremdschlüssels in einer der beiden Relationen realisiert. Liegen Bezie-hungsattribute vor, muss je nach Wertigkeiten vorgegangen werden.

Angestellte – PC. Bei 1,1 : 0,1 (zum Beispiel Angestellte / PC: Jeder Angestellte hat einen zugwiesenen PC, ein PC ist höchstens einem Angestellten zugeordnet) werden die Beziehungsattribute (z.B. der Tag der Einrichtung) der Relation mit dem Fremdschlüssel zugeordnet:

Angestellte (#PersNr, ..., <u>InvNrPC</u>, TagEinrichtung)

PC (#InvNrPC, ...)

Entsprechend wird das Beziehungsattribut für die Wertigkeiten 0,1 : 1,1 gelöst.

Für den Fall einer Beziehung mit den Wertigkeiten 0,1 : 0,1 entsteht ja sowieso eine neue Relation für die Verknüpfung. An diese kann das Beziehungsattribut angehängt werden:

AngPC (#PersNr, #InvNrPC, TagEinrichtung)

Die Schlüssel sind wirklich so, vgl. Abschnitt 5.3

In dieser Relation gibt es nur für jeden wirklich zugewiesenen PC einen Eintrag - und dieser wird um das zusätzliche Attribut TagEinrichtung ergänzt.

1:n-Beziehungen

Angestellte – Abteilungen. Bei 1,1 : 1,n - Wertigkeiten können Beziehungsattribute ebenfalls an den Fremdschlüssel angehängt werden, d.h. sie kommen in die Relation, bei der der Schlüssel der anderen Relation nur eine Ausprägung je Objekt hat. Betrachten wir das Beispiel Angestellte - Abteilungen und nehmen wir als Beziehungsattribut den Beginn der Mitarbeit (**Beginn**) an. Dann ergibt sich die Lösung wie folgt:

Angestellte (#PersNr, Name, VName, GebDatum, <u>AbtNr</u>, Beginn)

Abteilungen (#AbtNr, Bez, Standort)

Dieselbe Lösung wird bei 1,1 : 0,n gewählt.

0,1 : 1,n und 0,1 : 0,n. Im Falle von 0,1 : 1,n und 0,1 : 0,n entsteht ja eine neue Relation für die Beziehung (vgl. Abschnitt 5.5). Dieser können die Beziehungsattribute zugewiesen werden. Im hier gewählten Beispiel wäre dies die Relation Abteilungszugehörigkeit (AbtZug):

Angestellte (#PersNr, Name, VName, GebDatum)

Abteilungen (#AbtNr, Bez, Standort)

AbtZug (#(<u>AbtNr</u>, <u>PersNr</u>), Beginn)

N:m-Beziehungen

0,n : 0,m 1,n : 0,m 0,n : 0,m 0,n : 0.m. Im Fall von n:m-Beziehungen entsteht ja bei allen Wertigkeiten eine neue Relation, die Verbindungsrelation. In diese können die Beziehungsattribute eingefügt werden. Das folgende Beispiel mit den Wertigkeiten 0,n : 0,m möge dies erläutern. Studierende können keine, eine oder mehrere Prüfungen besuchen, Prüfungen können von keinem, einem oder mehreren Studierenden absolviert werden. Die Verbindungsrelation kann dann einfach um Beziehungsattribute wie Prüfungstag (**PruefTag**), **Note** und Prüfungsnummer (**PruefNr**) ergänzt werden.

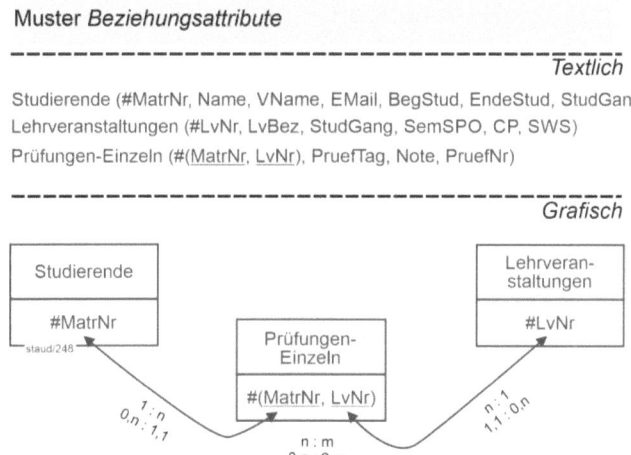

Abbildung 14.5-1:   Muster *Beziehungsattribute* im Anwendungsbereich HOCHSCHULE

Datenbanksysteme - Händler

Auch bei der schon oft eingebrachten Beziehung zwischen Datenbanksystemen und Händlern, können Beziehungsattribute vorliegen. Im folgenden Beispiel sind dies der Marktpreis (**MPreis**) und der zur Verfügung gestellte **Service**. Er soll von beidem, dem Datenbanksystem und dem Händler abhängen. Dies bedeutet, dass ein Händler für unterschiedliche Datenbanksysteme unterschiedliche Serviceangebote anbietet.

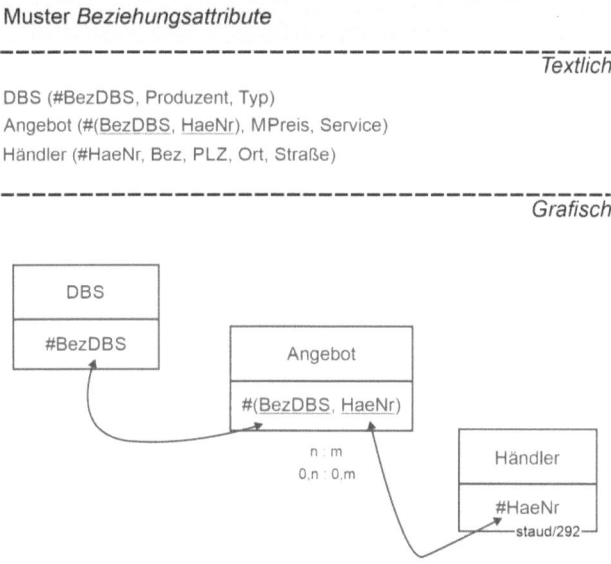

Abbildung 14.5-2:   Muster *Beziehungsattribute* im Anwendungsbereich DATENBANKSYS-
TEME

Drei- und mehrstellige Beziehungen

Mannschaften - Trainer – Trainingsort. Im Falle von mehr als zweistelligen Beziehungen werden die Beziehungsattribute der Verbindungsrelation zugewiesen. Betrachten wir als Beispiel den Anwendungsbereich SPORTVEREIN und die Beziehung *Training*, die Mannschaften, Trainer und Trainingsort in Beziehung setzt:

Mannschaften (#MaNr, Bez, ...)

Trainer (#TrNr, Name, Vorname, ...)

Trainingsort (#OrtNr, Bez, Typ)

Für jedes Training sollen die Wertigkeiten 1,n : 1,3 : 1,1 gelten. D.h., an einem Training nimmt mindestens eine Mannschaft teil, es wird von maximal drei Trainern gestaltet und es findet immer an genau einem Ort statt (Stadion, Halle, Park, ...). Mit Hinzunahme des Tages und der Annahme, dass pro Tag nur ein Training stattfindet, ergibt sich:

Training (#(MaNr, TrNr, OrtNr, Tag))

Kommen nun Beziehungsattribute hinzu, hier Art (**ArtTr**) und Intensität (**IntensTr**) des Trainings, können diese in die Verbindungsrelation eingefügt werden:

Training (#(MaNr, TrNr, OrtNr, Tag), ArtTr, IntensTr))

15 Die Zeit in Datenmodellen und Datenbanken

15.1 Zeitlich fixiert oder zeitabhängig

Zeitlich fixiert. In jeder Datenbank gibt es Daten, die von vorneherein zeitlich fixiert sind. Dies bedeutet, zum zugehörigen Datensatz (zum Tupel) gehört ein Attribut, das einen Zeitpunkt festhält. Zum Beispiel ...

- Bei einer Rechnung der Rechnungskopf mit seinem Datum
- Bei einer Gewichtsmessung die Angabe des Messzeitpunktes
- Beim Auftragseingang das Datum

Solche Einträge in die Datenbank behalten diese zeitliche Fixierung bis zum Ende der Datenbank und brauchen im weiteren nicht betrachtet werden. Wird diese Information vielleicht später wieder benötigt, ist sie da.

Nur der aktuelle Stand. Die meisten Informationen haben aber diese zeitliche Fixierung nicht, sondern erfassen nur den aktuellen Informationsstand zum Zeitpunkt der Datenerfassung. Bei jedem erneuten Eintrag werden die früheren Daten überschrieben. Zum Beispiel bei einer Relation zu Artikeln in einem WebShop.

Artikel (#ArtNr, Beschr, Preis)

Ändert sich dort z.B. der Preis eines Artikels, wird der alte überschrieben und steht (in der Datenbank) nicht mehr zur Verfügung. Genauso die Beschreibung, usw. Oder nehmen wir eine Kundenrelation:

Kunden (#KuNr, Name, VName, PLZ, ORT, Straße, Tel)

Zeitabhängige Daten. Hier können sich im Zeitablauf die Adressangaben ändern, auch die Telefonnummer und evtl. sogar der Name. Wenn einfach überschrieben wird, sind die alten Daten weg. Dies sind also *zeitabhängige Daten*. Bei ihnen muss geprüft werden, ob das "Verschwinden durch Überschreiben" akzeptiert werden kann. Oft kann man es deshalb nicht, weil der alte Zustand zum Zeitpunkt der Entstehung der Daten erhalten bleiben muss, z.B. aus steuerlichen Gründen. Dies kann Rechnungen, aber auch andere Geschäftsobjekte betreffen.

Früher wurden dafür Belege abgelegt und füllten ganze Archive, später und auch heute noch Faksimiles in DVD-Stapeln archiviert oder Datenbestände dupliziert. Andere Lösungen wurden für NoSQL-Datenbanken gefunden. Hier nun eine Lösung, die mit Hilfe der relationalen Datenbanktechnologie eine Sicherung über die Zeit ermöglicht.

15.2 Duplizieren zum Zeitpunkt der Rechnungsstellung

Sie besteht darin, die zeitabhängigen Daten zum Entstehungszeitpunkt zu duplizieren und ebenfalls in der Datenbank zu speichern. Dazu werden die duplizierten Daten der Relation zugeordnet, von deren Schlüssel sie funktional abhängig sind.

Beispiel Rechnungsstellung

Diese Vorgehensweise wird an einer einfachen Fassung eines Datenmodells zur Rechnungsstellung demonstriert. Gegeben seien die folgenden Relationen:

Adressen (#AdrNr, PLZ, Ort, Straße, Telefon)

Artikel (#ArtNr, Beschr, Preis)

KuAdr (#(KNr, AdressNr)) //Kundenadressen

Kunden (#KNr, Name, Vorname)

ReKöpfe (#ReNr, Datum, Verkäufer, KVDAT) //Rechnungsköpfe

RePos (#(ReNr, PosNr), ArtikelNr, Anzahl) //Rechnungspositionen

KVDAT bedeutet Kaufvertragsdatum, ein Kunde kann beliebig viele Adressen haben, unter einer Adresse können mehrere Kunden wohnen. Eine größere Fassung dieses Datenmodells findet sich in Abschnitt 16.1.

Duplizieren zum Rechnungsstellungszeitpunkt (RZ). Nun zum Duplizieren der Daten. Als erstes müssen die Daten bestimmt werden, die zeitabhängig sind und die evtl. später wieder benötigt werden. Hier sind es zum einen die Daten der Rechnung, zum anderen die des Kunden. Bei den Rechnungsköpfen sind alle dafür notwendigen Informationen bereits zeitlich fixiert. Bei den Rechnungspositionen werden wir aber fündig: Die Artikelnummer kann sich ändern (sie kann z.B. wegfallen), die Artikelbeschreibung auch und der Preis sowieso. Also legen wir folgende Attribute an:

* **ArtNr-RZ** (Artikelnummer zum **R**echnungsstellungs**Z**eitpunkt)
* **Beschr-RZ** (Beschreibung zum RZ)
* **Preis-RZ** (Preis zum RZ)

Sie müssen nun in der Relation eingefügt werden, von deren Schlüssel sie funktional abhängig sind. Das ist **RePos**. Somit entsteht:

RePos-Historisch (#(ReNr, PosNr), ArtikelNr, Anzahl, ArtNr-RZ, Beschr-RZ, Preis-RZ)

Die Relation Artikel bleibt unverändert. Nun die Kundendaten. Hier kann sich auch sehr vieles verändern. Sämtliche Adressangaben, sogar der Nachname (wenn Herr Rumpelstiz den Namen seiner Frau annimmt). Somit entstehen folgende Attribute:

* **Name-RZ** (Nachname zum RZ)
* **PLZ-RZ**
* **Ort-RZ**

- **Straße-RZ**

Wohin mit diesen zeitlich fixierten Attributen? Da sie pro Rechnung genau einmal auftreten, sind sie von der Rechnungsnummer (**ReNr**) funktional anhängig und gehören in ReKöpfe:

ReKöpfe-Historisch (#ReNr, Datum, Verkäufer, KVDAT, Name-RZ, PLZ-RZ, Ort-RZ, Straße-RZ)

Damit sind die historischen Daten eingepflegt und der aktuelle Datenbestand der zeitlich abhängigen Attribute kann ohne Probleme weitergeführt werden. Insgesamt ergibt sich damit folgendes Datenmodell:

Adressen (#AdrNr, PLZ, Ort, Straße, Telefon)

Artikel (#ArtNr, Beschr, Preis)

KuAdr (#(KNr, AdressNr))

Kunden (#KNr, Name, Vorname)

ReKöpfe-Historisch (#ReNr, Datum, Verkäufer, KVDAT, Name-RZ, PLZ-RZ, Ort-RZ, Straße-RZ)

RePos-Historisch (#(ReNr, PosNr), ArtikelNr, Anzahl, ArtNr-RZ, Beschr-RZ, Preis-RZ)

Das gewünschte Ziel ist erreicht: Zum Rechnungstellungszeitpunkt werden die Artikelnummer, die Beschreibung und der Preis in die entsprechenden „RZ-Attribute" geschrieben und bleiben dort erhalten.

15.3 Andere Lösungen

Stammdaten fortschreiben

Manchmal sieht man auch die folgende Lösung. Da bekommen die zeitabhängigen Attribute eine Versionsnummer. Bei Änderungen werden die vorhandenen Daten nicht überschrieben, sondern der neue Wert wird mit einer neuen Versionsnummer eischließlich der Zeitangabe dazugegeben.

In obigem Beispiel Artikel gilt dann: Wenn sich die Beschreibung ändert, erhält der Artikel eine neue Versionsnummer, ebenso wenn sich der Preis ändert, usw. Ein konkreter Artikel wird dann über die kombinierte Artikel- und Versionsnummer identifiziert:

Artikel (#(ArtikelNr, VersionsNr), Beschreibung, Preis)

Für die Rechnungspositionen ergibt sich dann:

RePos (#(ReNr, PosNr), (ArtikelNr, VersionsNr), Beschreibung, Preis, Anzahl)

Diese Lösung ist machbar, führt aber zu Redundanzen, nicht auf der Ebene der einzelnen Relationen, aber über die Relationen hinweg. So wird die Beschreibung wiederholt, wenn sich der Preis ändert. Hat sich nur der Preis geändert, z.B. zehn mal, wird in 10 Tupeln dieselbe Beschreibung und derselbe Standort festgehalten.

Binäre Relationen

Dies ist die Stelle, an der oft radikale Umstrukturierungen der Relationen vorgeschlagen werden im Sinne binärer Relationen. Das bedeutet, dass alle Attribute einer Relation, die sich im Zeitablauf verändern können, zusammen mit dem Schlüssel in jeweils eine eigene Relation getan werden. Im obigen Beispiel:

Artikel-Beschreibung (#(ArtikelNr, VersionsNr), Beschreibung)

Artikel-Preis (#(ArtikelNr, VersionsNr), Preis)

Die Relation zu den Rechnungspositionen würde sich bei dieser Lösung wie folgt verändern:

RePos (#(ReNr, PosNr), ((ArtikelNr, VersionsNr), Beschreibung), ((ArtikelNr, VersionsNr), Preis), ((ArtikelNr, VersionsNr), Anzahl))

Bei dieser Lösung sind die oben angesprochenen Redundanzen beseitigt, allerdings werden die Abfragen komplizierter. Nicht nur müssen mehr Relationen verknüpft werden, was die Abfragen und Auswertungen verlängert, es muss auch immer noch bei jeder Relation die höchste Versionsnummer (bzw. bei Rekonstruktionen die "richtige") bestimmt werden.

NoSQL-Welt. In der NoSQL und BigData-Welt werden andere Techniken angewandt. Z.B. bei Dokumentendatenbanken (vgl. Abschnitt 24.10). Hier wird nach jeder Änderung eines Feldes das gesamte Dokument als neue Version abgespeichert. Vgl. zu diesem Teil der Datenbankwelt Kapitel 24.

***Teil V

Beispiele relationaler

Datenmodelle

16 Modellierungsbeispiele

mit Lösungsweg

17 Weitere Modellierungsbeispiele

16 Modellierungsbeispiele mit Lösungsweg

Mit den folgenden Beispielen soll auch der Entstehungsprozess eines Datenmodells gezeigt werden - seine Entwicklung "Schritt um Schritt". Dabei werden unterschiedliche Vorgehensweisen vorgestellt. Wie immer in diesem Text bezeichnet folgende Formatierungen ein **Attribut**, eine Relation und einen ANWENDUNGSBEREICH.

16.1 Rechnungsstellung

Rechnungen. Mit diesem Beispiel wird die Erstellung eines relationalen Datenmodells für den Zweck der Rechnungsstellung gezeigt. Ausgangspunkt ist dabei die in der folgenden Abbildung angegebene Rechnung[16], also ein *Geschäftsobjekt* (business object), was in der Datenmodellierung durchaus oft der Fall ist. Es gelten - neben der üblichen kaufmännischen Semantik von Rechnungen - die folgenden Bedingungen und semantischen Festlegungen:

- Die Kunden werden mit Namen (**Name**), Vornamen (**VName**) und **Anrede** erfasst. Außerdem wird ein identifizierendes Attribut (**KuNr**) angelegt.
- Ein Kunde wird zuerst mit nur einer Adresse erfasst. Später dann mit beliebig vielen.
- Ein Kunde kann mehrere Telefonanschlüsse haben.
- In der Datenbank wird auch festgehalten, wer die Kundschaft bedient hat (**Verkäufer**). Dies wird auf der Rechnung ausgegeben.
- TOUR bezeichnet das Auslieferungsteam (**Tour**).
- KVDAT gibt den Tag an, an dem die Kundschaft im Möbelhaus war und die Ware bestellt hat (**Kvdat**).
- Eine Rechnung bezieht sich auf genau einen Auftrag
- Die angegebene Telefonnummer ist die der Rechnungsanschrift

Die Abkürzungen bei Position 1 bedeuten:

889999: Artikelnummer (**ArtNr**)
B/00/EG: Standort der Ware im Lager (**Standort**)

---

16 Ursprünglich eine reale, die für diesen Zweck aber anonymisiert wurde.

COUCHTISCH 1906 EICHE NATUR - MIT LIFT 125x71 cm: Artikelbezeichnung
(**ArtBez**)

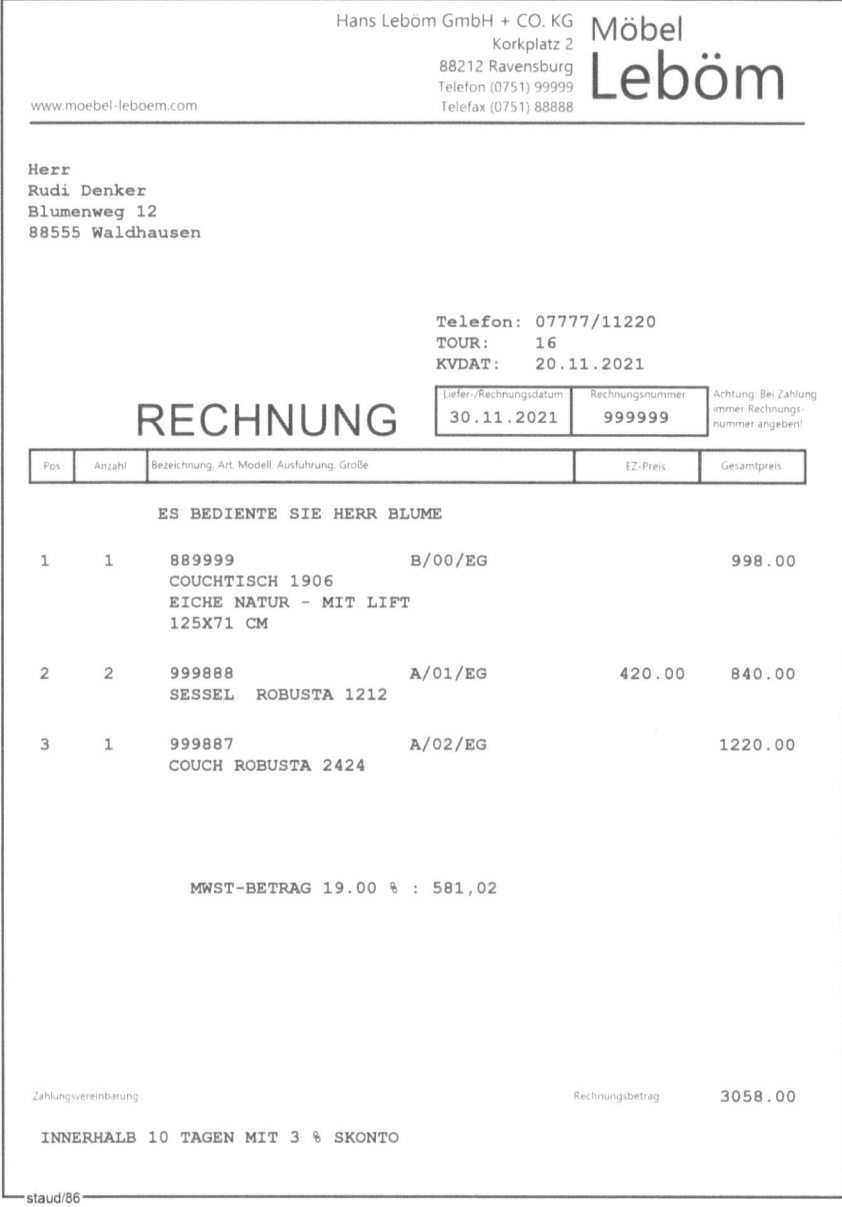

Abbildung 16.1-1: Geschäftsobjekt *Rechnung* (Typ Möbelhaus)

Diese Aufgabe wird mit unterschiedlichen Komplexitätsgraden in drei Stufen gelöst:

- Aufgabe Stufe 1 - Grundstruktur: Für jeden Kunden wird nur eine Anschrift, die Rechnungsanschrift, erfasst. Es wird keine zeitliche Dimension berücksichtigt, d.h. alte Rechnungen müssen nicht aus der Datenbank heraus reproduzierbar sein.

- Aufgabe Stufe 2 - Beliebige Rechnungs- und Lieferadresse: Für jeden Kunden werden beliebig viele Adressen erfasst. Bei jedem Kauf kann ein Kunde eine beliebige seiner Adressen als Lieferadresse bzw. als Rechnungsadresse angeben.
- Aufgabe Stufe 3 - Zeitachse: Einfügen einer zeitlichen Dimension. Die Rechnungen sollen über die Zeit gerettet werden, d.h. es soll möglich sein, beliebige Rechnungen der Vergangenheit aus der Datenbank heraus zu reproduzieren. Also z.B. eine Rechnung vom 20. November 2012 mit den damaligen Preisen, der damaligen Mehrwertsteuer, usw.

Rechnungsstellung Stufe 1

Für die Stufe 1 sammeln wir zuerst die Attribute ein und bestimmen die Determinanten und funktionalen Abhängigkeiten (ein bei Geschäftsobjekten sinnvolles Vorgehen):

- **Name**: des Kunden
- **VNname**
- **PLZ**: der Rechnungsanschrift
- **Ort**
- **Straße**
- **Tel**: Telefonnummer
- **KuNr**: Kundennummer. Diese ergänzen wir gleich, da die Erfassung der Kunden ohne eine Kundennummer nicht sinnvoll ist.
- **ReNr**: Rechnungsnummer
- **ReDatum**: Rechnungsdatum
- **Verkäufer**: die Angabe des Verkäufers erfolgt auf der Rechnung
- **KVDAT**: Hierbei handelt es sich um das Kaufvertragsdatum.
- **TOUR**: Bezeichnung des Teams, das mit seinem Fahrzeug die Möbel ausliefert. Eine tiefere Semantik liegt nicht vor.
- **PosNr**: Rechnungspositionsnummer
- **ArtNr**: wird bei den Rechnungspositionen angegeben.
- **Anzahl** der Artikel pro Position
- **Standort**: Standort der Ware im Lager. Wird bei den Rechnungspositionen angegeben.
- **ArtBez:** Artikelbezeichnung
- **ZV**: Zahlungsvereinbarung
- **LiPreis**: Listenpreis. Der Preis für die gesamte Position wird berechnet aus Anzahl und Preis.

Für die meisten Artikel liegt noch eine Beschreibung vor (Beschr), die aber nicht auf der Rechnung ausgegeben wird. Der Mehrwertsteuersatz wird im Programm hinterlegt, der Mehrwertsteuerbetrag (**MWStB**) wird dann daraus und aus der Rechnungssumme berechnet.

Objekte und Beziehungen finden. Was kann man nun, auch unter Berücksichtigung der ja immer vorliegenden Objekt-/Beziehungsstruktur von den Attributen ableiten? Problemlos zu erkennen sind die Kunden: als Objekte, Objektklasse und als Relation. Identifiziert werden sie durch die KuNr. Diese ist hier also erstmals Determinante. Voll funktional abhängig von dieser sind die folgenden Attribute:

- **KuNr => Name**

- **KuNr** => **VName**
- **KuNr** => **PLZ**
- **KuNr** => **Ort**
- **KuNr** => **Straße**

Für die Adressangaben gilt dies nur, weil wir uns in Stufe 1 mit der Rechnungsanschrift begnügen. Damit ergibt sich die erste Relation:

Kunden (#KuNr, Name, VName, PLZ, Ort, Straße)

Jeder Kunde kann mehrere Telefonanschlüsse haben. Dies wird durch die folgende Relation erfasst:

KuTel(#(KuNr, Tel))

Rechnungskopf vs. Rechnungspositionen

Beide Relationen sind bereits in 5NF. Ähnlich einfach ist das Erkennen der Rechnung als Modellelement. Bei genauerem Hinsehen erkennt man aber, dass es eine Unterscheidung geben muss zwischen Rechnungskopf (identifiziert durch die Rechnungsnummer (**ReNr**)) und den Rechnungspositionen, *denn es gibt pro Rechnung mehrere Positionen*. Folgende funktionalen Abhängigkeiten bestehen von der Determinante **ReNr**:

- **ReNr** => **ReDatum**: Es gibt genau ein Rechnungsdatum pro Rechnung bzw. von der Rechnungsnummer kann auf das Rechnungsdatum geschlossen werden.
- **ReNr** => **Verkäufer**: Da immer nur einer für einen Kaufvertrag zuständig ist und nur einer auf der Rechnung erscheint.
- **ReNr** => **Tour**: Es gibt ein Auslieferungsteam je Rechnung.
- **ReNr** => **KVDAT**: Es gibt hier genau ein Kaufvertragsdatum je Rechnung.
- **ReNr** => **ZV**: Die Zahlungsvereinbarung ist je Rechnung eindeutig. Trotz Nachfragen konnte auch keine weitere Semantik (z.B. Abhängigkeit vom gekauften Produkt) festgestellt werden.

Ergänzt man noch das Datum der Lieferung (**DatumLief**) und den Mehrwertsteuerbetrag (**MWStB**) ergibt sich folgende Relation zu den Rechnungsköpfen:

ReKöpfe (#ReNr, ReDatum, KVDAT, Tour, Verkäufer, DatumLief, ZV, MWStB)

Auch diese ist in 5NF. Die letzten leicht erkennbaren Objekte sind die Artikel. Auch sie werden identifiziert (**ArtNr**), haben eine Bezeichnung (**ArtBez**) und werden beschrieben. Allerdings liegt nicht zu jedem Artikel eine Beschreibung vor. **ArtNr** ist also Determinante mit folgenden funktional abhängigen Attributen:

- **ArtNr** => **ArtBez**
- **ArtNr** => **LiPreis**: Da es sich um den Einzelpreis der Artikel handelt.
- **ArtNr** => **Standort**: Standort der Ware im Lager. Für einen Artikel immer derselbe.

Dies führt zu folgenden Relationen:

Artikel (#ArtNr, ArtBez, LiPreis, Standort)

Muster Gen/Spez. Für die Artikel mit Beschreibung wird eine eigene Relation angelegt, da es sich um eine Teilmenge aller Artikel handelt und damit insgesamt um eine Generalisierung/Spezialisierung (Gen/Spez):

ArtBeschr(#ArtNr, ArtBeschr) //Artikelbeschreibung

Auch hier gibt es keinen Verstoß gegen die 5NF. Bleiben noch die übrigen Attribute. Sie bewegen sich alle um die Rechnungspositionen herum. Ihre Verarbeitung macht bei ungeübten Modellierern regelmäßig Schwierigkeiten. Hier muss erkannt werden, dass das zu modellierende Realweltphänomen das kaufmännische Konstrukt der Rechnungspositionen ist. Wird dies erkannt, ist der Rest einfach. Rechnungspositionen werden durch eine Attributskombination identifiziert: (**ReNr**, **PosNr**). Folgende funktionalen Abhängigkeiten bestehen:

- (**ReNr**, **PosNr**) => **ArtNr**: Da es pro Rechnungsposition nur einen Artikel gibt.
- (**ReNr**, **PosNr**) => **Anzahl**: Anzahl der Artikel je Position.

Damit ergibt sich folgende Relation zu Rechnungspositionen, ebenfalls in 5NF:

RePos (#(ReNr, PosNr), ArtNr, Anzahl).

Alternativer Weg. Oftmals wird in Übungen obige Relation über den Zusammenhang von Rechnung und Artikeln erkannt. Da es typischerweise pro Rechnung mehrere Artikel gibt und die Artikel auch auf mehreren Rechnungen auftauchen (ein bestimmtes Sofa, das hundert mal verkauft wurde) wird dabei dann zuerst eine Verbindungsrelation mit dem Schlüssel (**ReNr**, **ArtNr**) eingerichtet. Dann wird die **PosNr** zu einem beschreibenden Attribut der Relation. Insgesamt also:

RePos (#(ReNr, ArtNr), PosNr, Anzahl)

Relationale Verknüpfungen. In dem Lösungsweg hier sind nun sechs Relationen entstanden, die wesentliche Merkmale der Rechnung beschreiben. Zu prüfen sind aber noch die Schlüssel und Fremdschlüssel, d.h. die relationalen Verknüpfungen:

- Zwischen **Kunden** und **ReKöpfe**: Hier liegt sicherlich eine Beziehung vor. Ein Kunde hat u.U. viele Rechnungen mit dem Unternehmen, aber eine Rechnung bezieht sich immer nur auf einen Kunden. Diese 1:n - Beziehung kann verankert werden, indem in **ReKöpfe** die Kundennummer festgehalten wird:

ReKöpfe (#ReNr, ReDatum, KVDAT, Tour, Verkäufer, DatumLief, ZV, MWStB, KuNr)

- Zwischen **Kunden** und **Artikel**: Hier gibt es auf der Ebene der Relationen keine direkte Beziehung. Die Beziehung manifestiert sich durch die Rechnung und ihre Positionen. Wenn man sie trotzdem einrichtet, um z.B. im Rahmen des Kundenbeziehungsmanagements (Customer Relationship Management; CRM) schnellen Zugriff auf die vom Kunden schon getätigten Käufe zu haben, ist das möglich. Dafür müsste eine Verbindungsrelation eingerichtet werden.
- Zwischen **Kunden** und **REPOPS** (Rechnungspositionen): Auch hier gibt es auf der Ebene der Relationen keine Beziehung. Die Verknüpfung erfolgt über die Rechnung.
- Zwischen **ReKöpfe** und **Artikel**: Dieser Zusammenhang wird über die **RePos** hergestellt.
- Zwischen **ReKöpfe** und **RePos**: Diese Beziehung ist natürlich fundamental. Es ist eine 1:n - Beziehung, denn eine Rechnung kann mehrere Positionen haben, eine Rechnungsposition gehört aber immer zu einer bestimmten Rechnung. Damit handelt es sich bei diesem Muster um eine *Komposition*. Diese Beziehung wurde aber schon bei der Festlegung des Schlüssels von **RePos** festgelegt. Es muss lediglich noch die **ReNr** als Fremdschlüssel gekennzeichnet werden:

RePos (#(ReNr, PosNr), ArtNr, Anzahl)

- Zwischen Artikel und Rechnungspositionen (RePos): Hier liegt wiederum eine 1:n - Beziehung vor. Ein Artikel kommt hoffentlich auf vielen Rechnungspositionen vor und eine Rechnungsposition erfasst genau einen Artikel. Die Min-/Max-Angabe von 1,1 auf der Seite der Rechnungspositionen ist hier besonders sinnvoll, denn es hat keinen Sinn, Rechnungspositionen ohne Artikel zu erfassen. Damit kann die Verknüpfung durch Übernahme der **ArtNr** in die Relation RePos eingerichtet werden. Da dies oben schon geschehen ist (falls nicht, würde das Defizit spätestens hier erkannt), muss lediglich noch die Kennzeichnung von **ArtNr** als Fremdschlüssel erfolgen:

RePos (#(ReNr, PosNr), ArtNr, Anzahl)

Idealstruktur - redundanzfrei. Die funktionalen Abhängigkeiten sind in allen Relationen bereits geklärt, da ja die Attribute so zu Relationen gruppiert wurden, dass jeweils ein Schlüssel und die von ihm voll funktional abhängigen Attribute zusammen kamen. Da keine überlappenden Schlüssel auftreten, ist die BCNF auch gesichert. Da darüber hinaus die in der vierten und fünften Normalform angesprochenen Probleme nicht auftreten, befinden sich alle Relationen in 5NF.

Die folgende Abbildung zeigt die grafische Darstellung des Datenmodells.

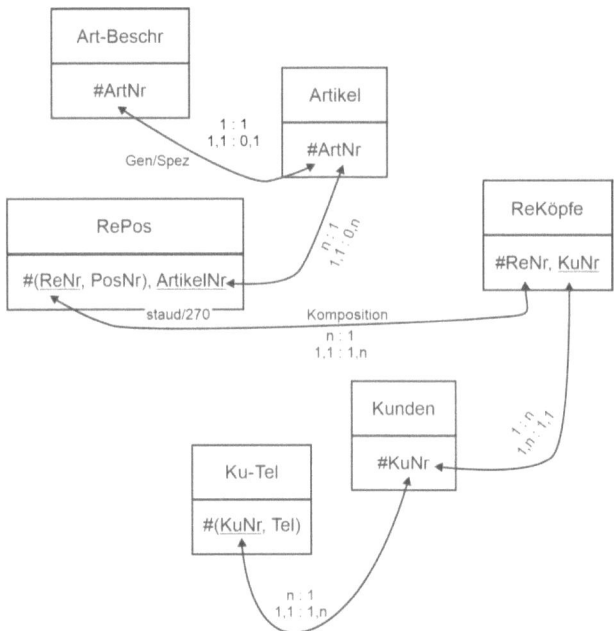

Abbildung 16.1-2:   Relationales Datenmodell *Rechnungsstellung Stufe 1*

Hier noch die textlichen Notationen - im Zusammenhang:

Lösung Stufe 1

ArtBeschr(#ArtNr, Beschr)

Artikel (#ArtNr, ArtBez, Standort, LiPreis)

Kunden (#KuNr, Anrede, Name, VName, PLZ, Ort, Straße)

KuTel(#(KuNr, Tel))

ReKöpfe (#ReNr, ReDatum, KVDAT, Tour, Verkäufer, DatumLief, ZV, MWStB, KuNr)

RePos (#(ReNr, PosNr), ArtNr, Anzahl)

Rechnungsstellung Stufe 2

In Stufe 2 wird nun zwischen Liefer- und Rechnungsadresse unterschieden und es soll gelten: Ein Kunde kann beliebig viele Adressen haben, jede kann bei einer Rechnung Liefer- oder Rechnungsadresse sein. Eine Folge dieser Festlegung ist, dass die alte Relation Kunden verkürzt wird, da die Adressattribute in die Relation Adressen gehen. Übrig bleiben **KuNr**, **Name**, **VName**, so dass daraus die neue Kundenrelation entsteht:

Kunden (#KuNr, Name, Vorname)

Adressen werden zu einer eigenen Relation. Ergänzt wird ein Schlüssel Adressnummer (**AdrNr**), denn einen Schlüssel braucht jede Relation:

Adressen (#AdrNr, PLZ, Ort, Straße, Telefon)

Es fehlt aber noch die Verknüpfung zwischen den Kunden und Adressen. Deren Wertigkeit ist n:m, denn ein Kunde hat ja mehrere Adressen und unter einer Adresse wohnen u.U. mehrere Kunden (Mehrfamilienhäuser). Es wird also eine Verbindungsrelation *Kunden-Adressen* benötigt:

KuAdr (#(KuNr, AdrNr))

Beide Attribute wurden gleich als Fremdschlüssel gekennzeichnet. Damit ist im Datenmodell die Beziehung zwischen Kunden und Adressen festgehalten. Bleibt noch zu klären, wie festgehalten wird, welche bei einer bestimmten Lieferung die Liefer- und welche die Rechnungsadresse ist. Bisher war diesbezüglich ja einfach die **KNr** als Fremdschlüssel in **ReKöpfe** hinterlegt.

Eine sinnvolle Lösung ist, für jede Lieferung die drei Relationen Kunden, Adressen und Rechnungsköpfe zu verknüpfen und bei jeder Verknüpfung festzuhalten, ob es sich um die Liefer- oder die Rechnungsadresse handelt (hier mit dem Attribut **Typ**). Dann kann es pro Lieferung eine oder zwei solche Verknüpfungen geben, je nachdem, wieviele Adressen der Kunde angegeben hat. Die Relation hat damit drei Fremdschlüssel:

KuAdrRe (#(KuNr, AdrNr, ReNr), Typ)

Das Attribut **Typ** hat die Ausprägungen **L**(ieferadresse) und **R**(echnungsadresse). **R** gibt es immer, **L** nur, falls es eine extra Lieferanschrift gibt. Ansonsten ist die Rechnungsanschrift gleich der Lieferanschrift. Die folgende Tabelle zeigt zur Verdeutlichung einige Beispieldaten:

KuAdrRe

ReNr	KuNr	AdrNr	Typ
1001	007	2	L
1001	007	5	R
2002	007	1	R
2020	010	1	R
...	...	...	...

Zur Veranschaulichung wurde in den Daten auch der Fall mit eingefügt, dass unter einer Adresse mehrere Kunden wohnen (Rechnungsnummern 2002 und 2020).

Die Relation **KuAdr** wird jetzt eigentlich nicht mehr benötigt. Da es aber oftmals sinnvoll ist, die Adressen von Kunden auch ohne die Rechnungen ansprechen zu können, z.B. bei Marketingmaßnahmen oder ganz allgemein im Customer Relationship Management (CRM), soll sie drin bleiben. Damit ergibt sich das grafische Datenmodell der folgenden Abbildung.

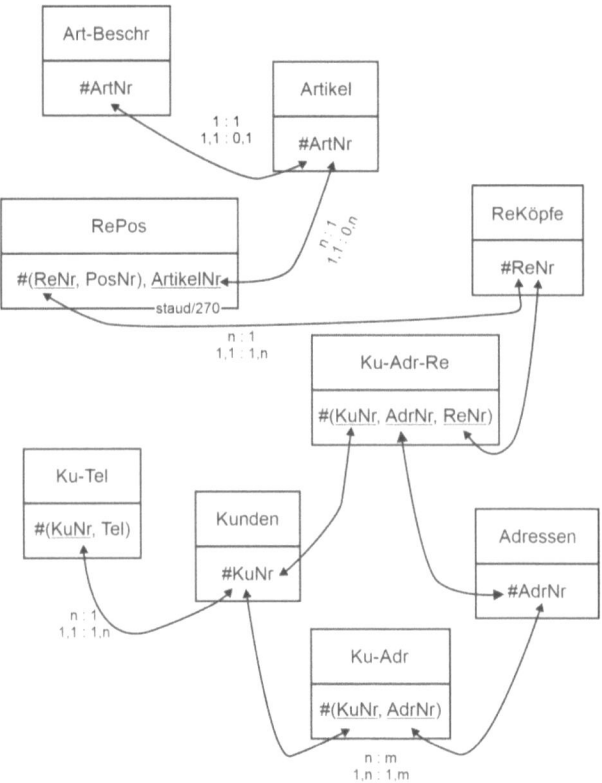

Abbildung 16.1-3:   Datenmodell *Rechnungsstellung Stufe 2*

Die Wertigkeiten bei der dreistelligen Beziehung **KuAdrRe** ergeben sich wie folgt, wie immer bei mehrstelligen Beziehungen von der Verbindungsrelation aus gesehen: 1,1 : 1:1 : 1,1 (An einer Beziehung nimmt genau eine Kundennummer, eine Adressnummer und eine Rechnungsnummer teil).

Hier das Gesamtmodell nach Stufe 2 in textlicher Notation:

Lösung Stufe 2

Adressen (#AdrNr, PLZ, Ort, Straße, Telefon)

ArtBeschr(#ArtNr, ArtBeschr)

Artikel (#ArtNr, ArtBez, Standort, LiPreis)

KuAdr (#(KuNr, AdrNr))

KuAdrRe (#(KuNr, AdrNr, ReNr), Typ)

Kunden (#KuNr, Anrede, Name, Vorname)

KuTel(#(KuNr, Tel))

ReKöpfe (#ReNr, ReDatum, KVDAT, Tour, Verkäufer, DatumLief, ZV, MWStB)

RePos (#(ReNr, PosNr), ArtNr, Anzahl)

Rechnungsstellung Stufe 3

Vgl. zur zeitlichen Dimension auch Kapitel 15

In der folgenden dritten Stufe soll nun die zeitliche Dimension hinzugefügt werden und zwar mit dem Ziel, die Rechnungen der vergangenen Jahre aus der Datenbank heraus reproduzierbar zu halten, auch wenn sich die Stammdaten verändern. Bei einer Rechnungsstellung entstehen ja Daten zum kaufmännischen Vorgang, die auch nicht mehr verändert werden. Z.B. Rechnungsnummer, Rechnungsdatum, Artikelbeschreibung, Positionssummen, Gesamtsumme. Andere Daten werden mit Hilfe der durch das Datenmodell vorgegebenen Struktur im Moment der Rechnungsstellung aus den Datenbeständen geholt: zum Kunden, zu den Artikeln. Genau diese Daten können sich aber nach dem Zeitpunkt der Rechnungsstellung sehr schnell ändern:

• Der Kunde zieht um, seine Telefonnummer ändert sich, er ändert seinen Namen.

• Die Artikelpreise ändern sich, Artikel verschwinden aus dem Sortiment, ihre Bezeichnung oder auch Beschreibung ändert sich.

Und so weiter. Um sich dagegen abzusichern können die "vergänglichen" Attribute bzw. deren Ausprägungen zum Zeitpunkt der Rechnungsstellung (RZ; Rechnungsstellungszeitpunkt) festgehalten werden. Dazu werden diese Attribute an geeigneter Stelle im Datenmodell angelegt und dann in der Datenbank gespeichert.

Folgende Attribute müssen bezüglich der Kunden "gerettet" werden: Name, Vorname, PLZ, Ort, Straße. Dies geschieht, indem sie mit dem Zusatz "RZ" zusätzlich aufgenommen werden. Doch in welcher Relation soll man sie unterbringen? Hier hilft die Überlegung, von welcher Determinante diese Attribute funktional abhängig sind. Natürlich von der Rechnungsnummer, also gehören sie in die Relation Rechnungsköpfe. Da sich der Mehrwertsteuersatz ja auch regelmäßig ändert und auf der Rechnung ausgewiesen ist, muss auch er "konserviert" werden. Auch er ist von der Rechnungsnummer funktional abhängig. Somit ergibt sich:

ReKöpfe (#ReNr, ReDatum, KVDAT, Tour, Verkäufer, DatumLief, ZV, MWStB,
    Name-RZ, VName-RZ, PLZ-RZ, Ort-RZ, Straße-RZ, Tel-RZ, MWStS-RZ)

Zu "rettende" Artikeldaten

Folgende "vergänglichen" Attribute bezüglich der Artikel sollten, da sie auf der Rechnung erscheinen, verdoppelt werden: Artikelnummer, Artikelbezeichnung, Listenpreis. Wieder hängen wir das Kürzel RZ an. Der Platz für diese Attributdoppelung ist, auch hier hilft wieder die Überlegung zu den funktionalen Abhängigkeiten und zur Determinante, die Relation Rechnungspositionen:

RePos (#(ReNr, PosNr), ArtNr, Anzahl, ArtNr-RZ, ArtBez-RZ, LiPreis-RZ)

Fassen wir das Vorgehen zusammen. Folgende Schritte sind zu leisten:

- Klären, welche Attribute wegen der notwendigen Reproduzierbarkeit dupliziert werden müssen.
- Feststellen, wo diese Attribute platziert werden können durch Klärung der Frage, wovon sie funktional abhängig sind.

Hier nun das gesamte Datenmodell der Stufe 3 in textlicher Notation:

Adressen (#AdrNr, PLZ, Ort, Straße)

ArtBeschr(#ArtNr, ArtBeschr)

Artikel (#ArtikelNr, ArtBez, Standort, LiPreis)

KuAdr (#(KuNr, AdrNr))

KuAdrRe (#(KuNr, AdrNr, ReNr), Typ)

Kunden (#KuNr, Anrede, Name, Vorname)

KuTel(#(KuNr, Tel))

ReKöpfe (#ReNr, ReDatum, KVDAT, Tour, Verkäufer, DatumLief, ZV, MWStB, Name-RZ, VName-RZ, PLZ-RZ, Ort-RZ, Straße-RZ, Tel-RZ)

RePos (#(ReNr, PosNr), ArtNr, Anzahl, ArtNr-RZ, ArtBez-RZ, LiPreis-RZ)

RZ : Zeitpunkt der Rechnungsstellung

Das grafische relationale Datenmodell bleibt gleich, da die duplizierten Attribute weder Schlüssel noch Fremdschlüssel sind. Mit dieser Methode des Einbindens der zeitlichen Dimension sind die "geretteten" Daten in die operative Datenbank integriert.

16.2 Sportverein

Ein Sportverein beschließt, seine Aktivitäten (Mitgliederverwaltung, Sportveranstaltungen, usw.) in Zukunft computergestützt abzuwickeln. Dazu soll eine Datenbank aufgebaut werden, für die folgende Festlegungen getroffen werden:

- Die Mitglieder des Vereins werden durch **Name**, Vorname (**VName**), Telefon (**Tel**), Geburtstag (**GebTag**), eine Mitgliedsnummer (**MiNr**) und die Hauptadresse (**PLZ**, **Ort**, **Straße**) festgehalten. Erfasst wird außerdem der Tag des Eintritts (**Eintritt**) in den Verein. Bei ausgetretenen Mitgliedern ebenfalls der des Austritts (**Austritt**). Es kommt auch vor, dass ein Mitglied austritt und später wieder eintritt. Auch dies soll in vollem Umfang dokumentiert werden, d.h. vorherige Mitgliedschaften werden nicht gelöscht. Es entsteht so eine Dokumentation aller Ein- und Austritte eines Vereinsmitglieds. Bei verstorbenen Mitgliedern wird der Todestag (**Todestag**) vermerkt.

- Für die Mitglieder wird erfasst, ob sie *passiv* oder *aktiv* sind. Für jedes aktive Mitglied wird dann noch festgehalten, welche **Sportart** es in welcher Leistungsstufe (**LStufe**) betreibt. Dies können mehrere sein. Für die passiven Mitglieder wird erfasst, für welche ehrenamtliche Tätigkeit sie zur Verfügung stehen (**BezTät**). Auch dies können mehrere sein.
- Der Sportverein ist in Abteilungen (**AbtNr**, **AbtBez**) gegliedert (Handball, Fußball, Volleyball, usw.).
- Jede Abteilung hat einen Leiter (**AbtLeiter**). Dieser zählt als aktives Mitglied.
- Eine Abteilung kann mehrere Mannschaften haben. Natürlich gehört eine Mannschaft zu genau einer Abteilung.
- Von jeder Mannschaft (**MaNr**, **MaBez**) werden mit Hilfe der Mitgliedsnummer die Spieler und der Kapitän (**KapNr**) festgehalten sowie die **Liga**, in der sie spielt (Bundesliga, usw.).
- Jede Mannschaft hat einen (einzigen) Trainer (**TrNr**). Auch dieser wird festgehalten. Er zählt als aktives Mitglied.
- Die Begegnungen von Mannschaften des Vereins sollen mit Datum (**Tag**), Spielbeginn (**Beginn**), gegnerischer Mannschaft (**Gegner**) und **Ergebnis** festgehalten werden. Falls im Rahmen eines Turniers zwei Mannschaften des Vereins gegeneinander spielen, wird nur ein Eintrag vorgenommen und eine der beiden Mannschaften als "gegnerische" Mannschaft eingetragen. Für diese Datenbank wird angenommen, dass eine Mannschaft mehrere Spiele an einem Tag haben kann (Turnier!).

Erste Schritte. Wie sehen nun die konkreten Modellierungsschritte aus? Sinnvoll ist es, zuerst die Objekte und Objektklassen und die zugehörigen Relationen zu suchen.

Beginnen wir mit den *Mitgliedern* des Vereins. Diese erkennt man modellierungstechnisch daran, dass es sich erstens um Objekte im allgemeinen Sinn handelt und dass zweitens diese Objekte durch Attribute beschrieben werden. Zweiteres ist von zentraler Bedeutung, denn sonst kann es sich auch um ein Attribut handeln, das andere Objekte beschreibt. Es entsteht also eine Relation Mitglieder. Nehmen wir die o.g. deskriptiven Attribute und den Schlüssel erhalten wir folgende Relation:

Mitglieder (#MiNr, Name, VName, Tel, GebTag, PLZ, Ort, Straße)

Eintritt, Austritt, verstorbene Mitglieder

Alle Mitglieder sind irgendwann in den Verein eingetreten. Insofern könnte man das Attribut **Eintritt** zur Relation mithinzunehmen. Da es aber Mitglieder gibt, die ausgetreten sind und solche, die vielleicht später wieder eintreten, stellen diese Mitglieder eine Spezialisierung dar. Die ganz korrekte Lösung wäre es, zwei Relationen anzulegen:

MitglEintritt (#(MiNr, Datum))

MitglAustritt (#(MiNr, Datum))

Der Schlüssel ist zusammengesetzt, da dasselbe Mitglied ja jeweils mehrere Einträge haben kann.

Vertretbar ist aber auch die hier gewählte pragmatische Lösung, die Ein- und Austritte zusammen zu verwalten, auch wenn dabei inhaltlich begründete Leereinträge entstehen, denn das Austrittsdatum wird erst beschrieben, wenn das Mitglied tatsächlich austritt:

MitglEinAus (#(MiNr, Eintritt), Austritt)

Auch hier ist der Schlüssel wieder zusammengesetzt aus Mitgliedsnummer und Eintrittsdatum, da nur diese Attributkombination differenziert. In beiden Fällen ist es daher möglich, dass ein Mitglied mehrfach ein- und wieder austrit.

Verstorbene Mitglieder. Auch die verstorbenen Mitglieder müssen als Spezialisierung erfasst werden, da diese Eigenschaft und den Todestag die anderen Mitgleider nicht teilen:

MitglVerstorben (#MiNr, Todestag)

Dies macht nochmals deutlich, dass ein Attribut genügt, zu um einer spezialisierten Relation zu kommen.

Aktiv / Passiv - Muster Gen/Spez

Bleibt noch die Modellierung der Eigenschaft, aktives oder passives Vereinsmitglied zu sein. Ginge es nur um diese Eigenschaft, würde einfach ein Attribut "aktiv/passiv" mit diesen zwei Eigenschaften an die Relation Mitglieder angefügt. Nun ist es hier aber so, dass für die aktiven und passiven Mitglieder jeweils unterschiedliche Attribute festgehalten werden sollen. Deshalb müssen diese Teilgruppen der Mitglieder getrennt als Spezialisierungen erfasst werden:

MitglAktiv (#MiNr, Sportart, LStufe)

MitglPassiv (#(MiNr, BezTät))

Die passiven Mitglieder erhalten einen zusammengesetzten Schlüssel. Damit kann datenbanktechnisch ein Mitglied auch mehrere ehrenamtliche Tätigkeiten übernehmen.

Pragmatik. Oftmals wird in die "oberste" Relation ganz pragmatisch noch ein Attribut eingefügt, das angibt, zu welcher Spezialisierung das Objekt gehört. Hier könnte z.B. ein Attribut Status in Mitglieder angeben, ob es sich um ein aktives, passives oder verstorbenes Mitglied handelt. Dies erleichtert die Abfragen und Auswertungen sehr stark, denn dadurch kann ohne Abfragen der Spezialisierungen gleich die entsprechende Auswahl getroffen werden.

Insgesamt erhalten wir damit für die Mitglieder folgende Relationen:

Mitglieder (#MiNr, Name, VName, Tel, GebTag, PLZ, Ort, Straße, Status)

MitglEinAus (#(MiNr, Eintritt), Austritt)

MitglVerstorben (#MiNr, Todestag)

MitglAktiv (#MiNr, Sportart, LStufe)

MitglPassiv (#(MiNr, BezTät))

Hier die grafische Darstellung dieses Modellfragments:

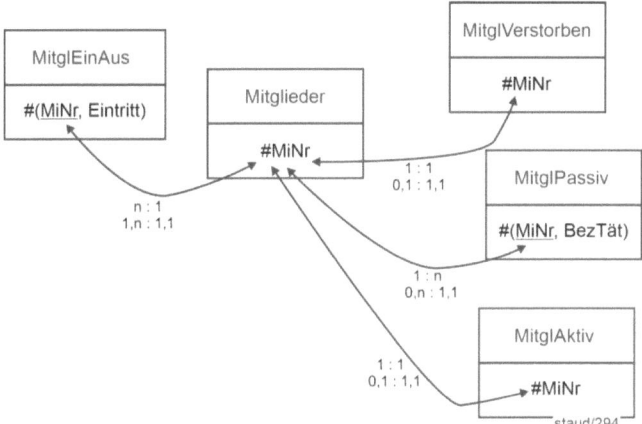

Abbildung 16.2-1:   Mitglieder im Datenmodell Sportverein

Hilfestellung zum Lesen der Wertigkeiten In der relationalen Verknüpfung zwischen Mitglieder und MitglAktivkommt eine bestimmte **MiNr** aus Mitglieder maximal einmal vor, eine bestimmte **MiNr** aus MitglAktiv genau ein Mal.

Totale Beteiligung. In semantischen und objektorientierten Modellen ist es möglich auszudrücken, dass alle Objekte der übergeordneten Einheit (Entitätstyp, Superklasse) an den Spezialisierungen teilhaben. Dies kann in relationalen Modellen nicht ausgedrückt werden. Falls es gewünscht wird, muss es auf andere Weise festgehalten und durch das Anwendungsprogramm sichergestellt werden.

Die Mannschaften

Betrachten wir nun die Mannschaften. Sie tauchen mit folgenden Beschreibungen auf:

- Jede Abteilung hat mehrere Mannschaften, insofern könnte "Mannschaft" ein Attribut von Abteilung sein.
- Von jeder Mannschaft werden die Bezeichnung (**MaBez**), die Spieler, der Kapitän, die Liga, der Trainer und ihre Begegnungen festgehalten.

Letzteres macht die Mannschaften zu Klassen und dann zu Relationen, da sie durch weitere Attribute beschrieben werden. Trainer und Kapitän sind aktive Mitglieder und werden somit durch einen Fremdschlüssel erfasst. Die Abteilungszugehörigkeit wird im nächsten Schritt geklärt. Damit ergibt sich folgender erster Entwurf:

Mannschaften (#MaNr, MaBez, Liga, TrNr, KapNr)

Schlüssel, Sekundärschlüssel und Fremdschlüssel MaNr: Mannschaftsnummer MaBez: Mannschaftsbezeichnung TrNr: Trainernummer KapNr : Kapitänsnummer

Die Zuordnung der Spieler schieben wir auf, da eine Mannschaft mehrere Spieler hat. Die Begegnungen werden ebenfalls später geklärt, da sie durch weitere Attribute zu einer eigenständigen Existenz kommen.

Abteilungen

Jetzt müssen noch die Abteilungen betrachtet werden. Für sie wurde oben festgehalten, dass der Verein in Abteilungen gegliedert ist (Handball und Fußball), dass jede Abteilung eine/n Leiter/in und mehrere Mannschaften hat.

In Konfrontation mit den schon erstellten Modellfragmenten lässt sich damit festhalten, dass Abteilungen zu einer Relation mit den Attributen AbtBez und AbtLeiter wird. Die Tatsache, welche Mannschaft zu welcher Abteilung gehört, ist eine 1:n-Beziehung (z.B. als 1,1 : 1,n) und wird daher durch den Fremdschlüssel AbtNr in Mannschaften festgehalten.

Abteilungen (#AbtNr, AbtBez, AbtLeiter)

Mannschaften (#MaNr, MaBez, Liga, TrNr, KapNr, AbtNr)

Spieler

Eine Mannschaft hat mehrere Spieler, ein Spieler kann in mehreren Mannschaften sein. Damit liegt eine n:m-Beziehung zwischen Aktiven Mitgliedern (AM) und Spielern (SP) vor:

AMSp (#(MaNr, MiNr))

Begegnungen

Im beschreibenden Text wurde festgelegt, dass alle Begegnungen von Mannschaften des Vereins mit Tagesdatum, Gegner und Ergebnis festgehalten werden sollen. Da die Mannschaften in einer anderen Relation beschrieben sind, werden sie hier durch den Fremdschlüssel MaNr repräsentiert:

MaNr, Tag, Gegner, Ergebnis

Fehlt noch ein Schlüssel. Dieser könnte realisiert werden, indem bei jeder Begegnung der Beginn des Spiels miterfasst wird. Denn eine Mannschaft kann zwar u.U. an einem Tag mehrere Begegnungen haben, aber nicht mit demselben Startpunkt. Damit werden (MaNr, Tag, Beginn) zu einem Schlüssel und die Relation ergibt sich wie folgt:

Begegnungen (#(MaNr, Tag, Beginn), Gegner, Ergebnis)

Muster *Komposition*

Die Beziehung Begegnungen zu Mannschaften stellt eine *Komposition* dar. Wenn eine Mannschaft aus der Datenbank gelöscht wird, müssen (datenbanktechnisch) auch ihre Begegnungen verschwinden, da unvollständige Schlüssel nicht zulässig sind.

Zu beachten ist, dass es nur um die Spiele des betrachteten Vereins geht, nicht um alle Spiele einer Liga, was die Situation verändern würde. Oben wurde schon angemerkt, was geschieht, falls ausnahmsweise im Rahmen eines Turniers zwei Mannschaften des Vereins gegeneinander spielen.

Insgesamt ergibt sich damit das folgende Datenmodell.

Textliche Notation

Mitglieder (#MiNr, Name, VName, Tel, GebTag, PLZ, Ort, Straße, Status)

MitglEinAus (#(MiNr, Eintritt), Austritt)

MitglVerstorben (#MiNr, Todestag)

MitglAktiv (#MiNr, Sportart, LStufe)

MitglPassiv (#(MiNr, BezTät))

Begegnungen (#(MaNr, Tag, Beginn), Gegner, Ergebnis)

AMSp (#(MaNr, MiNr))

Abteilungen (#AbtNr, AbtBez, AbtLeiter)

Mannschaften (#MaNr, MaBez, Liga, TrNr, KapNr, AbtNr)

Grafische Notation des Datenmodells

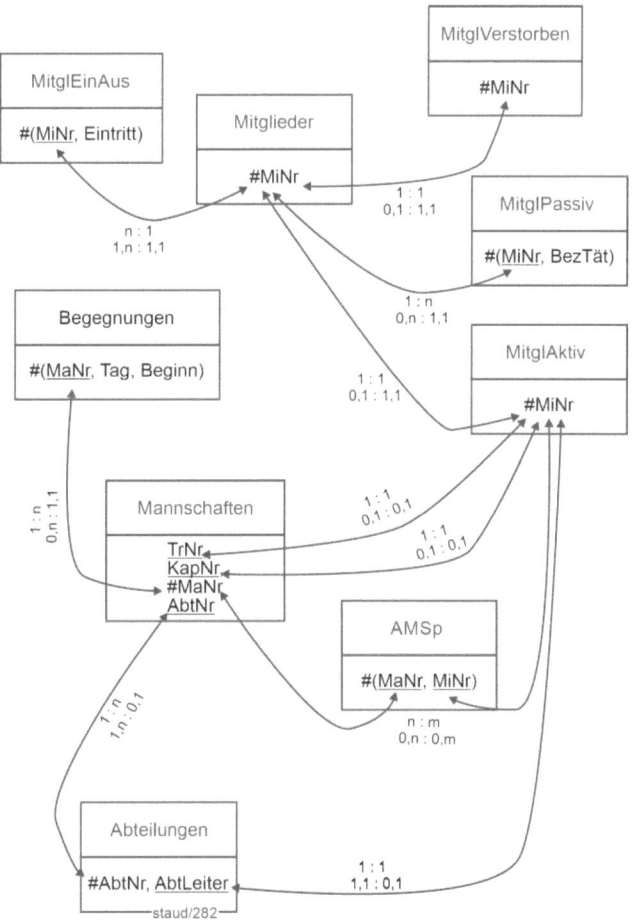

Abbildung 16.2-2:   Gesamtmodell Sportverein

AbtNr: Abteilungsnummer
AbtLeiter: Abteilungsleiter
MaNr: Mannschaftsnummer
MiNr: Mitgliedsnummer
TrNr: Trainernummer
KapNr: Kapitänsnummer
LStufe: Leistungsstufe
BezTät: Bezeichnung der ehrenamtlichen Tätigkeit

Zur konkreten Bedeutung von Kardinalitäten und Wertigkeiten siehe Kapitel 5.

16.3 PC-Beschaffung

Anforderungen an die Datenbank

In einem Unternehmen soll der Vorgang der PC-Beschaffung durch eine Datenbank festgehalten werden. Folgende Festlegungen ergaben sich in den Interviews, die im Vorfeld mit den Betroffenen geführt wurden:

- Jeder PC erhält eine Inventarnummer (**InvPC**), ebenso die Bildschirme (**InvBS**). Jedem PC ist genau ein Bildschirm zugeordnet.
- Für jeden PC wird folgendes festgehalten: der Prozessortyp (**Proz**), die Größe des Arbeitsspeichers (**ArbSp**), ob ein optisches Laufwerk (DVD, CD-ROM, usw.) vorhanden ist und welche Bezeichnung und Geschwindigkeit (**BezLW** bzw. **Geschw**) es hat. Es können durchaus mehrere optische Laufwerk eines Typs in einen PC eingebaut sein (z.B. zu Archivierungszwecken), so dass auch die **Anzahl** festgehalten wird. Natürlich gibt es einen Laufwerkstyp durchaus in verschiedenen Rechnern.
- Für alle PCs wird festgehalten, ob Programmiersprachen (**PS**) installiert sind und falls ja, welche. Für die PCs der Entwickler wird die hauptsächlich verwendete Entwicklungsumgebung (**EntwUmg**) festgehalten.
- In diesem Unternehmen wird vor der Übergabe des PC an den Nutzer durch die IT geprüft, ob das *Gehäuse*, die jeweilige *Hauptplatine* und die *Grafikkarte* für die Anforderungen des Nutzers geeignet sind. Falls nicht, werden sie ausgetauscht. Deshalb werden diese drei Komponenten in der Datenbank ausgewiesen. Alle mit ihrer Bezeichnung (**BezGH**, **BezHP**, **BezGK**), die Gehäuse noch mit Größenangaben (**Größe**), die Hauptplatinen mit der Anzahl der Prozessoren (**AnzProz**) und die Grafikkarten mit ihrer maximalen Auflösung (**Auflösung**). Natürlich kommt es vor, dass diese Komponenten in mehreren PC eingebaut werden.
- Für jede Festplatte wird die Bezeichnung (**BezPl**), die Speicherkapazität (**Größe**) sowie die Zugriffsgeschwindigkeit (**Zugriff**) erfasst. Jede Festplatte erhält von der IT-Abteilung eine eindeutige Seriennummer (**SerNrF**), angelehnt an die des Festplattenherstellers und wird ausführlich getestet. Das Ergebnis, ein Qualitätskoeffizient (**Qual**), wird auch festgehalten. Es kommt durchaus vor, dass ein PC mehrere Festplatten hat, aber nicht umgekehrt.
- Außerdem werden jeweils mit Hilfe einer Kurzbezeichnung (**KBezSK**) die im PC enthaltenen sonstigen Komponenten (W-LAN-Komponente, Kamera, usw.) festgehalten. Natürlich kommt eine bestimmte Komponente in mehreren PCs vor. Außerdem hat ein PC typischerweise mehrere solcher "sonstigen Komponenten".
- Für jeden ins Unternehmen gegebenen PC wird weiterhin festgehalten, wer ihn nutzt, erfasst über die Personalnummer (**PersNr**), **Name**, Vorname (**VName**) sowie Telefonnummer (**Tel**) und wann er dort eingerichtet wurde (**DatEinr**). Ein bestimmter PC

wird immer von genau einem Angestellten genutzt, ein Angestellter kann bis zu zwei PC zugeordnet bekommen.

- Für Bildschirme wird neben der Bezeichnung (**BezBS**) noch festgehalten, von welcher Art (**Art**) sie sind, welchen Durchmesser sie haben (**Zoll**) und wann sie übergeben wurden (**DatÜb**).

Einzelgerät vs. Typ

Mit diesem Beispiel soll auch nochmals auf das Muster Einzel/Typ hingewiesen werden. Vgl. dazu Abschnitt 14.2.

Lösungsweg

Zur Erstellung des Datenmodells werden - Schritt um Schritt - nochmals die Anforderungen betrachtet, jeweils etwas eingerückt.

Anforderung Teil 1

Jeder PC erhält eine Inventarnummer (**InvPC**), ebenso die Bildschirme (**InvBS**). Jedem PC ist genau ein Bildschirm zugeordnet.

Für jeden PC wird folgendes festgehalten: der Prozessortyp (**Proz**), die Größe des Arbeitsspeichers (**ArbSp**), ob ein optisches Laufwerk (DVD, CD-ROM, usw.) vorhanden ist und welche Bezeichnung und Geschwindigkeit (**BezLW** bzw. **Geschw**) es hat. Es können durchaus mehrere optische Laufwerk eines Typs in einen PC eingebaut sein (z.B. zu Archivierungszwecken), so dass auch die **Anzahl** festgehalten wird. Natürlich gibt es einen Laufwerkstyp durchaus in verschiedenen Rechnern.

Für alle PCs wird festgehalten, ob Programmiersprachen (**PS**) installiert sind und falls ja, welche. Für die PCs der Entwickler wird die hauptsächlich verwendete Entwicklungsumgebung (**EntwUmg**) vermerkt.

Relation PC. Da PCs nicht nur identifiziert, sondern auch beschrieben werden, stellen sie eine Relation dar. Mit den Attributen, die im Text genannt werden und die "keine Probleme" machen ergibt sich der nachfolgende Erstentwurf.

Die Bildschirme tauchen hier nur mit einem identifizierenden Attribut auf. Ein Blick weiter nach unten in der Beschreibung zeigt, dass sie weiter beschrieben werden. Also können wir auch dafür eine Relation anlegen. Außerdem ist angegeben, dass jedem PC ein Bildschirm zugeordnet ist, so dass wir auch gleich in PC einen Fremdschlüssel einfügen können.

PC (#InvPC, InvBS, Proz, ArbSp, ...)

BS-Einzeln (#InvBS, ...)

Optische Laufwerke, auf Typebene. Die optischen Laufwerke werden selbst existent, weil sie identifiziert und beschrieben werden. Zu beachten ist, dass sie auf Typebene erfasst sind, was auch im Schlüssel ("Bezeichnung") zu erkennen ist. Mit der Festlegung, dass ein PC auch mehrere optische Laufwerke enthalten kann, ergibt sich damit[17]:

---

17 Hier gibt es oft Verständnisprobleme: Ein Laufwerktyp kann durchaus mehrfach in einem PC vorkommen.

OptLw (#BezLW, Geschw)

OptLwPC (#(BezLW, InvPC), Anzahl)

Man beachte die eingeschränkte Aussagekraft einer solchen Modellierung. Festgehalten wird nicht, welche konkreten Laufwerke in den PC eingebaut sind, sondern nur, wieviele verschiedene Laufwerks*typen*. Schon bei der Angabe eines einzigen Typs können dies beliebig viele konkrete Laufwerke sein.

Die Installation der Programmiersprachen wird durch eine eigene Relation festgehalten. Der Schlüssel ergibt sich daraus, dass auf einem PC mehrere Programmiersprachen und eine Programmiersprache auf mehreren PCs installiert ist.

PS-Install (#(InvPC, ProgSpr))

Muster Gen/Spez

Die Hinweise auf die PCs der Entwickler führen zu einer Spezialisierung. Es entsteht eine eigene Relation mit dem zusätzlichen Attribut.

EntwPC (#InvPC, EntwUmg)

Bei den Bildschirmen klärt sich die Modellierungssituation im letzten Teil der Anforderungsliste:

Anforderung Teil 2

Für Bildschirme wird neben der Bezeichnung (**BezBS**) noch festgehalten, von welcher Art (**Art**) sie sind, welchen Durchmesser sie haben (**Zoll**) und wann sie übergeben wurden (**DatÜb**).

Muster Einzel/Typ

Damit ergibt sich, dass zu Beginn zu Recht die Einzelinformation zu Bildschirmen angelegt wurde (lag ja auch nahe, angesichts des Schlüssels **InvBS**). Insgesamt ergeben die Attribute aber auch noch eine Relation mit Typinformation zu den Bildschirmen:

BS-Einzeln (#InvBS, BezBS, DatÜb)

BS-Typen (#BezBS, Art, Zoll)

Der Fremdschlüssel ist nötig, damit die Einzelinformationen mit den Typinformationen verknüpft werden können. Der nächste Abschnitt der Spezifikation legt fest, welche Komponenten auf welche Weise erfasst werden.

Anforderung Teil 3 - Komponentenpräzisierung.

In diesem Unternehmen wird vor der Übergabe des PC an den Nutzer durch die IT geprüft, ob das *Gehäuse*, die jeweilige *Hauptplatine* und die *Grafikkarte* für die Anforderungen des Nutzers geeignet sind. Falls nicht, werden sie ausgetauscht. Deshalb werden diese drei Komponenten in der Datenbank ausgewiesen. Alle mit ihrer Bezeichnung (**BezGH**, **BezHP**, **BezGK**), die Gehäuse noch mit Größenangaben (**Größe**), die Hauptplatinen mit der

Anzahl der Prozessoren (**AnzProz**) und die Grafikkarten mit ihrer maximalen Auflösung (**Auflösung**). Natürlich kommt es vor, dass diese Komponenten in mehreren PC eingebaut werden.

1:n-Beziehung und Muster Einzel/Typ. Da alle drei Komponenten mit ihren Bezeichnungen erfasst werden, liegt Typinformation vor. Es handelt sich um eine 1:n-Beziehung
zwischen den Komponenten und den PCs, woraus sich die Schlüssel ergeben.

Gehäuse (#(BezGH, <u>InvPC</u>), Größe)

Grafikkarten (#(BezGK, <u>InvPC</u>), Auflösung)

Hauptplatinen (#(BezHP, <u>InvPC</u>), AnzProz)

Festplatten

Auch die Festplatten werden so beschrieben, dass sie eigene Relationen bilden und dass
Einzel- und Typinformation vorhanden ist.

Anforderung Teil 4

Für jede Festplatte wird die Bezeichnung (**BezPl**), die Speicherkapazität
(**Größe**) sowie die Zugriffsgeschwindigkeit (**Zugriff**) erfasst. Jede Festplatte erhält von der IT-Abteilung eine eindeutige Seriennummer (**SerNrF**),
angelehnt an die des Festplattenherstellers und wird ausführlich getestet.
Das Ergebnis, ein Qualitätskoeffizient (**Qual**), wird auch festgehalten. Es
kommt durchaus vor, dass ein PC mehrere Festplatten hat, aber nicht umgekehrt.

Relationale Verknüpfung mit Typ- oder Einzelinformation

Es ergeben sich die entsprechenden Relationen. Hier soll zusätzlich der Frage nachge-
gangen werden, wie in einem solchen Fall - wenn also Einzel- und Typinformation vorliegt - die Verknüpfung mit dem restlichen Modell (hier PC) vorgenommen wird. Grundsätzlich ist beides möglich, allerdings ist die Verknüpfung mit Typinformation ungenau.
Dabei würde nur erfasst, welcher Plattentyp in einem PC installiert ist. Wird dagegen mit
Hilfe der Einzelinformation verknüpft, kann genau festgehalten werden, welche und wieviele Festplatten im PC sind. Deshalb wird hier dieseVorgehensweise gewählt. Da eine
einzelne Festplatte nur in einem einzigen PC sein kann, handelt es sich um eine 1:n-Be-
ziehung, die durch den Fremdschlüssel **InvPC** in FP-Einzeln ausgedrückt wird.

FP-Einzeln (#SerNrF, Qual, <u>BezPL</u>, <u>InvPC</u>)

FP-Typen (#BezPl, Größe, Zugriff)

Der folgende Ausschnitt aus der Spezifikation klärt das Umfeld der im Unternehmen eingesetzten PCs.

Anforderung Teil 5

Außerdem werden jeweils mit Hilfe einer Kurzbezeichnung (**KBezSK**) die
im PC enthaltenen sonstigen Komponenten (W-LAN-Komponente, Kamera, usw.) festgehalten. Natürlich kommt eine bestimmte Komponente in

mehreren PCs vor. Außerdem hat ein PC typischerweise mehrere solcher "sonstigen Komponenten".

Auch hier wird wieder auf Typebene modelliert, so dass sich die folgende Relation ergibt.

SK (#(KBezSK, InvPC)) //SK : Sonstige Komponenten

Abschließend wird in der Spezifikation beschrieben, wie die Nutzung und Einrichtung datenbankmäßig modelliert wird.

Anforderung Teil 6 - Nutzung

Für jeden ins Unternehmen gegebenen PC wird weiterhin festgehalten, wer ihn nutzt, erfasst über die Personalnummer (**PersNr**), **Name**, Vorname (**VName**) sowie Telefonnummer (**Tel**) und wann er dort eingerichtet wurde (**DatEinr**). Ein bestimmter PC wird immer von genau einem Angestellten genutzt, ein Angestellter kann bis zu zwei PC zugeordnet bekommen.

Die Nutzer werden über die Personalnummer erfasst und durch einige weitere Attribute beschrieben.

Nutzer (#PersNr, Name, VName, Tel)

Bleibt die Einrichtung des PCs. Angesichts der Festlegung der Min-/Max-Angaben wird das Attribut **PersNr** zu einem Bestandteil von PC. Auch das Datum der Einrichtung kann in diese Relation eingefügt werden, die sich damit wie folgt ergibt:

PC (#InvPC, InvBS, Proz, ArbSp, PersNr, DatEinr)

Damit sind die Relationen des Datenmodells zusammengestellt. Auch die relationalen Verknüpfungen sind schon angelegt.

Das gesamte relationale Datenmodell

Zuerst die textliche Notation:

BS-Einzeln (#InvBS, BezBS, DatÜb)

BS-Typen (#BezBS, Art, Zoll)

EntwPC (#InvPC, EntwUmg)

FP-Einzeln (#SerNrF, Qual, BezPL, InvPC)

FP-Typen (#BezPl, Größe, Zugriff)

Gehäuse (#(BezGH, InvPC), Größe)

Grafikkarten (#(BezGK, InvPC), Auflösung)

Hauptplatinen (#(BezHP, InvPC), AnzProz)

Nutzer (#PersNr, Name, VName, Tel)

OptLw (#BezLW, Geschw) //Typebene

OptLwPC (#(BezLW, InvPC), Anzahl) //Typebene

PC (#InvPC, InvBS, Proz, ArbSp, PersNr, DatEinr)

PSInstall (#(InvPC, ProgSpr))

SK (#(KBezSK, <u>InvPC</u>)) //Sonstige Komponenten

Die folgende Abbildung zeigt die grafische Fassung des Datenmodells.

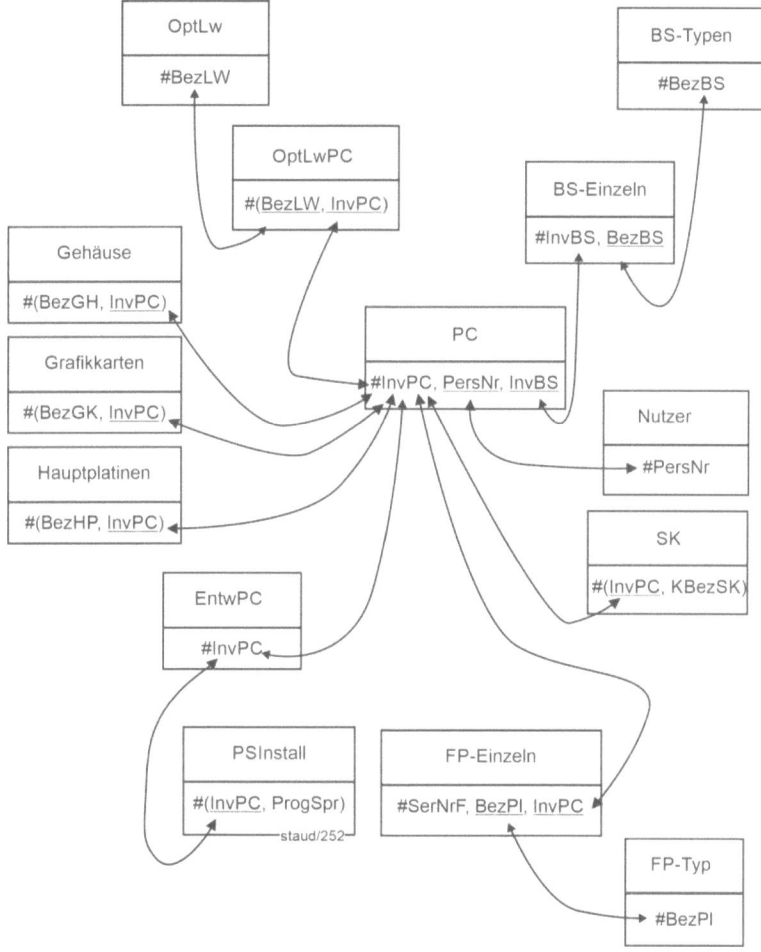

Abbildung 16.3-1:   Datenmodell PC-Beschaffung

HP: Hauptplatine, Motherboard
EntwPC: Entwickler-PC

16.4 Fachliteratur

Im Anwendungsbereich FACHLITERATUR sollen alle wichtigen Typen von Fachliteratur erfasst werden. Zweck der Datenbank ist es, die Literatur zu erfassen, die Suche nach Fachliteratur zu ermöglichen und von Zeit zu Zeit eine Literaturliste wie die nachfolgende zu erstellen (z.B. für eine Bachelor- oder Masterarbeit).

Die wichtigsten Arten von Fachliteratur sind:

- Monographien (Mono). Dies sind Bücher, die ein zusammenhängendes Werk darstellen und die von einem Autor oder mehreren verfasst sind.

- Sammelbände (SB). Auch diese sind Bücher. Allerdings hat hier jedes Kapitel einen eigenen Autor oder mehrere. Die Autoren des Sammelbandes insgesamt werden Herausgeber genannt.
- Die Beitrag in einem Sammelband (SBB). Dies sind die einzelnen Kapitel in Sammelbänden. Da diese ja spezielle Themen betreffen und eigene Autoren haben, werden sie als eigenständige Werke in der Datenbank erfasst. Zum Beispiel, um sie bei einer inhaltlichen Suche zu finden.
- Artikel in Fachzeitschriften (Zeitschriftenartikel, ZSA). Dies sind Werke, die in einer Zeitschrift erschienen sind.
- Internetquellen (IQU). Dies sind Werke von Internetseiten, z.B. Forschungsberichte, Firmenmitteilungen, usw.

Ergänzend werden Zeitschriften (ZS) erfasst, als Trägermedium der Zeitschriftenartikel (ZSA).

Diese Unterscheidung von Literaturarten ist wichtig, weil sie teilweise unterschiedlich beschrieben werden. Zum Beispiel in einer Literaturliste, wie sie bei einer akademischen Abschlussarbeit meist anfällt:

Beispiele für eine Monographie (Mono)

Scheer, August-Wilhelm: *Wirtschaftsinformatik. Referenzmodell für industrielle Geschäftsprozesse* (5. Auflage), Berlin et al. 1994 (Springer-Verlag)

Österle, H.; Brenner, W.; Hilbers, K. et al.: *Unternehmensführung und Informationssystem*, Stuttgart 1992 (XYZ-Verlag)

- Also: Name; Vorname; Titel; Ort (des Verlags); Erscheinungsjahr; Verlag, bei dem das Buch erschienen ist. Die Gestaltung mit Punkten, Strichpunkten, Kommata und die Einordnung der Verlagsangabe ist nur eine Empfehlung.

Beispiel für einen Sammelband (SB)

Reussner, Ralf; Hasselbring, Wilhelm (Hrsg.), *Handbuch der Software-Architektur* (2. Auflage). Heidelberg 2009 (dpunkt)

Becker, Jörg; Kugeler, Martin; Rosemann, Michael (Hrsg.): *Prozessmanagement. Ein Leitfaden zur Prozessorientierten Organisationsgestaltung* (5. Auflage). Berlin u.a. 2005 (Springer)

- Also: Namen und Vornamen; Hinweis auf die Herausgeberschaft; Titel; Untertitel, falls vorhanden; Hinweis auf Auflage, falls nicht die erste; Verlagsort(e); Erscheinungsjahr; Angabe Verlag, falls möglich.

Beispiele für einen Beitrag in einem Sammelband (SBB)

Hansmann, Holger; Laske, Michael; Luxem, Redmer: *Einführung der Prozesse - Prozess-Roll-out*. In: [Becker, Kugeler, Rosemann (Hrsg.) 2005], S. 269 - 298.

Baier, Achim; Becker, Steffen; Jung, Martin u.a.: *Modellgetriebene Software-Entwicklung* . In: [Reussner, Hasselbring (Hrsg.) 2009], S. 93 - 122

- Also: Namen und Vornamen, bei mehr als drei Autoren der Zusatz "u.a." (und andere) oder "et al"; Titel; das Wort "In", das verdeutlicht, dass jetzt das übergeordnete

Werk (der SB) folgt; bibliographische Angaben des Sammelbandes, in dem der SBB enthalten ist; Seitenangaben: erste und letzte Seite des SBB.

Beispiele für einen Artikel in einer Zeitschrift (ZSA)

Wirth, N.: *Gedanken zur Software-Explosion.* In: Informatik Spektrum, Februar 1994, S. 5 - 10.

Czarski, Carsten: *Richtig gefragt. Konstrukte für komplexe Datenbank-Queries.* In: iX, Januar 2013, S. 154 - 157.

Schulz, Hajo: *Objektorientiert programmieren mit Smalltalk.* In: c't kompakt Programmieren, Heft 03/2012, S. 146 - 152

- Also: Namen und Vornamen; Titel, evtl. Untertitel; Bezeichnung der Zeitschrift, Angaben zum konkreten Heft der Zeitschrift; erste und letzte Seite des Artikels.

Grundstruktur – Werke – Autoren - Autorenschaft

Bevor wir in die eigentliche Modellierung einsteigen, hier einige Ausführungen zur Erfassung von Fachliteratur und zu den einzelnen Arten, die es hier gibt. Zu jeder Fachliteratur, egal ob sie als Buch, Zeitschriftenaufsatz oder sonstwie erscheint, gehört ein Text, dieser wird *Werk* genannt. Er soll hier durch eine **WerkNr** identifiziert werden. Jedes Werk hat eine Person bzw. Organisation (Forschungseinrichtungen, Behörden, ... oder mehrere (schon bald Programme!), die es verfasst haben. Diese *Autoren* werden ebenfalls erfasst und durch eine Autorennummer identifiziert (**AutorNr**). Da es zwei Gruppen von Autoren mit teilweise abweichenden Attributen gibt, müssen dafür zwei verschiedene Relationen angelegt werden, Organisationen als Autoren (Aut-Org) und Personen als Autoren (AutPers). Es entsteht also eine Gen/Spez-Hierarchie.

In die Generalisierung kommt der Name (bei Personen) bzw. die Unternehmensbezeichnung. Dieses Attribut wird hier **Id1** genannt. In den beiden Spezialisierungen folgen dann die übrigen beschreibenden Attribute. **BezInst** (Bezeichnung Institution) sollen die Attribute zur weiteren Bezeichnung der Organisation genannt werden.

Ein Autor kann mehrere Werke veröffentlichen, ein Werk kann mehrere Autoren haben.

Werke und Autoren sind durch die Autorenschaft verbunden: Hier wird festgehalten, wer welches Werk verfasst hat. Da es sich um eine n:m-Verknüpfung handelt, ergibt sich eine Verbindungsrelation. Das folgende Modellfragment gibt diesen "Kern" des Datenmodells an.

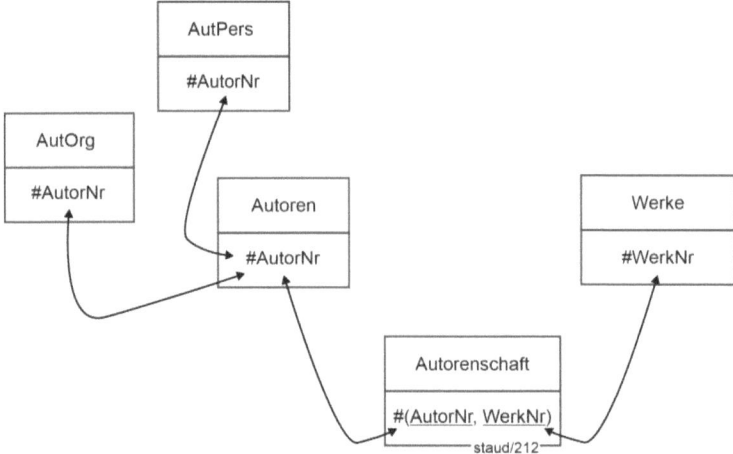

Abbildung 16.4-1:   Autorenschaft im Anwendungsbereich FACHLITERATUR

Nehmen wir noch dazu, dass bei Werken mit mehreren Autoren die Reihenfolge der Au-
torennennungen wichtig ist, ergibt sich für die Relation Autorenschaft ein beschreibendes Attribut **Rang** (an welcher Stelle der Autorenliste kommt er oder sie). Insgesamt liegen dann in textlicher Form folgende Relationenfragmente vor:

Autoren (#AutorNr, Id1)

AutPers (#AutorNr, VName, Anrede)

AutOrg(#AutorNr, BezOrg2, BezOrg3)

Werke (#WerkNr, ...)

Autorenschaft (#(AutorNr, WerkNr), Rang)

Modellierung der Literaturtypen

Typen bewältigen durch Gen/Spez. Die obige Liste von Werken machte den weitergehenden Aufbau der verschiedenen Literaturarten deutlich. In der folgenden Tabelle sind diese
Informationen zusammengefasst. Es handelt sich hier um eine Generalisierung/Speziali-
sierung (vgl. Abschnitt 14.1).

Werke und ihre Attribute aus der Gen/Spez-Hierarchie

		Mono	SB	SBB	ZSA	IQU
A	Autoren: Personen oder Organisationen, u.U. mehrere	Ja	Ja	Ja	Ja	ja
B	**Titel** ggf. Untertitel: **UTitel**	Ja	Ja	Ja	Ja	ja
C	ISBN-Nummer: **ISBN**	Ja	Ja	-	-	-
D	**Auflage**	Ja	Ja	-	-	-
E	Erscheinungsjahr: **Jahr**	Ja	Ja	-	-	-
F	Verlagsort/e, u.U. mehrere: **Ort**	Ja	Ja	-	-	-
G	Verlagsbezeichnung: **BezVerlag** U.U. mehrere	Ja	Ja	-	-	-
H	**Von** (erste Seite des SBBs bzw. ZSAs)	-	-	Ja	Ja	-
I	**Bis** (letzte Seite des SBBs bzw. ZSAs)	-	-	Ja	Ja	-
J	Quelle (SB + Kapitel, in dem der SBB enthalten ist): **WerkNr**, **KapitelNr**	-	-	Ja	-	-
K	Quelle (Name und Heft der Zeitschrift, in dem der ZSA enthalten ist): **ZSBez**, **HeftNr**	-	-	-	Ja	-
L	**URL**	-	-	-	-	ja
M	Tag des Abrufs: **AbrTag**	-	-	-	-	ja
N	Anzahl der Kapitel in Sammelbänden: **AnzKap**	-	Ja	-	-	-

Zeile A ...

sagt, dass alle Werke Autoren haben, die entweder Personen oder Organisationen sind. Dies wurde schon angelegt.

Zeile B ...

gibt den Hinweis auf ein Attribut, das alle verschiedenen Werke haben, den Titel. Außerdem auf eine Spezialisierung von Werke, nämlich Werke mit Untertiteln:

Werke (#WerkNr, Titel, ...)

WerkeUT (#WerkNr, UT)

Zeilen C bis G ...

zeigen, dass MONographien (Mono) und SammelBände (SB) die 5 Attribute **ISBN**, **Auflage**, **Jahr**, **Ort** und **BezVerlag** gemeinsam haben, womit eine weitere Spezialisierung von Werke entsteht. In die Spezialisierung kommen aber nur drei Attribute, da die Verlagsangaben mehrfach vorkommen können, wenn ein einzelnes Werk von mehreren Verlagen herausgegeben wird. Dazu unten mehr.

Mono+SB (#WerkNr, ISBN, Auflage, Jahr)

Zeilen F und G: vgl. unten

Zeilen H und I ...

geben Attribute an, die nur SBB und ZSA besitzen. Für sie entsteht also eine Spezialisierung:

SBB+ZSA (#WerkNr, Von, Bis)

Zeile J ...

zeigt, dass Sammelbandbeiträge (SBB) eine weitere spezifische Information haben, die Angabe, von welchem Sammelband sie stammen (Quelle). Sie besteht aus zwei Attributen: Werknummer des Sammelbandes (**WerkNrSB**) und die **KapitelNr** im Sammelband. Somit entsteht die folgende Relation:

SBB (#WerkNr, WerkNrSB, KapitelNr)

Komposition zwischen SBB und SB, als 1:n-Beziehung

Muster Komposition. Damit liegt eine Komposition zwischen Sammelbandbeiträgen und Sammelbänden vor. Falls ein Sammelband aus dem Buchbestand und damit aus der Datenbank entfernt wird, müssen auch die Sammelbandbeiträge dieses Sammelbands entfernt werden. Die Gestaltung des Schlüssels ergibt sich daraus, dass jeder SBB eine eindeutige Werknummer erhält und auch nur in genau einem SB enthalten ist[18].

Zeile K ...

zeigt, dass die Zeitschriftenaufsätze ebenfalls eine spezifisches Information haben, die Quellenangabe. Sie besteht (im einfachsten Fall) aus zwei Attributen, Zeitschriftenbezeichnung (**ZSBez**) und Heftnummer (**HeftNr**):

ZSA (#WerkNr, ZSBez, HeftNr)

Zeilen L, M und N ...

führen zu weiteren Spezialisierungen von Werke, zu Internetquellen (IQU) und zu Sammelbänden (SB). Für die Internetquellen wird die URL und der Tag des Abrufs (**AbrTag**) angegeben, für die Sammelbände die Anzahl der Kapitel, die sie enthalten (**AnzKap**):

IQU (#WerkNr, URL, AbrTag)

SB (#WerkNr, AnzKap)

Insgesamt ergibt sich damit folgendes Datenmodell:

IQU (#WerkNr, URL, AbrTag)

ZSA (#WerkNr, ZSBez, HeftNr)

AutOrg(#AutorNr, BezOrg2, BezOrg3)

Autoren (#AutorNr, Id1)

Autorenschaft (#(AutorNr, WerkNr), Rang)

AutPers (#AutorNr, VName, Anrede)

Mono+SB (#WerkNr, ISBN, Auflage, Jahr)

SB (#WerkNr, AnzKap)

---

18 So sollte es zumindest sein. Es kommt aber natürlich vor, dass ein Autor sein Werk in mehreren Sammelbänden unterbringt.

SBB (#WerkNr, WerkNrSB, KapitelNr)

SBB+ZSA (#WerkNr, Von, Bis)

Werke (#WerkNr, Titel)

WerkeUT (#WerkNr, UT)

Wertigkeiten

Die folgende Abbildung mit dem Ausschnitt zur Gen/Spez der Werke und zur Komposition zwischen **SBB** und **SB** verdeutlicht dieses Strukturmerkmal. Die Beziehungswertigkeiten zeigen zum einen die zwischen jeder Spezialisierung und ihrer Generalisierung (Kardinalität 1:1, Min-/Max-Angaben 0,1 : 1,1), zum anderen die bei einer Komposition, hier zwischen SB und SBB. Die Null bei der Wertigkeit bedeutet, dass es auch Sammelbände gibt, von denen keine Sammelbandbeiträge erfasst sind. Der Fremdschlüssel **Fach** in **Werke** wird unten erläutert.

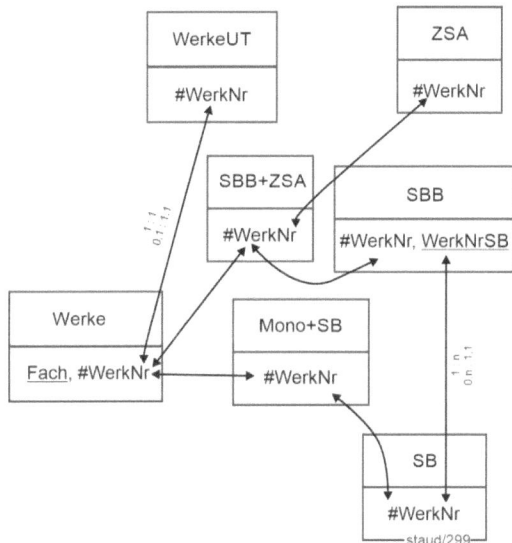

Abbildung 16.4-2:   *Gen/Spez* zu Literaturarten und Muster *Komposition* im Anwendungsbereich FACHLITERATUR

Noch mehr Anforderungen

Verlage und Publikationen. Erfasst werden soll außerdem, welches Werk von welchem Verlag verfasst wurde. Es kommt auch vor, dass mehrere Verlage zusammen ein Buch publizieren. Bei den Verlagen wird der Ansprechpartner (**AnsprV**), die allgemeine Telefonnummer (**Tel**) und die des Ansprechpartners (**TelAP**) erfasst, für die Adressen der Verlage und die Adressen der Autoren **PLZ**, **Ort** und **Straße**. Von einem Verlag wird nur die Hauptadresse erfasst, von einem Autor mehrere. Es gibt auch Adressen, unter denen mehrere Autoren wohnen. Daraus ergeben sich die folgenden Relationen. Die Veröffentlichungstätigkeit wird als n:m-Verbindung zwischen Verlagen und Werken angesetzt. Die Adressen der Verlage werden durch einen Fremdschlüssel in Verlage integriert. Für die Adressen der Autoren gibt es eine Verbindungsrelation.

Neue und veränderte Relationen

Verlage (#VerlNr, #BezVerlag,Tel, AnsprV, TelAP, <u>AdrNr</u>)

Publikationen (#(<u>VerlNr</u>, <u>WerkNr</u>))

Adressen (#AdrNr, PLZ, Ort, Straße)

AutOrg(#AutorNr, BezInst2, BezInst3, <u>AdrNr</u>)

AutPersAdr (#(<u>AutorNr</u>, <u>AdrNr</u>))

Inhaltliche Erschließung

Für die Literatursuche sollen die Werke auch inhaltlich erschlossen werden. Dazu werden für jedes Werk ein Schlagwort (**BezSchl**) oder mehrere erhoben, z.B. *Softwareentwicklung, Datenbankdesign, HTML 5, NoSQL*. Jedes Schlagwort wird kurz beschrieben (**Beschr**), um die exakte Bedeutung zu klären. Dies führt zu folgenden neuen Relationen.

WSchl (#(<u>WerkNr</u>, <u>BezSchl</u>))

Schlagw (#BezSchl, Beschr)

"Wieviele Werke liegen zu jedem Fachgebiet vor"

Ebenfalls erfasst werden soll ein Fachgebiet pro Werk. D.h. jedes Werk erhält eine Fachgebietszuordnung (Medizin, Technik, Informatik, ...). Diese werden regelmäßig ausgezählt, die Ergebnisse werden auch in der Datenbank verwaltet.

AnzFG (#Fachgebiet, Anzahl)

Das gesamte Datenmodell

Insgesamt ergeben sich damit folgende Relationen:

Adressen (#AdrNr, PLZ, Ort, Straße)

AnzFG (#Fachgebiet, Anzahl) //Anzahl Werke in den Fachgebieten

Autoren (#AutorNr, Id1, Typ) //Name bzw. Organisationsbezeichnung

Autorenschaft (#(<u>AutorNr</u>, <u>WerkNr</u>), Rang)

AutOrg(#AutorNr, BezInst2, BezInst3, <u>AdrNr</u>) //Organisationen als Autoren

AutPers (#AutorNr, VName, Anrede) //Personen als Autoren

AutPersAdr (#(<u>AutorNr</u>, <u>AdrNr</u>)) //n:m, Autorenadressen

IQU (#WerkNr, URL, AbrTag) //Internetquellen

Mono+SB (#WerkNr, ISBN, Auflage, Jahr) //Monographien und Sammelbände

Publikationen (#(<u>VerlNr</u>, <u>WerkNr</u>)) //Verlage und Veröffentlichungen

SB (#WerkNr, AnzKap) //Sammelbände

SBB (#WerkNr, <u>WerkNrSB</u>, KapitelNr) //Beiträge in Sammelbänden

SBB+ZSA (#WerkNr, Von, Bis) //Seitenzahlen

Schlagw (#BezSchl, Beschr) //Schlagworte

Verlage (#VerlNr, #BezVerlag,Tel, AnsprV, TelAP, AdrNr) //Verlage

Werke (#WerkNr, Titel, Fach) //Textliche Werke (Fachliteratur)

WerkeUT (#WerkNr, UT) //Werke mit Untertiteln

WSchl (#(WerkNr, BezSchl)) //Verschlagwortung

ZSA (#WerkNr, ZSBez, HeftNr) //Zeitschriftenaufsätze

Grafische Notation

Die folgende Abbildung zeigt die grafische Darstellung des Datenmodells. Einige beispielhafte Wertigkeiten wurden auch eingefügt. Ein Beispiel für die Wertigkeiten einer n:m-Verknüpfung ist bei Autorenschaft angegeben. Die Min-/Max-Angaben signalisieren, dass nur Autoren aufgenommen werden, die auch mindestens 1 Werk in der Datenbank aufweisen und dass Werke nicht ohne zugehörigen Autor erfasst werden.

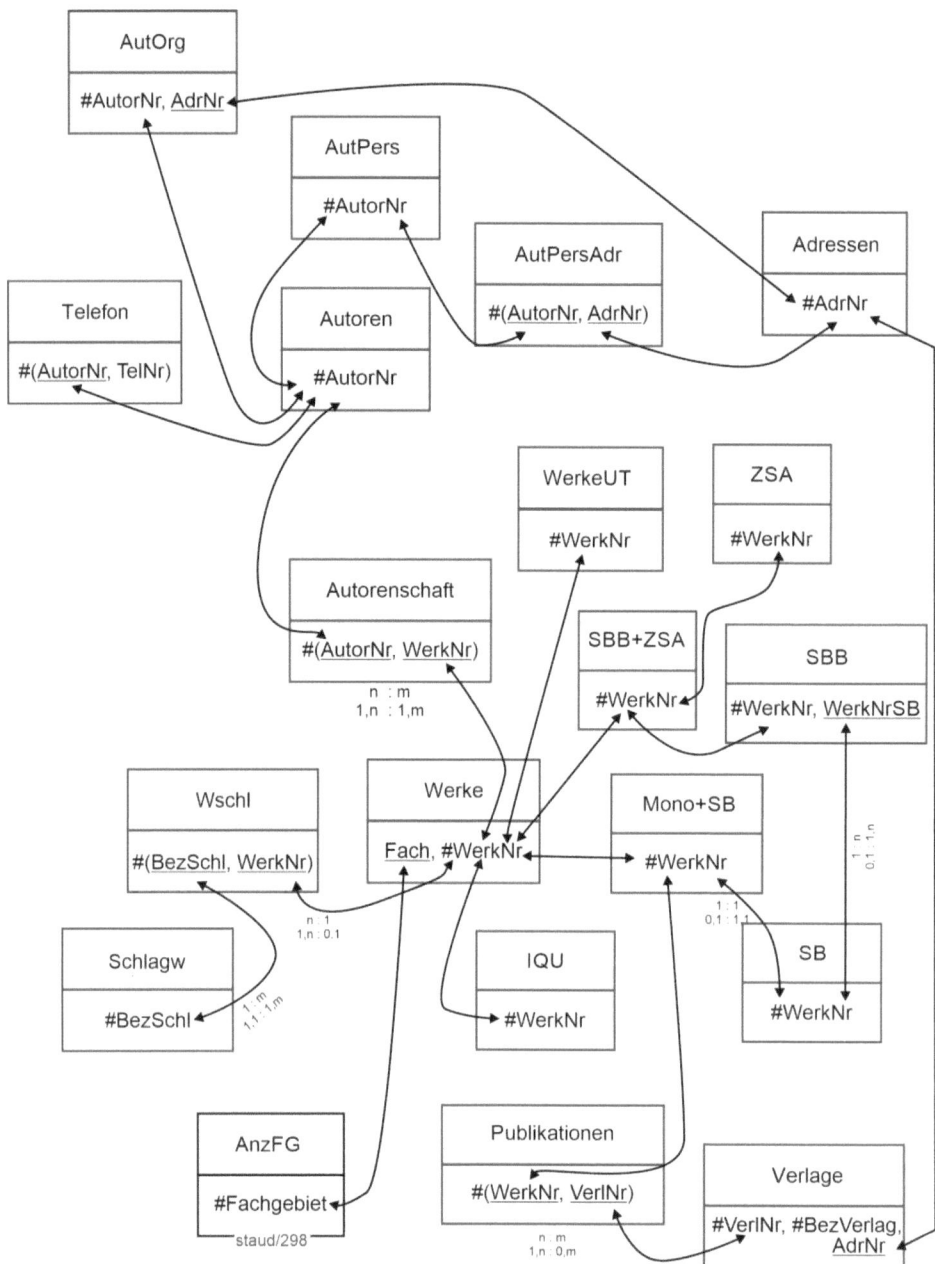

Abbildung 16.4-3:   Relationales Datenmodell zum Anwendungsbereich FACHLITERATUR

Abkürzungen in den Datenmodellen zur Fachliteratur:
ZS: Zeitschriften
ZSA: Zeitschriftenartikel
SB: Sammelbände
SBB: Beiträg in einem Kapitel eines Sammelbandes
Mono: Monographien
IQU: Internetquellen

16.5 Hochschule - Vorlesungsbetrieb

Hier wird der Anwendungsbereich VORLESUNGSBETRIEB EINER HOCHSCHULE betrachtet. Folgendes soll erfasst werden:

- Für die *Lehrveranstaltungen* eine Veranstaltungsnummer (**LVNr**), ihre Bezeichnung (**BezV**), der Typ des zugehörigen Studienganges (Master, Bachelor, Diplom) (**TypSG**), die Bezeichnung des Studienganges (WI, AI, ...), der die Lehrveranstaltung durchführt (**BezSG**), die Credit Points (**cp**) und die Anzahl Semesterwochenstunden (**SWS**). Außerdem, in welchem Studiensemester die Lehrveranstaltung abzuhalten ist (**SemPlan**). Für jeden konkreten Termin der Lehrveranstaltungen wird festgehalten an welchem Tag er statt fand (**Tag**), wann er begann (**Beginn**) und wann er endete (**Ende**). Also z.B. Mittwochs, 8.00 - 9.30 Uhr. Die Räume werden ebenfalls erfasst, mit einer Typisierung (**ArtRaum**; DV-Raum, Vorlesungsraum, Labor, ...), der Größe (**Groesse**), der Ausstattung mit Beamern und Intranet (**BeamerJN**, **IntranetJN**) und dem Gebäude, in dem sie sich befinden (**GebBez**). Dabei geht man davon aus, dass in einem Semester eine Lehrveranstaltung immer in demselben Raum stattfindet. In verschiedenen Semestern kann die Lehrveranstaltung aber natürlich in jeweils anderen Räumen sein.

- Die *Studierenden* werden durch ihre Matrikelnummer (**MatrNr**), den Namen, Vornamen (**VName**) und ein E-Mail-Postfach (**E-Mail**) erfasst. Für sie wird außerdem festgehalten, in welchem Semester sie welche Lehrveranstaltung besucht haben. Es kommt durchaus vor, dass ein Studierender eine bestimmte Lehrveranstaltung mehrfach besuchen muss. Sozusagen in den "Stammdaten" der Studierenden ist außerdem vermerkt, wann das Studium begann (**BegStudium**), wann es endet(e) (**EndeStudium**), in welchem Studiengang (**SG**) sie eingeschrieben sind und in welchem Fachsemester sie sich befinden (**FachSem**).

- Für die Studierenden werden beliebig viele *Adressen* (**PLZ**, **Ort**, **Strasse**) zugelassen. Eine davon muss als die gekennzeichnet sein, zu der die Mitteilungen der Hochschule gesandt werden.

- Die *Dozenten* werden durch eine Dozentennummer (**DozNr**), den Namen, Vornamen (**VName**), die Anrede sowie ein **E-Mail**-Postfach erfasst. Für die Dozenten der Hochschule sollen zusätzlich auch die Nummer ihres Büros (**BüroNr**), ihre interne Telefonnummer (**IntTel**), ihre Sprechstunde (**SprSt**), ihre **Fakultät** und die Angabe des Gebäudes, in dem sich das Büro befindet (**GebBez**), angegeben werden. Für diese Gebäude wird noch festgehalten, in welchem Ort sie sich befinden (**Ort**), welche Straßenadresse sie haben (**Straße**, z.B. Hauptstr. 8) und welcher DV-Betreuer für das Gebäude zuständig ist (**Straße**, **DVBetr**). Es gibt an dieser Hochschule auch *externe Dozenten*. Für diese wird die Adresse erfasst (nur eine), welchen akademischen Abschluss sie haben (**AkAb**) und in welcher Organisation (Unternehmen, andere Hochschule, ...) sie arbeiten. Deren Adresse wird, für die Zusendung von Lehraufträgen usw., ebenfalls erfasst.

- Zum *Lehrbetrieb* soll in der Datenbank festgehalten werden, welcher Dozent welche Lehrveranstaltung gehalten hat. Üblicherweise hält ein Dozent mehrere Lehrveranstaltungen in einem Semester und dieselbe Lehrveranstaltung kann in verschiedenen Semestern von unterschiedlichen Dozenten gehalten werden. Kein Dozent hält in einem Semester eine Lehrveranstaltung mehrfach.

- Auch der *Besuch von Lehrveranstaltungen* durch Studierende wird mit Angabe des Semesters erfasst. Es soll möglich sein, dass ein Studierender mehrfach für eine Lehrveranstaltung eingeschrieben ist (Wiederholungen).

- Alle Prüfungen beziehen sich immer auf genau eine Lehrveranstaltung. Jeder wird eine Prüfungsnummer (**PrüfNr**) und eine Bezeichnung (**Bez**) zugewiesen. Bei allen Prüfungen wird der Prüfungstag festgehalten (Datum). Bei Klausuren (KL) und mündlichen Prüfungen (MP) auch die **Länge**. Bei mündlichen Prüfungen zusätzlich der Prüfer (dies ist immer nur genau einer; **PrüfPersNr**). Dieser kann interner oder auch externer Dozent sein. Praktische Arbeiten (PA) sind Leistungen wie Erstellung eines Datenmodells, Modellierung eines Prozesses, usw. Laborarbeiten (LA) sind solche, für die ein Labor und die Unterstützung des zuständigen Laborbetreuers benötigt wird. Beide finden in einem bestimmten Zeitraum statt, der ebenfalls in der Datenbank erfasst werden soll (**Start**, **Ende**). Bei Laborarbeiten sind zusätzlich die Laborbezeichnung (**LabBez**; EBUS-Labor, Mikrocomputerlabor, ERP-Labor, ...) und der Laborbetreuer mit Namen und Vornamen zu erfassen (**LabBetrN**, **LabBetrVN**).

- Der Besuch einer Prüfung bezieht sich immer auf eine Lehrveranstaltung. Festgehalten wird zu jeder Prüfung das Semester, in dem sie stattfindet (**Sem**), das genaue **Datum**, um welchen **Versuch** es sich handelt (1. Versuch, 2. Versuch, ...) und welche **Note** erzielt wurde.

Der Lösungsweg

Für die Lösung werden obige Anforderungen abschnittsweise angeführt, durch Einrückung hervorgehoben und ausgewertet.

Anforderung Teil 1

> Für die *Lehrveranstaltungen* eine Veranstaltungsnummer (**LVNr**), ihre Bezeichnung (**BezV**), der Typ des zugehörigen Studienganges (Master, Bachelor, Diplom) (**TypSG**), die Bezeichnung des Studienganges (WI, AI, ...), der die Lehrveranstaltung durchführt (**BezSG**), die Credit Points (**cp**) und die Anzahl Semesterwochenstunden (**SWS**). Außerdem, in welchem Studiensemester die Lehrveranstaltung abzuhalten ist (**SemPlan**). Für jeden konkreten Termin der Lehrveranstaltungen wird festgehalten an welchem Tag er war (**Tag**), wann er begann (**Beginn**) und wann er endete (**Ende**). Also z.B. Mittwochs, 8.00 - 9.30 Uhr. Die Räume werden ebenfalls erfasst, mit einer Typisierung (**ArtRaum**; DV-Raum, Vorlesungsraum, Labor, ...), der Größe (**Groesse**), der Ausstattung mit Beamern und Intranet (**BeamerJN**, **IntranetJN**) und dem Gebäude, in dem sie sich befinden (**GebBez**). Dabei geht man davon aus, dass in einem Semester eine Lehrveranstaltung immer in demselben Raum stattfindet. In verschiedenen Semestern kann die Lehrveranstaltung aber natürlich in jeweils anderen Räumen sein.

Auf Grund der Beschreibung kann angenommen werden, dass es nicht um fixe Wochenpläne geht, sondern um flexible, also um Einzeltermine. Dass trotzdem die meisten dann in jeder Woche zum selben Zeitpunkt stattfinden soll nicht stören.

Lehrveranstaltungen und ihre Termine. Die Lehrveranstaltungen selbst sind sofort erkennbar, da sie identifiziert und durch zahlreiche Attribute beschrieben werden (LV). Für die Termine der Lehrveranstaltungen ergibt sich ein Schlüssel, wie er oft bei zeitlich fixierten Vorgängen auftritt. Der eigentliche Gegenstand, hier die Veranstaltungstermine, muss mit einem "Zeitstempel" versehen werden. Dabei genügen hier Tag und Beginn, da damit der Schlüssel eindeutig wird (LVTermine).

Räume. Auch die Räume sind oben angesprochen. Ihre Modellierung bereitet keine Probleme. Bei den Gebäude muss geprüft werden, ob sie später noch beschrieben werden. Da dies der Fall ist, wird die Gebäudebezeichnung hier als Fremdschlüssel aufgenommen.

Die Ausführungen in der Anforderung zu den Räumen für die Lehrveranstaltungen sind etwas unklar und müssen präzisiert werden. Nimmt man die Räume zu den Terminen hinzu entsteht Redundanz, denn es ist ja in einem Semester immer derselbe Raum, in dem die Lehrveranstaltung stattfindet. Deshalb muss eine eigene Relation eingerichtet werden, die an einer einzigen Stelle für eine Lehrveranstaltung und ein ganzes Semester den Raum festhält.

Damit ergeben sich folgende Relationen:

LV (#LVNr, BezLV, TypSG, BezSG, SemPlan, cp, SWS)

LVRaum (#(LVNr, Sem), Raum)

LVTermine (#(LVNr, Tag, Beginn), Ende)

Räume (#RaumNr, ArtRaum, Groesse, BeamerJN, IntranetJN, GebBez)

Anforderung Teil 2

Die *Studierenden* werden durch ihre Matrikelnummer (**MatrNr**), den Namen, Vornamen (**VName**) und ein E-Mail-Postfach (**E-Mail**) erfasst. Für sie wird außerdem festgehalten, in welchem Semester sie welche Lehrveranstaltung besucht haben. Es kommt durchaus vor, dass ein Studierender eine bestimmte Lehrveranstaltung mehrfach besuchen muss. Sozusagen in den "Stammdaten" der Studierenden ist außerdem vermerkt, wann das Studium begann (**BegStudium**), wann es endet(e) (**EndeStudium**), in welchem Studiengang (**SG**) sie eingeschrieben sind und in welchem Fachsemester sie sich befinden (**FachSem**).

Für die Studierenden werden beliebig viele *Adressen* (**PLZ**, **Ort**, **Strasse**) zugelassen. Eine davon muss als die gekennzeichnet sein, zu der die Mitteilungen der Hochschule gesandt werden.

Hieraus ergeben sich mehrere Relationen. Die erste zu den Studierenden. Sie werden durch die Matrikelnummer identifiziert und durch die angegebenen weiteren Attribute beschrieben. Die Aufnahme von **EndeStudium** verstößt ja eigentlich gegen eine der Grundregeln relationaler Datenmodellierung (weil diese Angabe ja erst mal nicht zur Verfügung steht), wird aber aus pragmatischen Gründen akzeptiert.

Die zweite erfasst den Besuch von Lehrveranstaltungen. Es ist eine n:m-Verknüpfung, so dass eine Verbindungsrelation entsteht, allerdings mit einem zusätzlichen Zeitstempel, der Semesterangabe (**Sem**).

Damit ergibt sich zwischen Studierenden und Adressen eine 1:n-Beziehung. Da unter einer Adresse auch mehrere Studierende wohnen können, gilt auch umgekehrt eine 1:n-Beziehung, insgesamt ensteht also also eine n:m-Beziehung. Diese führt zur Relation Stud-Adr. Mit dem Attribut **Art** kann festgehalten werden, ob es sich um die Adresse für die Mitteilungen an die Studierenden handelt.

Damit ergeben sich folgende neuen Relationen:

Studierende (#MatrNr, Name, VName, E-Mail, BegStudium, EndeStudium, SG, FachSem)

LVBesuch (#(MatrNr, LVNr, Sem))

Adressen (#AdrNr, Ort, PLZ, Strasse)

StudAdr (#(MatrNr, AdrNr), Art)

Anforderung Teil 3

Die *Dozenten* werden durch eine Dozentennummer (**DozNr**), den Namen, Vornamen (**VName**), die Anrede sowie ein **E-Mail**-Postfach erfasst. Für die Dozenten der Hochschule sollen zusätzlich auch die Nummer ihres Büros (**BüroNr**), ihre interne Telefonnummer (**IntTel**), ihre Sprechstunde (**SprSt**), ihre **Fakultät** und die Angabe des Gebäudes, in dem sich das Büro befindet (**GebBez**), angegeben werden. Für diese Gebäude wird noch festgehalten, in welchem Ort sie sich befinden (**Ort**), welche Straßenadresse sie haben (**Straße**, z.B. Hauptstr. 8) und welcher DV-Betreuer für das Gebäude zuständig ist (**Straße**, **DVBetr**). Es gibt an dieser Hochschule auch externe Dozenten. Für diese wird die Adresse erfasst (nur eine), welchen akademischen Abschluss sie haben (**AkAb**) und in welcher Organisation (Unternehmen, andere Hochschule, ...) sie arbeiten. Deren Adresse wird, für die Zusendung von Lehraufträgen usw., ebenfalls erfasst.

Gen/Spez mit DozAllg*,* DozExt *und* DozHS. Die Lehrkräfte der Hochschule erscheinen hier als externe und interne Dozenten. Da es Attribute für alle Dozenten gibt und spezifische für die beiden Untergruppen liegt eine Gen/Spez-Hierarchie vor. Die gemeinsamen Attribute sind **Name**, **VName**, **Anrede** und **E-Mail**, sie kommen in die Generalisierung (DozAllgemein). Von den externen Dozenten[19] (DozExtern) wird nur eine einzige Adresse erfasst, somit genügt für das Festhalten der Adresse ein Fremdschlüssel in der Relation. Bei den Dozenten der Hochschule wird angenommen, dass sie nur ein einziges Büro haben. Dessen Gebäude kann als Fremdschlüssel in DozHS erfasst werden. Bleiben noch die Organisationen. Sie haben eine Bezeichnung und eine Adresse, außerdem vergeben wir für sie noch einen Schlüssel. Damit kann die untenstehende Relation Organisationen angelegt werden. Mit dem Fremdschlüssel **AdrNr** wird diese Relation mit der zu den Adressen verknüpft.

Damit ergeben sich folgende zusätzlichen Relationen:

DozAllg (#DozNr, Name, VName, Anrede, E-Mail)

DozExt (#DozNr, AkAb, OrgNr, AdrNr)

DozHS (#DozNr, Fakultät, BüroNr, BezGeb, IntTel, SprSt, E-Mail)

Gebäude (#BezGeb, Ort, Straße, DVBetr)

Organisationen (#OrgNr, Bez, AdrNr)

---

19   Den externen Dozenten wird nach Übernahme eines Lehrauftrags eine Dozentennummer (DozNR) zugewiesen. Bei den Dozenten der Hochschule entspricht sie der Personalnummer.

Anforderung Teil 4

> Zum *Lehrbetrieb* soll in der Datenbank festgehalten werden, welcher Dozent welche Lehrveranstaltung gehalten hat. Üblicherweise hält ein Dozent mehrere Lehrveranstaltungen in einem Semester und dieselbe Lehrveranstaltung kann in verschiedenen Semestern von unterschiedlichen Dozenten gehalten werden. Kein Dozent hält in einem Semester eine Lehrveranstaltung mehrfach.
>
> Auch der *Besuch von Lehrveranstaltungen* durch Studierende wird mit Angabe des Semesters erfasst. Es soll möglich sein, dass ein Studierender mehrfach für eine Lehrveranstaltung eingeschrieben ist (Wiederholungen).

Der Lehrbetrieb wird einfach durch eine Verbindungsrelation mit Angabe des Semesters erfasst. Mit dieser Lösung kann ein Dozent mehrere Lehrveranstaltungen pro Semester halten (was ja meist der Fall ist) und dieselbe Lehrveranstaltung kann in einem Semester von mehreren Dozenten gehalten werden, was allerdings normalerweise nicht der Fall ist. Genau gleich ist die Lösung für den Besuch von Lehrveranstaltungen. Durch das Schlüsselattribut **Sem**ester sind auch Wiederholungen erfassbar.

Damit ergeben sich folgende neuen Relationen mit "Zeitstempel":

Lehrbetrieb (#(DozNr, VeranstNr, Sem))

LVBesuch (#(MatrNr, LVNr, Sem))

Anforderung Teil 5

> Alle Prüfungen beziehen sich immer auf genau eine Lehrveranstaltung. Jeder wird eine Prüfungsnummer (**PrüfNr**) und eine Bezeichnung (**Bez**) zugewiesen. Bei allen Prüfungen wird der Prüfungstag festgehalten (**Datum**). Bei Klausuren (KL) und mündlichen Prüfungen (MP) auch die **Länge**. Bei mündlichen Prüfungen zusätzlich der Prüfer (dies ist immer nur genau einer; **PrüfPersNr**). Dieser kann interner oder auch externer Dozent sein. Praktische Arbeiten (PA) sind Leistungen wie Erstellung eines Datenmodells, Modellierung eines Prozesses, usw. Laborarbeiten (LA) sind solche, für die ein Labor und die Unterstützung des zuständigen Laborbetreuers benötigt wird. Beide finden in einem bestimmten Zeitraum statt, der ebenfalls in der Datenbank erfasst werden soll (**Start**, **Ende**). Bei Laborarbeiten sind zusätzlich die Laborbezeichnung (**LabBez**; EBUS-Labor, Mikrocomputerlabor, ERP-Labor, ...) und der Laborbetreuer mit Namen und Vornamen zu erfassen (**LabBetrN**, **LabBetrVN**).

Noch eine Gen/Spez

Auch bei den Prüfungen zeichnet sich eine Generalisierung / Spezialisierung ab. Alle erhalten eine Prüfungsnummer (**PrüfNr**), eine Bezeichnung (**Bez**), ein Prüfungsdatum (**Datum**) und den Verweis auf die Lehrveranstaltung , auf die sie sich beziehen. Da sich jede Prüfung auf genau eine Lehrveranstaltung bezieht, ist diese Lösung mit einem Fremdschlüssel korrekt. Für die Klärung der Gen/Spez-Hierarchie wird eine Tabelle erstellt, genau nach den oben formulierten Anforderungen.

Prüfungsunterschiede

Klausuren (KL)	Mündliche Prüfungen (MP)	Praktische Arbeit (PA)	Laborarbeit (LA)
PrüfNr	PrüfNr	PrüfNr	PrüfNr
Bez	Bez	BEz	Bez
Datum	Datum	Datum	Datum
Versuch	Versuch	Versuch	Versuch
Länge	Länge		
		Start	Start
		Ende	Ende
	PrüfPersNr		
			LabBez
			LabBetrN
			LabBetrVN

Damit sind die Spezialisierungen klar. PrüfAllg ist die "oberste" Generalisierung und enthält die Attribute, die alle Relationen aufweisen. Die ersten Spezialisierungen sind Prüf-PALA für die gemeinsamen Attribute von PA und LA (**Start** und **Ende**) sowie PrüfKL+MP für das gemeinsame Attribut von KL und MP (**Länge**). Es folgen die Spezialisierungen PrüfLA von PrüfPALA und PrüfMP von PrüfKL+MP. PrüfLA erhält die Attribute zur Laborbetreuung, PrüfMP die zur prüfenden Person.

Die Relationen PrüfPALA und PrüfKL+MP sind "nach oben" Spezialisierungen und "nach unten" Generalisierungen. Die Abbildung mit dem Datenmodell unten verdeutlicht dieses Strukturmerkmal. In dieser Abbildung sind die relationalen Verknüpfungen entlang dieser Spezialisierungshierachie eingezeichnet. Natürlich können aber in relationalen Datenbanken mit SQL alle Relationen einer Gen/Spez über ihre (gleichen) Schlüssel verknüpft werden.

Die neuen Relationen

PrüfAllg (#PrüfNr, Bez, ArtPrüf, LVNr)

PrüfKL+MP (#PrüfNr, Länge)

PrüfLA (#PrüfNr, LabBez, LabBetrN, LabBetrVN)

PrüfMP (#PrüfNr, PrüfPersNr)

PrüfPALA (#PrüfNr, Start, Ende)

Anforderung Teil 6

> Der Besuch einer Prüfung bezieht sich immer auf eine Lehrveranstaltung. Festgehalten wird zu jeder Prüfung das Semester, in dem sie stattfindet (**Sem**), das genaue **Datum**, um welchen **Versuch** es sich handelt (1. Versuch, 2. Versuch, ...) und welche **Note** erzielt wurde.

Der letzte Teil der Anforderungen klärt die Erfassung des Prüfungsbesuchs. Dies ist wieder eine n:m-Beziehung. Als Schlüssel dient neben der Matrikel- und Prüfungsnummer auch die Semesterangabe. Die anderen drei beschreibenden Attribute werden als Nichtschlüsselattribute eingefügt.

Damit ergibt sich folgende Relation:

PrüfBesuch (#(MatrNr, PrüfNr, Sem), Datum, Versuch, Note)

Das gesamte Datenmodell – textliche Fassung

Adressen (#AdrNr, Ort, PLZ, Strasse)

DozAllg (#DozNr, Name, VName, Anrede, E-Mail)

DozExt (#DozNr, AkAb, OrgNr, AdrNr)

DozHS (#DozNr, Fakultät, BüroNr, BezGeb, IntTel, SprSt, E-Mail)

Gebäude (#BezGeb, Ort, Straße, DVBetr)

Lehrbetrieb (#(DozNr, VeranstNr, Sem))

LV (#LVNr, BezLV, TypSG, BezSG, SemPlan, cp, SWS)

LVBesuch (#(MatrNr, LVNr, Sem))

LVRaum (#(LVNr, Sem), Raum)

LVTermine (#(LVNr, Tag, Beginn), Ende) //für jeden Termin

Organisationen (#OrgNr, Bez, AdrNr)

PrüfAllg (#PrüfNr, Bez, ArtPrüf, LVNr)

PrüfBesuch (#(MatrNr, PrüfNr, Sem), Datum, Versuch, Note)

PrüfKL+MP (#PrüfNr, Länge)

PrüfLA (#PrüfNr, LabBez, LabBetrN, LabBetrVN)

PrüfMP (#PrüfNr, PrüfPersNr)

PrüfPALA (#PrüfNr, Start, Ende)

Räume (#RaumNr, ArtRaum, Groesse, BeamerJN, IntranetJN, GebBez)

StudAdr (#(MatrNr, AdrNr), Art)

Studierende (#MatrNr, Name, VName, E-Mail, BegStudium, EndeStudium, SG, Fach-Sem)

Das gesamte Datenmodell – graphische Fassung

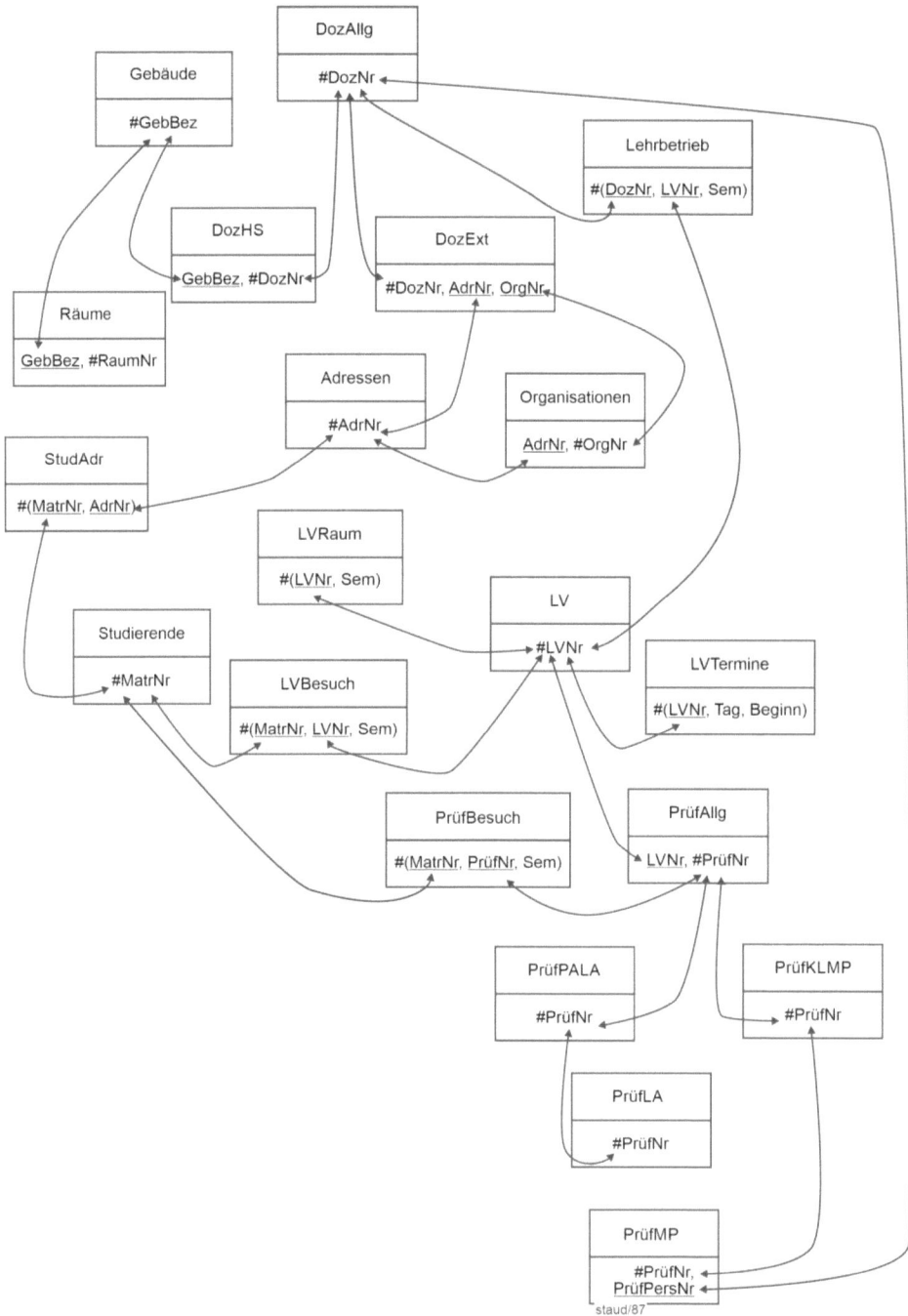

Abbildung 16.5-1:   Relationales Datenmodell Hochschule

16.6 Sprachenverlag

Auch in diesem Beispiel sind wieder viele "Muster" vertreten, besonders ausgeprägt aber das Muster Generalisierung / Spezialisierung (Gen/Spez).

Anwendungsbereich

Es geht um die Produkte eines Verlages, der Wörterbücher (z.B. von Deutsch nach Englisch), digital oder auch gedruckt, herstellt und verkauft und der seit einiger Zeit auch Übersetzungsprogramme anbietet. Seine Produkte sollen in einer Datenbank verwaltet werden. Zu erfassen sind die nachfolgend angeführten Sachverhalte.

Anforderungsbeschreibung

Alle Produkte, d.h. alle Wörterbücher und Volltextübersetzer (Programm zur automatischen Übersetzung von Text) mit ihrer Produktnummer (**ProdNr**) und Bezeichnung (**Bez**), mit ihrem Listenpreis (**LPreis**) und den **Sprachen**, die abgedeckt sind (z.B. deutsch nach englisch und englisch nach deutsch, deutsch nach französisch und französisch nach deutsch). Es ist grundsätzlich möglich, dass ein Wörterbuch auch nur eine Richtung abdeckt. Deshalb wird jede "Richtung" separat erfasst.

Für jedes *gedruckte* Wörterbuch wird auch festgehalten, wieviele Einträge es hat (**Einträge**), für welche Zielgruppe es gedacht ist (Schüler, Studierende, "Anwender", "Profi-Anwender", Übersetzer) (**Zielgruppe**), wann es auf den Markt gebracht wurde (**ErschDat**), wieviele Seiten es hat (**AnzSeit**).

Für jedes *digitale* Wörterbuch wird auch festgehalten, wann es auf den Markt gebracht wurde (**ErschDat**), welche Speichertechnik (**SpeichTech**) bei ihm verwendet wurde, wieviele Einträge es umfasst (**Einträge)** und für welche Zielgruppe es gedacht ist (Schüler, Studierende, "Anwender", "Profi-Anwender", Übersetzer) (**Zielgruppe**).

Die digitalen Produkte des Verlags beruhen jeweils auf einem Übersetzungsprogramm (**BezProg**). Es kann sein, dass eines mit verschiedenen Programmen angeboten wird (z.B. zielgruppenspezifisch). Natürlich dient ein Programm u.U. mehreren digitalen Produkten. Für diese Programme wird festgehalten, welche Dokumentarten (**DokArt**) sie auswerten können (Word, PDF, Bildformate, usw.; mehrere) und ob es möglich ist, die Programmleistung in Textprogramme zu integrieren (**IBK**: Integrierbarkeit).

Für jeden Volltextübersetzer wird auch festgehalten, welche **Sprachen** abgedeckt sind, wieviele Einträge das Systemlexikon hat (**Einträge**), für welche **Zielgruppe** das Produkt gedacht ist und wann es auf den Markt gebracht wurde (**ErschDatum**). Festgehalten wird außerdem, ob man den Käufern anbietet, es durch Internetzugriffe regelmäßig aktualisieren zu lassen. Falls ja, wie lange dies möglich ist (**AktJahre**), z.B. 5 Jahre ab Kauf.

Für alle Programme werden außerdem die Softwarehäuser, die an der Erstellung mitgearbeitet haben, mit ihrer Anschrift (nur die Zentrale) festgehalten. Es wird auch die zentrale E-Mail-Adresse erfasst. Es kommt durchaus vor, dass ein Programm in Kooperation von mehreren Softwarehäusern erstellt wird. Natürlich bietet ein bestimmtes Softwarehaus u.U. mehrere Programme an, z.B. für verschiedene Sprachen. Es wird bzgl. eines jeden Programms der **Beginn** und das **Ende** der Zusammenarbeit vermerkt.

Für alle digitalen Produkte werden außerdem die Systemvoraussetzungen festgehalten, abhängig vom eingesetzten Programm. Welche minimale Hardwareanforderung gegeben ist (anhand des Prozessors, **Proz**), wieviel Arbeitsspeicher sie benötigen (**ArbSp**), wieviel freier Plattenspeicher (**PlattSp**) nötig ist (in MB) und welche Betriebssystemversion (**BS**) genutzt werden kann (Windows Vista, 7, 8; LINUX). Dies sind in der Regel mehrere.

Erfasst werden auch die konkreten Geräte, auf denen die digitalen Produkte lauffähig sind mit ihrer Bezeichnung (**Bez**) und dem Gerätetyp (**Typ**; Smartphone, Pad, Tablett, Laptop, usw.). Auf einem Gerät sind natürlich mehrere digitale Produkte lauffähig, dagegen werden die digitalen Produkte am Ende ihrer Entwicklung auf genau ein Gerät zugeschnitten. Besteht das jeweilige Gerät nicht mehr, wird auch das zugehörige digitale Produkt überflüssig.

Die Entwicklung der Programme findet (natürlich) so statt, dass jedes Programm mit unterschiedlichen grafischen Bedienoberflächen (GUI) kombiniert werden kann. Für die GUIs wird ein Schlüssel (**GUIId**), der **Typ** (Fenster, Kacheln, ...) und die Programmiersprache (**PS**), mit der sie entwickelt wurde, festgehalten. Ein konkretes vom jeweiligen Softwarehaus angebotenes Programm enthält dann genau eine GUI, d.h. die Programme sind nach ihren GUIs differenziert.

Lösungsschritte

Hier wird nun wieder die schrittweise Umsetzung des Textes in ein relationales Datenmodell dargestellt.

Anforderung 1

> Alle Produkte, d.h. alle Wörterbücher und Volltextübersetzer (Programm zur automatischen Übersetzung von Text) mit ihrer Produktnummer (**ProdNr**) und Bezeichnung (**Bez**), mit ihrem Listenpreis (**LPreis**) und den **Sprachen**, die abgedeckt sind (z.B. deutsch nach englisch und englisch nach deutsch, deutsch nach französisch und französisch nach deutsch). Es ist grundsätzlich möglich, dass ein Wörterbuch auch nur eine Richtung abdeckt. Deshalb wird jede "Richtung" separat erfasst.

Dem Text kann entnommen werden, dass es Produkte gibt und dass diese (erstmal) aus Wörterbüchern und Volltextübersetzern bestehen. Nennen wir sie auch Produkte und geben ihnen den Schlüssel **ProdNr**. Außerdem wird auf die abgedeckten Sprachen hingewiesen und zwar als mehrwertige Attribute an dieser Relation. Damit entstehen die folgenden ersten zwei Relationen:

ProdSpr (#(<u>ProdNr</u>, Sprache))

Produkte (#ProdNr, Bez, LPreis, ...)

Wenn also z.B. ein Produkt "Englisch - Deutsch" und "Deutsch - Englisch" abdeckt hat es mit seiner Produktnummer (z.B. 1000) zwei Einträge:

Relation ProdSpr

ProdNr	Sprache
1000	Deutsch
1000	Englisch
...	...

#(ProdNr, Sprache)

Anforderung 2

> Für jedes *gedruckte* Wörterbuch wird auch festgehalten, wieviele Einträge es hat (**Einträge**), für welche Zielgruppe es gedacht ist (Schüler, Studierende, "Anwender", "Profi-Anwender", Übersetzer) (**Zielgruppe**), wann es auf den Markt gebracht wurde (**ErschDat**), wieviele Seiten es hat (**AnzSeit**).

Das Wort "auch" macht deutlich, dass es sich um eine Variante handelt, die evtl. zusätzliche Attribute hat. Dies ist hier auch der Fall, so dass eine Spezialisierung für gedruckte Wörterbücher eingerichtet werden muss. Sie wird WBGedr genannt und hat(erstmal) die folgenden Attribute.

WBGedr (#ProdNr, Einträge, Zielgruppe, ErschDat, AnzSeiten)

Anforderung 3

> Für jedes *digitale* Wörterbuch wird auch festgehalten, wann es auf den Markt gebracht wurde (**ErschDat**), welche Speichertechnik (**SpeichTech**) bei ihm verwendet wurde, wieviele Einträge es umfasst (**Einträge**) und für welche Zielgruppe es gedacht ist (Schüler, Studierende, "Anwender", "Profi-Anwender", Übersetzer) (**Zielgruppe**).

Wieder taucht in der Anforderungsformulierung das Wort "auch" auf. Die neue Produktvariante hat dann auch eine Spezialisierung: Digitale Wörterbücher. Diese Relation wird WBDig genannt:

WBDig (#ProdNr, Einträge, Zielgruppe, ErschDat, SpeichTech)

Muster Gen/Spez. Da in WBDig zum Teil dieselben Attribute wie in WBGedr vorliegen, kann eine Generalisierung dieser beiden Relationen mit **Einträge**, **ErschDatum** und **Zielgruppe** gebildet werden. Dieses Muster *Gen/Spez* muss man nun erkennen, z.B. anhand der Semantik ("Ähnlichkeit") oder der identischen Attribute. Die Bereinigung ergibt eine Relation für Wörterbücher und je eine "abgeschlankte" für die digitalen und gedruckten Wörterbücher.

Damit entstehen folgende neue bzw. veränderte Relationen:

WB (#ProdNr, Einträge, Zielgruppe, ErschDat)

WBDig (#ProdNr, SpeichTech)

WBGedr (#ProdNr, AnzSeiten)

WB ist Spezialisierung von Produkte, WBDig und WBGedr sind Spezialisierungen von WB.

Will man eine nicht simple Gen/Spez-Struktur durchdringen, lohnt sich die Anlage einer Tabelle mit den Attributen der beteiligten Relationen, wie es die folgenden Abbildungen zeigen. In der Kopfzeile sind die einzelnen Produkte angesiedelt, darunter zeilenweise die Attribute. Die obersten Zeilen geben die Attribute an, die alle Produkte haben, darunter dann die für die einzelnen Spezialisierungen.

Gen/Spez-Tabelle 1: Produkte und ihre Spezialisierungen - Version 1-A

Produkte	WB	WBGedr	WBDig
ProdNr	ProdNr	ProdNr	ProdNr
Bez	Bez	Bez	Bez
Lpreis	LPreis	LPreis	LPreis
	Einträge	Einträge	Einträge
	Zielgruppe	Zielgruppe	Zielgruppe
	ErschDat	ErschDat	ErschDat
		AnzSeiten	
			SpeichTech

Schon diese Tabelle zeigt die Gen/Spez-Struktur auf. Noch übersichtlicher wird es, wenn man in jeder Spalte die Attribute weg lässt, die in der übergeordneten Generalisierung enthalten sind:

Gen/Spez-Tabelle 1: Produkte und ihre Spezialisierungen - Version 1-B

Produkte	WB	WBGedr	WBDig
ProdNr			
Bez			
Lpreis			
	Einträge		
	Zielgruppe		
	ErschDat		
		AnzSeiten	
			SpeichTech

Hier ist jetzt der Spezialisierungszusammenhang klar erkennbar.

Anforderung 4

> Die digitalen Produkte des Verlags beruhen jeweils auf einem Übersetzungsprogramm (**BezProg**). Es kann sein, dass eines mit verschiedenen Programmen angeboten wird (z.B. zielgruppenspezifisch). Natürlich dient ein Programm u.U. mehreren digitalen Produkten. Für diese Programme wird festgehalten, welche Dokumentarten (**DokArt**) sie auswerten können (Word, PDF, Bildformate, usw.; mehrere) und ob es möglich ist, die Programmleistung in Textprogramme zu integrieren (**IBK**: Integrierbarkeit).

Anforderung 4 beschreibt die digitalen Produkte näher. Der erste Teil legt außerdem auch eine n:m-Beziehung zwischen wischen Produkten und Programmen fest, so dass sich die Relation ProdDig ergibt. Die Programme werden durch die beiden Attribute **DokArt** und **IBK** datenbanktechnisch existent, wegen der n:m-Beziehung zwischen Programmen und Dokumentart sogar in zwei Relationen.

Damit kommen folgende Relationen dazu:

Programme (#BezProg, IBK)

ProgDokArt (#(BezProg, DokArt))

ProdDig (#(ProdNr, BezProg))

Anforderung 5

Für jeden Volltextübersetzer wird auch festgehalten, welche **Sprachen** abgedeckt sind, wieviele Einträge das Systemlexikon hat (**Einträge**), für welche **Zielgruppe** das Produkt gedacht ist und wann es auf den Markt gebracht wurde (**ErschDatum**). Festgehalten wird außerdem, ob man den Käufern anbietet, es durch Internetzugriffe regelmäßig aktualisieren zu lassen. Falls ja, wie lange dies möglich ist (**AktJahre**), z.B. 5 Jahre ab Kauf.

Lösung durch Umbenennung

Die Beschreibung der Produkte geht weiter. Die hier genannten Attribute der Volltextübersetzer sind bis auf eines in WB enthalten. Deshalb ändern wir den Namen von WB in WB+VTÜ (Wörterbücher **und** Volltextübersetzer). Dies ist eine angemessene Lösung, denn normalerweise gibt es keine zwei Relationen mit identischem Schlüssel. Für die Volltextübersetzer mit Aktualisierungsmöglichkeit wird eine neue Relation VTÜ-Akt angelegt:

WB+VTÜ (#ProdNr, Einträge, Zielgruppe, ErschDat)

VTÜ-Akt (#ProdNr, AktJahre)

Auch die Gen/Spez-Tabelle ändert sich damit (die bei den anderen Produkten vorkommenden Attribute wurden gleich weggelassen):

Gen/Spez-Tabelle 2: Produkte und ihre Spezialisierungen

Produkte	WB+VTÜ	WBGedr	WBDig	VTÜ-Akt
ProdNr				
Bez				
LPreis				
	Einträge			
	Zielgruppe			
	ErschDat			
		AnzSeiten		
			SpeichTech	
				AktJahre

Um nicht den Überblick zu verlieren und um die Gen/Spez-Struktur ganz deutlich zu machen, lohnt sich hier das Erstellen einer Abbildung.

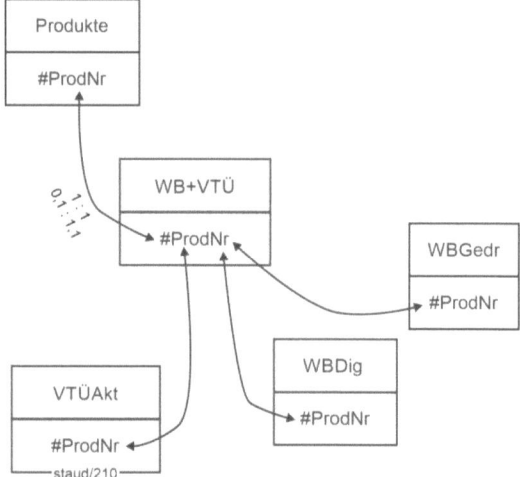

Abbildung 16.6-1:   Generalisierung / Spezialisierung rund um Produkte

Anforderung 6

Für alle Programme werden außerdem die Softwarehäuser, die an der Erstellung mitgearbeitet haben, mit ihrer Anschrift (nur die Zentrale) festgehalten. Es wird auch die zentrale E-Mail-Adresse erfasst. Es kommt durchaus vor, dass ein Programm in Kooperation von mehreren Softwarehäusern erstellt wird. Natürlich bietet ein bestimmtes Softwarehaus u.U. mehrere Programme an, z.B. für verschiedene Sprachen. Es wird bzgl. eines jeden Programms der **Beginn** und das **Ende** der Zusammenarbeit vermerkt.

Zeitaspekt in Beziehung. Hier werden nun die Softwarehäuser zu Datenbankobjekten. Da für sie gleich auch noch Attribute angegeben werden, kann eine Relation angelegt werden. Außerdem auch für die Beziehung zwischen den Softwarehäusern und den Programmen. Diese ist vom Typ n:m und hat eine Zeitkomponente. Es genügt die Aufnahme des Beginns der Zusammenarbeit in den Schlüssel, damit können mehrere solche Phasen unterschieden werden.

Daraus folgen weitere Relationen:

SWHäuser (#SWHNr, PLZ, Ort, Straße, eMail

SWHProg (#(SWHNr, BezProg, Beginn), Ende)

Anforderung 7

Für alle digitalen Produkte werden außerdem die Systemvoraussetzungen festgehalten, abhängig vom eingesetzten Programm. Welche minimale Hardwareanforderung gegeben ist (anhand des Prozessors, **Proz**), wieviel Arbeitsspeicher sie benötigen (**ArbSp**), wieviel freier Plattenspeicher (**PlattSp**) nötig ist (in MB) und welche Betriebssystemversion (**BS**) genutzt werden kann (Windows 7, 8, 10; LINUX). Dies sind in der Regel mehrere.

Zuerst scheint der Text eine Erweiterung der Beschreibung der digitalen Produkte zu enthalten. Die Formulierung "abhängig vom eingesetzten Programm" zeigt aber, dass Objekte gemeint sind, die durch die *Kombination aus Produkt und Programm* identifiziert sind. Deshalb wird die Relation ProdDig hier um die drei Attribute ergänzt. Bleiben noch die Betriebssysteme. Da u.U. mehrere Betriebssysteme für ein digitales Produkt tauglich sind, muss eine Relation erstellt werden, die das Attribut **BS** mit im Schlüssel hat: Prod-DigBS. Dadurch kommt es zu einer eher seltenen Konstellation: einem Fremdschlüssel, der aus zwei Attributen besteht: (#(**ProdNr**, **BezProg**)). Der entsprechende Schlüssel ist der von ProdDig.

Zwischen den digitalen Produkten und Betriebssystemen liegt eine n-m-Beziehung vor, weshalb eine eigene Relation dafür notwendig ist.

Daraus ergeben sich folgende geänderte und neue Relationen:

ProdDig (#(ProdNr, BezProg), Proz, ArbSp, PlattSp)

ProdDigBS (#((ProdNr, BezProg), BS)

Anforderung Teil 8

> Erfasst werden auch die konkreten Geräte, auf denen die digitalen Produkte lauffähig sind mit ihrer Bezeichnung (**Bez**) und dem Gerätetyp (**Typ**; Smartphone, Pad, Tablett, Laptop, usw.). Auf einem Gerät sind natürlich mehrere digitale Produkte lauffähig, dagegen werden die digitalen Produkte am Ende ihrer Entwicklung auf genau ein Gerät zugeschnitten. Besteht das jeweilige Gerät nicht mehr, wird auch das zugehörige digitale Produkt überflüssig.

Damit ergibt sich eine Relation zu Geräten. Außerdem kann die Gerätebezeichnung als Teilschlüssel in den Schlüssel von ProdDig aufgenommen werden, denn ein Gerät ist auf mehreren digitalen Produkten lauffähig.

Dies führt zu neuen bzw. veränderten Relationen:

Geräte (#Bez, Typ)

ProdDig (#(ProdNr, BezProg, BezGerät), Proz, ArbSp, PlattSp)

Unbehagen

Ist das wirklich korrekt? Bei näherem Hinsehen beschleicht den Bettrachter ein leichtes Unbehagen. Wird nicht **Proz**, **ArbSp** und **PlattSp** alleine durch **ProdNr** und **BezProg** bestimmt? Was tut dann, diesbezüglich, **BezGerät** im Schlüssel. Würden die drei beschreibenden Geräte auch durch das jeweilige Gerät mit bestimmt, wäre das in Ordnung. Nach der Beschreibung ist dies aber nicht anzunehmen. Der Bedarf an Hardwarekapazitäten wird wohl geräteunabhängig bestimmt. Um ein solches Unbehagen zu beseitigen, ist ein FA-Diagramm gut geeignet:

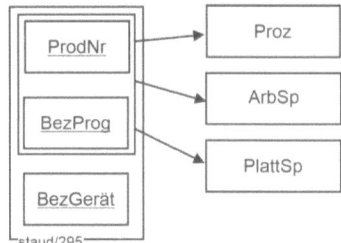

Abbildung 16.6-2:   FA-Diagramm der Relation ProdDig_1NF

Das macht die Problematik klar. Die Relation ist nicht mal in 2NF. Deshalb muss normalisiert werden.

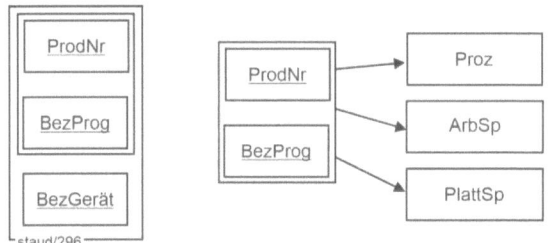

Abbildung 16.6-3:   FA-Diagramm der Relationen Prod-Prog-Ger und ProdDig

Damit ergibt sich eine veränderte Relation ProdDig (die der "vorletzten" Fassung entspricht) und eine neue Relation zu der Beziehung von Produkten, Programmen und Geräten. Sie hält fest, in welcher konkreten Konstellation die drei Komponenten zusammengefügt werden können.

ProdDig (#(ProdNr, BezProg), Proz, ArbSp, PlattSp)

Prod-Prog-Ger (#(ProdNr, BezProg, BezGerät))

Konstruierter Schlüssel. Es soll an dieser Stelle nicht verschwiegen werden, dass Prod-Prog-Ger in der Praxis ein Kandidat für die Einführung eines Schlüssels wäre, der die jeweils konkrete Konstellation ausdrückt (**P**rodukt**P**rogramm**G**erät**Id**). Dann würden die drei Attribute a) zu einem Sekundärschlüssel und b) zu beschreibenden Attributen:

Prod-Prog-Ger-Alternative (#PPGId, (ProdNr, BezProg, BezGerät))

Die folgende Abbildung zeigt das zugehörige FA-Diagramm.

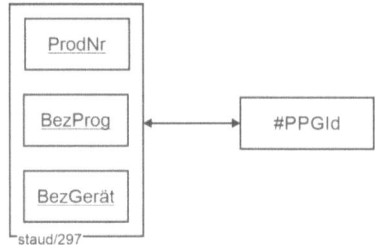

Abbildung 16.6-4:   FA-Diagramm der Relation Prod-Prog-Ger-Alternative

Anforderung Teil 9

> Die Entwicklung der Programme findet (natürlich) so statt, dass jedes Programm mit unterschiedlichen grafischen Bedienoberflächen (GUI) kombiniert werden kann. Für die GUIs wird ein Schlüssel (**GUIId**), der **Typ** (Fenster, Kacheln, ...) und die Programmiersprache (**PS**), mit der sie entwickelt wurde, festgehalten. Ein konkretes vom jeweiligen Softwarehaus angebotenes Programm enthält dann genau eine GUI, d.h. die Programme sind nach ihren grafischen Bedienoberflächen differenziert.

GUI. Nun wird die Einbindung der grafischen Bedienoberflächen (graphical user interface, GUI) in das Datenmodell geklärt. Sie werden durch Identifikation **und** Beschreibung datenbanktechnisch existent in der Relation GUI. Dem Text kann außerdem entnommen werden, dass ein bestimmtes Programm genau eine ganz bestimmte GUI hat, so dass hier eine 1:n-Beziehung vorleigt. Entsprechend wird der Schlüssel von GUI in Programme als Fremdschlüssel eingefügt:

GUI (#GUIId, Typ, PS)

Programme (#BezProg, IBK, **GUIId**)

Das gesamte relationale Modell

Damit ergibt sich das folgende Gesamtdatenmodell, zuerst in textlicher Notation:

Geräte (#Bez, Typ)

GUI (#GUIId, Typ, PS)

ProdDig (#(ProdNr, BezProg), Proz, ArbSp, PlattSp)

ProdDigBS (#((ProdNr, BezProg), BS)

Prod-Prog-Ger (#(ProdNr, BezProg, BezGerät))

ProdSpr (#(ProdNr, Sprache))

Produkte (#ProdNr, Bez, LPreis, Einträge, Zielgruppe, ErschDat, Typ)

ProgDokArt (#(BezProg, DokArt))

Programme (#BezProg, IBK, GUIId)

SWHäuser (#SWHNr, PLZ, Ort, Straße, eMail

SWHProg (#(SWHNr, BezProg, Beginn), Ende)

VTÜ-Akt (#ProdNr, AktJahre)

WB+VTÜ (#ProdNr, Einträge, Zielgruppe, ErschDat)

WBDig (#ProdNr, SpeichTech)

WBGedr (#ProdNr, AnzSeiten)

Die grafische Notation:

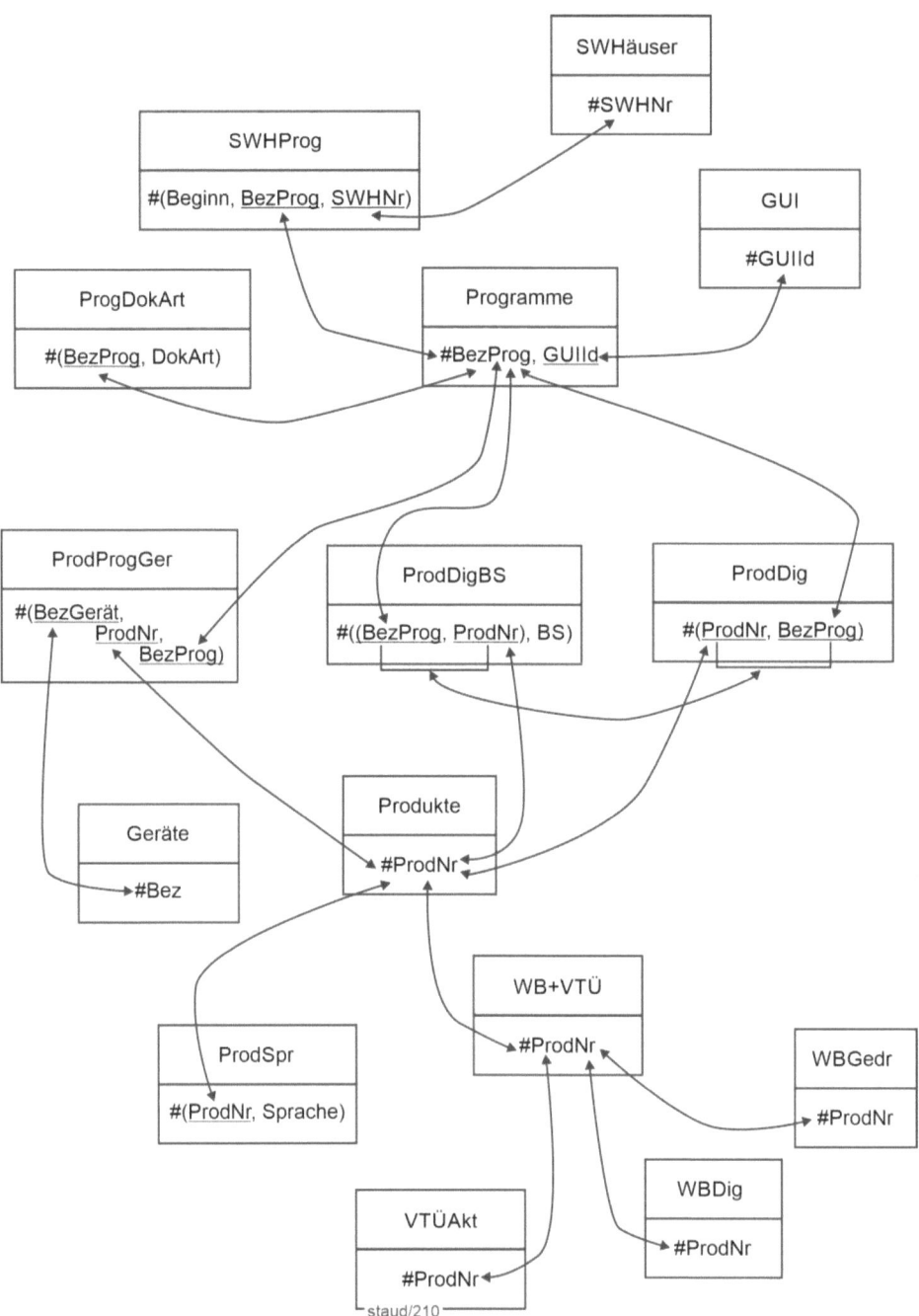

Abbildung 16.6-5:   Relationales Datenmodell Sprachenverlag

Abkürzungen für Attribute:
AktJahr: Zahl der Jahre, in denen das Programm aktualisiert wird
ArbSp: Arbeitsspeicher
BS: Bezeichnung Betriebssystemversion
ErschDatum: Erscheinungsdatum
Geräte.Bez: Bezeichnung des Geräts
Geräte.Typ: Gerätetyp
GUI.Typ: Typ der grafischen Bedienoberfläche
GUIId: Schlüssel für die grafische Bedienoberfläche
LPreis: Listenpreis
PlattSp: Speichergröße der Festplatte
ProdDig.BezProg: Bezeichnung des Übersetzungsprogramms
ProdNr : Produktnummer
Produkte.Bez: Bezeichnung Produkt
Proz: Bezeichnung des Prozessors bei digitalen Produkten
PS: Programmiersprache, mit der die GUI entwickelt wurde
Sprachen: abgedeckte Sprachen
SWHProg.Beginn: Beginn der Zusammenarbeit
SWHProg.Ende: Ende der Zusammenarbeit
WBVTÜ. Einträge: Zahl der Einträge in gedruckten Wörterbüchern und Volltextübersetzern
Zielgruppe: anvisierte Kundengruppe

Abkürzungen für Relationen:
Geräte: Geräte, auf denen das digitale Produkt einsetzbar ist
GUI: grafische Bedienoberfläche
ProdDig: digitale Produkte
ProdDigBS: digitale Produkte in Kombination mit Betriebssystemen
Prod-Prog-Ger: Kombination Produkte – Programme – Geräte
ProdSpr: Kombinatione Produkte und Sprachen
Produkte: die vom Sprachenverlag hergestellten Produkte
ProgDokArt: Dokumentarten, die von den Programmen ausgewertet werden können
Programme: die eingesetzten Programme
SWHäuser: Softwarehäuser, die mit dem Sprachenverlag zusammenarbeiten
SWHProg: Kombination Softwarehäuser und Programme
VTÜ-Akt: Angabe zur Aktualisierung bei Volltextübersetzern
WB+VTÜ: Attribute zu Volltextübersetzern und Wörterbüchern
WBDig: digitale Wörterbücher
WBGedr: Gedruckte Wörterbücher

17 Weitere Modellierungsbeispiele

In diesem Kapitel werden einige weitere Datenmodelle mit Anforderungsbeschreibung, Lösung und Lösungshinweisen vorgestellt. Es handelt sich um einfache didaktisch motivierte und einführende Beispiele, die aber alle wesentlichen Hürden der relationalen Datenmodellierung beinhalten.

17.1 Obst

Der Anwendungsbereich

Ein Einzelhändler möchte seine *Obstlieferanten* und *Obstlieferungen* in einer Datenbank verwalten. Für alle Lieferanten erfasst er die Zuverlässigkeit (ZV; Skala von 1 bis 6) und die Art der Abrechnung (**AbrArt**; sofort, Monatsende, Saisonende, ...). Bezüglich der *Landwirte*, die ihm Obst liefern, erfasst er **Name**, Vorname (**VName**), **Typ** (biologisch, ...), Postleitzahl (**PLZ**), **Ort**, **Straße**, Telefon (nur eines; **Tel**), Mailadresse (**E-Mail**) und welche Obstsorten (z.B. Golden Delicious) (**SortBez**) sie ihm in den einzelnen Monaten typischerweise liefern können ("Lieferbarkeit"[20]). Dies können durchaus mehrere sein, z.B. eine Sorte Äpfel, mehrere Sorten Birnen, usw., alles was in der Region wächst.

Beispiele für Lieferbarkeit

LNr	SortBez	Monat
100	Äpfel xyz	August
100	Äpfel xyz	September
100	Birnen xyz	Oktober
101	Birnen xyz	Oktober
...	...	...

Bezüglich der Obstgroßhändler erfasst er Firmenname (**FName**), **Land** (Deutschland, Österreich, Schweiz, Niederlande, ...) Postleitzahl (**PLZ**), Ort (**Ort**), **Straße**, Telefon (nur eines) (**Tel**), Fax (**Fax**), Mailadresse (**E-Mail**) und - genau wie bei den Landwirten - welche Obstsorten (**SortBez**) in welchem Zeitraum typischerweise lieferbar sind (z.B. Erdbeeren von *Januar bis März*, da aus Übersee). Alle Lieferanten (Landwirte oder Großhändler) erhalten eine Lieferantennummer (**LiefNr**). Aus pragmatischen Gründen erhält jede Obstsorte auch eine identifizierende Nummer (Sortennummer, **SortNr**). Für jede

---

20 Natürlich bezieht er dieselbe Obstsorte u.U. von unterschiedlichen Landwirten.

Obstsorte wird auch festgehalten, wie lagerfähig sie ist (**LagFäh**), d.h. wieviele Wochen man sie gekühlt aufheben kann.

Weiter sollen konkrete Lieferungen (von Landwirten oder Großhändlern) erfasst werden mit Obstsorte, Menge (**Menge**), Liefertag (**LTag**), Lieferant (Landwirt oder Großhändler) und Kilopreis (**KPreis**). Ein Lieferant liefert höchstens einmal pro Tag, da aber u.U. mehrere Obstsorten. Aus statistischen Gründen wird auch festgehalten, wieviel (in kg) von jeder Obstsorte umgesetzt wurde (**Umsatz**). Diese Berechnung erfolgt in jedem Jahr neu ab Jahresanfang.

Textliche Lösung

Anmerkung: "Verfügbarkeit" bezieht sich nicht auf den Lagerbestand, sondern auf die Wachstumsperioden.

Insgesamt ergeben sich damit folgende Relationen:

Landwirte (#LiefNr, Name, Vorname, Typ)

Lieferanten (#LiefNr, ZV, AbrArt, AdrNr)

Adressen (#AdrNr, PLZ, Ort, Straße, Telefon, E-Mail)

Großhändler (#LiefNr, FName, Land, Fax)

KonkreteLief (#(LiefNr, SortNr, LTag), KPreis, Menge) //Konkrete Lieferungen

Lieferbarkeit (#(LiefNr, ObstNr, Monat))

Obstsorten (#SortNr, SortBez, LagFäh, Umsatz)

Grafische Notation des Datenmodells

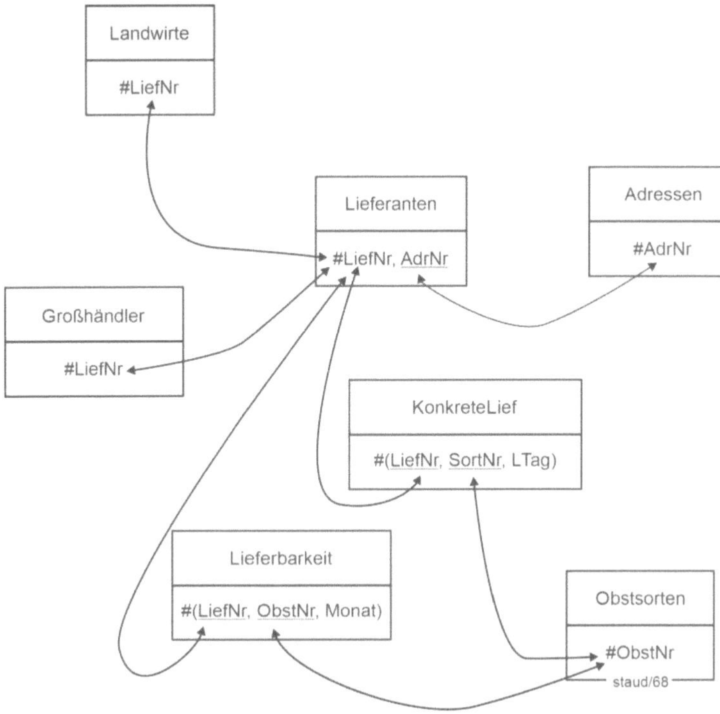

Abbildung 17.1-1:   Relationales Datenmodell Obst

17.2 Haushaltsgeräte

Der Anwendungsbereich

Einzel- oder Typinformation? Ein großer Einzelhändler möchte seinen Lagerbestand und die Verkäufe in einer Datenbank verwalten. Für jedes Haushaltsgerät wird die exakte Bezeichnung (**Bez**) erfasst, z.B. Staubsauger XYZ. Außerdem der Hersteller (**Hersteller**), der Listenpreis (**LPreis**), die Anzahl der Geräte im Lager (**AnzLager**), das Datum der Herstellung (**DatumHerst**) und das Datum, wann es ins Lager aufgenommen wurde (**Lag-Aufn**). Für Staubsauger wird zusätzlich festgehalten, welche **Saugkraft** sie haben und von welchem **Typ** sie sind (mit Beutel, ohne, ...). Für Kaffemaschinen, welche Wassermenge sie maximal verarbeiten können (**MaxWass**) und in welcher Zeit sie einen halben Liter Kaffee kochen (**Geschw**).

Von den Kunden werden **Name**, Vorname (**VName**) und Telefonnummer erfasst (**Tel**; durchaus auch mehrere) und natürlich erhält jeder eine Kundennummer (**KuNr**). Beim Verkauf hochwertiger Geräte mit Garantievereinbarung (teurer als 300 Euro) wird der Käufer (mit aktueller Adresse), das konkrete Gerät (Seriennummer; **GNr**) das **Datum**, die Versicherungsnummer (**VNr**) und der tatsächlich erzielte Preis (**ErzPreis**) festgehalten. Dieser weicht oft vom Listenpreis ab, meist weil Nachlässe gegeben werden.

Ein Kunde kann mehrere Adressen haben (**PLZ**, **Ort**, **Straße**), unter einer Adresse können mehrere Kunden wohnen.

Textliche Notation

Bez(eichnung) als Schlüssel deutet immer auf die Typbezeichnung und damit auf die Typebene

HG-Typen (#Bez, Hersteller, LPreis, AnzLager) //Typ-Ebene Hausgeräte

HG-Einzeln (#GNr, Bez, DatumHerst, LagAufn //Einzel-Ebene Hausgeräte

Staubsauger (#Bez, Saugkraft, Typ) //Typ-Ebene

Kaffeemaschine (#Bez, MaxWass, Geschw) //Typ-Ebene

Kunden (#KuNr, Name, VName)

VerkHG (#(GNr, KuNr, AdrNr), Datum, ErzPreis, VNr) //Verkäufe von Hausgeräten

KuAdr (#(KuNr, AdrNr))

Adressen (#AdrNr, PLZ, Ort, Straße)

Telefon (#(KuNr, Tel))

Anmerkungen

Für die Kunden werden beliebig viele Adressen erfasst und es wird auch datenbanktechnisch berücksichtigt, dass unter einer Adresse mehrere Kunden wohnen können. Es werden auch Kunden erfasst, deren Adresse durch eine Werbeaktion gewonnen wurde, die aber noch nichts gekauft haben.

Das Muster Einzel/Typ ist nicht auf Anhieb erkennbar. Hier hilft das Nachdenken mit Hilfe der Attributzuordnung, z.B. über ein FA-Diagramm.

Grafische Darstellung des Datenmodells

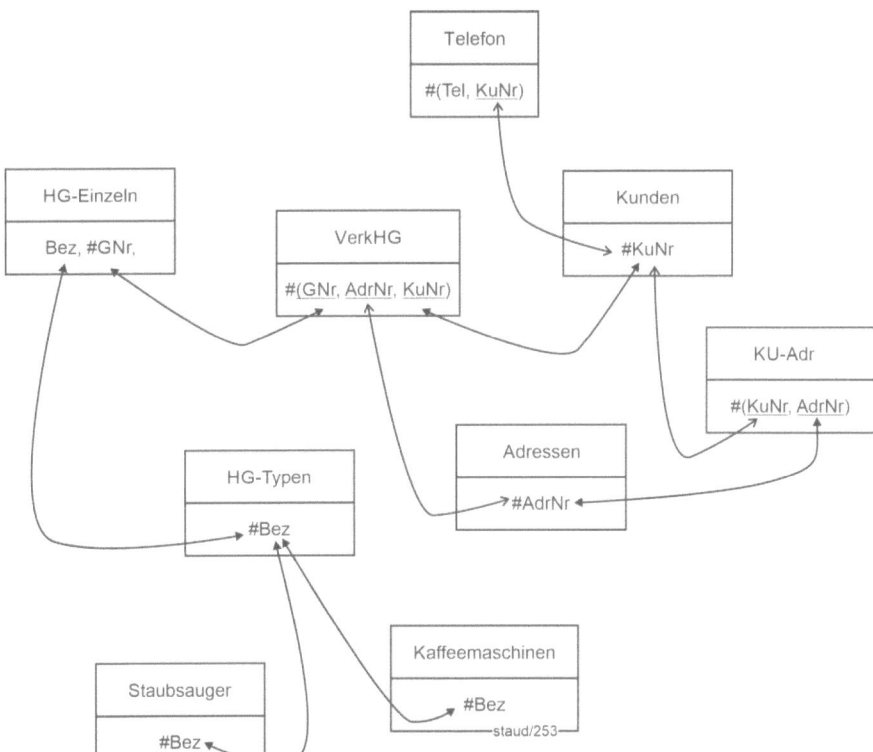

Abbildung 17.2-1:   Relationales Datenmodell zum Anwendungsbereich HAUSHALTSGE-
RÄTE

17.3 Angestellte

Der Anwendungsbereich

In diesem Anwendungsbereich geht es um Angestellte eines Unternehmens, ihre Ausstattung mit PCs, ihre Mitarbeit in Abteilungen und Projekten, usw. Ausschnitte aus diesem didaktisch motivierten Datenmodell dienen in den Theoriekapiteln als Beispiele. Folgendes soll festgehalten werden:

- Für die Angestellten die Personalnummer (**PersNr**), der Name (**Name**), Vorname (**VName**) und Geburtstag (**GebTag**). Außerdem werden die Adressen erfasst mit **Strasse**, **PLZ**, **Ort** und einer zweiten Adresszeile (**AdrZ2**). Jeder Angestellte kann mehrere Adressen haben und unter einer Adresse können mehrere Angestellte wohnen.
- Das Vorgesetztenverhältnis. Wer ist wem unter- bzw. überstellt?
- Für die Projekte die Bezeichnung (**Bez**), der Einrichtungstag (**TagEinr**), die Dauer (**Dauer**) und das Budget (**Budget**). Ein Projekt kann auf mehrere Standorte verteilt sein. Dies wird auch erfasst.

- Die Standorte werden mit einer identifizierenden Information (**OrtId**), ihrer Bezeichnung (**Bez**), ihrer Adresse und der Anzahl Mitarbeiter am Standort (**AnzMitarb**) erfasst.
- Ein Angestellter kann in mehreren Projekten mitarbeiten und ein Projekt hat typischerweise mehrere Mitarbeiter.
- Für die Abteilungen wird die Abteilungsbezeichnung (**AbtBez**), der Abteilungsleiter (**AbtLeiter**) und der Standort festgehalten. Eine Abteilung ist immer genau an einem Standort, an einem Standort können mehrere Abteilungen sein.
- In einer Abteilung sind mehrere Angestellte, ein Angestellter gehört aber zu einem Zeitpunkt genau zu einer Abteilung. Im Zeitverlauf können Angestellte auch die Abteilung wechseln, was mit **BeginnZ**(ugehörigkeit) und **EndeZ** ebenfalls erfasst wird.
- Festgehalten wird auch, welche Funktion ein Angestellter in einer Abteilung hat. Dies geschieht mit Hilfe der Funktionsbezeichnung (**BezFu**), dem Beginn (**Beginn**) und Ende (**Ende**) der Funktionsübernahme. Es ist durchaus möglich, dass ein Angestellter im Zeitablauf auch unterschiedliche Funktionen in einer Abteilung übernimmt. Zu einem Zeitpunkt aber immer nur eine.
- Für die von den Angestellten benutzten PCs wird die Inventarnummer, (**InvNr**), die Bezeichnung (**Bez**) und der Typ (**Typ**) erfasst. Ein PC kann mehreren Angestellten zugeordnet sein, ein Angestellter nutzt zu einem Zeitpunkt maximal einen PC. Die Übernahme eines PC durch einen Angestellten wird mit der Art der Übernahme (**Art**; "Entwickler, Office-Nutzer, Superuser"), dem Beginn (**Beginn**) und dem Ende (**Ende**) festgehalten. Natürlich nutzt ein Angestellter im Zeitverlauf mehrere PC, diesbezüglich soll die gesamte Historie festgehalten werden.
- Für die Programmiersprachen, die von den Angestellten beherrscht werden, wird die Bezeichnung der Sprache (**BezPS**), die Bezeichnung des Compilers (**BezComp**) und der Preis (**PreisLiz**) für eine Lizenz festgehalten. Wegen der Bedeutung der Programmiererfahrung wird außerdem festgehalten, wieviel Jahre Programmierpraxis (**ErfPS**) jeder Angestellte in seinen Programmiersprachen hat. Es gibt auch Angestellte, die nicht programmieren und keine Programmiersprache beherrschen.
- Für die Entwickler unter den Angestellten wird die von ihnen genutzte Entwicklungsumgebung (**EntwU**) und ihre hauptsächlich genutzte Programmiersprache festgehalten (**HauptPS**). Für die Mitarbeiter des Gebäudeservices die Funktion (**Funktion**) und die Schicht (**Schicht**), in der sie arbeiten. Für das Top-Management der Bereich in dem sie tätig sind (**Bereich**) und das Entgeltmodell, nach dem sie ihr Gehalt bekommen (**Entgelt**).

Textliche Lösung

Abteilungen (#AbtBez, AbtLeiter, OrtId)

Adressen (#AdrId, PLZ, Ort, AdrZ2, Strasse)

Die Beziehung *Angestellte-Abteilungen-Funktionen* beschreibt die Übernahme von Funktionen in Abteilungen durch Angestellte, mit Angabe des Zeitraums:

- BeginnF: Beginn der Funktionsübernahme
- EndeF: Ende der Funktionsübernahme
- BezFu: Bezeichnung der Funktion

AngAbtFu (#(PersNr, AbtBez, BeginnF), EndeF, BezFu))

yyyxxxDie Beziehung *Angestellte - Abteilungen - Zugehörigkeit* beschreibt die Zugehörigkeit zu Abteilungen, mit Angabe des Zeitraums:

AngAbtZug (#(PersNr, AbtBez, BeginnZ), EndeZ)

AngAdr (#(PersNr, AdrId))

Angestellte (#PersNr, Name, VName, DatumEinst, GebTag)

AngPC (#(PersNr, Beginn), InvNrPC, Art, Ende))

Methodisch wäre ein Schlüssel mit **InvNrPC** eingängiger. Da nach den Anforderungen jedem/jeder nur genau ein PC zugeordnet ist, wäre dies auch möglich.

ProjMitarb (#(PersNr, BezProj))

AngPS (#(PersNr, BezPS), ErfPS)

Entwickler (#PersNr, EntwU, HauptPS)

Geb-Service (#PersNr, Funktion, Schicht)

PC-Einzeln (#InvNr, BezPC)

PC-Typ (#BezPC, Typ)

Projekte (#Bez, TagEinr, Dauer, Budget)

ProjOrte (#(BezProj, OrtId))

PS (#BezPS, BezComp, PreisLiz)

Standorte (#OrtId, Bez, AnzMitarb, AdrId)

TopMan (#PersNr, Bereich, Entgelt)

Vorgesetzte (#(PersNrV, PersNrU))

Die grafische Lösung

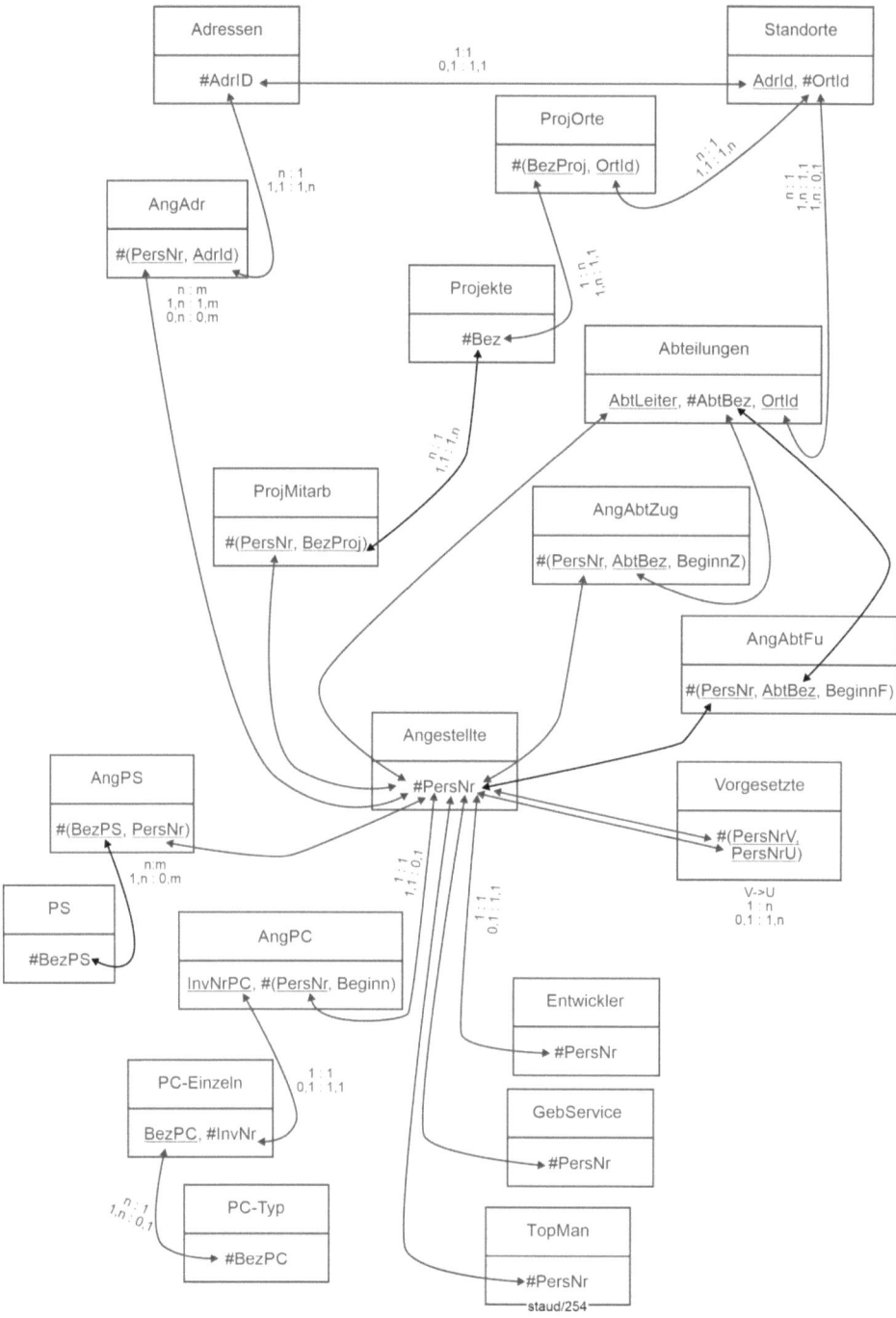

Abbildung 17.3-1:   Relationales Datenmodell zum Anwendungsbereich ANGESTELLTE

17.4 Kfz-Werkstatt

Der Anwendungsbereich - Rund um Reparaturaufträge

In der Datenbank soll das Geschehen rund um die Reparaturaufträge erfasst werden. Für die Reparaturaufträge selbst wird erfasst, um welches Kraftfahrzeug es geht, an welchem Tag es in die Werkstatt kam (**TagAnnahme**), um was für einen Schaden es sich handelte (**ArtSchaden**), also z.B. Totalschaden, Blechschaden, Motorprobleme, usw. Außerdem, bei welchem Serviceberater (**ServBerater**) das Auto abgegeben wurde und von welchem Kunden das Auto kommt. Zur einfacheren Handhabung erhält jeder Reparaturauftrag eine fortlaufende Nummer (**RepANr**). Aus demselben Grund wird jedem angelieferten Kfz ebenfalls eine eindeutige Nummer (**KfzNr**) gegeben.

Für die Kunden wird neben einer Kundennummer (**KuNr**) der Name (**Name**), Vorname (**VName**), eine Telefonnummer (**Tel**; die unter der der Kunde für Rückfragen zur Reparatur erreichbar ist) und die Adresse (**PLZ**, **Ort**, **Straße**) erfasst. Grundsätzlich soll es möglich sein, dass ein Kunde mehrere Adressen hat und unter einer Adresse mehrere Kunden wohnhaft sein können. Die Erfassung der Kundenadressen ist unabhängig von konkreten Reparaturaufträgen.

Muster Einzel/Typ. Für die Kfz werden der Hersteller (**Hersteller**; z.B. VW, BMW, AUDI), die Bezeichnung (**Bez;** z.B. PASSAT, A6, GOLF), die Art des Autos (**Autoart**; z.B. Cabrio, Limousine, usw.), das Kennzeichen (**Kennz**) und der Tag der Erstzulassung (**TagErstzula**) erfasst. Bei Fahrzeugen, die bei unserem Autohaus gekauft wurden, wird zusätzlich der Tag des Verkaufs (**TagVerkauf**) und die Art der Garantie (**ArtGarantie**) festgehalten.

Nach durchgeführter Reparatur wird die Rechnung in der üblichen Struktur erstellt, mit Rechnungsnummer (**RNr**), Datum (**Datum**), Angabe des Kunden und des reparierten Autos, Angabe derjenigen Adresse des Kunden, an den die aktuelle Rechnung geschickt werden soll, Rechnungspositionen mit Beschreibung der einzelnen Reparatur (**BeschrRep**; z.B. "Lackschaden am Kotflügel ausgebessert", "Druckluftschlauch wegen Marderschaden ausgewechselt") und Kosten der Reparatur (**Preis**; bei jeder Position). Auch die Gesamtsumme (**SummeGes**) der Rechnung wird erfasst.

Textliche Lösung

KFZAutohaus (#KfzNr, TagVerkauf, ArtGarantie)

KFZEinzeln (#KfzNr, Kennz, TagErstzula, (Hersteller, Bez))

KFZ-Typ (#(Hersteller, Bez), Autoart)

Oder auch : KFZ-Typ (#TypBez, #(Hersteller, Bez), Autoart) ; d.h. mit dem Attribut **TypBez** als konstruiertem identifizierenden Attribut und mit den Konsequenzen bzgl. des Fremdschlüssels.

ReKöpfe (#RNr, Datum, KNr, AdrNr, KfzNr, SummeGes)

RePos (#(RNr, PosNr), BeschrRep, Preis)

Kunden (#KuNr, Name, VName, Tel)

RepAufträge (#RepANr, KfzNr, ArtSchaden, TagAnnahme, ServBerater, KuNr)

Adressen (#AdrNr, PLZ, Ort, Straße)

Kunde-Adr (#(<u>KuNr</u>, <u>AdrNr</u>))

Grafische Lösung

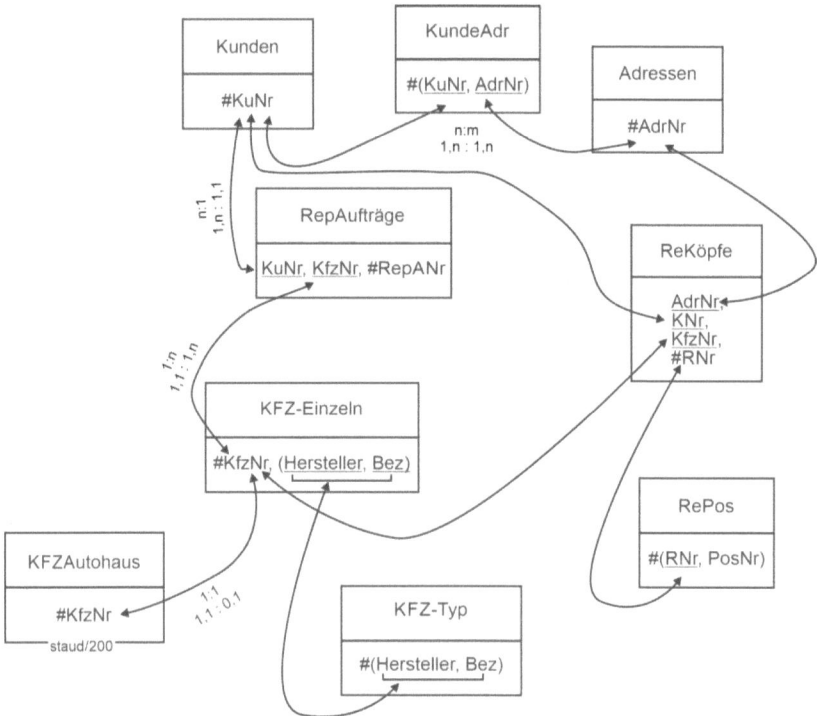

Abbildung 17.4-1:   Relationales Datenmodell Kfz-Werkstatt

17.5 WebShop

In diesem Beispiel erfolgt ansatzweise auch *prozessorientierte* Datenmodellierung, d.h. eine Datenmodellierung, wie sie entlang eines Geschäftsprozesses nötig ist.

Der Anwendungsbereich

Es geht um Teile des Finanzwesens eines WebShops. Wenn die Warensendung im WebShop fertig ist wird die Rechnung erstellt und der Sendung beigelegt. Damit ist das kaufmännische Konstrukt *Rechnung* existent. Wie üblich, wird es über *Rechnungsköpfe* und *Rechnungspositionen* erfasst. Die Rechnungsköpfe erhalten als identifizierendes Attribut eine Rechnungsnummer (**ReNr**) und als beschreibende Attribute das Rechnungsdatum (**RDatum**), die Zahlungsart (**ZahlArt**; L (per Lastschrift), U (per Überweisung)), die Versandart (**VersArt**) und der Kunde vermerkt. Da die Rechnung als PDF-Dokument erzeugt wird, ist dessen identifizierende Information (**PDFId**) hier ebenfalls festgehalten.

Die Kunden werden durch ihre Kundennummer (**KuNr**) und durch ihre Adressangaben (**Name**, Vorname (**VName**), **PLZ**, **Ort**, **Straße**) erfasst. Damit bei einem evtl. Umzug die frühere korrekte Adresse für die Rechnung vorhanden ist, werden bei der Rechnung die "änderungsanfälligen" Adressangaben zum Zeitpunkt der Rechnungsstellung (**R**echnungsstellungs**Z**eitpunkt) erfasst (durch **Name-RZ**, **PLZ-RZ**, **Ort-RZ**, **Straße-RZ**). Es versteht sich, dass ein Kunde u.U. mehrere Rechnungen beim WebShop hat, jede Rechnung aber genau einem Kunden zugeordnet ist.

Die Artikel werden durch eine Artikelnummer **ArtNr**, eine Artikelbezeichnung **ArtBez**, den **Preis** und eine Artikelbeschreibung (**ArtBeschr**) erfasst.

Die einzelnen Rechnungspositionen einer Rechnung erhalten eine Positionsnummer (**PosNr**), die Artikelnummer (**ArtNr**) und die **Anzahl**. Wiederum um die Rechnung auch nach längerer Zeit, wenn sich vielleicht Bezeichnung und Preis verändert haben, abrufen zu können, wird bei der Rechnung der zum **R**echnungsstellungs**Z**eitpunkt gültige Preis (**Preis-RZ**) und die da gültige Bezeichnung **ArtBez-RZ** erfasst.

Für alle Artikel wird auch der gültige Mehrwertsteuersatz (**MWStS**) Mehrwertsteuer (**MWStB**) erfasst. Zu beachten ist, dass verschiedene Produkte des WebShops unterschiedliche Mehrwertsteuersätze haben). Da sich auch Mehrwertsteuersätze regelmäßig verändern, wird dieser für den Rechnungsstellungszeitpunkt (RZ) festgehalten.

Für Produkte von Fremdanbietern (Firmen, die über den WebShop auch verkaufen) wird noch die Firmennummer (**FiNr**) des Fremdanbieters erfasst und seine durchschnittliche Lieferzeit (**LiefZeit**).

Auch die ausgesandten Mahnungen und Zahlungserinnerungen werden erfasst. Jede wird identifiziert (**MahnId**) und bezieht sich auf genau eine Rechnung. Es versteht sich, dass es zu einer Rechnung mehrere Mahnungen geben kann. Festgehalten wird, an welchem Tag die Mahnung (**Datum**) verschickt wurde und von welchem **Typ** sie war. Verschiedene Mahnungen zur selben Rechnung erhalten jeweils eine neue Id.

Eine Rechnung kann sich in verschiedenen Zuständen befinden. Folgende sind möglich:

Zustände einer Rechnung

ZustandsNr	Bezeichnung
100	neu (nach Erstellung)
200	offen (nach Versand zum Kunden)
300	nicht bezahlt
310	nicht bezahlt (1. Zahlungserinnerung)
320	nicht bezahlt (2. Zahlungserinnerung)
330	nicht bezahlt (1. Mahnung)
340	nicht bezahlt (2. Mahnung)
350	nicht bezahlt (rechtsanwaltliche Mahnung)
400	Widerspruch
500	Gutschrift
600	storniert
700	bezahlt (Rückbuchbar)
710	bezahlt

Diese Zustände sollen für jede Rechnung erfasst werden. Nach der Erstellung hat sie den Zustand (**ZustNr**) "neu", nach Zusendung zum Kunden den Zustand "offen", nach Bezahlung den Zustand "bezahlt". Zu beachten ist, dass ALLE sich im Zeitverlauf ergebenden Zustände erfasst werden sollen, so dass die gesamte Historie einer Rechnung erfasst wird. Deshalb wird auch bei jedem neuen Zustand das Datum (**DatumZ**) erfasst, zu dem er eintrat.

Textliche Fassung des Datenmodells

RZ: Rechnungsstellungszeitpunkt

Mahnungen (#MahnId, ReNr, Datum, Typ)

Zustände (#(ReNr, ZustNr), DatumZ)

Fremdanbieter (#FiNr, LiefZeit)

Artikel (#ArtNr, ArtBez, Preis, ArtBeschr, MWStS, Typ)

Artikel-FA (#ArtNr, FiNr)

Kunden (#KuNr, Name, VName, PLZ, Ort, Straße)

ReKöpfe (#ReNr, RDatum, ZahlArt, VersArt, PDFId, KuNr, Name-RZ, PLZ-RZ, Ort-RZ, Straße-RZ)

RePos (#(ReNr, PosNr), ArtNr, Anzahl, ArtBez-RZ, Preis-RZ, MWStS-RZ)

Grafische Fassung des Datenmodells

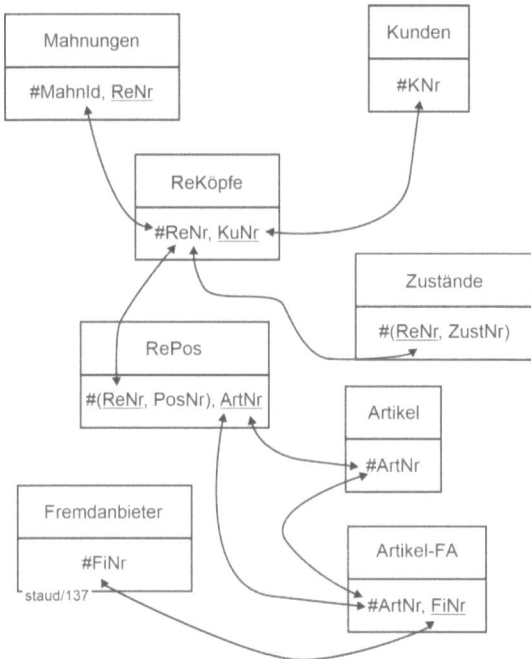

Abbildung 17.5-1:   Relationales Datenmodell WebShop

ReKöpfe: Rechnungsköpfe
RePos: Rechnungspositionen
Artikel-FA: Artikel von Fremdanbietern

17.6 Zoo

Der Anwendungsbereich

Tiere - als Gattung (Typ) und einzeln - Gen/Spez.Für einen Zoo soll eine Datenbank rund um die vorhandenen Tiere erstellt werden. Dabei erfolgt eine Konzentration auf größere Tiere (Säugetiere, Reptilien, ...). Allen diesen Tieren wird eine identifizierende Tiernummer (**TierNr**), ihr Name (**Name**) und die Gattung, zu der sie gehören[21] (**Gattung**) zugewiesen. Außerdem wird ihr Geburtstag (**GebTag**), das **Geschlecht** und das Gebäude erfasst, in dem sie gehalten werden. Für jede Gattung wird auch festgehalten, wieviele Tiere davon im Zoo vorhanden sind (z.B. 5 Afrikanische Elefanten oder 20 Schimpansen) (**Anzahl**). Wegen der Bedeutung der Information für die Gebäude und das Außengelände wird bei Elefanten noch zusätzlich das **Gewicht** und bei Giraffen die **Größe** erfasst, jeweils mit dem **Datum**, zu dem der Wert erhoben wurde.

Auch das benötigte Futter für die Tiere wird verwaltet mit der Futterbezeichnung (**Bez**), dem noch vorhandenen Vorrat (**Vorrat**) und der Mindestmenge, die immer vorrätig gehalten wird (**MiMenge**). Ebenso die Entnahmen von Futter mit der Futterbezeichnung (**FuttBez**), der **Menge**, dem Tag der Entnahme (**Datum**) und dem Tier, das gefüttert wird. Es wird nur ein Mal pro Tag Futter für ein Tier entnommen.

Den Tieren sind Pfleger zugeordnet. Von diesen wird in der Datenbank die Personalnummer (**PersNr**), der **Name** und Vorname (**VName**) festgehalten. Es wird auch festgehalten, von wann bis wann ein Pfleger einem Tier zugeordnet ist (**Beginn**, **Ende**). Öfters kommt es vor, dass ein Pfleger für einen bestimmten Zeitraum einem Tier zugeordnet ist, dann nicht mehr und später wieder, so dass es mehrere Pflegezeiträume eines Pflegers bei einem Tier geben kann.

Für die einzelnen Gebäude des Zoos wird eine Gebäudenummer (**GebNr**), die **Größe**, der **Typ** (für Säugetiere, für Reptilien, usw.) und die Anzahl der Plätze (**AnzPlätze**) erfasst. Selbstverständlich wird auch festgehalten, welches Tier aktuell in welchem Gebäude ist.

Für die einzelnen Gebäude des Zoos wird eine Gebäudenummer (GebNr), die Größe, der Typ (für Säugetiere, für Reptilien, usw.) und die Anzahl der Plätze (AnzPlätze) erfasst. Selbstverständlich wird auch festgehalten, welches Tier aktuell in welchem Gebäude ist.

Komposition. Für jedes Tier gibt es eine Tierakte, die digital geführt wird. Ein Eintrag entsteht bei der Geburt, einer beim Weggang bzw. Sterben des Tieres. Dazwischen entstehen Einträge bei besonderen Anlässen, z.B. wenn das Tier den Zoo wechselt, eine schwere Verletzung / Erkrankung erleben muss oder Nachwuchs bekommt. Jeder Eintrag erhält eine fortlaufende Aktennummer (1, 2, 3, ...) (**AktNr**). Außerdem wird das Datum der Anlage der Akte (**DatAnlage**) sowie der Grund für die Anlage (Geburt, Krankheit, Tod, ...) (**Ereignis**) und eine Beschreibung des Ereignisses (**BeschrEr**) in die Datenbank eingetragen. Nach dem Tod des Tieres wird die Akte archiviert und aus der Datenbank entfernt.

Textliche Fassung des Datenmodells

Tierakten (#(TierNr, AktNr), DatAnlage, Ereignis, BeschrEr)

---

21 Z.B. Afrikanische Elefanten, Bengalen-Tiger, Schimpansen, Nil-Krokodile.

Gebäude (#GebNr, Größe, Typ, AnzPlätze)

Pflege (#(PersNr, TierNr, Beginn), Ende)

Pfleger (#PersNr, Name, VName)

Futter (#Bez, Vorrat, MiMenge)

Fütterung (#(TierNr, FuttBez, Datum), Menge)

Tiere-Einzeln (#TierNr, Name, BezGatt, GebTag, Geschlecht, GebNr)

Tiere-Gattung (#BezGatt, Anzahl)

Elefanten (#(TierNr, Datum), Gewicht)

Giraffen (#(TierNr, Datum), Größe)

Grafische Darstellung des Datenmodells

Die folgende Abbildung zeigt die grafische Fassung des Datenmodells.

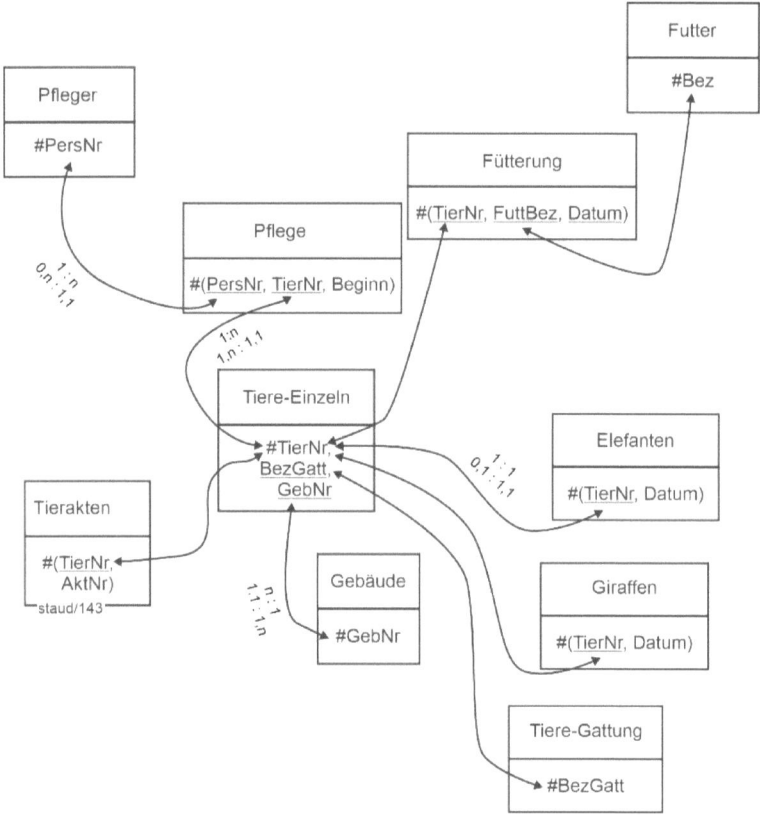

Abbildung 17.6-1:   Relationales Datenmodell Zoo

Muster Komposition bei Tierakten
Muster Einzel/Typ bei Tiere
Muster Gen/Spez bei Elefanten, Giraffen

***Teil VI

Datenbankpraxis

18 Von Attributen zu Datentypen

19 SQL - Eine Kurzeinführung

18 Von Attributen zu Datentypen

18.1 Vielfalt

Attribute sind, wie in Abschnitt 2.4 gezeigt, sehr unterschiedlich. Betrachten wir nur die Attribute

- Name (einer Person)
- Geburtstag (eines Angestellten)
- Gehalt (einer Programmiererin)
- Bewertung (einer studentischen Klausur)
- Videodokument zur Jahreshauptversammlung eines DAX-Unternehmens

Es handelt sich um Informationen, die Informationsträger beschreiben. Daneben können sie Eigenschaften besitzen, die hier an Beispielen erläutert werden sollen.

- Quantitativ, qualitativ: Es gibt Attribute, mit deren Ausprägungen man rechnen kann, z.B. Gehalt, Gewicht. Solche Attribute werden als *quantitativ* bezeichnet. Das Gegenstück sind *qualitative Attribute*, wie z.B. Geschlecht (m/w/d) oder Abteilungszugehörigkeit.
- Außerdem kommen bei *Gehalt* nur positive Werte in Betracht, eine Einschränkung des Wertebereichs durch die Semantik der Information.
- Informationen des Typs *Geburtstag* haben eine Semantik (von Datum, vgl. Abschnitt 1.7).
- *Namen* sind einfache Buchstabenfolgen
- *Bewertungen* sind positive Zahlen zwischen 1 und z.B. 100. Sie sind rangskaliert (im Sinne der Statistik), aber nicht "quantitativ". D.h. der Abstand von 6 zu 5 ist nicht gleich zu interpretieren wie der von 5 zu 4 usw., was aber bei quantitativen Attributen, wie z.B. Gehalt, der Fall ist.
- Videodokumente sind große Datenmengen, die einer speziellen Methode zur Darstellung am Bildschirm bedürfen.

Rangskaliert: D.h., 90 Punkte sind besser als 50 Punkte, usw. Ab 50 Punkte hat man bestanden (zum Beispiel). Es gibt also eine Rangfolge unter den Attributsausprägungen.

Bei der Einrichtung der Datenbank (vgl. das nächste Kapitel) muss für jedes Attribut ein Datentyp festgelegt werden. D.h., die Attribute werden, wie in Kapitel 4 gezeigt, beim Datenbankentwurf benutzt, um die gefundenen Objekte und Beziehungen zu beschreiben. Dann folgt, wie in den Kapiteln 5 - 15 gezeigt, der Entwurf des Datenmodells. Auch dies geschieht auf der Basis der erfassten Attribute. Die relationale Theorie ist ganz und gar attributgestützt. Wenn dann anschließend das Datenmodell mit Hilfe eines Datenbanksystems in eine konkrete Datenbank überführt wird, müssen als allererstes die Attribute der Relationen, egal ob es Schlüssel, Fremdschlüssel oder Nichtschlüsselattribute sind, angelegt werden. Dazu muss ihnen ein *Datentyp* zugewiesen werden.

Welcher Datentyp für welches Attribut?

Semantische Übereinstimmung + minimaler Speicherverbrauch. Der Datentyp eines Attributs erfasst dessen Syntax, Semantik und die möglichen Verarbeitungsschritte für die Attributsausprägungen. Entsprechend werden die Datentypen gewählt. Einige Beispiele:

- Für ein Attribut **Name** genügt ein Datentyp, der alphabetische Zeichen zulässt (und eventuell einen Bindestrich) und dessen Ausprägungen sortiert und textlich verabeitet werden können.
- Ein Attribut **Gehalt** erhält einen numerischen Datentyp, der positive Dezimalzahlen in einem bestimmten Wertebereich zulässt und dessen Ausprägungen man rechnerisch verarbeiten kann.
- Ein Attribut **Datum** erhält einen Datentyp, der die Syntax kontrolliert, die Semantik berücksichtigt (vgl. Abschnitt 1.4) und Methoden zur Datumsverarbeitung bereitstellt (Abstand zweier Datumsangaben in Tagen, Hinzurechnen / Abziehen von Tagen zu/von einem Datum, usw.).
- Für *Bewertungen* (z.B. Schulnoten) ist ein Datentyp geeignet, der positive Dezimalzahlen verwaltet. Auch er benötigt nur einen eingeschränkten Wertebereich.
- Für *Videodokumente* wird ein Datentyp genommen, der große Datenmengen zu verwalten erlaubt und mit dem eine Methode verbunden ist, um die Daten auf den Schirm zu bringen. Ein solcher Datentyp heißt bei vielen Datenbanksystemen *Binary Large Object* (BLOB) (vgl. unten).

Damit ist es dann möglich, die Daten korrekt zu erfassen. Außerdem ist ein Stück der Semantik ebenfalls schon berücksichtigt.

Felder, Datensätze, Dateien

Felder. Hier geht es zum ersten Mal um das konkrete Anlegen der Datenbank - am Beispiel der Datentypen (mehr dazu in Kapitel 19). Es geht also um den Übergang von der logischen Ebene der Datenmodellierung zur physischen. Denn genau da kommen die Datentypen ins Spiel.

Datentypen: Verknüpfer der logischen und der physischen Ebene

Wenn eine Datenbank angelegt ist, müssen zuerst die Relationen eingerichtet werden. Bei vielen Datenbanksystemen wird aus einer Relation genau eine Datei. Dabei werden die Attribute in die Datei eingefügt. Dies geht nur, indem jedem Attribut ein Datentyp zugeordnet wird. Diese Attribute mit ihrem Datentyp stellen dann die *Felder* der Datei dar. Die Attributsausprägung, die dann eingetragen wird, ist ein Eintrag in das Feld. Oftmals liest man für die Attributsausprägung / den Feldeintrag in der deutschsprachigen Fachliteratur auch den Begriff *Wert* bzw. *value*. Das Oracle SQL-Handbuch drückt den hier besprochenen Sachverhalt so aus:

> "Each value manipulated by Oracle Database has a data type" [Oracle SQL 2013, S. 3-1]

In der folgenden Tabelle sind die Begriffe der beiden Ebenen zusammengestellt. Aus dem *Datenmodell* wird die *Datenbank*, aus *Relationen* werden *Dateien*, ein *Tupel* einer Relation entspricht einem *Datensatz*, ein *Attribut* einem *Feld* und die Attributsausprägungen stellen die Grundlage dar für die Einträge in ein Feld. Felder gibt es nur mit einem Datentyp.

Von der logischen zur physischen Ebene

Logische Ebene	Physische Ebene
Datenmodell	Datenbank
Relation	Datei
Tupel	Datensatz (record)
Attribut	Feld (field)
Attributsausprägung	Feldeintrag, Wert (value)

Näheres zum Gesamtzusammenhang zwischen Weltausschnitt und konkreten Dateien und der verwendeten Begrifflichkeit findet sich in Kapitel 20.

Varianten von Datentypen - Grobeinteilung

Heutige Datenbanksysteme stellen eine große Vielfalt von Datentypen zur Verfügung, aus der ausgewählt werden muss. Es geht dann nur um die Frage, welcher für das jeweilige Attribut am geeignetsten ist: Welcher Datentyp ...

- erlaubt am besten die Kontrolle der Syntax (der Korrektheit der Eingaben),
- die Erfassung der Semantik,
- die Bereitstellung der benötigten Verarbeitungsschritte.

und tut dies mit dem geringsten Speicheraufwand.

Textlich / numerisch. Die wichtigste Unterscheidung bei Datentypen ist, ob sie textliche oder numerische Daten verwalten können. Dies kommt daher, weil ein Computer Text (genauer: alphanumerische Zeichenketten, "strings") auf andere Art verwalten muss als numerische Werte, z.B. weil wir mit numerischen Werten rechnen wollen, mit alphanumerischen aber nicht.

Datentyp + Semantik + mögliche Verarbeitungsschritte

Diese sehr grundsätzliche Unterscheidung wird um weitere ergänzt, bei denen Semantik eine Rolle spielt. Zum Beispiel gibt es spezielle Datentypen für Datumsangaben. Rechnerintern ist ein Datum auch nur eine Folge von Ziffern und Zeichen, allerdings eine, bei der die Syntax kontrolliert und die Semantik dieses Attributstyps (vgl. Abschnitt 1.7) gleich hinzuprogrammiert wurde. Was zum Beispiel das Abweisen unzulässiger Datumsangaben und das Durchführen von Berechnungen im Rahmen der Datumsarithmetik erlaubt. Insgesamt kann festgehalten werden:

Zu einem Datentyp gehören eine Datenstruktur (festgelegt durch die Syntax und Semantik des Attributs) und Methoden, die darauf angewandt werden können. In den Methoden spiegelt sich die Semantik des Datentyps wider.

Die Ähnlichkeit zu den *Klassen* der objektorientierten Theorie ist nicht zufällig. Datentypen waren die Vorläufer des Klassenkonzepts.

Ebenfalls semantisch motiviert sind Datentypen wie Aufzählung (enumeration) oder Menge (set). Auch hier liefern die Datentypen ein Stück weit die Semantik der zugehörigen Attribute gleich mit. Z.B. liegt bei einer Aufzählung eine strikte Ordnung auf den Ausprägungen und bei einer Menge können nicht zwei gleich Elemente vorkommen. Dies muss dann durch die dem Datentyp beigefügten Programme sichergestellt werden.

Syntax. Auch Eigenschaften im syntaktischen Bereich bzw. beim Übergang von Syntax und Semantik führen zu eigenen Datentypen. So kann man einen Datentyp GELD (in einigen Datenbanksystemen MONEY genannt) so sehen, dass die Syntax ("zwei Stellen rechts vom Komma, beliebig viele davor") umgesetzt und ein Währungszeichen bei den Ausprägungen vorangestellt wird.

Sparsame Speicherung. Ein anderer Motivgeber für die Wahl bestimmter Datentypen ist der Wunsch, eine möglichst sparsame Speicherung zu ermöglichen. Deshalb gibt es für Integerwerte (ganze Zahlen) Datentypen mit sehr unterschiedlichen Wertebereichen (vgl. unten die Beispiele bei MySQL) und für textliche Attributsausprägungen sowie Texte (alphanumerische Zeichenfolgen) eine riesige Auswahl von Datentypen, die von der Speicherung von kurzen "strings" bis zur Verwaltunge ganzer Buchtexte optimierte Möglichkeiten anbieten.

Speicherplatz sparen?
Warum ist es überhaupt nötig, über platzsparende Datentypen nachzudenken, warum kann man nicht einfach alle Daten in eine Datei reinschreiben und die Optimierung dem Datenbanksystem überlassen?
Nun, das hat u.a. mit den heutigen Speichertechniken für relationale Datenbanken zu tun. Dateien bestehen hier oft aus Datensätzen mit einem einheitlichen Aufbau und fixer Länge. Ein einfaches Beispiel: Wenn man einen Datentyp (z.B. char, vgl. unten) mit der fixen Länge von 1000 Zeichen anlegt, dann werden bei jedem Eintrag einer Attributsausprägung 1000 Zeichen verbraucht, egal wie lange der tatsächliche Eintrag ist. Dies kann durch Datentypen, die variable Längen erlauben (wie z.B. vchar, vgl. unten), ein Stück weit abgefangen werden. Da gibt es aber noch die Grenze von 255 Bytes, die für unterschiedliche Datenmengen unterschiedliche datentechnische Vorgehensweisen fordern.
Genauso bei numerischen Datentypen, z.B. Integer: Wenn man durch den Datentyp große Integerzahlen verlangt (z.B. BIGINT, vgl. unten), darin aber nur ganze Zahlen im Wertebeich von 0 bis 10000 verwaltet, wird trotzdem bei jedem Eintrag der Speicherplatz verbraucht, den der Datentyp vorgibt.
Der Grund liegt also darin, dass systemtechnisch Daten unterschiedlicher Größe (egal ob numerisch oder textlich bzw. alphanumerisch) unterschiedlich behandelt werden müssen.
Es soll an dieser Stelle nicht verschwiegen werden, dass es seit einiger Zeit Datenbanksysteme gibt, die nicht nur sehr große Datenbestände verwalten können ("Big Data"), sondern bei denen auch Speicherplatz sparen nicht im Fokus der Betreiber steht. Vgl. dazu Kapitel 24.

Unkonventionelle Anwendungsbereiche

Weitere Datentypen ergeben sich aus "unkonventionellen" Anwendungsbereichen, die von der klassischen Datenbanktechnologie erst spät unterstützt wurden. Z.B. die geografischen und geometrischen Datentypen. Aber auch die Datentypen für große Textmengen bzw. beliebige Binärinformation. Diese BLOB-Datentypen waren in den ersten Generationen der relationalen Datenbanksysteme nicht vorhanden, kamen dann aber hinzu, als

Antwort auf den Bedarf der Nutzer, die große Textemengen oder ganze Filme in Datenbanken verwalten wollten. Die Schwierigkeit bei der Verwaltung von Text war, dass lange Texte intern anders verarbeitet werden müssen, als alphanumerische Zeichenketten bis zur Länge von 255 Bytes. Deshalb kamen "die BLOBs" spät und müssen speichertechnisch anders verwaltet werden, als die übrigen Attribute (vgl. unten). Im nächsten Abschnitt sind die in MySQL dafür vorliegenden Datentypen kurz beschrieben.

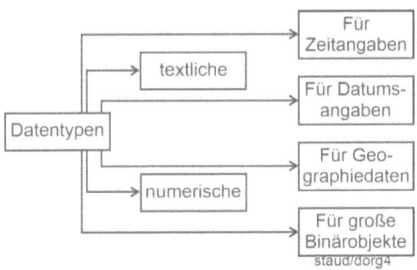

Abbildung 18.1-1:   Datentypen in heutigen Datenbanksystemen – Auswahl

Die aktuelle Diskussion thematisiert diese Anwendungsbereiche und ihre Informationen auch unter dem Begriff *NoSQL-Datenbanken*. Vgl. Abschnitt 24.4.

18.2 Die Datentypen von MySQL

Die Parameter

Quelle für diesen Abschnitt: [MySQL 5.7]

Die Datentypen von MySQL sind sehr vielfältig und decken so gut wie jede heute genutzte Attributart ab. Sie sind wie oben gezeigt gruppiert in numerische, alphanumerische, geometrische und Datentypen für Datums- und Zeitangaben. Im folgenden werden diese kurz beschrieben. Zuerst wird die Bezeichnung des Datentyps mit seinen Parametern angegeben. Folgende Parameter kommen vor:

- NOT NULL. Dies bedeutet, dass im zugehörigen Feld keine Leereinträge erlaubt sind.
- AUTO_INCREMENT. Bei jedem Eintrag wird der Wert hochgezählt.
- UNIQUE. Alle Einträge müssen unterschiedlich sein.
- ZEROFILL
- SIGNED / UNSIGNED. Die (numerischen) Einträge haben ein Vorzeichen oder keines. SIGNED ist Voreinstellung und wird daher meist weggelassen. Falls UNSIGNED gesetzt ist, sind keine negativen Werte möglich.

Numerische Datentypen haben grundsätzlich als Voreinstellung SIGNED ("mit Vorzeichen"). Einige können auch auf UNSIGNED gesetzt werden (vgl. unten).

Numerische Datentypen

Bei den Integerdatentypen bedeutet M die maximale Anzeigegröße und für Gleitkomma- sowie Dezimalzahlen (fixed-point types) die Gesamtzahl von Stellen, die gespeichert werden können. Falls bei einem numerischen Datentyp ZEROFILL gesetzt ist, wird automatisch auch UNSIGNED gesetzt. Hier nun die Datentypen:

- TINYINT[(M)] [UNSIGNED] [ZEROFILL] (tiny integer). Für ganze Zahlen im Wertebereich von -128 bis +127. Falls man die Option *unsigned* wählt ist der Wertebereich 0 bis 255.

- SMALLINT[(M)] [UNSIGNED] [ZEROFILL] (small integer). Für ganze Zahlen im Wertebereich von -32.768 bis +32.767. Falls man die Option *unsigned* wählt ist der Wertebereich 0 bis 65.535.

- MEDIUMINT[(M)] [UNSIGNED] [ZEROFILL] (medium-sized integer). Für ganze Zahlen im Wertebereich von -8.388.608 bis 8.388.607. Falls man die Option *unsigned* wählt ist der Wertebereich 0 bis 16.777.215.

- INT oder INTEGER [(M)] [UNSIGNED] [ZEROFILL]. Für ganze Zahlen im Wertebereich von -2.147.483.648 bis 2.147.483.647. Falls man die Option *unsigned* wählt ist der Wertebereich 0 bis 4.294.967.295.

- BIGINT [(M)] [UNSIGNED] [ZEROFILL] (large integer). Für ganze Zahlen im Wertebereich von -9.223.372.036.854.775.808 bis 9.223.372.036.854.775.807. Falls man die Option unsigned wählt ist der Wertebereich 0 bis 18.446.744.073.709.551.615.

Obiges zeigt, dass sehr unterschiedliche INTEGER-Datentypen angeboten werden. Je nach benötigter maximaler Zahlengröße wählt man den, in den die Zahlen gerade noch reinpassen.

- SERIAL. Dieser Datentyp entspricht BIGINT UNSIGNED NOT NULL AUTO_INCREMENT UNIQUE. Damit ist er einer der Datentypen die mehr Komfort als die einfachen Datentypen anbieten. Mit der Bezeichnung alleine ist der große Wertebereich festgelegt, die Tatsache, dass es keine negativen und keine Leereinträge gibt und dass bei der Eingabe automatisch hochgezählt wird.

Die Parameter zeigen, dass bei SERIAL ein großer Wertebereich positiver ganzer unterschiedlicher Zahlen, die bei der Eingabe automatisch hochgezählt werden, vorgesehen ist.

- DECIMAL[(M[,D])] [UNSIGNED] [ZEROFILL]. Für Kommazahlen mit fixierter Kommastelle. M gibt die Gesamtzahl aller Stellen an (max. 65) und D die Anzahl der Stellen rechts vom Komma (max. 30). Voreinstellung für *M* ist 10 und für *D* null. Das Komma und das eventuelle Minuszeichen werden für *M* nicht gezählt.

Die identischen Datentypen DECIMAL und NUMERIC speichern exakte Werte. Sie werden eingesetzt, wenn Genauigkeit notwendig ist, z.B. bei Geldbeträgen. M und D werden bei der Anlage des Feldes festgelegt, z.B. Gehalt DECIMAL (5,2).

- FLOAT[(M,D)] [UNSIGNED] [ZEROFILL]. Eine kleine Gleitkommazahl mit "single precision". Zulässige Werte sind -3.402.823.466E+38 bis -1.175.494.351E-38, 0, und 1.175.494.351E-38 bis 3.402.823.466E+38. Der genaue Zahlenbereich hängt von der Hardware und dem Betriebssystem ab. *M* ist die Gesamtzahl der Stellen und *D* die der rechts vom Komma.

- FLOAT(p) [UNSIGNED] [ZEROFILL]. Eine Gleitkommazahl, die wegen der ODBC-Kompatibilität eingefügt wurde. *p* gibt die Genauigkeit in Bits an, MySQL nutzt aber den Wert nur um zu bestimmen, ob FLOAT or DOUBLE gewählt wird.

Liegt p zwischen 0 und 24, wird der Datentyp FLOAT (single precision) gewählt, ohne Werte für M oder D. Liegt p zwischen 25 und 53 wird der Datentyp DOUBLE (double precision) gewählt, ebenfalls ohne Werte für M und D.

- DOUBLE[(M,D)] [UNSIGNED] [ZEROFILL] für Gleitkommazahlen mit dem Wertebereich -17.976.931.348.623.157E+308 bis -22.250.738.585.072.014E-308, 0, und 22.250.738.585.072.014E-308 bis 17.976.931.348.623.157E+308. Der konkrete Wertebereich hängt von der verwendeten Hardware und dem Betriebssystem ab. M gibt hier die Anzahl aller Stellen an, D die der Stellen nach dem Komma.

Die FLOAT- und DOUBLE-Datentypen repräsentieren angenäherte numerische Werte. MySQL nutzt 4 Bytes für single-precision values und 8 Bytes für double-precision values.

- BIT (M) für Bitfolgen. M gibt die Anzahl der Bits je Wert an (1 bis 64). Falls kein M angegeben wird ist die Voreinstellung 1.
- BOOL, BOOLEAN sind synonym mit TINYINT(1). Der Wert 0 bedeutet "falsch", alle anderen Werte bedeuten "wahr".

Manchmal benötigt man Attribute, deren Ausprägungen nur zwei Werte annehmen können. Z.B. für Kontodeckung (Saldo), Auftragseingang (j/n). Dafür ist dieser Datentyp geeignet.

Tages- und Zeitangaben

Für Attribute die Datums- oder / und Zeitangaben darstellen, stellt MySQL folgende Datentypen bereit:

- DATE für Datumsangaben. Der Wertebereich ist '1000-01-01' bis '9999-12-31'.
- DATETIME für kombinierte Datums- und Zeitangaben. Der Wertebereich: '1000-01-01 00:00:00' bis '9999-12-31 23:59:59'.
- TIMESTAMP für einen Zeitstempel. Der Wertebereich ist '1970-01-01 00:00:01' UTC bis '2038-01-19 03:14:07' UTC. Ausprägungen eines Zeitstempels werden als Anzahl der Sekunden seit '1970-01-01 00:00:00' UTC gespeichert. Dieser Datentyp eignet sich z.B. dafür, den Zeitpunkt von INSERT- und UPDATE-Operationen festzuhalten.
- TIME für Zeitangaben. Der Wertebereich (HH:MM:SS) ist '-838:59:59' bis '838:59:59'.
- YEAR[(2|4)] für Jahresangaben. Vierstellig ist der Wertebereich 1901 bis 2155, das zweistellige Format ist ab MySQL 5.1.65 nicht mehr erwünscht.

String - alphanumerische Zeichenfolgen

Bei den Datentypen CHAR, VARCHAR, TEXT, ENUM und SET kann der Zeichensatz (character set) und seine Sortierfolge (collation) festgesetzt werden. Folgende Parameter stehen dafür zur Verfügung:

- NATIONAL für die Festlegung eines nationalen Zeichensatzes, z.B. latin1 **swedish**.
- M für die maximale Anzahl der Zeichen.
- CHARACTER SET (CHARSET) legt den Zeichensatz fest. Voreingestellt ist utf8.
- COLLATE für die Bezeichnung der Sortierfolge (Kollation).

Der Parameter ASCII ist eine Kurzbezeichnung für CHARACTER SET latin1. UNICODE steht für CHARACTER SET ucs2.

Hier nun die Datentypen. Das unten mehrfach erwähnte Längenbyte gibt die Steuerinformation für die variable Länge der Einträge an:

- CHAR [NATIONAL] CHAR[(M)] [CHARACTER SET charset_name] [COLLATE collation_name]. Für alphanumerische Zeichenfolgen (string) *fester* Länge. Jeder Eintrag wird für die Speicherung rechtsseitig mit Leerzeichen aufgefüllt bis zur Länge des Datentyps. Vgl. Abschnitt 21.3 für die daraus folgende Dateistruktur.

- VARCHAR [NATIONAL] VARCHAR(M) [CHARACTER SET charset_name] [COLLATE collation_name]. Für alphanumerische Zeichenfolgen (string) *variabler* Länge. M legt die maximale Länge eines Eintrags fest (0 bis 65.535). Dies allerdings im Rahmen der maximalen Länge eines Tupels, die für alle Attribute zur Verfügung steht (65.535). Da einige Zeichensätze für bestimmte Zeichen mehr als 1 Byte benötigen (z.B. utf8), kann sich der Wert noch mehr verkleinern. Die konkrete Länge eines jeden Eintrags wird durch einen Präfix (Längenbyte) vor jedem Eintrag festgehalten. Dieser benötigt 1 Byte, wenn die Länge der Einträge nicht größer als 255 Bytes ist, sonst 2 Bytes.

- TINYTEXT [CHARACTER SET charset_name] [COLLATE collation_name]). Für alphanumerische Attribute variabler Länge mit maximal 255 Byte. Die maximale Länge verkürzt sich, falls Zeichen verwendet werden, die mehr als 1 Byte benötigen. Das Längenbyte benötigt 1 Byte.

- TEXT[(M)] [CHARACTER SET charset_name] [COLLATE collation_name]. Für alphanumerische Attribute variabler Länge mit maximal 65.535 Zeichen. Die maximale Länge verkürzt sich, falls Zeichen verwendet werden, die mehr als 1 Byte benötigen. Das Längenbyte benötigt 2 Byte.

- MEDIUMTEXT [CHARACTER SET charset_name] [COLLATE collation_name]. Für alphanumerische Attribute variabler Länge mit maximal 16.777.215 Zeichen. Die maximale Länge verkürzt sich, falls Zeichen verwendet werden, die mehr als 1 Byte benötigen. Das Längenbyte benötigt 3 Byte.

- LONGTEXT, LONGBLOB. Für alphanumerische Attribute variabler Länge mit maximal 4.294.967.295 (4 GB) Zeichen. Die konkrete Länge hängt von der Hardware und dem verfügbaren Arbeitsspeicher ab. Das Längenbyte benötigt 4 Bytes.

- BINARY(M). Ähnlich dem Datentyp CHAR, speichert aber binäre Bytefolgen und keine nichtbinären Zeichenfolgen. M steht für die maximale Länge in Bytes.

- VARBINARY(M). Ähnlich dem Datentyp VARCHAR, speichert aber binäre Bytefolgen und keine nichtbinären Zeichenfolgen. M steht für die maximale Länge in Bytes.

Zahlreiche BLOB-Datentypen

- BLOB[(M)]. Ein BLOB-Datentyp mit einer maximalen Länge von 65.535 Bytes und einem Längenbyte von 2 Byte. Falls M gesetzt wird, nimmt MySQL den "kleinsten" BLOB-Datentyp, der die konkreten Werte verwalten kann. (2^{16}=65535)

- TINYBLOB. Ein BLOB-Datentyp mit maximaler Länge 255 Byte und einem Längenbyte von 1 Byte.

- MEDIUMBLOB. Ein BLOB-Datentyp mit einer maximalen Länge von 16.777.215 (2^{24} - 1) Bytes und einem Längenbyte von 3 Byte. (2^{24}=16.777.216)

- LONGBLOB. Ein BLOB-Datentyp mit maximaler Länge von 4,294,967,295 Byte und einem Längenbyte von 4 Byte. Die konkrete Länge hängt von der Hardware (client/server protocol) und dem verfügbaren Arbeitsspeicher ab.

- ENUM('value1','value2',...) [CHARACTER SET charset_name] [COLLATE collation_name] für Aufzählungen. Mit diesem Datentyp kann eine alphanumerische Zeichenfolge nur Werte aus der Liste 'value1', 'value2', ... und NULL annehmen. ENUM-Einträge werden intern als Integer abgespeichert. Maximal 65535 verschiedene Einträge sind möglich.

- SET('value1','value2',...) [CHARACTER SET charset_name] [COLLATE collation_name]. Für Mengen. Eine alphanumerische Zeichenfolge kann einen oder mehrere Werte haben, die aus der Liste 'value1','value2',... gewählt werden. SET-Einträge werden intern als Integer abgespeichert. Maximal 64 verschiedene Einträge sind möglich.

Hinterlegte (implizite) Voreinstellungen für Einträge

Falls keine entsprechenden Angaben vorliegen, wählt MySQL folgende Einträge als Voreinstellungen:

- Für numerische Datentypen ist die Voreinstellung 0, falls nicht für Integer- oder Gleitkommadatentypen AUTO_INCREMENT gesetzt wurde. Dann ist die Voreinstellung der nächste Wert.

- Für Datums- und Zeitangaben mit Ausnahme von TIMESTAMP ist die Voreinstellung der zum Datentyp passende Nullwert. Für das erste TIMESTAMP-Attribut einer Relation ist die Voreinstellung das aktuelle Datum und die aktuelle Zeit.

- Für alphanumerische Datentypen außer ENUM ist die Voreinstellung eine leere Zeichenkette. Für ENUM ist es der erste Aufzählungswert.

Datentypen für geografische Objekte

Raumbezogene Erweiterungen. MySQL besitzt auch Datentypen für geographische Objekte (spatial data types). Mit ihnen können Attribute erfasst werden zu ...

- irgendwelchen Informationsträgern aus diesem Bereich, z.B. einem Berg, einer Stadt, oder einem geographischen Bereich, z.B. einem Stadtteil oder "den Tropen".
- einem bestimmten Ort, z.B. einer Straßenkreuzung.

Getragen wird dies durch eine Vereinigung von Unternehmen und sonstigen Organisationen mit Interesse an geographischen Datenbanken (Open Geospatial Consortium; www.opengeospatial.org). Diese veröffentlicht regelmäßig das *OpenGIS geometry model*, worauf diese MySQL-Datentypen basieren. Folgende sind verfügbar, zuerst die für einfache geometrische Werte:

- GEOMETRY für beliebige geometrische Objekte.
- POINT für Punkte.
- LINESTRING für Linien.
- POLYGON für Polygone.

Die anderen Datentypen erfassen Sammlungen von Werten:

- MULTIPOINT

- MULTILINESTRING
- MULTIPOLYGON
- GEOMETRYCOLLECTION (Sammlung von Objekten aller Art)

Näheres hierzu findet sich in [MySQL 5.7].

Speicherbedarf

Für eine Relation ("table" in den Referenzwerken der Datenbanksystemanbieter) stehen in MySQL 65.535 Bytes zur Verfügung. Dies ohne die Daten von BLOB- und TEXT-Datentypen, die separat verwaltet werden. Sie benötigen nur 9 bis 12 Bytes für die Verweisinformation.

Wie die folgende Tabelle zeigt, kann man durch Einsatz des optimalen Datentyps viel Speicherplatz sparen. Es lohnt sich also auf jeden Fall, die möglichen Attributsausprägungen und späteren Feldeinträge genau zu betrachten. Solche Überlegungen spielen natürlich nur eine Rolle, wenn die Zahl der Tupel und späteren Datensätze hoch ist.

Numerische Datentypen und Speicherbedarf

Datentyp	Speicherbedarf
TINYINT	1 Byte
SMALLINT	2 Bytes
MEDIUMINT	3 Bytes
INT, INTEGER	4 Bytes
BIGINT	8 Bytes
FLOAT (p)	4 Bytes falls $0 <= p <= 24$
	8 Bytes falls $25 <= p <= 53$
DOUBLE [PRECISION] REAL	8 Bytes
DECIMAL (M, D) NUMERIC (M, D)	Je nach Größe
BIT (M)	Ungefär (M+7)/8 Bytes

Einträge in DECIMAL- und NUMERIC-Datentypen werden durch ein Binärformat dargestellt, das 9 Dezimalstellen (Basis 10) in 4 Byte packt. Dabei werden die Stellen links und rechts vom Komma getrennt bestimmt. Jede Einheit von neun Stellen benötigt 4 Bytes.

Die folgende Tabelle gibt den Speicherbedarf für Datums- und Zeiteinträge an. Aus naheliegenden Gründen gibt es hier kaum Varianten.

Speicherbedarf von Datums- und Zeitangaben

Datentyp	Speicherbedarf
DATE	3 Bytes
TIME	3 Bytes
DATETIME	8 Bytes
TIMESTAMP	4 Bytes
YEAR	1 Byte

Da ist der Speicherbedarf bei "String"-Datentypen schon ausdifferenzierter. Zeichenketten können binär strukturiert sein (binäre Informationen enthalten) oder nichtbinär (durch beliebige alphanumerische Zeichen). Dies und der Wille für unterschiedlich Größen jeweils Angebote zu machen, führen zu einem vielfältigen Angebot von Datentypen mit sehr unterschiedlichem Speicherbedarf.

In der folgenden Tabelle steht M

- bei nichtbinären alphanumerischen Datentypen wieder für die definierte Länge *in Zeichen* und bei
- binären Datentypen für die definierte Länge *in Bytes*.

L steht für die konkrete Länge einer Zeichenkette.

Alphanumerische Datentypen und ihr Speicherbedarf

Datentyp	Speicherbedarf
CHAR (M)	M x w Bytes, 0 <= M <= 255. w steht für die Anzahl Bytes, die für das Zeichen mit dem größten Bedarf an Bytes im jeweiligen Zeichensatz benötigt werden.
BINARY (M)	M Bytes, 0 <= M <= 255
VARCHAR (M), VARBINARY (M)	L + 1 Bytes falls die Einträge 0 - 255 Bytes benötigen. L + 2 Bytes, falls die Einträge mehr als 255 Bytes benötigen.
TINYBLOB, TINYTEXT	L + 1 Bytes, falls L < 28
BLOB, TEXT	L + 2 Bytes, falls L < 216
MEDIUMBLOB, MEDIUMTEXT	L + 3 Bytes, falls L < 224
LONGBLOB, LONGTEXT	L + 4 Bytes, falls L < 232
ENUM('value1','value2',...)	1 oder 2 Bytes, abhängig von der Anzahl der Aufzählungszeichen (maximal 65,535)
SET('value1','value2',...)	1, 2, 3, 4, oder 8 bytes, abhängig von der Anzahl der Mengenelemente (maximal 64)

Die Datentypen mit variabler Länge (VARCHAR, VARBINARY, BLOB, TEXT) erhalten einen Präfix mit Angabe der Länge (Längenbyte). Dieser benötigt 1 bis 4 Byte, abhängig vom Datentyp. Insgesamt hängt bei diesen der Speicherbedarf von folgenden Faktoren ab:

- Der konkreten Länge des Eintrags
- Der maximalen möglichen Länge
- Dem verwendeten Zeichensatz, weil es in einigen Zeichen gibt, die mehr als 1 Byte benötigen

Sortierfolge

Regelwerk. Mit Sortierfolge (Kollation, engl. collation) ist das Regelwerk für die Sortierung der Zeichen eines Zeichensatzes gemeint. Eine *alphabetische Sortierung* ist eine Sortierung, bei der Zeichenketten nach der Reihenfolge der Buchstaben im Alphabet angeordnet werden. Dabei müssen Besonderheiten wie Sonderzeichen ("ä", "ü", ...), diakritische Zeichen (an Buchstaben angebrachte kleine Zeichen, die unterschiedliche Aussprachen deutlich machen), Leerzeichen, Groß- und Kleinschreibung sowie Ziffern beachtet werden, da sie unterschiedliche Regeln und Normen generieren.

ASCII, EBCDIC, Unicode. Computersysteme ordnen die Zeichen (einschließlich Ziffern, Leerzeichen, Satz- und Sonderzeichen) im einfachsten Fall nach dem zugeordneten Zahlenwert des zugrundeliegenden Codes (ASCII und seine Varianten oder Ergänzungen, seltener EBCDIC, heute immer mehr Unicode), sodass bspw. auch alle lateinischen Groß-

buchstaben vor dem kleinen "a" eingeordnet werden. Dies ist allerdings meist nicht sinnvoll. Deshalb gibt es Möglichkeiten, auf die Sortierreihenfolge Einfluss zu nehmen. Dies
wird *Sortierfolge* (collation) geannnt.

Sie legt fest wie alphanumerische Zeichenfolgen sortiert werden, z.B. bei der Ausgabe
von Datensätzen. Es werden je zwei alphabetische oder alphanumerische Zeichenketten
oder Ziffern bzw. Ausdrücke von Ziffern (1.2-5 / 12-5 / ...) verglichen und festgelegt, in
welcher Reihenfolge sie stehen. Ein Algorithmus, der dabei Anwendung findet, ist der
Unicode Collation Algorithm.

Das Angebot an Kollationen ist sehr groß. Hier zwei Ausschnitt aus dem umfangrei-
chen entsprechenden Pulldown-Menü von MySQL, in denen auch die für europäische
Datenbanksysteme wichtigsten Kollationen angeführt sind.

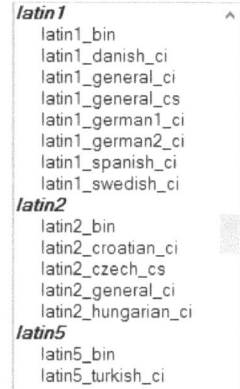

18.3 Die Datentypen von ORACLE SQL

Quelle: [Oracle SQL 2013]

In diesem Abschnitt werden die wichtigsten Datentypen von ORACLE SQL vorgestellt.
Grundsätzlich besitzen die professionellen Datenbanksysteme vergleichbare Datentypen,
wobei sich die mit weniger Marktanteilen meist an den Marktführern orientieren und zum
Beispiel spezielle Datentypen aus Kompatibiliätsgründen integrieren. Hier nun wichtige
Datentypen von ORACLE SQL:

- VARCHAR2(size) [char / byte]: Datentyp für Attribute, deren Ausprä-
  gungen aus Zeichen- oder Bytefolgen mit variabler Länge bestehen (maximal 4000
  Bytes, minimal 1 Byte oder ein Zeichen). Mit den Parametern BYTE und CHAR
  wird festgelegt, welche Struktur (binär / nichtbinär) der Datentyp haben soll.
- FLOAT [(p)]: Ein Untertyp von NUMBER mit der Stellenzahl p (1 bis 126 binary
  digits). Ein FLOAT-Eintrag wird intern wie ein NUMBER-Datentyp verwaltet. Ein
  Eintrag benötigt 1 bis 22 Bytes.
- NUMBER [(p [, s])]: Datentyp für Attribute, deren Ausprägungen aus
  numerischen Werten bestehen. Für "p" (precision) steht die Gesamtlänge (von 1 bis
  38), für "s" (scale) die Anzahl Stellen rechts vom Komma.

- LONG: Alphanumerische Daten variabler Länge mit maximal 2 GB (2^{31}-1 Bytes). Ist eingefügt wegen gewünschter Abwärtskompatibilität.
- DATE: Für Datumsangaben. Zulässige Einträge reichen von 'January 1, 4712' vor unserer Zeitrechnung bis 'December 31, 9999'.
- TIMESTAMP (fractional_ seconds_precision): Dieser Datentyp verwaltet Datums- + Zeitangaben. Der Parameter fractional_seconds_precision legt die Anzahl der Stellen bei den Sekundenbruchteilen fest (0 bis 9, Voreinstellung 6).
- INTERVAL YEAR (year_precision) TO MONTH: Für einen Zeitraum in Jahren und Monaten. Der Parameter year_precision legt die Anzahl der Stellen bei der Jahresangabe fest (0 bis 9, Voreinstellung 2).
- INTERVAL DAY (day_ precision) TO SECOND (fractional_ seconds_precision): Für einen Zeiraum, gemessen in Tagen, Stunden, Minuten und Sekunden. Der Parameter day_precision legt die Anzahl der Stellen bei den Tagesangaben fest (0 bis 9, Voreinstellung 2). Der Parameter fractional_seconds_precision legt die Anzahl der Stellen bei den Sekundenbruchteilen fest (0 bis 9, Voreinstellung 6).
- RAW(size): Für Binärdaten mit der angegebenen Länge mit maximal 2000 Bytes. Der Paramter size muss gesetzt werden.
- LONG RAW: Binärdaten variabler Größe bis maximal 2 GB.
- CHAR [(size [BYTE | CHAR])]: Für alphanumerische Zeichenketten fixer Länge. Maximal 2000 Zeichen. Entweder binär oder nichtbinär (Zeichen).
- NCHAR[(size)]: Für alphanumerische Zeichenketten fixer Länge. Entweder binär oder nichtbinär (Zeichen). Für den Zeichensatz AL16UTF16 kann die Anzahl an Bytes doppelt so groß sein und dreimal so groß für den utf8-Zeichensatz. Die maximale Größe wird durch den nationalen Zeichensatz bestimmt, mit der Obergrenze 2000 Bytes.

Obiger Datentyp ist ein Beispiel für die Ausbildung von Datentypen für bestimmte Zeichensätze, ähnlich dem Parameter [NATIONAL] bei MySQL. Der Buchstabe N (National) kennzeichnet bei ORACLE SQL solche Datentypen. Es gibt noch mehr, vgl. dazu [Oracle SQL 2013, S. 3-6ff].

- CLOB: Für große alphanumerische Datenbestände (feste und variable Länge), bei denen jedes Zeichen genau ein Byte benötigt (character large object). Die maximale Größe ist 4 GB.

CLOB ist ein Datentyp speziell für eine einfache Datenstruktur, die nur einen einfachen Zeichensatz benötigt. Solche "komfortablen" Datentypen, die dem Nutzer das Setzen von Parametern ersparen, werden von allen Datenbanksystemanbietern angeboten.

- NCLOB: Wie CLOB oben, allerdings ähnlich wie NCHAR für einen bestimmten nationalen Zeichensatz auf der Basis von Unicode.
- BLOB: Für sogenannte "Binary Large Objects" (maximal 4 Gigabyte -1), also beliebige Binärdateien mit Filmen, Audiodaten, usw. Das ist bei Oracle SQL sozusagen der allgemeinste BLOB-Datentyp.

In der SQL-Referenz von Oracle [Oracle SQL 2013] finden sich detaillierte Beschreibungen dieser und weiterer Datentypen.

18.4 Die Datentypen von ACCESS

In Microsoft ACCESS erfolgt das Anlegen von Dateien mit ihren Feldern menügesteuert. Die Nutzer können also ohne SQL auskommen. Der Grund ist einfach: ACCESS zielt eher auf den Office-Bereich mit kleineren Datenbeständen und weniger datenbankaffinen Nutzern.

Die Begrifflichkeit bei ACCESS ist *Feldname* (für Attributsbezeichnungen) und *Felddatentyp* für die Datentypen. Die folgende Abbildung zeigt die Maske für das Anlegen einer Datei, die von einer Relation Angestellte herrührt. In der ersten Spalte wird die Attributsbezeichnung angegeben, sie wird zum Feldnamen. Hier sind bereits 8 Felder (Attribute) angelegt. In der zweiten Spalte kann für jedes Feld der Datentyp festgelegt werden. Dazu wird einfach ein Pulldown-Menü aufgerufen und ein Datentyp ausgewählt. In der Abbildung wird dem Feld **Alter** der Datentyp ZAHL zugeordnet.

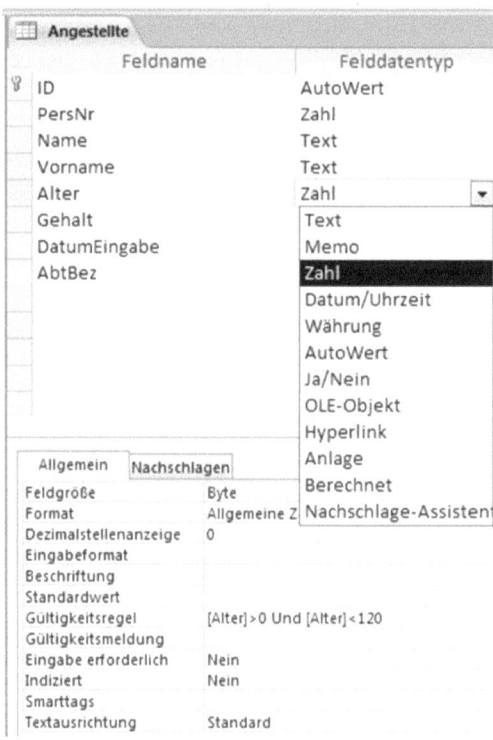

Abbildung 18.4-1:   Dateien anlegen mit ACCESS 2010

Die Datentypen haben folgende Bedeutung:

- TEXT: Geeignet für beliebige alphanumerische Zeichenfolgen der maximalen Länge 255.
- MEMO: Geeignet für lange Texte. Die maximale Länge variiert von Datenbanksystem zu Datenbanksystem. Das ist der Datentyp, der den BLOB-Datentypen der anderen Anbieter entspricht.
- ZAHL: Für numerische Daten. Ist nur ein Oberbegriff und meint eine große Zahl numerischer Datentypen (vgl. unten).

- DATUM/UHRZEIT: Mit diesem Datentyp ist die Erfassung von Zeit- und Datums-angaben möglich. Mit dem Pulldown-Menü können dann noch verschiedene Formate gewählt werden. Hier wurde "Datum, Jahr 4-stellig" gewählt.
- WÄHRUNG: Für Geldwerte, d.h. Dezimalzahlen mit zwei Nachkommastellen und Währungszeichen, also z.B. 5000,00 Euro.
- AUTOWERT: Für die automatische Vergabe eines Feldeintrags (einer Attribut-sausprägung) durch das Datenbanksystem. Wählt man ihn, erzeugt das Datenbank-system bei jedem Eintrag automatisch einen Wert, der von allen übrigen verschieden ist. Er ist also z.B. für Schlüssel geeignet, wenn man die Schlüsselausprägungen nicht selbst festlegen will.
- JA/NEIN: Dies ist ein Datentyp, der nur zwei Zustände annehmen kann und ent-sprechend wenig Speicherplatz benötigt; geeignet z.B. für ein Attribut Saldo, das festhält, ob die Zahlungseingänge eines Kunden (etwa bei einem Versandhaus) kor-rekt sind oder nicht.

Die letzten fünf Felddatentypen im obigen Fenster (OLE-Objekt, Hyperlink, Anlage, Be-rechnet, Nachschlage-Assistent) sind keine Datentypen im klassischen Sinn, deswegen werden sie hier nicht weiter betrachtet.

Numerische Datentypen - Datentyp ZAHL

Hat man den Felddatentyp ZAHL gewählt, bietet ACCESS 2010 eine ganze Reihe kon-kreter numerischer Datentypen an. Um sie anzuzeigen, muss lediglich bei *Feldgröße* das Pulldown-Menü angefordert werden.

Abbildung 18.4-2:   Numerische Datentypen mit ACCESS 2010

Die folgende Tabelle gibt an, welcher Zahlenbereich jeweils gemeint ist.

- BYTE: Für ganze Zahlen von 0 bis 255. Speicherbedarf je Eintrag: 1 Byte.
- Integer: Für ganze Zahlen von - 32.768 bis +32.767. Speicherbedarf: 2 Byte
- LONG INTEGER: Für ganze Zahlen von - 2.147.483.648 bis +2.147.483.647. Spei-cherbedarf: 4 Byte.
- SINGLE (single precision): Für rationale und reelle Zahlen. Negative Werte von - 3402823E38 bis - 1401298E-45. Positive Werte : rationale/reelle Zahlen von 1401298E-45 bis 3402823E38. Dezimale Genauigkeit: 7. Speicherbedarf: 4 Byte.
- DOUBLE (double precision): Für rationale/reelle Zahlen doppelter Genauigkeit. De-zimale Genauigkeit: 15 Stellen. Speicherbeadarf: 8 Byte.
- DEZIMAL: Für Dezimalzahlen. Anzahl Stellen insgesamt, Zahl der Kommastellen. Dezimale Genauigkeit 28. Speicherbedarf: 12 Byte.

Datentyp TEXT

Damit werden Attribute erfasst, deren Ausprägungen beliebige alphanumerische Zeichenfolgen sind. Im Eingabefeld Feldgröße kann die gewünschte Länge eingegeben werden. Hier wurde zum Beispiel für **AbtBez** (Abteilungsbezeichnung) die Länge 2 angegeben, da jede Abteilungsbezeichnung genau 2 Buchstaben haben soll. Durch "Eingabe erforderlich=Ja" wird es zum Pflichtfeld, durch "Indiziert=Ja (Duplikate möglich)" mit einem Index versehen, der es auf die Rolle als Fremdschlüssel vorbereitet. Bei anderen Datenbanksystemen wird dieser Datentyp oft character oder char genannt.

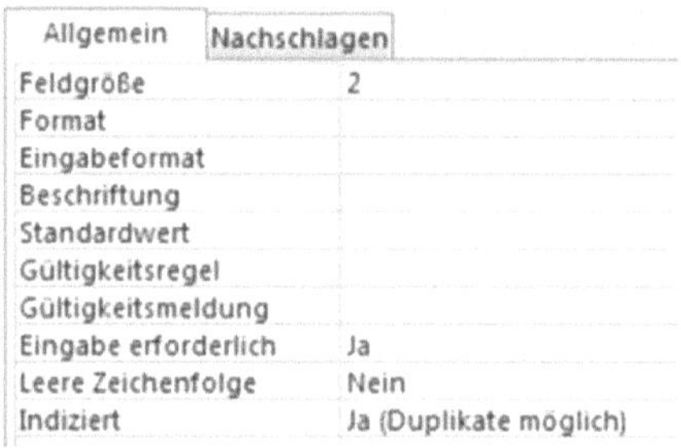

Allgemein	Nachschlagen
Feldgröße	2
Format	
Eingabeformat	
Beschriftung	
Standardwert	
Gültigkeitsregel	
Gültigkeitsmeldung	
Eingabe erforderlich	Ja
Leere Zeichenfolge	Nein
Indiziert	Ja (Duplikate möglich)

Abbildung 18.4-3:   Alphanumerische Datentypen anlegen mit ACCESS 2010

Einschränkungen möglicher Eingaben bei ACCESS - numerisch

Semantische Integritätsbedingungen. Es ist bei allen Datenbanksystemen möglich, die Attributsausprägungen (zulässigen Eingaben in ein Feld) nicht nur über den Datentyp und seine Spezifikationen festzulegen, sondern über weitere Bedingungen für die Eingabe. Diese werden *semantische Integritätsbedingungen* genannt, weil sie zur Sicherstellung der Semantik des jeweiligen Attributs dienen. Die folgende Abbildung zeigt ein Beispiel mit ACCESS 2010. Es wurde festgelegt, dass in das Feld Alter nur Werte von 1 bis 119 eingetragen werden können.

Abbildung 18.4-4:   Anlegen einer semantischen Integritätsbedingung mit ACCESS 2010

Hier nun noch die angelegte Relation in der *Datenblattansicht* (so nennen die ACCESS-Entwickler diese Tabellendarstellung).

Angestellte								
ID ▾	PersNr ▾	Name ▾	Vorname ▾	Alter ▾	Gehalt ▾	DatumEinga ▾	AbtBez ▾	
2	1007 Zeller		Egon	45	4.500,00 €	15.02.2014	IT	
3	2008 Ahlers		Rudi	33	3.800,00 €	19.12.2013	PW	
4	3009 Maier		Elfriede	28	4.100,00 €	20.09.2013	IT	
5	4010 Benz		Berta	64	5.600,00 €	01.12.2013	PW	
6	5011 Rudolph		Paul	56	3.900,00 €	28.02.2014	VT	
*	(Neu)							

Abbildung 18.4-5:   Anlegen einer semantischen Integritätsbedingung mit ACCESS 2010

Zusammengefasst gilt für die Attribute / Felder:

- **ID** mit dem Datentyp `AutoWert` wird automatisch vergeben, als fortlaufende natürliche Zahl (positive ganze Zahlen).
- **PersNr** mit dem Datentyp `Zahl` und der Feldgröße `Integer` hat als Ausprägungen natürliche Zahlen mit genau 4 Stellen.
- **Name** und **Vorname** sind alphabetische Felder mit maximaler Länge 20.
- **Alter** mit dem Datentyp `Zahl` und der Feldgröße `Byte` hat als Ausprägungen natürliche Zahlen zwischen 1 und 119.
- **Gehalt** hat als Datentyp `Währung`, besteht also aus positiven Dezimalzahlen mit zwei Stellen rechts vom Komma. Ihnen wird automatisch ein Währungszeichen hinzugefügt.
- **DatumEingabe** hat den Datentyp `Datum/Uhrzeit` mit einer Formatfestlegung.
- Die Abteilungsbezeichnung **AbtBez** hat als Datentyp `TEXT` mit der Längenfestlegung 2.

18.5 Welcher Datentyp für welches Attribut?

Es wurde oben schon angesprochen, hier nochmals zusammengefasst die Antwort auf die Frage: Für welche Attribute wählt man welche Datentypen?

(1) Numerisch oder alphanumerisch

Zuerst muss die grundsätzliche Entscheidung getroffen werden, ob die Ausprägungen alphanumerisch oder numerisch sind. Einen der numerischen Datentypen wählt man, wenn mit den Ausprägungen in irgendeiner Form gerechnet werden soll. Wählt man für ein Attribut mit Ausprägungen, die aus Zahlen bestehen (Bsp. Personalnummer) einen alphanumerischen Datentyp, werden diese rechnerintern wie Text behandelt.

Alphanumerisch: hauptsächlich alphabetisch + Ziffern

(2) Semantik

Dann wird aus der jeweiligen Gruppe derjenige genommen, der die Semantik des Attributs am besten trifft. Gibt es komfortable Datentypen wie ZEIT, DATUM oder WÄHRUNG, nimmt man natürlich diese. Komfortabel heißen sie deshalb, weil diese Attribute ~~natürlich~~ auch mit den "einfacheren", z.B. char bei Datumsangaben und DEZIMAL bei Währungsangaben, realisiert werden könnten. Nur müsste man sich dann um die Einhaltung der Formate, die Syntax und Semantikaspekte selbst kümmern.

(3) Speicherplatz

Mit obigem ist die Zielmenge dann meist schon sehr klein. Unter diesen wählt man dann den Datentyp, der für die Attributsausprägungen am wenigsten Speicherplatz benötigt.

(4) Genauigkeit

Bei Attributen mit numerischen Ausprägungen ist noch die gewünschte Genauigkeit zu berücksichtigen. So empfiehlt [Oracle SQL 2013] den Datentyp DOUBLE, falls Genauigkeit nicht so sehr gefordert ist oder wenn die Zugriffsgeschwindigkeit die höchste Priorität hat. Für den Fall, dass große Präzision verlangt ist, werden als BIGINT gespeicherte Festkommazahlen empfohlen.

Grundsätzlich gilt, dass bei der Auswahl eines Datentyps für ein Attribut möglichst viel Syntax und Semantik durch den Datentyp erfasst werden sollte, denn die nicht erfassten Aspekte müssen durch die Anwendungssoftware abgesichert werden.

19 Einführung in SQL

19.1 Einleitung

Für Relationale Datenbanksysteme hat sich schon vor vielen Jahren eine Abfragesprache durchgesetzt, *die Structured Query Language* (SQL). Ein Grund ist, dass sie mehr ist als nur eine Abfragesprache. Sie ist eine umfassende befehlsorientierte formale Sprache für die Einrichtung und den Betrieb Relationaler Datenbanken.

SQL ist *befehlsorientiert*, d.h. der Nutzer gibt mittels reservierter Wörter in einer bestimmten Syntax die Befehle ein. Einige Datenbanksysteme wie ACCESS bieten menügesteuerte Oberflächen an, durch die SQL-Befehle erzeugt werden.

Relationen, nichts als Relationen

SQL bezieht sich ganz auf Relationen, wie sie in Relationalen Datenbanken definiert sind. D.h., SQL verarbeitet nur Relationen und gibt, wenn es um Daten geht, nur Relationen oder Tabellen aus. Es ist deshalb auch *attributbasiert* im Sinne der obigen Kapitel: Attribute werden angelegt, Attributsausprägungen gespeichert, Abfragen erfolgen mit Hilfe von Attributsausprägungen.

SQL ist im Kernbereich standardisiert, trotzdem gibt es kleine Unterschiede zwischen den verschiedenen Datenbanksystemen. Es könnte somit sein, dass beim Nachvollzug der Beispiele kleine Anpassungen notwendig sind. Dabei hilft das Handbuch oder auch die Hilfefunktion des jeweiligen Datenbanksystems.

> Anmerkung: Eine etwas ausführlichere Darstellung von SQL findet sich auf www.staud.info ==> DATENBANKEN ==> SQL

Standards. Beschäftigt man sich mit SQL, stößt man auf verschiedene Bezeichnungen:

- ANSI SQL. ANSI bedeutet *American National Standards Institute*. Dieses hat im Jahr 1986 zum ersten Mal einen Standard zu SQL veröffentlicht (SQL86), der 1989 (SQL89) und 1992 (SQL92) erneuert wurde. Die meisten Hersteller von Datenbanksystemen orientieren sich heute an ANSI SQL92.
- Im Jahr 1999 wurde SQL99 (von ANSI und ISO1) vorgelegt.
- Einzelne Datenbanksysteme erstellten für ihre SQL-Variante Ergänzungen für den Einsatz in Programmen. Bei Oracle ist dies PL/SQL (procedural language extension to SQL).

- Einzelne Datenbanksystemhersteller, z.B. die Oracle Inc., nutzen eine Obermenge von SQL99 in ihrer SQL-Version.

Dieser Text ist am ANSI-Standard orientiert.

SQL ist die am weitesten verbreitete Sprache zur Definition und Manipulation von Daten in Datenbanken. Sie gehört zu den sog. *Definitions- und Beschreibungssprachen* (DDL, Data Definition Language), die Datenbanksysteme zur Verfügung stellen. Um die Datenbank mit Inhalten zu füllen, die dann auch abgefragt und ausgewertet werden können, bieten die Datenbanksysteme wiederum spezielle Datenmanipulationssprachen (DML, Data Manipulation Language) an.

Syntax von SQL

Für eine formale Sprache wie SQL gibt es eine Syntax, das sind Regeln für die Bildung korrekter Befehle. Hier die wichtigsten:

- Jede SQL-Anweisung beginnt mit einem Befehlsnamen (der auch aus mehreren Wörtern bestehen kann), dem verschiedene Parameter und Eingabewerte folgen.
- SQL unterscheidet bei den Befehlswörtern, den Relationenbezeichnungen und den Attributs-/Feldbezeichnungen keine Groß- und Kleinschreibung, bzw. setzt diese Eingaben in Kleinbuchstaben um.
- Jede Befehlseingabe muss durch einen Strichpunkt abgeschlossen werden.
- Kommentare bei der Eingabe von SQL-Befehlen werden zwischen die Zeichen /* und */ gesetzt.
- Alphanumerische Eingaben in die Datenbank müssen in Hochkommata gesetzt werden, numerische Eingaben nicht.
- Natürlich muss, wie bei den meisten formalen Sprachen, zwischen den reservierten Wörtern (mindestens) ein Leerzeichen gesetzt werden.

Reservierte Wörter: Wörter der formalen Sprache. Befehls-, Parameterbezeichnungen, usw. Sie heißen reserviert, weil sie nicht außerhalb der Befehlseingabe benutzt werden dürfen. Z.B. darf keine Relation TABLE genannt werden. Ebenso darf kein Attribut MIN (für Minimum) angelegt werden, wenn es eine Funktion MIN gibt.

Nachvollziehbares Beispiel - Schritt um Schritt

Diese Kurzeinführung in SQL erfolgt hauptsächlich entlang eines Beispiels, mit dem alle für das Einrichten und Abfragen einer Datenbank notwendigen Befehle vorgesellt werden. Das Beispiel kann Schritt für Schritt mit einem Datenbanksystem nachvollzogen werden. Es ist eine leicht vereinfachte Variante des aus den Anfangskapiteln bekannten Datenmodells (Markt für) *Datenbanksysteme.* Aus didaktischen und darstellungstechnischen Gründen wurden einige Attribute weggelassen, einige hinzugefügt und Bezeichnungen von Attributen verkürzt.

Die folgende Abbildung zeigt die grafische Fassung des Datenmodells. Es liegen eine n:m-Beziehung zwischen DBS und Haendler und eine 1:n-Beziehung zwischen DBS und Produzenten vor.

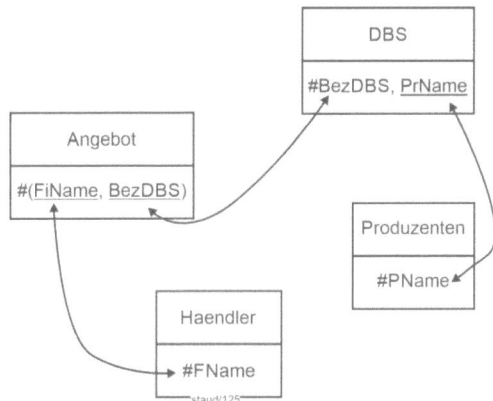

Abbildung 19.1-1:   Datenmodell (Markt für) Datenbanksysteme

Hier noch die textlichen Notationen:

Produzenten (#PName, Stadt, Web)

Diese Relation hält einige wichtige Informationen zu den Produzenten von Datenbank-systemen fest. Das Attribut **Web** soll die Webadresse des Unternehmens erfassen. **PName** ist der Produzentenname, **Stadt** der Name des Ortes, in dem der Hauptsitz des Unternehmens liegt.

DBS (#BezDBS, Typ, Plattform, LPreis, PrName, Datum)

Wie aus den Anfangskapiteln bekannt, beschreibt sie die auf dem Markt befindlichen Datenbanksysteme. **LPreis** steht für Listenpreis, **PrName** für den Namen des Produzenten des Datenbanksystems.

Angebot (#(BezDBS, FiName), MPreis)

Die Relation hält fest, welches Datenbanksystem von welchem Händler zu welchem Preis angeboten wird. **MPreis** bedeutet *Marktpreis*, es meint also den Preis, den der jeweilige Händler für das Datenbanksystem verlangt. **BezDBS** erfasst die Bezeichnung des Datenbanksystems. Dieses Attribut ist hier Fremdschlüssel. **FiName** bedeutet Firmenname des Händlers. Auch dieses Attribut ist hier Fremdschlüssel. Die beiden Attribute zusammen stellen die n:m-Verknüpfung zwischen Datenbanksystemen und Händlern dar.

Haendler (#FName, Ort, Straße, Rabatte)

Die Relation beschreibt abstrahiert die Händler, die auf dem Markt Datenbanksysteme wie Oracle, ACCESS, usw. anbieten. **FName** bedeutet Firmenname, die Bezeichnung des Unternehmens.

Hier nun noch eine letzte wichtige Anmerkung vor dem Praxisteil:

"Case sensitive" oder nicht

Wenn ein Softwaresystem Kleinbuchstaben und Großbuchstaben unterscheidet, nennt man es *case sensitiv*. Dann sind also *PName* und *pname* zwei unterschiedliche Bezeichner. SQL ist bezüglich der reservierten Wörter (Befehlsnamen, Parameter, usw.) und der Relationen- sowie Attributbezeichnungen NICHT case sensitiv.

Bezüglich der Eingaben (Attributsausprägungen) in die Felder ist SQL aber natürlich in vollem Umfang *case sensitive*. Diese werden bzgl. "klein und groß" genau so abgespeichert, wie sie eingegeben werden.

Für alle reservierten Wörter gilt: SQL ist nicht "case sensitive". Die hier gewählte Großschreibung einzelner reservierten Wörter erfolgt nur aus darstellungstechnischen Gründen.

19.2 Datenbanken anlegen und löschen

Alle folgenden SQL-Beispiele (Eingaben, Ausgaben, Masken) wurden, wenn nicht anders vermerkt, mit MySQL 8.0.2 im Frühjahr 2021 erstellt.

Mit XAMPP steht *phpMyAdmin* für die Arbeit mit MySQL 8.0.2 zur Verfügung. PhpMy-Admin stellt für den Umgang mit der Datenbank auch eine menübasiertes Interface zur Verfügung. Dieses wird hier nicht genutzt, sondern SQL, welches ganz und gar auf geschriebenen Befehlseingaben beruht.

Anlegen

Vor dem Anlegen der Relationen muss die Datenbank eingerichtet werden. Dies geschieht mit dem Befehl `create database`. Zwei Parameter sind nötig. Der erste:

`Default character set`

Damit wird der Zeichensatz festgelegt. Hier wurde `latin1` gewählt. Der zweite Parameter ist:

`collate`

Dieser legt die Sortierung des Zeichensatzes fest. Der hier gewählte Parameter ist

`Latin1_german1_ci`

Vgl. zu den Zeichensätzen und ihrer Sortierung Kapitel 18. Die folgende Abbildung gibt den hier genutzten Befehl an.

Abbildung 19.2-1:   SQL-Befehl CREATE DATABASE

Falls Sie die Web- oder PDF-Version nutzen, können Sie die Eingabe hier direkt übernehmen:
create database Datenbanksysteme
    default character set latin1
        collate latin1_german1_ci;

Löschen einer Datenbank

Gelöscht wird eine Datenbank mit dem Befehl `drop database` und der nachfolgenden Nennung der Datenbankbezeichnung. Hier wäre dies:

```
drop database datenbanksysteme;
```

Danach taucht die Datenbank in der Liste am linken Bildschirmrand auf:

Abbildung 19.2-2:   Datenbankliste bei phpMyAdmin / mySQL

Löschen einer Datenbank. Gelöscht wird eine Datenbank mit dem Befehl `drop database` und der nachfolgenden Nennung der Datenbankbezeichnung. Hier wäre dies:

```
drop database datenbanksysteme;
```

19.3 Relationen anlegen und löschen

Der Befehl für das Einrichten neuer Relationen ist `CREATE TABLE`. Er muss als erstes angegeben werden. Danach folgt die Bezeichnung der Relation. Diese muss von allen in der Datenbank existierenden Bezeichnungen verschieden sein. Anschließend wird - in Klammern - die Liste der Attribute eingefügt. Innerhalb dieser Liste muss nach jedem

Attribut ein Datentyp angegeben werden. Die hier verwendeten Datentypen von MySQL wurden in Abschnitt 18.2 vorgestellt. Zusätzlich können im CREATE TABLE-Befehl die Schlüssel, semantischen Integritätsbedingungen (hier unten: NOT NULL) sowie Voreinstellungen (default-Werte) eingegeben werden. Vgl. dazu die Beispiele unten.

Die Parameter sind also:

* Bezeichnung der einzurichtenen Relation
* Liste der Attribute mit zugehörigem Datentyp. Die einzelnen Attribute mit zugehörigem Datentyp sind durch Kommata getrennt. Zwischen Attributsnamen und Datentypnamen steht nur (mindestens) ein Leerzeichen.

Nochmals der Befehlsaufbau. Zuerst der Befehlsname:

```
create table
```

Danach die Bezeichnung der neuen Relation. Diese muss von allen in der Datenbank existierenden Relationennamen verschieden sein:

```
create table relationenname
```

Danach folgt - in Klammern - die Liste der Attribute.

```
create table relationenname (Attributliste mit Datentypen)
```

In der Attributliste besteht jeder Eintrag aus der Angabe eines Attributs (attr) und des zugehörigen Datentyps (dt):

```
create table relationenname (attr1 dt1, attr2 dt2, ..., attrn dtn)
```

Reihenfolge. Die Attribute können in beliebiger Reihenfolge angegeben werden, allerdings legt die beim Create Table-Befehl gewählte Reihenfolge fest, wie die Standardausgabe in Tabellenform später aussieht.

Alternative Einrichtung. Es gibt auch die Möglichkeit, von einer existierenden Relation aus direkt mit dem CREATE-Befehl eine neue zu erstellen. Ein Beispiel hierzu ist in Abschnitt 19.8 („create table as") angegeben.

Im Folgenden die Befehle für die Erzeugung der vier Relationen. Beim Nachvollzug muss wegen der Fremdschlüssel die hier angegebene Reihenfolge der create-Befehle beachtet werden, da es sonst zu Fehlermeldungen kommt. Mehr dazu unten.

Relation Produzenten

Hier der Befehl für die Erzeugung der Relation Produzenten. Die Datentypen wurden in Abschnitt 18.2 vorgestellt.

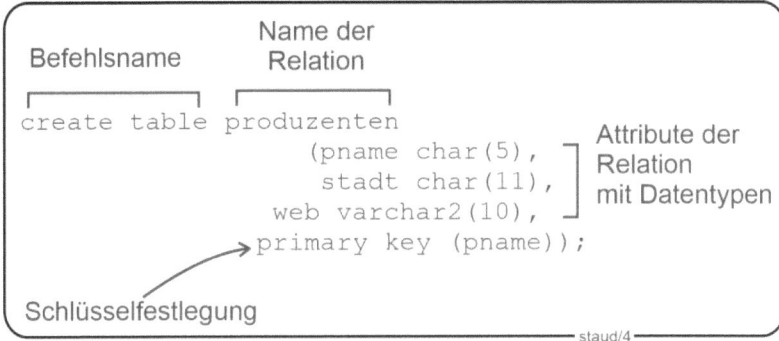

Abbildung 19.3-1:   SQL-Befehl CREATE TABLE Produzenten

Create table produzenten (pname char(5), stadt char(11), web varchar(10) not null, primary key (pname));

Selbstverständlich kann jeder Befehl auch in einer Zeile stehen, die Umbrüche sind dar-stellungstechnisch bedingt. Die Liste der Attribute und zugehörigen Datentypen ist in Klammern gefasst und das Trennzeichen innerhalb der Liste ist ein Komma, wie immer bei SQL. Mit *not null* wird festgelegt, dass das Feld *web* ein Pflichtfeld ist, also bei jedem Eintrag eines Datensatzes beschrieben werden muss.

Primärschlüssel und Sekundärschlüssel. Der Primärschlüssel wird durch primary key (pname) angelegt. Für das Datenbanksystem bedeutet dies, dass bei jeder Eingabe auf Eindeutigkeit geachtet wird. Grundsätzlich können mehrere Schlüssel angegeben werden. Bei den dann entstehenden Sekundärschlüsseln (secondary key) achtet das Datenbank-system dann ebenfalls auf Eindeutigkeit.

Relation DBS

Die Relation DBS wird mit dem folgenden Befehl eingerichtet.

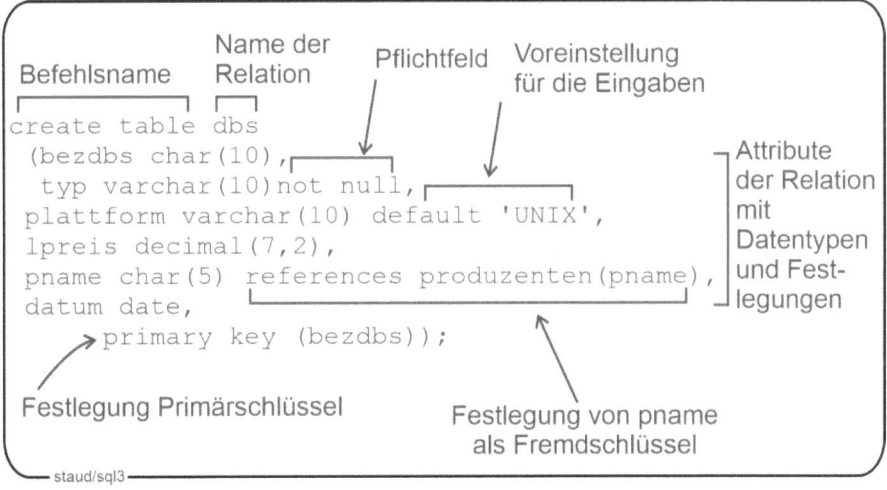

Abbildung 19.3-2:   SQL-Befehl CREATE TABLE DBS

```
create table dbs (bezdbs char(10), typ varchar(10) not null, plattform varchar(10) default 'UNIX',
lpreis decimal(7,2), pname char(5) references produzenten (pname), datum date, primary key
(bezdbs));
```

Durch *primary key (bezdbs)* wird der Schlüssel der Relation festgelegt. *Not null* legt wiederum fest, dass in das Feld Typ bei jeder Tupeleingabe ein Eintrag verlangt wird.

Fremdschlüssel. Durch *pname char(5) references produzenten (pname)* wird **pname** zum Fremdschlüssel in der 1:n-Beziehung zwischen DBS und Produzenten. Wegen dieser Fremdschlüsselbeziehung muss die Relation Produzenten vor DBS eingerichtet werden. Natürlich müssen zugehörige Fremdschlüssel (hier: **pname** in DBS) und Schlüssel (hier: **pname** in Produzenten) denselben Datentyp und denselben Aufbau haben.

"references"

Mit *references* und der nachfolgend angegebenen Relation wird über eine Schlüssel / Fremdschlüsselbeziehung die Verknüpfung zweier Relationen eingerichtet. Sie geht vom Fremdschlüssel der einen Relation aus und zielt auf den Primärschlüssel der anderen.

Voreinstellung. Mit *default ‚UNIX'* wird bei diesem Attribut festgelegt, dass bei jedem neuen Tupel als Voreinstellung UNIX eingetragen wird. Dies bedeutet: Wird ein Tupel eingegeben, ohne das Feld *plattform* zu beschreiben, trägt das Datenbanksystem UNIX ein. *Not null* führt wiederum zu einem Pflichtfeld.

Relation Haendler

Für das Einrichten der Relation Haendler ist dieser Befehl nötig:

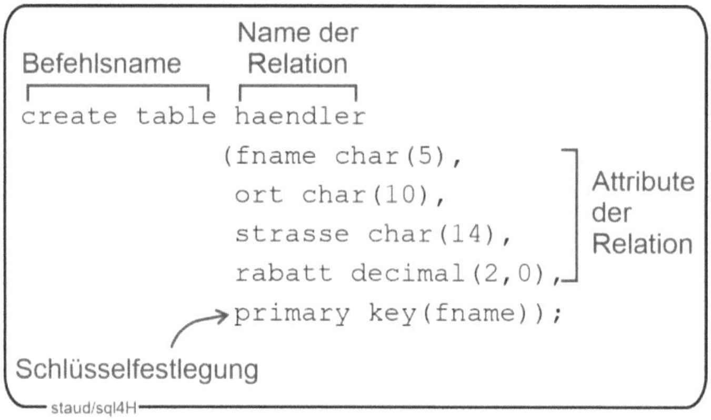

Abbildung 19.3-3:   SQL-Befehl CREATE TABLE Haendler

```
create table haendler (fname char(5), ort char(10), strasse char(14), rabatt decimal(2,0), primary
key(fname));
```

Der Primärschlüssel dieser Relation bildet zusammen mit dem von DBS den Schlüssel von Angebot (nächster Abschnitt). Deshalb muss sein Aufbau (Datentyp character, Länge 5) auch im Fremdschlüssel vorliegen.

Relation Angebot

Die Relation Angebot bringt etwas Neues, einen zusammengesetzten Schlüssel und zwei Fremdschlüssel.

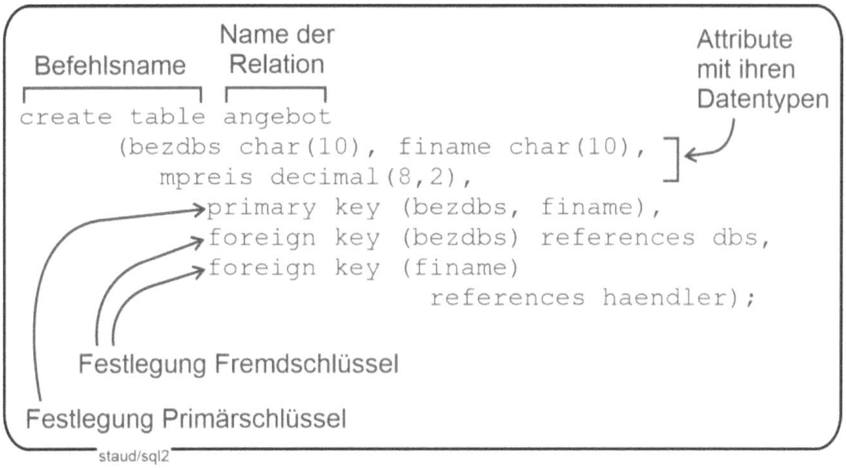

```
                 Name der                         Attribute
 Befehlsname     Relation                         mit ihren
 ┌─────────┐   ┌──────┐                           Datentypen
 create table angebot
       (bezdbs char(10), finame char(10),
          mpreis decimal(8,2),
                  primary key (bezdbs, finame),
                  foreign key (bezdbs) references dbs,
                  foreign key (finame)
                           references haendler);

       Festlegung Fremdschlüssel

 Festlegung Primärschlüssel

       staud/sql2
```

Abbildung 19.3-4:   SQL-Befehl CREATE TABLE Angebot

Zum Kopieren in der Web- und PDF-Version:
create table angebot (bezdbs char(10), finame char(5), mpreis decimal(8,2), primary key (bezdbs, finame), foreign key (bezdbs) references dbs(bezdbs), foreign key (finame) references haendler(fname));
Hinweis: Bezeichnungen von relational verknüpften Schlüsseln und Fremdschlüsseln müssen nicht gleich sein, vgl. hier haendler.fname und angebot.finame. Sie müssen aber denselben Datentyp mit derselben Länge aufweisen.

Mit *primary key (bezdbs, fname)* wird der zusammengesetzte Schlüssel angegeben. Die Kombination der zwei Einträge in die Schlüssel muss also immer eindeutig sein. Mit den *foreign key - Parametern* werden *bezdbs* und *fname* jeweils als Fremdschlüssel angelegt. Dabei muss die "Zielrelation" angegeben werden ("references") und natürlich vorhanden, d.h. vorher angelegt worden sein.

Die Relation Angebot ist eine Verbindungsrelation für die Relationen DBS und Haendler. Sie enthält somit einen zusammengesetzten Schlüssel, bei dem jedes Schlüsselattribut Fremdschlüssel ist.

Hat's geklappt?

Die erfolgreiche Einrichtung der Relation zeigt sich auch in der Liste auf der linken Menüseite:

Ob auch der Aufbau der Relation korrekt erfolgte sieht man, wenn man – nach Anwählen der Relation - den Button *Struktur* drückt. Dies ist **kein** SQL-Befehl, sondern einer der MySQL-Arbeitsumgebung. Hier die Ausgaben für die vier Relationen:

Relation DBS

#	Name	Typ	Kollation	Attribute	Null	Standard
1	bezdbs	char(10)	latin1_german1_ci		Nein	*kein(e)*
2	typ	varchar(10)	latin1_german1_ci		Nein	*kein(e)*
3	plattform	varchar(10)	latin1_german1_ci		Ja	UNIX
4	lpreis	decimal(7,2)			Ja	*NULL*
5	pname	char(5)	latin1_german1_ci		Ja	*NULL*
6	datum	date			Ja	*NULL*

Relation Produzenten

#	Name	Typ	Kollation	Attribute	Null	Standard
1	pname	char(5)	latin1_german1_ci		Nein	*kein(e)*
2	stadt	char(11)	latin1_german1_ci		Ja	*NULL*
3	web	varchar(10)	latin1_german1_ci		Nein	*kein(e)*

Relation Haendler

#	Name	Typ	Kollation	Attribute	Null	Standard
1	fname	char(5)	latin1_german1_ci		Nein	*kein(e)*
2	ort	char(10)	latin1_german1_ci		Ja	*NULL*
3	strasse	char(14)	latin1_german1_ci		Ja	*NULL*
4	rabatt	decimal(2,0)			Ja	*NULL*

Relation Angebot

#	Name	Typ	Kollation	Attribute	Null	Standard
1	bezdbs	char(10)	latin1_german1_ci		Nein	*kein(e)*
2	finame	char(5)	latin1_german1_ci		Nein	*kein(e)*
3	mpreis	decimal(8,2)			Ja	*NULL*

Vom Datenmodell zur Datenbank

Damit sind alle vier Relationen des kleinen Datenmodells eingerichtet. Neben der Einrichtung der Relationen mit ihren Attributen und Datentypen war auch das Anlegen der relationalen Verknüpfungen zu leisten. Es wurde also der *Schritt vom Datenmodell zur Datenbank* getan:

Aus dem Datenmodell wurde die Datenbank, aus jeder Relation eine Datei, aus Attributen der Relationen wurden Felder der Datensätze (darunter Schlüssel und Fremdschlüssel), die relationalen Verknüpfungen wurden datenbanktechnisch angelegt.

Relationen löschen

Hin und wieder muss auch in dieser Phase des Anlegens der Datenbank eine Relation gelöscht werden, z.B. weil bei der Einrichtung ein Fehler passiert ist. Dies geschieht mit dem Befehl DROP TABLE. Die Relation ist dann ganz weg, nicht nur die Daten(!). Also zum Beispiel:

```
drop table dbs;
```

Bitte nicht verwechseln mit dem Befehl delete, der weiter unten vorgestellt wird. Er löscht die Daten, lässt aber die Relation weiter bestehen.

Sollen Relationen gelöscht werden, müssen, wie beim Einrichten der Relationen, die Schlüssel-/Fremdschlüsselbeziehungen beachtet werden. Bei jeder relationalen Verknüpfung muss zuerst die Relation mit dem Fremdschlüssel ("references") gelöscht werden.

19.4 Eingeben von Daten

INSERT INTO

Mit dem Befehl `insert into` werden Daten eingegeben. Bei jeder Eingabe wird ein Datensatz angelegt, der ganz oder teilweise beschrieben wird. Der Aufbau des Befehls ist wie folgt:

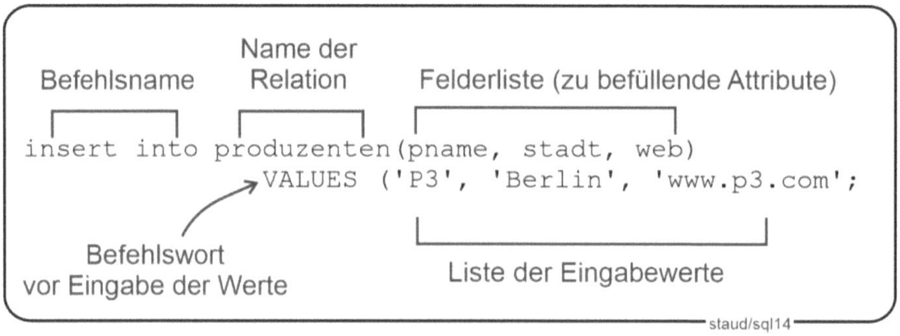

Abbildung 19.4-1:   SQL-Befehl INSERT INTO am Beispiel

Die eingegebenen Daten:
insert into produzenten values ('P3', 'Berlin', 'www.p3.com');
insert into produzenten values ('P1', 'Hamburg', 'www.p1.de');
insert into produzenten values ('P2', 'Frankfurt', 'www.p2.de');
insert into produzenten values ('P4', 'Rom', 'www.p4.it');
insert into produzenten values ('P5', 'Passau', 'www.p5.info');
Die Felderliste ist hier nicht nötig, weil alle Felder in der vorgegebenen Reihenfolge beschrieben werden.

Die Bedeutung der Parameter ist wie folgt:

* *Felderliste*: Liste der Felder, die befüllt werden sollen. Diese kann weggelassen werden, falls alle Felder der Relation befüllt werden und falls die Einträge in der beim Create-Befehl angegebenen Reihenfolge angegeben werden.
* *Eingabewerte*: Durch Kommata getrennte Liste der Einträge, die zu tätigen sind.

Hier hätte die Felderliste weggelassen werden können.

Damit schon jetzt, vor Erlernen des Select-Befehls (dem Befehl für die Abfrage von Daten) abgefragt werden kann, ob die Insert-Befehle funktioniert haben, hier die einfachste Form dieses Befehls: `select * from relationenname`. **Mit ihm sieht man einfach alle Datensätze der Relation. Der Befehl wird gleich unten ausführlich besprochen.**

Hier ein Beispiel:

```
select * from produzenten;
```

pname	stadt	web
P1	Hamburg	www.p1.de
P2	Frankfurt	www.p2.de
P3	Berlin	www.p3.com
P4	Rom	www.p4.it
P5	Passau	www.p5.inf

Spaltenüberschriften. Die Spaltenüberschriften werden durch SQL grundsätzlich von den Attributsbezeichnungen abgeleitet. Unten wird gezeigt, wie eigene Spaltenüberschriften vergeben werden können.

Folgendes ist bei den Insert-Befehlen noch zu beachten:

- Bei der Eingabe von Dezimalzahlen muss immer der Punkt verwendet werden. Also 120.75 und nicht 120,75.
- Die Datumseingabe ist meist in verschiedenen Formaten möglich. Z.B. geht "2.1.2009" oder auch "2.1.09".
- Bei der Eingabe von Schlüsseln und Fremdschlüsseln muss genauso wie oben bei der Einrichtung der Relationen eine Reihenfolge beachtet werden. Die Einträge in die Fremdschlüssel, z.B. hier **PName** in DBS, können erst erfolgen, wenn die zugehörigen Schlüsselwerte, hier **PName** in Produzenten, vorhanden sind.

Bei Schlüssel- / Fremdschlüsselbeziehungen muss zuerst der Schlüssel eingegeben werden. Erst dann kann in der anderen Relation der Fremdschlüsseleintrag erfolgen. Der Grund ist einfach der, dass vom Fremdschlüssel auf den Schlüssel verwiesen wird.

Eingabe der Tupel in die Relation DBS

Das erste Beispiel zeigt die *Eingabe ohne Felderliste.* Sie ist möglich, weil alle Felder in der vorgegebenen Reihenfolge beschrieben werden:

```
insert into dbs
   values ('DBS1',  'RDBS',  'UNIX',    9500.10, 'P1',
'11.7.2019');
```

Mit Felderliste ergibt sich folgender Befehl:

```
insert into dbs
   (bezdbs, typ, pname, datum)
      values ('DBS12', 'RDBS', 'P1', '2019-05-11');
```

Für unser Beispiel wurden folgende Daten in Kurzform eingegeben. Dabei muss der erste Teil des Befehls (bis VALUES) nur einmal eingegeben werden, danach können alle „Datenklammern" – durch Kommata getrennt – jeweils nacheinander angegeben werden:

```
insert into dbs (bezdbs, typ, plattform, lpreis, pname, datum) values
('DBS1', 'RDBS', 'UNIX', 9500.10, 'P1', '2019-07-20'),
('DBS2', 'RDBS', 'UNIX', 3000.20, 'P1', '2020-10-20'),
('DBS9', 'NoSQL', 'LINUX', 3000.20, 'P1', '2022-01-01'),
('DBS8', 'RDBS', 'LINUX', 1200.30, 'P2', '2021-08-20'),
('DBS7', 'OODBS', 'UNIX', 5000.40, 'P3', '2015-07-20'),
('DBS6', 'OODBS', 'WINDOWS', 1800.55, 'P2', '2022-06-20'),
('DBS5', 'OODBS', 'LINUX', 900.66, 'P1', '2021-04-20'),
('DBS4', 'NoSQL', 'WINDOWS', 2000.77, 'P4', '2019-02-20'),
('DBS3', 'RDBS', 'LINUX', 2301.00, 'P2', '2022-02-26'),
('DBS10', 'RDBS', 'WINDOWS', 600.88, 'P4', '2021-03-20'),
('DBS11', 'RDBS', 'WINDOWS', 800.90, 'P5', '2020-11-20');
```

Dies führt zu folgender Ausgabe mit dem Befehl Select:

```
select * from dbs;
```

bezdbs	typ	plattform	lpreis	pname	datum
DBS1	RDBS	UNIX	9500.10	P1	2019-07-20
DBS10	RDBS	WINDOWS	600.88	P4	2021-03-20
DBS11	RDBS	WINDOWS	800.90	P5	2020-11-20
DBS2	RDBS	UNIX	3000.20	P1	2020-10-20
DBS3	RDBS	LINUX	2301.00	P2	2022-02-26
DBS4	NoSQL	WINDOWS	2000.77	P4	2019-02-20
DBS5	OODBS	LINUX	900.66	P1	2021-04-20
DBS6	OODBS	WINDOWS	1800.55	P2	2022-06-20
DBS7	OODBS	UNIX	5000.40	P3	2015-07-20
DBS8	RDBS	LINUX	1200.30	P2	2021-08-20
DBS9	NoSQL	LINUX	3000.20	P1	2022-01-01

Der Fremdschlüssel ist immer zu befüllen ("referentielle Integrität") und sein Wert muss in der verknüpften Relation (hier: Produzenten) vorhanden sein.

Haendler

Für die Relation Haendler wurden folgende Daten eingegeben:

```
insert into haendler (fname, ort, strasse, rabatt) VALUES
('HAE1', 'Frankfurt', 'Hammerweg 5', 10),
('HAE5', 'Ravensburg', 'Hammerstraße 3', 20),
('HAE2', 'München', 'Hummelweg 99', 6),
('HAE3', 'Passau', 'Langstr. 1', 12),
('HAE6', 'Vilshofen', 'An der Donau 7', 5),
('HAE4', 'Stuttgart', 'Bahnhofstr. 20', 8);
```

Dies führte zu folgender Relation:

```
select * from haendler
```

fname	ort	strasse	rabatt
HAE1	Frankfurt	Hammerweg 5	10
HAE2	München	Hummelweg 99	6
HAE3	Passau	Langstr. 1	12
HAE4	Stuttgart	Bahnhofstr. 20	8
HAE5	Ravensburg	Hammerstraße 3	20
HAE6	Vilshofen	An der Donau 7	5

Selbstverständlich muss ein Schlüssel immer befüllt werden (Objektintegrität) und dies mit unterschiedlichen Einträgen.

Angebot

Etwas spannender gestaltet sich die Eingabe der Datensätze in die Relation Angebot. Hier liegt ein zusammengesetzter Schlüssel vor, bei dem jedes Schlüsselattribut Fremdschlüssel ist: (**BezDBS**, **FName**). **BezDBS** verknüpft mit der Relation **DBS**, **FName** verknüpft mit Haendler. Bei jeder Eingabe eines Datensatzes muss der Schlüssel vollständig sein. Das entspricht der Forderung nach der *Objektintegrität*. Vgl. dazu Abschnitt 5.9. Hier zwei Eingabebeispiele, eines mit Felderliste, eines ohne:

```
insert into angebot (bezdbs, finame)
   values ('DBS3', 'HAE3');
insert into angebot
   values ('DBS11', 'HAE4', 500.00);
```

Folgende Daten wurden in die Relation eingegeben:

```
Insert into angebot (bezdbs, finame, mpreis) values ('DBS3', 'HAE3', NULL),
('DBS11', 'HAE4', 500.00),
('DBS9', 'HAE1', 2200.50),
('DBS9', 'HAE2', 2500.00),
('DBS8', 'HAE5', 1000.00),
('DBS9', 'HAE4', 3150.00),
('DBS7', 'HAE4', 4500.00),
('DBS6', 'HAE1', 1700.50),
('DBS4', 'HAE2', 1800.00),
('DBS5', 'HAE3', NULL),
('DBS1', 'HAE3', 7100.00),
('DBS8', 'HAE6', 1150.00),
('DBS8', 'HAE2', 1140.00);
```

Dies führte zu folgender Relation:

```
select * from angebot
```

bezdbs	finame	mpreis
DBS1	HAE3	7100.00
DBS11	HAE4	500.00
DBS3	HAE3	NULL
DBS4	HAE2	1800.00
DBS5	HAE3	NULL
DBS6	HAE1	1700.50
DBS7	HAE4	4500.00
DBS8	HAE2	1140.00
DBS8	HAE5	1000.00
DBS8	HAE6	1150.00
DBS9	HAE1	2200.50
DBS9	HAE2	2500.00
DBS9	HAE4	3150.00

Hier nochmals der Hinweis: Durch die Fremdschlüsselbeziehungen lässt jedes Datenbanksystem hier bei den Fremdschlüsseln (BezDBS, FiName) nur Einträge zu, die in den referenzierten Relationen bereits vorliegen. Somit gilt: *Zuerst die jeweiligen Schlüssel befüllen* (in DBS bzw. Haendler), *dann die zugehörigen Fremdschlüssel.*

19.5 Abfragen der Daten mit Select

Grundform

Der in einer einfachen Form schon eingeführte Befehl SELECT dient der Abfrage der Datenbank, von einer Relation oder mehrerer. In diesem Kapitel betrachten wir die Abfrage einzelner Relationen. Die Grundform dieses Befehls ist in der folgenden Abbildung angegeben.

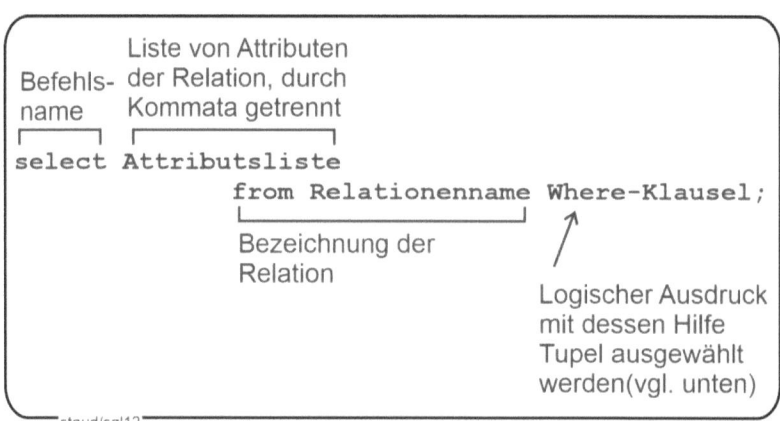

Abbildung 19.5-1:   SQL-Befehl SELECT - Grundform

Die Bedeutung der Parameter ist wie folgt:

- *Attributsliste*: Diese gibt an, welche Attribute der Relation ausgegeben werden sollen ("Projektion", vgl. dazu den nächsten Abschnitt). Wird hier - wie oben - ein Stern angegeben, werden *alle Attribute* ausgegeben und zwar in der Reihenfolge wie sie in der Relation von links nach rechts angeordnet sind.

- Das reservierte Wort FROM zusammen mit einem Relationennamen legt fest, welche Relation abgefragt wird.
- *Where-Klausel*: Nach dem Relationennamen kann eine sog. Where-Klausel kommen, die durch das reservierte Wort WHERE eingeleitet wird. Mit ihr werden Tupel / Datensätze ausgewählt („Selektion", vgl. unten).

Projektion

Bei fast jeder Abfrage wünscht man nicht die Ausgabe aller Attribute einer Relation, sondern nur bestimmter. Diese Auswahl von Attributen wird *Projektion* genannt. Sie wird realisiert, indem beim Select-Befehl nach dem Befehlsnamen nicht ein Stern, sondern die Liste der auszugebenden Attribute angegeben wird. Die einzelnen Einträge in diese Liste müssen, wie in SQL üblich, durch Kommata getrennt werden.

Im folgenden Beispiel werden von der Relation DBS nur die Attribute **BezDBS** und **LPreis** ausgegeben (über alle Tupel hinweg):

```
select bezdbs, lpreis from dbs;
```

bezdbs	lpreis
DBS1	9500.10
DBS10	600.88
DBS11	800.90
DBS2	3000.20
DBS3	2301.00
DBS4	2000.77
DBS5	900.66
DBS6	1800.55
DBS7	5000.40
DBS8	1200.30
DBS9	3000.20

Spaltenüberschriften durch „AS"

Es ist auch möglich, Spaltenüberschriften zuzuordnen. Dies geschieht, indem nach dem Attributsnamen das Schlüsselwort AS folgt und nach diesem die Spaltenüberschrift. Beispiel:

```
select bezdbs as Datenbank,
    typ as DBTyp,
        plattform as PLF,
            lpreis as Listenpreis
                from dbs;
```

Datenbank	DBTyp	PLF	Listenpreis
DBS1	RDBS	UNIX	9500.10
DBS10	RDBS	WINDOWS	600.88
DBS11	RDBS	WINDOWS	800.90
DBS2	RDBS	UNIX	3000.20
DBS3	RDBS	LINUX	2301.00
DBS4	NoSQL	WINDOWS	2000.77
DBS5	OODBS	LINUX	900.66
DBS6	OODBS	WINDOWS	1800.55
DBS7	OODBS	UNIX	5000.40
DBS8	RDBS	LINUX	1200.30
DBS9	NoSQL	LINUX	3000.20

Falls die Spaltenüberschrift mehrere Worte umfasst, muss das Anführungszeichen verwendet werden (vgl. unten).

Operatoren. Eine formale Sprache zur Auswertung von relationalen Datenbeständen benötigt eine Vielzahl von Operatoren:

- *Vergleichsoperatoren* für den Vergleich von Attributsname und Attributsausprägung. Einer davon ist der Gleichheitsoperator, der oben schon eingeführt wurde.
- *Logische Operatoren* für die Bildung von zusammengesetzten Ausdrücken in Where-Klauseln, wie oben am Beispiel AND und OR gezeigt.
- *Mathematische Operatoren* für die Verarbeitung der Ausprägungen quantitativer Attribute.

Vergleichsoperatoren

Die folgende Tabelle zeigt, welche Vergleichsoperatoren es gibt, wie die Symbolik ist und gibt Beispiele an.

Vergleichsoperatoren

Operator	Symbol	Beispiel
Gleichheit	=	typ='RDBS'
Kleiner	<	gehalt < 10000
Größer	>	gehalt > 1000
Kleiner/gleich	<=	gewicht <= 90
Größer/gleich	>=	gewicht >= 90
Ungleich		typ <> 'RDBS'
Negation der Vergleichsoperatoren	!	!= !< !>

Logische Operatoren

In SQL werden standardmäßig AND, OR und NOT zur Verfügung gestellt. Mit ihnen werden Ausdrücke (z.B. typ='RDBS') einer Where-Klausel miteinander kombiniert. Die Tabelle zeigt einige Beispiele.

Logische Operatoren

Bezeichnung	Kurz - bezeichnung	Beispiel
Logisches Und	AND	...where typ='RDBS' AND lpreis < 5000
Logisches Oder	OR	...where typ='RDBS' OR typ='OODBS'
Verneinung, Negation	NOT	...where NOT typ='RDBS'

Schwierigkeiten macht oft die Negation. Der Operator NOT muss <u>vor</u> dem Ausdruck stehen. Zahlreiche Beispiele zu den logischen Operatoren folgen unten.

Mathematische Operatoren

Mathematische Operatoren werden für Berechnungen benötigt, die mit den Attributausprägungen quantitativer Attribute möglich sind.

Operator, Symbol und Beispiel

	Symbol	Beispiel
Addition	+	lpreis + 10
Subtraktion	-	lpreis - 10
Division	/	lpreis/100
Multiplikation	*	(lpreis/100)*19
Potenzierung	**, ^	Anzahl**2

Selektion mit der Where-Klausel

Genauso wie man selten alle Attribute einer Relation ausgeben möchte, sollen meist auch nicht alle Tupel ausgegeben werden. Deshalb kann auch hier eine Auswahl erfolgen, die *Selektion* genannt wird. Sie erfolgt mit einem Bedingungsteil, der sog. *Where-Klausel*, die festlegt, welche Tupel gemeint sind. Wie oben schon gezeigt, wird die Where-Klausel nach der Angabe der Relation angefügt.

Die folgende Abbildung zeigt den grundsätzlichen Aufbau. Durch die Gleichsetzung von Attributsname (in der Abbildung attr1 und attr2) und Attributsausprägungen (in der Abbildung auspr) werden Tupelmengen festgelegt.

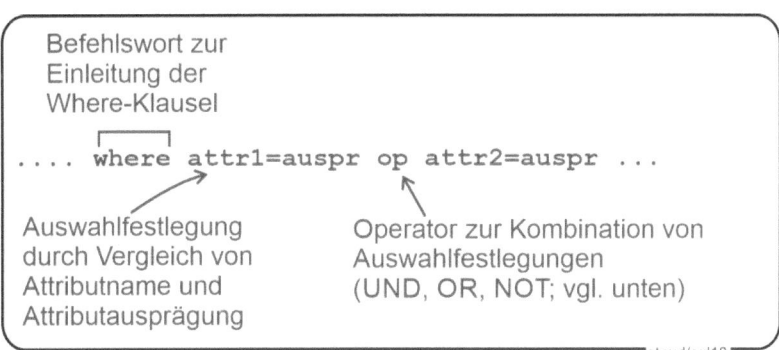

Abbildung 19.5-2:   Aufbau einer Where-Klausel

Z.B. werden durch typ='RDBS' die Tupel angefordert, die diesen Eintrag haben, was bedeutet, dass sie Datenbanksysteme des Typs "relational" erfassen. Hier die konkrete Umsetzung mit unseren Daten.

```
select * from dbs where typ='RDBS';
```

bezdbs	typ	plattform	lpreis	pname	datum
DBS1	RDBS	UNIX	9500.10	P1	2019-07-20
DBS10	RDBS	WINDOWS	600.88	P4	2021-03-20
DBS11	RDBS	WINDOWS	800.90	P5	2020-11-20
DBS2	RDBS	UNIX	3000.20	P1	2020-10-20
DBS3	RDBS	LINUX	2301.00	P2	2022-02-26
DBS8	RDBS	LINUX	1200.30	P2	2021-08-20

Ist ein zweiter Ausdruck vorhanden, kommt es auf den Operator an. Wenn ein UND-Operator vorliegt, müssen die Tupel der Zielmenge beide Bedingungen erfüllen.

```
...where typ='RDBS' AND lpreis<2000
```

AND: Schnittmenge

Hier erhält man also alle relationalen Datenbanksysteme, deren Listenpreis unter 2000 Euro liegt. Entsprechend beim logischen ODER: Die Tupel der Zielmenge erfüllen die eine *oder* die andere Bedingung. Im obigen Beispiel werden durch

```
...where typ='RDBS' OR typ='OODBS'
```

OR: Vereinigungsmenge

alle Datenbanksysteme ausgewählt, die entweder relational oder objektorientiert sind. Natürlich sind auch Where-Klauseln mit mehr als zwei Ausdrücken denkbar. Vgl. hierzu die folgenden Beispiele.

Die folgende Abbildung fasst an einem Beispiel die Aussagen zur Syntax des SQL-Befehls zusammen.

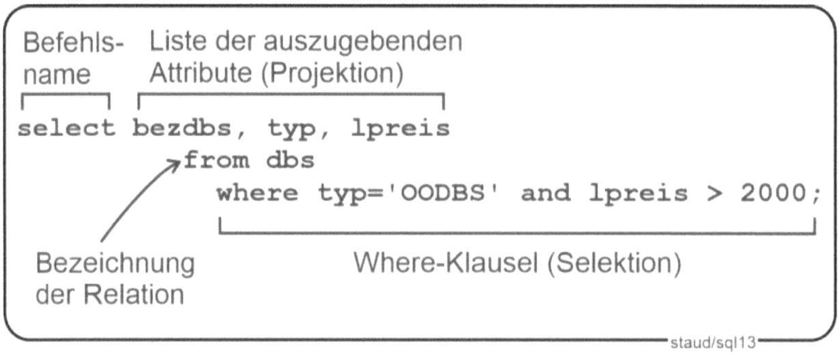

Abbildung 19.5-3:   Befehl SELECT mit Projektion und Selektion

Beispiele von SELECT-Abfragen

Hier nun einige Beispiele. Zuerst sollen alle Tupel aus der Relation Angebote aufgelistet werden, die sich auf DBS5 und DBS2 beziehen:

```
select * from angebot
          where bezdbs='DBS8' or bezdbs='DBS9';
```

bezdbs	finame	mpreis
DBS8	HAE2	1140.00
DBS8	HAE5	1000.00
DBS8	HAE6	1150.00
DBS9	HAE1	2200.50
DBS9	HAE2	2500.00
DBS9	HAE4	3150.00

Nun alle Tupel aus DBS, die Relationale Datenbanksysteme mit einem Listenpreis kleiner 9000 Euro beschreiben:

```
select * from dbs
   where typ='RDBS' AND lpreis < 2000;
```

bezdbs	typ	plattform	lpreis	pname	datum
DBS10	RDBS	WINDOWS	600.88	P4	2021-03-20
DBS11	RDBS	WINDOWS	800.90	P5	2020-11-20
DBS8	RDBS	LINUX	1200.30	P2	2021-08-20

Mit Hilfe des NOT-Operators erhalten wir beim nächsten Befehl alle Tupel, die sich nicht auf RDBS beziehen.

```
select * from dbs
   where NOT typ='RDBS';
```

bezdbs	typ	plattform	lpreis	pname	datum
DBS4	NoSQL	WINDOWS	2000.77	P4	2019-02-20
DBS5	OODBS	LINUX	900.66	P1	2021-04-20
DBS6	OODBS	WINDOWS	1800.55	P2	2022-06-20
DBS7	OODBS	UNIX	5000.40	P3	2015-07-20
DBS9	NoSQL	LINUX	3000.20	P1	2022-01-01

Der NOT-Operator muss VOR dem Ausdruck eingefügt werden. Falls mehrere Ausdrücke negiert werden sollen, werden diese in Klammern gefasst und der NOT-Operator vor diese gesetzt (vgl. unten).

Nun eine Where-Klausel mit verschachtelten Ausdrücken. Es gilt die übliche Syntax: SQL beginnt die Abarbeitung mit der innersten Klammer und geht dann weiter nach "außen". Hier werden somit zuerst die Tupel bestimmt, die entweder Relationale Datenbanksysteme (RDBS) beschreiben oder die als Plattform LINUX aufweisen. Dann wird die Komplementärmenge davon ausgewählt.

```
select * from dbs
   where NOT (typ='RDBS' or plattform='LINUX');
```

bezdbs	typ	plattform	lpreis	pname	datum
DBS4	NoSQL	WINDOWS	2000.77	P4	2019-02-20
DBS6	OODBS	WINDOWS	1800.55	P2	2022-06-20
DBS7	OODBS	UNIX	5000.40	P3	2015-07-20

Where-Klausel mit AND und OR. Der folgende Befehl gibt alle Tupel zu relationalen oder objektorientierten Datenbanksystemen aus, die entweder unter Linux oder UNIX betrieben werden können. Die Klammern sind hier wichtig. Durch sie werden erst die beiden Vereinigungsmengen gebildet und dann mittels UND die Schnittmenge.

```
select * from dbs
  where (typ='RDBS' or typ='OODBS')
    and (plattform='LINUX' or plattform='UNIX');
```

bezdbs	typ	plattform	lpreis	pname	datum
DBS1	RDBS	UNIX	9500.10	P1	2019-07-20
DBS2	RDBS	UNIX	3000.20	P1	2020-10-20
DBS3	RDBS	LINUX	2301.00	P2	2022-02-26
DBS5	OODBS	LINUX	900.66	P1	2021-04-20
DBS7	OODBS	UNIX	5000.40	P3	2015-07-20
DBS8	RDBS	LINUX	1200.30	P2	2021-08-20

Leereinträge. Will man abfragen, welche Leereinträge bezüglich eines Attributs vorliegen, muss man dies ebenfalls mit der Where-Klausel und mit der Bedingung IS NULL tun. Hier eine Abfrage, die klärt, welche Tupel in Angebot einen Leereintrag beim Marktpreis (mpreis) haben:

```
select * from angebot where mpreis is null;
```

bezdbs	finame	mpreis
DBS3	HAE3	NULL
DBS5	HAE3	NULL

Ein Datenbanksystem verwaltet Leereinträge explizit als solche mit dem Eintrag *null value*. Es ist also ein Unterschied, ob in einem Feld ein Leerzeichen oder ein *null value* steht bzw. - bei numerischen Datentypen - eine Null oder ein null value. Deshalb liefern folgende Abfragen nicht die Tupel mit Leereinträgen:

```
select * from dbs where typ='';
select * from dbs where typ=' ';
```

Und eine Abfrage wie ...

```
select * from angestellte where gehalt = 0;
```

liefert diejenigen, deren Gehalt auf Null steht, nicht die ohne Eintrag.

Spaltenüberschriften

SQL erlaubt auch die Vergabe von Spaltenüberschriften. Vergibt man nur ein Wort, muss man lediglich daran denken, keine Sonderzeichen zu verwenden, z.B. keine Bindestriche. Möchte man mehr als nur ein Wort verwenden, muss man Anführungszeichen benutzen. Im folgenden zwei Beispiele. Zuerst mit einem Wort je Spaltenüberschrift:

```
select bezdbs as DBSBezeichnung,
   typ as DBSTyp,
      lpreis as Listenpreis from dbs;
```

DBSBezeichnung	DBSTyp	Listenpreis
DBS1	RDBS	9500.10
DBS10	RDBS	600.88
DBS11	RDBS	800.90
DBS2	RDBS	3000.20
DBS3	RDBS	2301.00
DBS4	NoSQL	2000.77
DBS5	OODBS	900.66
DBS6	OODBS	1800.55
DBS7	OODBS	5000.40
DBS8	RDBS	1200.30
DBS9	NoSQL	3000.20

Dann mit mehreren Wörtern und mit Anführungszeichen:

```
select bezdbs as "Name des DBS",
   typ as "Typ des DBS",
      lpreis as "Listenpreis des Produzenten" from dbs;
```

Name des DBS	Typ des DBS	Listenpreis des Produzenten
DBS1	RDBS	9500.10
DBS10	RDBS	600.88
DBS11	RDBS	800.90
DBS2	RDBS	3000.20
DBS3	RDBS	2301.00
DBS4	NoSQL	2000.77
DBS5	OODBS	900.66
DBS6	OODBS	1800.55
DBS7	OODBS	5000.40
DBS8	RDBS	1200.30
DBS9	NoSQL	3000.20

Unterdrückung gleicher Tupel

Relationen haben per Definition keine gleichen Tupel. Trotzdem geschieht es natürlich im Rahmen einer Abfrage, dass gleiche Tupel entstehen, wie auch das folgende Beispiel zeigt. In einem solchen Fall unterdrückt der Parameter DISTINCT die Ausgabe identischer Tupel.

Folgende Anfrage könnte dem Beispiel zugrunde liegen: Welche Datenbanktypen gibt es in unserer Datenbank zum *Markt für Datenbanksysteme*?

```
select typ
   as "Typen von Datenbanksystemen" from dbs;
```

Typen von Datenbanksystemen
RDBS
RDBS
RDBS
RDBS
RDBS
NoSQL
OODBS
OODBS
OODBS
RDBS
NoSQL

Nur verschiedene. Auf diese Weise (Abfrage eines Nichtschlüsselattributs; NSA) ergeben sich natürlich gleiche Ausgabetupel. Der Parameter DISTINCT bereinigt dies. Zu beachten ist seine Position vor der Attributliste.

```
select distinct
    typ as "Typen von Datenbanksystemen" from dbs;
```

Typen von Datenbanksystemen
RDBS
NoSQL
OODBS

Dies funktioniert auch bei mehr als einem Attribut. Im Folgenden möchten wir wissen, welche Datenbanksystemtypen auf welchen Plattformen in unserer Relation **DBS** erfasst sind.

```
select typ, plattform from dbs;
```

typ	plattform
RDBS	UNIX
RDBS	WINDOWS
RDBS	WINDOWS
RDBS	UNIX
RDBS	LINUX
NoSQL	WINDOWS
OODBS	LINUX
OODBS	WINDOWS
OODBS	UNIX
RDBS	LINUX
NoSQL	LINUX

Auch diese Abfrage führt zu gleichen Tupeln, die wiederum durch DISTINCT unterdrückt werden können.

```
select distinct
    typ as Typ,
        plattform as Plattform from dbs;
```

Typ	Plattform
RDBS	UNIX
RDBS	WINDOWS
RDBS	LINUX
NoSQL	WINDOWS
OODBS	LINUX
OODBS	WINDOWS
OODBS	UNIX
NoSQL	LINUX

Die Varianten in der Anforderung der Spaltenüberschriften deuten die möglichen Alternativen an.

Geordnete Ausgabe

Oftmals möchte man die Tupel einer Relation geordnet nach den Ausprägungen eines Attributs ausgeben (oder mehrerer). Dies geschieht ganz einfach, indem man den Parameter ORDER BY an den Befehl anhängt. Die Sortierung kann aufsteigend (ASCending) oder absteigend (DESCending) erfolgen. Voreinstellung ist aufsteigend. Die folgende Abfrage der Relation DBS sortiert nach der Datenbankbezeichnung:

```
select distinct typ from dbs
    order by typ ASC;
```

typ
NoSQL
OODBS
RDBS

Hier die absteigende Sortierung:

```
select distinct typ as Datenbanksystemtyp
    from dbs
        order by typ DESC;
```

Datenbanksystemtyp
RDBS
OODBS
NoSQL

Das folgende Beispiel zeigt alle Tupel der Relation Angebot, sortiert nach der Datenbankbezeichnung.

```
select bezdbs as Datenbanksystem,
    fname as "Name der Firma",
        mpreis as Marktpreis
            from angebot order by bezdbs;
```

Datenbanksystem	Name der Firma	Marktpreis
DBS1	HAE3	7100.00
DBS11	HAE4	500.00
DBS3	HAE3	NULL
DBS4	HAE2	1800.00
DBS5	HAE3	NULL
DBS6	HAE1	1700.50
DBS7	HAE4	4500.00
DBS8	HAE2	1140.00
DBS8	HAE5	1000.00
DBS8	HAE6	1150.00
DBS9	HAE1	2200.50
DBS9	HAE2	2500.00
DBS9	HAE4	3150.00

Hier eine Sortierung nach zwei Attributen. Der Unterschied wird bei den Datenbanksystemen DBS8 und DBS9 deutlich.

```
select bezdbs as Datenbanksystem,
    finame as "Name der Firma",
        mpreis as Marktpreis
            from angebot order by bezdbs asc, finame desc
```

Datenbanksystem	Name der Firma	Marktpreis
DBS1	HAE3	7100.00
DBS11	HAE4	500.00
DBS3	HAE3	NULL
DBS4	HAE2	1800.00
DBS5	HAE3	NULL
DBS6	HAE1	1700.50
DBS7	HAE4	4500.00
DBS8	HAE6	1150.00
DBS8	HAE5	1000.00
DBS8	HAE2	1140.00
DBS9	HAE4	3150.00
DBS9	HAE2	2500.00
DBS9	HAE1	2200.50

Es ist also auch möglich, mit dem einen Attribut aufsteigend und dem anderen absteigend zu sortieren.

Algebraische Ausdrücke in den Spalten

Eine oft benötigte Eigenschaft von SQL ist, dass berechnete Werte direkt bei der Festlegung der auszugebenden Attribute (Spalten) angegeben werden können. In der folgenden Abfrage wird zum Listenpreis gleich noch der um 19% erhöhte Preis mitausgegeben, indem einfach in die Attributliste der entsprechende algebraische Ausdruck mit aufgenommen wird (lpreis*1.19). Außerdem sind hier auch die Parameter NOT, IS NULL und ORDER BY mit eingebaut:

```
select bezdbs as Datenbankystem,
    lpreis as Listenpreis,
        lpreis*1.19 as "Listenpreis mit MWSt." from dbs
```

```
    where not lpreis is null
        order by lpreis;
```

Datenbankystem	Listenpreis	Listenpreis mit MWSt.
DBS10	600.88	715.0472
DBS11	800.90	953.0710
DBS5	900.66	1071.7854
DBS8	1200.30	1428.3570
DBS6	1800.55	2142.6545
DBS4	2000.77	2380.9163
DBS3	2301.00	2738.1900
DBS9	3000.20	3570.2380
DBS2	3000.20	3570.2380
DBS7	5000.40	5950.4760
DBS1	9500.10	11305.1190

Diese Werte werden nur für die Ausgabe berechnet, sie werden nicht abgespeichert. Falls man keine Spaltenüberschrift festlegt, nimmt das System dafür den algebraischen Ausdruck. Selbstverständlich können algebraische Ausdrücke auch bei der Auswahl der Tupel, also in der Where-Klausel, verwendet werden, wie das folgende Beispiel zeigt.

```
select bezdbs as Datenbanksysteme, lpreis as "Preis",
    lpreis*1.19 as "Preis mit MWSt"
        from dbs
            where LPREIS*1.19 > 3000 order by lpreis desc;
```

Datenbanksysteme	Preis	Preis mit MWSt
DBS1	9500.10	11305.1190
DBS7	5000.40	5950.4760
DBS2	3000.20	3570.2380
DBS9	3000.20	3570.2380

Parameter Between

Angenommen es liegt ein Attribut vor, dessen Ausprägungen eine Rangordnung aufweisen, also z.B. Preis, Gehalt (beide quantitativ) oder Noten (rangskaliert). Dann kann man mit einem solchen Attribut Tupel anfordern, deren Attributausprägung über und unter einer festgelegten Grenze liegen. Z.B. so:

```
... lpreis > 2000 and lpreis < 4000 ...
```

In SQL können stattdessen die Schlüsselworte BETWEEN ...AND ... verwendet werden. Hier als Beispiel die Abfrage nach Datenbanksystemen, deren Preis zwischen 2000 und 5000 Euro liegen:

```
select bezdbs as Datenbanksystem, typ as Datenbanksys-
temtyp, lpreis as Listenpreis
 from dbs
  where lpreis BETWEEN 2000 AND 5000
   order by lpreis;
```

Datenbanksystem	Datenbanksystemtyp	Listenpreis
DBS4	NoSQL	2000.77
DBS3	RDBS	2301.00
DBS9	NoSQL	3000.20
DBS2	RDBS	3000.20

Parameter IN

Oftmals ergeben sich bei Abfragen logische Ausdrücke der Art

```
.. typ='RDB' OR typ='IR' or typ='OODBS' or ..,
```

wenn Tupelmengen ausgegeben werden sollen, die auf andere Weise nicht spezifiziert werden können (hier am Beispiel der Relation DBS). Auch dies kann in SQL auf einfachere Weise erledigt werden, indem das reservierte Wort IN zusammen mit einer in Klammern gesetzten Liste von Attributsausprägungen als Spezifizierungsbedingung eingesetzt wird. Im nächsten Beispiel werden z.B. alle Angebote ausgegeben, bei denen eines der angeführten Datenbanksysteme vorkommt.

```
select * from angebot
    where bezdbs IN ('DBS5', 'DBS3', 'DBS1', 'DBS11')
        and not mpreis is null order by bezdbs;
```

bezdbs	finame	mpreis
DBS1	HAE3	7100.00
DBS11	HAE4	500.00

Soweit die Select-Abfragen in dieser einfachen Form. Weiter unten werden sie nochmals für die Verknüpfung von Relationen benötigt.

Select-Abfragen erzeugen Tabellen (oftmals erfüllen diese auch die Anforderungen an Relationen) nur für die Ausgabe oder für die Eingabe in ein weiterverarbeitendes Programm (Reportgenerator, Grafische Nutzeroberfläche). Sie erzeuen keine persistenten Daten.

Persistenz bedeutet im Datenbankgeschehen, dass Daten abgespeichert und über die Zeit gerettet werden. Dies geschieht mit den "normalen" Relationen (base relations), nicht aber mit diesen Auswertungen.

19.6 Gezieltes Löschen und Korrigieren

Die nächsten Beispiele werden mit der Datenbank KuchenBaecker durchgeführt. Im folgenden Kasten sind die Befehle zum Einrichten und Bestücken der Datenbank.

```
create database KuchenBaecker; //nur beim ersten Mal
drop table baeku; //nur bei Wiederholung
drop table baecker; //nur bei Wiederholung
drop table kuchen; //nur bei Wiederholung
create table kuchen (KNr int(2), BEZ char(15), KalStueck int(4), preis decimal(4,2), primary key
(KNr));
create table Baecker (BNr int(2), Name char(15), primary key (BNr));
create table BaeKu (BNr int(2), KNr int(2), preis decimal(4,2), primary key(BNr, KNr));

delete from kuchen; //nur bei Wiederholung
insert into kuchen (Knr, Bez, preis) values (1, 'Obstschnitte', 1.70);
insert into kuchen values
(2, 'Apfelkuchen', 650, 1.70),
(3, 'Kirschkuchen', 720, 2.10),
(4, 'Kirschtorte', 720, 2.52),
(5, 'Mohnkuchen', 920, 2.38),
(6, 'Sahnetorte', 1300, 2.46);

delete from baecker; //nur bei Wiederholung
Insert into baecker values (10, 'Müller');
Insert into baecker values
(20, 'Huber'),
(30, 'Gonzales'),
(40, 'Mertens');

delete from baeku; //nur bei Wiederholung
Insert into baeku values
(20, 1, 1.50),
(40, 1, 1.60),
(10, 2, 2.00),
(20, 2, 1.90),
(30, 2, 2.10),
(40, 2, 2.20),
(30, 3, 2.70),
(40, 4, 3.10),
(40, 5, 3.00),
(20, 5, 4.00),
(30, 5, 5.00),
(40, 6, 4.00);
```

Hier die befüllten Relationen:

```
select * from kuchen
```

KNr	BEZ	KalStueck	preis
1	Obstschnitte	NULL	1.70
2	Apfelkuchen	650	1.70
3	Kirschkuchen	720	2.10
4	Kirschtorte	720	2.52
5	Mohnkuchen	920	2.38
6	Sahnetorte	1300	2.46

```
select * from baeku
```

BNr	KNr	preis
10	2	2.00
20	1	1.50
20	2	1.90
20	5	4.00
30	2	2.10
30	3	2.70
30	5	5.00
40	1	1.60
40	2	2.20
40	4	3.10
40	5	3.00
40	6	4.00

```
select * from baecker
```

BNr	Name
10	Müller
20	Huber
30	Gonzales
40	Mertens

19.6.1   Löschen mit DELETE FROM

Nicht verwechseln: drop table und delete from table

Der Befehl für das Löschen von Daten ist `delete from`. Nach der Befehlsbezeichnung wird noch der Relationennamen angegeben, also `delete from relationenname`. Damit werden alle Tupel der Relation gelöscht. Die Relation selbst bleibt erhalten. Normalerweise löscht man aber nicht alle Tupel, sondern nur ausgewählte. Deren Festlegung kann wie bei den Select-Befehlen mit einer Where-Klausel erfolgen. Als Beispiel dient die Relation **Kuchen**:

```
select bez as Bezeichnung,
    kalstueck as "Kalorien je Stück",
        preis as Preis from kuchen;
```

Bezeichnung	Kalorien je Stück	Preis
Obstschnitte	NULL	1.70
Apfelkuchen	650	1.70
Kirschkuchen	720	2.10
Kirschtorte	720	2.52
Mohnkuchen	920	2.38
Sahnetorte	1300	2.46

Da so etwas in unser Angebot nicht mehr passt, löschen wir alle Kuchen mit mehr als 800 Kilokalorien je Stück aus unserem Angebot:

```
delete from kuchen where kalstueck > 800;
select bez as Bezeichnung,
    kalstueck as "Kalorien je Stück",
        preis as Preis
            from kuchen;
```

Bezeichnung	Kalorien je Stück	Preis
Obstschnitte	NULL	1.70
Apfelkuchen	650	1.70
Kirschkuchen	720	2.10
Kirschtorte	720	2.52

Und die „Kalorienbomben" sind weg.

19.6.2   Daten korrigieren - Update ... set ...

Hier sollen nun zum ersten Mal in unserer "SQL-Exkursion" Daten geändert werden. Dies geschieht durch den Befehl UPDATE. Die Auswahl der zu ändernden Tupel geschieht wiederum durch eine Where-Klausel. Der Aufbau des Befehls ist in der folgenden Abbildung angegeben.

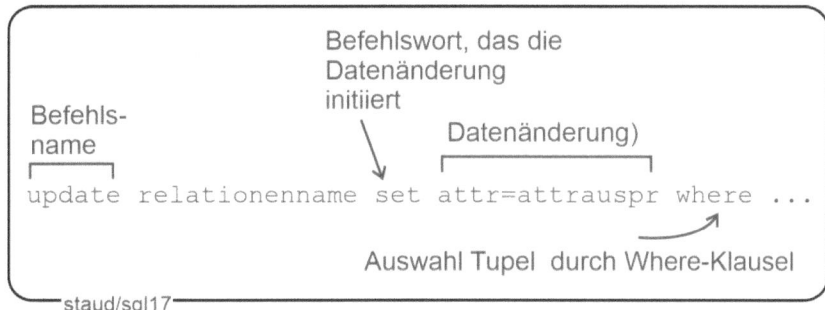

Abbildung 19.6-1:   Befehl UPDATE

attr: Attributsbezeichnung, attrauspr: Attributsausprägung

Das Befehlswort SET leitet den Abschnitt für die Festlegung der Datenänderung ein. Diese beginnt, indem dem Attribut eine neue Ausprägung zugewiesen wird. Also z.B. gehalt=10000, wenn das neue Gehalt diesen Wert hat oder Name = "Bergbauer", falls eine Namensänderung ansteht. Danach folgt die Where-Klausel, mit deren Hilfe festgelegt wird, welche Tupel geändert werden. Sie kann natürlich wieder beliebig komplex sein. Hier einige einfache Beispiele für den Abschnitt nach dem Befehlswort SET:

```
... set gehalt=10000 where PersNr=1007
... set Name = "Bergbauer" where Name="Müller"
... set gehalt = gehalt * 0.2 where abteilung = "IT"
```

Der letzte Befehl erhöht die Gehälter aller in der IT Beschäftigten um 20%.

Beispiel Update. Der folgende Befehl führt in der Datenbank **Datenbanksysteme** zwei Änderungen in der Relation **DBS** durch: DBS3 erhält einen neuen Listenpreis und eine neue Datumsangabe. Zuerst der alte Datensatz:

```
select * from dbs where bezdbs='DBS3';
```

bezdbs	typ	plattform	lpreis	pname	datum
DBS3	RDBS	LINUX	2301.00	P2	2022-02-26

Nun die Änderung der Daten. Dafür sind zwei Befehle nötig.

```
update dbs SET lpreis=2300 where bezdbs='DBS3';
```

```
update dbs SET datum='2019-02-27' where bezdbs='DBS3';

select * from dbs where bezdbs='DBS3';
```

bezdbs	typ	plattform	lpreis	pname	datum
DBS3	RDBS	LINUX	2300.00	P2	2019-02-27

Es ist auch möglich, in einem Befehl mehrere Änderungen vorzunehmen:

```
update dbs SET lpreis=2301, datum='2025-02-27'
   where bezdbs='DBS3';

select * from dbs where bezdbs='DBS3';
```

bezdbs	typ	plattform	lpreis	pname	datum
DBS3	RDBS	LINUX	2301.00	P2	2025-02-27

Je nach Gestaltung der Where-Klausel werden auch mehrere Datensätze (Tupel) geändert. Im folgenden Befehl werden alle Preise in der Relation Kuchen um 20% erhöht. Zuerst der alte Datenbestand:

```
select * from kuchen;
```

KNr	BEZ	KalStueck	preis
1	Obstschnitte	NULL	1.70
2	Apfelkuchen	650	1.70
3	Kirschkuchen	720	2.10
4	Kirschtorte	720	2.52

Nun die Preiserhöhung:

```
update kuchen set preis=preis*1.20;

select * from kuchen;
```

KNr	BEZ	KalStueck	preis
1	Obstschnitte	NULL	2.04
2	Apfelkuchen	650	2.04
3	Kirschkuchen	720	2.52
4	Kirschtorte	720	3.02

19.6.3   Maskierung mit LIKE

Da wir es bei den Einträgen in die Datenbank oft mit alphanumerischen Zeichenfolgen zu tun haben, ist auch *Maskierung* notwendig. Damit ist gemeint, dass man nur einen Teil einer alphanumerischen Zeichenfolge (einer Attributsausprägung) eingibt und sich die Tupel ausgeben lässt, die im entsprechenden Attribut diesen Teil aufweisen. Die dafür verwendeten Zeichen werden auch *Platzhalter*, *Stellvertreterzeichen* oder *Joker* genannt. In SQL sind folgende üblich:

- Der Unterstrich ("_") für ein beliebiges *einzelnes* Zeichen
- Das Prozentsymbol ("%") für *keines* oder eine *beliebige Anzahl* von Zeichen

Die Syntax ist so, dass das Schlüsselwort LIKE anstatt des Gleichheitszeichens eingesetzt wird, also z.B. ...

```
... name LIKE "Integer%"
```

falls nach allen Integer-Datentypen gesucht wird.

Für die folgenden Beispiele nutzen wir die Relation **Haendler**. Hier nochmals die Daten dieser Relation:

```
select * from haendler order by fname;
```

fname	ort	strasse	rabatt
HAE1	Frankfurt	Hammerweg 5	10
HAE2	München	Hummelweg 99	6
HAE3	Passau	Langstr. 1	12
HAE4	Stuttgart	Bahnhofstr. 20	8
HAE5	Ravensburg	Hammerstraße 3	20
HAE6	Vilshofen	An der Donau 7	5

Hammer%. Zuerst eine *rechtsseitige Maskierung.* Sie fordert alle Datensätze an, bei denen *Hammer* am Beginn des Feldes steht und beliebiges nachfolgt.

```
select * from haendler
   where strasse like 'Hammer%';
```

fname	ort	strasse	rabatt
HAE1	Frankfurt	Hammerweg 5	10
HAE5	Ravensburg	Hammerstraße 3	20

%weg%. Dann eine beidseitige Maskierung. Gesucht sind alle Händler, in deren Straßenbezeichnung „weg" vorkommt.

```
select * from haendler
 where strasse like '%weg%' order by fname;
```

fname	ort	strasse	rabatt
HAE1	Frankfurt	Hammerweg 5	10
HAE2	München	Hummelweg 99	6

Vor der nächsten Abfrage tragen wir einen weiteren Händler ein:

```
insert into haendler values ('HAE9', 'Ostrach', 'Hummerweg
2', 5);
```

Damit sind folgende Daten in der Relation **Haendler**:

```
select * from haendler;
```

fname	ort	strasse	rabatt
HAE1	Frankfurt	Hammerweg 5	10
HAE2	München	Hummelweg 99	6
HAE3	Passau	Langstr. 1	12
HAE4	Stuttgart	Bahnhofstr. 20	8
HAE5	Ravensburg	Hammerstraße 3	20
HAE6	Vilshofen	An der Donau 7	5
HAE9	Ostrach	Hummerweg 2	5

H_mmerweg%. Nun das zweite Maskierungszeichen, der Unterstrich. Er ersetzt genau ein Zeichen. Die rechte Maskierung ist wegen der Hausnummern nötig:

```
select * from haendler
    where strasse like 'H_mmerweg%' order by fname;
```

fname	ort	strasse	rabatt
HAE1	Frankfurt	Hammerweg 5	10
HAE9	Ostrach	Hummerweg 2	5

Hammerstraße 3%. Das Feld *Strasse* hat die Länge 14, das ist genau die von Hammer-straße 3. Am Ende dieses Eintrags findet sich also kein Zeichen. Die folgende Abfrage dient nur dem Nachweis, dass das Prozentzeichen tatsächlich auch "kein Zeichen" um-fasst:

```
select * from haendler
    where strasse like 'Hammerstraße 3%';
```

fname	ort	strasse	rabatt
HAE5	Ravensburg	Hammerstraße 3	20

Diese Unterscheidung (Unterstrich genau ein Zeichen, Prozentzeichen keines, eines oder viele) ist in der praktischen Arbeit wichtig. Sie erlaubt es, die Suche zu präzisieren.

19.7 Funktionen

Hier arbeiten wir wieder mit der Relation DBS von Datenbanksysteme:

```
select * from dbs
```

bezdbs	typ	plattform	lpreis	pname	datum
DBS1	RDBS	UNIX	9500.10	P1	2019-07-20
DBS10	RDBS	WINDOWS	600.88	P4	2021-03-20
DBS11	RDBS	WINDOWS	800.90	P5	2020-11-20
DBS2	RDBS	UNIX	3000.20	P1	2020-10-20
DBS3	RDBS	LINUX	2301.00	P2	2025-02-27
DBS4	NoSQL	WINDOWS	2000.77	P4	2019-02-20
DBS5	OODBS	LINUX	900.66	P1	2021-04-20
DBS6	OODBS	WINDOWS	1800.55	P2	2022-06-20
DBS7	OODBS	UNIX	5000.40	P3	2015-07-20
DBS8	RDBS	LINUX	1200.30	P2	2021-08-20
DBS9	NoSQL	LINUX	3000.20	P1	2022-01-01

19.7.1   Funktionen für Tupelmengen und Gruppenbildung

SQL bietet auch Funktionen zur Verarbeitung von Tupelmengen an. Natürlich können sich diese Verarbeitungsschritte nur auf numerische Attribute beziehen, die rechnerisch verarbeitet werden dürfen.

- Summe: SUM(attributsname) berechnet die Summe über angegebenen die Attribut-sausprägungen
- Durchschnitt: AVG(attributsname) berechnet den Durchschnitt
- Minimum: MIN(attributsname) bestimmt den minimalen Wert
- Maximum: MAX(attributsname) bestimmt den maximalen Wert
- Anzahl: COUNT(*) bestimmt die Anzahl der Tupel in der Menge

Will man alle Tupel der Berechnung unterziehen, erscheint im Ergebnis genau ein Tupel:

```
select avg(lpreis) as "Durchschnittspreis",
        max(lpreis) as "Höchster Preis",
```

```
        min(lpreis) as "Niedrigster Preis",
            count(*) as "Anzahl" from dbs;
```

Durchschnittspreis	Höchster Preis	Niedrigster Preis	Anzahl
2736.905455	9500.10	600.88	11

Sehr oft will man diese Werte aber für Teilmengen aller Tupel berechnen. Dann legt man nicht nur die gewünschten Funktionen fest, sondern auch die Tupelmengen.

Mengenbildung durch GROUP BY. Zur Festlegung der Tupelmengen und dann zur Ausgabe der berechneten Werte, muss man mit Hilfe des Parameters GROUP BY gruppieren. Der Aufbau ist so, dass vor dem Relationennamen in der Liste der auszugebenden Attribute die Funktion angegeben wird und danach das Schlüsselwort GROUP BY mit dem Attribut, nach dem gruppiert werden soll.

```
...funktion(attribut)
        from relationenname GROUP BY attrbez
```

Dann werden jeweils die Tupel mit derselben Attributsausprägung in eine Gruppe genommen und die Funktion berechnet.

Beispiel mit count und avg. Im folgenden Beispiel werden für die Relation DBS alle Datenbanksysteme, die zum gleichen (Datenbanksystem)Typ gehören, zusammengefasst und mit ihrem durchschnittlichen Preis ausgeben. Mit count(*) kann man ausrechnen lassen, wieviele Tupel in der jeweiligen Tupelmenge sind. Der Stern bei der Funktion count ersetzt ein bei der Gruppenbildung verwendetes Attribut.

```
select typ as Typ,
 count(*) as Anzahl,
  avg(lpreis) as Durchschnittspreis
    from dbs GROUP BY TYP;
```

Typ	Anzahl	Durchschnittspreis
NoSQL	2	2500.485000
OODBS	3	2567.203333
RDBS	6	2900.563333

Die vielen Dezimalstellen bei dem berechneten Wert können durch den Parameter format unterbunden werden:

```
select typ as Typ,
 count(*) as Anzahl,
  format(avg(lpreis),2) as Durchschnittspreis
    from dbs GROUP BY TYP
```

Typ	Anzahl	Durchschnittspreis
NoSQL	2	2,500.49
OODBS	3	2,567.20
RDBS	6	2,900.56

Beispiel mit avg, max, min und count. Das folgende Beispiel ist etwas anspruchsvoller. Wieder wird nach dem Datenbanksystemtyp gruppiert und mit count(*) die Anzahl der Tupel in der jeweiligen Menge festgestellt. Außerdem wird für jede Teilmenge dann bestimmt, wie hoch der Durchschnittspreis ist, welchen Preis das teuerste und das billigste Buch hat.

```
select typ as "DBS-Typ",
   format(avg(lpreis),2) as "Durchschnittspreis",
      max(lpreis) as "Höchster Preis",
         min(lpreis) as "Niedrigster Preis",
            count(*) as "Anzahl" from dbs
               GROUP BY TYP order by typ desc;
```

DBS-Typ	Durchschnittspreis	Höchster Preis	Niedrigster Preis	Anzahl
RDBS	2,900.56	9500.10	600.88	6
OODBS	2,567.20	5000.40	900.66	3
NoSQL	2,500.48	3000.20	2000.77	2

Wichtig ist, dass bei der Festlegung der Spalten nur Attribute angegeben werden, die sich auf die Mengen als Ganzes beziehen. Es können hier also keine Attribute wie z.B. BezDBS angegeben werden, die zur Ausgabe von Werten für einzelne Tupel führen würden.

HAVING. Hat man eine Gruppierung angefordert und möchte unter den entstehenden Tupelmengen auswählen, dann kann dies nicht mit der Where-Klausel geschehen, da diese sich immer auf einzelne Tupel bezieht. Deshalb wird in SQL hierfür ein anderes reserviertes Wort zur Verfügung gestellt, HAVING. Natürlich muss sich dann die notwendige Auswahlbedingung auch auf die Gruppe als Ganzes beziehen.

Beispiel. Die Syntax ist so, dass nach dem üblichen Befehl (bis GROUP BY attr-bez) der Parameter HAVING mit einer Bedingung eingefügt wird. Dann werden nur die Tupelmengen ausgegeben, die diese Bedingung erfüllen. Im folgenden werden z.B. nur die mit ihren Durchschnittspreisen ausgegeben, die mehr als ein Datenbanksystem enthalten.

```
select typ as "DBS-Typ",
   format(avg(lpreis),2 as "Durchschnitt der Gruppe",
      count(*) as Anzahl
         from dbs
            GROUP BY TYP HAVING count(*)>2;
```

DBS-Typ	Durchschnitt der Gruppe	Anzahl
OODBS	2567.20	3
RDBS	2900.56	6

Es gibt in SQL eine große Zahl von Funktionen zur Manipulation von *einzelnen Attributsausprägungen.* Diese gruppieren sich in mathematische Funktionen und Funktionen für Zeichenketten.

19.7.2   Mathematische Funktionen

Die wichtigsten mathematischen Funktionen

Bezeichnung	Aufgabe
abs	liefert den Absolutwert der (numerischen) Attributsausprägung
ceil	liefert den nächstgelegenen ganzen Integer-Wert
floor	liefert den größten Integer-Wert zurück, der kleiner oder gleich dem Parameterwert ist
mod	liefert den Modulowert
power	liefert den Exponentialwert
round	liefert den gerundeten Wert
sqrt	liefert die zweite Wurzel

Für diese Funktionen richten wir eine Datenbank mit der Bezeichnung Sport und eine Relation mit der Bezeichnung Fitness ein, die v.a Attribute mit numerischen Datentypen nutzt. Da es sich teilweise um natürliche Zahlen (ganze, positive) handelt, wird auch der Parameter *unsigned* gesetzt.

Im folgenden Text finden sich die Befehle zum Einrichten und Befüllen der Datenbank.

```
create database Sport;
//nur bei Wiederholung: drop table fitness;
create table fitness (Name char(10),
    MitglNr tinyint (3) unsigned,
      AlterM tinyint (2) unsigned,
        Gewicht decimal (4,2) unsigned,
          Punkte tinyint (2));
//nur bei Wiederholung; delete from fitness;
insert into fitness VALUES
('Rapunzel', 2, 18, 68.8, -10),
('Pfarr', 4, 27, 65.49, -5),
('Stilz', 5, 49, 64.01, 29),
('Rumpel', 6, 33, 63.55, 21),
('Maier', 7, 30, 60.20, -20),
('Metzger', 8, 22, 59.25, 30),
('Dürr', 9, 45, 55.45, 25),
('Groß', 1, 39, 62.10, -10),
('Storch', 10, 27, 45.50, 17),
('Rot', 3, 18, 49.44, 27),
('Schmalz', 11, 64, 62.24, -5);
```

Dies führt zu folgendem Datenbestand:

```
select * from fitness;
```

Name	MitglNr	AlterM	Gewicht	Punkte
Rapunzel	2	18	68.80	-10
Pfarr	4	27	65.49	-5
Stilz	5	49	64.01	29
Rumpel	6	33	63.55	21
Maier	7	30	60.20	-20
Metzger	8	22	59.25	30
Dürr	9	45	55.45	25
Groß	1	39	62.10	-10
Storch	10	27	45.50	17
Rot	3	18	49.44	27
Schmalz	11	64	62.24	-5

Blick ins Data Dictionary. Ein Klick auf den MySQL-Button *Struktur* zeigt, dass es geklappt hat.

#	Name	Typ	Kollation	Attribute	Null	Standard
1	Name	char(10)	utf8mb4_general_ci		Ja	*NULL*
2	MitglNr	tinyint(3)		UNSIGNED	Ja	*NULL*
3	AlterM	tinyint(2)		UNSIGNED	Ja	*NULL*
4	Gewicht	decimal(4,2)		UNSIGNED	Ja	*NULL*
5	Punkte	tinyint(2)			Ja	*NULL*

Nun einige Abfragen mit diesen Funktionen. Der nachfolgende Befehl gibt den Wert des Attributs **Punkte** aus, berechnet deren Absolutwert, die nächste höhere ganze Zahl, die nächst tiefere und den gerundeten Wert.

```
select MitglNr, punkte as Punkte,
  abs(punkte) as "Punkte absolut",
    gewicht as Gewicht,
      ceil(gewicht) as "Nächster Wert",
        floor(gewicht) as "Unterer Wert",
          round(gewicht,1) as "Gerundet"
            from fitness order by mitglnr;
```

MitglNr	Punkte	Punkte absolut	Gewicht	Nächster Wert	Unterer Wert	Gerundet
1	-10	10	62.10	63	62	62.1
2	-10	10	68.80	69	68	68.8
3	27	27	49.44	50	49	49.4
4	-5	5	65.49	66	65	65.5
5	29	29	64.01	65	64	64.0
6	21	21	63.55	64	63	63.6
7	-20	20	60.20	61	60	60.2
8	30	30	59.25	60	59	59.3
9	25	25	55.45	56	55	55.5
10	17	17	45.50	46	45	45.5
11	-5	5	62.24	63	62	62.2

Das zweite Beispiel zeigt den Einsatz der Modulo-Funktion.

```
select mitglnr, mod(mitglnr, 3) from fitness;
```

mitglnr	mod(mitglnr, 3)
2	2
4	1
5	2
6	0
7	1
8	2
9	0
1	1
10	1
3	0
11	2

Erinnerung: Die Modulofunktion berechnet den ganzzahligen Rest bei der Division durch eine fest-gelegte ganze Zahl. Damit werden die Tupel in Gruppen eingeteilt. Die mit Rest 0, mit Rest 1, usw. Ein Anwendungsbereich im Zusammenhang mit Datenbanken sind Speichertechniken, vgl. die Aus-führungen zur RAM-Datei in Abschnitt 21.5.

Das dritte Beispiel zeigt die Funktionen `power` und `sqrt`. Hier ist auch zu sehen, wie MySQL reagiert, wenn man versucht, aus einer negativen Zahl die Wurzel zu ziehen. "Null" meint hier *null value* (keine zulässige Ausprägung vorhanden) und nicht den Wert 0.

```
select punkte as Punkte,
    power(punkte,2) as Quadrat,
        format(sqrt(punkte),2) as Wurzel,
            round(sqrt(punkte), 2)
                as "Wurzel gerundet" from fitness
```

Punkte	Quadrat	Wurzel	Wurzel gerundet
-10	100	NULL	NULL
-5	25	NULL	NULL
29	841	5.385	5.39
21	441	4.583	4.58
-20	400	NULL	NULL
30	900	5.477	5.48
25	625	5.000	5.00
-10	100	NULL	NULL
17	289	4.123	4.12
27	729	5.196	5.20
-5	25	NULL	NULL

Auch in der Sortierung können diese Funktionen eingesetzt werden, wie das folgende Beispiel zeigt. Es macht auch deutlich, dass mit der Funktion `power` ebenfalls Wurzeln gezogen werden können.

```
select punkte AS Punkte,
    format(sqrt(punkte),3) AS Quadratwurzel,
        round(power(punkte, 0.5) , 2)
            AS "Wurzel gerundet"
                from fitness
                    where punkte > 0 order by sqrt(punkte);
```

Punkte	Quadratwurzel	Wurzel gerundet
17	4.123	4.12
21	4.582	4.58
25	5.000	5.00
27	5.196	5.20
29	5.385	5.39
30	5.477	5.48

Das abschließende Beispiel deutet die Möglichkeiten der Verschachtelung an. Die Klammern werden von innen nach außen abgearbeitet und sollten entsprechend gesetzt werden.

```
select
  punkte as Punkte,
    abs(punkte) as "Punkte absolut",
      select(sqrt(abs(punkte)),3) as Wurzel,
        round(sqrt(abs(punkte)), 2) as Gerundet,
          ceil(round(sqrt(abs(punkte)), 2))
            as "Nächste ganze Zahl",
              mod(ceil(round(sqrt(abs(punkte)), 2)), 2)
                as "Modulo 2"
                  from fitness order by abs(punkte);
```

Punkte	Punkte absolut	Wurzel	Gerundet	Nächste ganze Zahl	Modulo 2
-5	5	2.236	2.24	3	1
-5	5	2.236	2.24	3	1
-10	10	3.162	3.16	4	0
-10	10	3.162	3.16	4	0
17	17	4.123	4.12	5	1
-20	20	4.472	4.47	5	1
21	21	4.582	4.58	5	1
25	25	5	5.00	5	1
27	27	5.196	5.20	6	0
29	29	5.385	5.39	6	0
30	30	5.477	5.48	6	0

19.7.3 Funktionen für Zeichenketten

Die folgende Tabelle gibt die wichtigsten Funktionen für Zeichenketten an.

Funktionen für Zeichenketten

Bezeichnung	Aufgabe
length	liefert die Länge einer Zeichenkette zurück
lower	liefert die in Kleinbuchstaben konvertierte Zeichenfolge zurück
upper	liefert die in Großbuchstaben konvertierten Zeichenfolge zurück
rtrim	(right trim) liefert bei einer Zeichenfolge einen Ausdruck zurück, bei dem rechtsseitig die Leerzeichen gelöscht sind. In MySQL nicht nötig, da hier keine rechtseitigen Leerzeichen eingefügt werden.
ltrim	(left trim)liefert bei einer Zeichenfolge einen Ausdruck zurück, bei dem linksseitig die Leerzeichen gelöscht sind.
string || string	ist der Verkettungsoperator für Zeichenfolgen nach ANSI-Standard. Funktioniert nicht bei MySQL. Hier ist der Operator concat dafür zuständig.
concat	Verkettungsoperator für Zeichenketten bei MySQL (concatenation).
substr	löscht einen Teil der Zeichenkette

Für die nächsten Beispiele wird weiter die Relation **Fitness** genutzt. Zuerst der Verkettungsoperar `concat`. Mit ihm können alphanumerische Zeichenfolgen nebeneinander (in einer Spalte) ausgegeben werden. Die erste Abfrage zeigt, was geschieht, wenn man die Felder einfach nur aneinander fügt:

```
select concat(name, MitglNr, AlterM, Gewicht) from fitness
```

concat(name, MitglNr, AlterM, Gewicht)
Rapunzel21868.80
Pfarr42765.49
Stilz54964.01
Rumpel63363.55
Maier73060.20
Metzger82259.25
Dürr94555.45
Groß13962.10
Storch102745.50
Rot31849.44
Schmalz116462.24

Kein sehr befriedigendes Ergebnis. Das geht deutlich besser, auch mit einer aussagekräftien Überschrift:

```
select concat(name, ' (MitglNr: ', MitglNr, ',
   Alter: ', AlterM, ', Gewicht: ', Gewicht,')')
      as "Mitglieder mit wichtigen Daten" from fitness
```

Mitglieder mit wichtigen Daten
Rapunzel (MitglNr: 2, Alter: 18, Gewicht: 68.80)
Pfarr (MitglNr: 4, Alter: 27, Gewicht: 65.49)
Stilz (MitglNr: 5, Alter: 49, Gewicht: 64.01)
Rumpel (MitglNr: 6, Alter: 33, Gewicht: 63.55)
Maier (MitglNr: 7, Alter: 30, Gewicht: 60.20)
Metzger (MitglNr: 8, Alter: 22, Gewicht: 59.25)
Dürr (MitglNr: 9, Alter: 45, Gewicht: 55.45)
Groß (MitglNr: 1, Alter: 39, Gewicht: 62.10)
Storch (MitglNr: 10, Alter: 27, Gewicht: 45.50)
Rot (MitglNr: 3, Alter: 18, Gewicht: 49.44)
Schmalz (MitglNr: 11, Alter: 64, Gewicht: 62.24)

Nun noch ein Beispiel mit der Relation DBS:

```
select concat(bezdbs, " ist vom Typ: ", typ)
    as "Datenbanksysteme und ihr Typ" from dbs;
```

Datenbanksysteme und ihr Typ
DBS1 ist vom Typ: RDBS
DBS10 ist vom Typ: RDBS
DBS11 ist vom Typ: RDBS
DBS2 ist vom Typ: RDBS
DBS3 ist vom Typ: RDBS
DBS4 ist vom Typ: NoSQL
DBS5 ist vom Typ: OODBS
DBS6 ist vom Typ: OODBS
DBS7 ist vom Typ: OODBS
DBS8 ist vom Typ: RDBS
DBS9 ist vom Typ: NoSQL

Die nächste Abfrage demonstriert die Funktionen rtrim und length. In anderen SQL-Dialekten sind die Werte bei Länge DT und Länge real unterschiedlich. Hier nicht, MySQL verwaltet also tatsächlich keine angehängten Leerzeichen.

```
select name,
    length(name) as "Länge DT",
     length(rtrim(name))as "Länge real"
       from fitness order by length(rtrim(name));
```

name	Länge DT	Länge real
Rot	3	3
Pfarr	5	5
Stilz	5	5
Maier	5	5
Dürr	5	5
Groß	5	5
Rumpel	6	6
Storch	6	6
Schmalz	7	7
Metzger	7	7
Rapunzel	8	8

Nun noch, ein zugegebenermaßen konstruiertes Beispiel zu ltrim. Damit prüfen wir, ob der Operator funktioniert.

Wir konstruieren zuerst Einträge mit linksseitigen Leerzeichen. Diese sind, wie Spalte 2 zeigt, dann auch tatsächlich da. Spalte 3 zeigt dann den Einsatz von ltrim, die linksseitigen Leerzeichen sind wieder weg. Ltrim funktioniert also. Dies klappt auch, wenn man Einträge in die Relation mit linksseitigen Lehrzeichen tätigt und diese dann ltrim unterwirft.

```
select name, concat('     ', name), ltrim(concat('     ',
name)) from fitness
```

name	concat(' ', name)	ltrim(concat(' ', name))
Rapunzel	Rapunzel	Rapunzel
Pfarr	Pfarr	Pfarr
Stilz	Stilz	Stilz
Rumpel	Rumpel	Rumpel
Maier	Maier	Maier
Metzger	Metzger	Metzger
Dürr	Dürr	Dürr
Groß	Groß	Groß
Storch	Storch	Storch
Rot	Rot	Rot
Schmalz	Schmalz	Schmalz

Die nächste Abfrage zeigt die Funktionen upper, lower und substr, mit der Teile von Zeichenketten ausgewählt werden können. *z1b3* liefert die Zeichen 1 bis drei, *z4b6* entsprechend die von 4 bis 6.

```
select lower(name) as LowName,
 upper(name) as UpName,
  substr(name,1,3) as z1b3,
  substr(name,4,6) as z4b6
   from fitness;
```

LowName	UpName	z1b3	z4b6
rapunzel	RAPUNZEL	Rap	unzel
pfarr	PFARR	Pfa	rr
stilz	STILZ	Sti	lz
rumpel	RUMPEL	Rum	pel
maier	MAIER	Mai	er
metzger	METZGER	Met	zger
dürr	DÜRR	Dür	r
groß	GROß	Gro	ß
storch	STORCH	Sto	rch
rot	ROT	Rot	
schmalz	SCHMALZ	Sch	malz

19.8 Verknüpfen von Relationen

In den obigen Kapiteln wurde deutlich, dass ein relationales Datenmodell aus zahlreichen Relationen besteht und dass deren Zahl durch die Normalisierungsschritte noch vergößert wird. Das ist auch sinnvoll, weil dadurch Redundanzen beseitigt werden.

Im Rahmen der Abfrage und Auswertung der Daten, z.B. für einen Report oder um Daten für eine Maske bereitzustellen, müssen die Daten verschiedener Relationen aber oft wieder zusammengefügt werden. Dies geschieht entlang der relationalen Verknüpfungen des Datenmodells, also entlang der Schlüssel-Fremdschlüssel-Beziehungen. Eine solche Zusammenführung wird Join (Verbund) genannt. Folgende Varianten gibt es üblicherweise in Datenbanksystemen:

- Equijoin: Den Verbund, der die Ausprägungen des jeweiligen Schlüssels und Fremdschlüssels auf *Gleichheit* prüft und die Tupel entsprechend zusammenfügt. Er wird *Equijoin* (natural join, Join ON) genannt.
- Den Verbund mit anderen Operatoren, z.B. dem Kleiner- oder Größer-Operator. Hier spricht man auch von *Non-equijoins*.
- Den sog. *Outer-Join*, bei dem fehlende Einträge auf Schlüssel- oder Fremdschlüsselseite bewältigt werden (full outer join, left outer join, right outer join).
- Den Self-join, d.h. einen Verbund einer Relation mit sich selbst.

Alle Joins werden durch die Where-Klausel realisiert. Im Unterschied zur einfachen oben vorgestellten Variante der Where-Klausel für die Auswahl von Tupeln (Attributsname=Attributsausprägung) werden hier zwei Attribute gegenübergestellt, typischerweise ein Fremdschlüssel und ein Schlüssel:

```
Attribut_1 op Attribut_2
```

Das Kürzel op steht für einen geeigneten Operator.

Mehr dazu in den folgenden Abschnitten.

19.8.1   Equjoin - Verbund über die Gleichheit von Attributsausprägungen

Der wichtigste Verbund ist der *Equjoin*. Er heißt so, weil bei ihm zwischen den Attributen, die der Verknüpfung dienen (typischerweise also Schlüssel und Fremdschlüssel) das Gleichheitszeichen steht. Im folgenden einige Beispiele dazu.

1:n-Beziehung. Zuerst ein Verbund entlang einer 1:n-Beziehung. Die Zusammenführung der Tupel mit den entsprechenden Einträgen in den Schlüsseln und Fremdschlüsseln geschieht nun durch einen SELECT-Befehl. Dabei werden in der WHERE-Bedingung zwei Attribute gleichgesetzt, eines aus der einen und eines aus der anderen Relation. Typischerweise sind dies ein Schlüssel und ein Fremdschlüssel.

Durch die Festlegung (vor dem Punkt der Relationenname, danach die Attributsbezeichnung)

```
dbs.pname = produzenten.pname
```

wird SQL z.B. veranlasst, alle Tupel aus den beiden Relationen aneinanderzufügen, bei denen die entsprechenden Attributsausprägungen übereinstimmen. Wird keine Entsprechung gefunden, wird auch nicht zusammengefügt.

Die nächste Abbildung zeigt den entsprechenden Select-Befehl. Zwei Dinge müssen beachtet werden:

- Dort wo in den obigen Beispielen eine einzige Relation angegeben wurde (... from dbs ...) werden jetzt mehrere durch Komma getrennt angegeben, alle benötigten. Hier erst mal zwei, später mehr.
- In der Where-Klausel werden je relationaler Verknüpfung zwei Attribute aus verschiedenen Relationen gleichgesetzt.

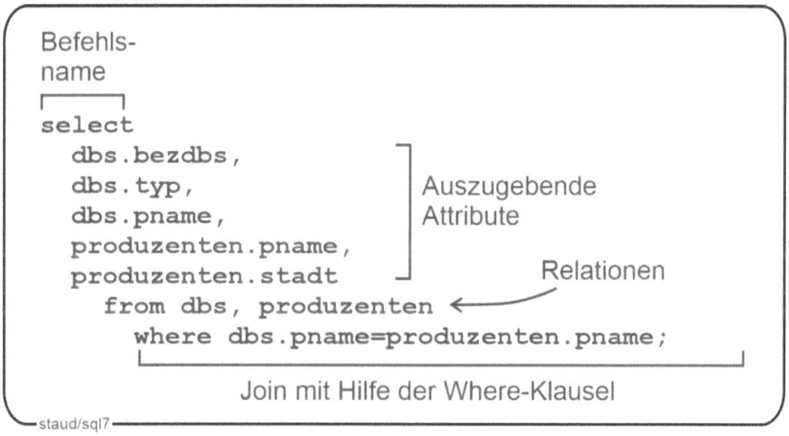

Abbildung 19.8-1:   Ein Join über eine 1:n-Beziehung

Das Ergebnis:

bezdbs	typ	pname	pname	stadt
DBS1	RDBS	P1	P1	Hamburg
DBS10	RDBS	P4	P4	Rom
DBS11	RDBS	P5	P5	Passau
DBS2	RDBS	P1	P1	Hamburg
DBS3	RDBS	P2	P2	Frankfurt
DBS4	NoSQL	P4	P4	Rom
DBS5	OODBS	P1	P1	Hamburg
DBS6	OODBS	P2	P2	Frankfurt
DBS7	OODBS	P3	P3	Berlin
DBS8	RDBS	P2	P2	Frankfurt
DBS9	NoSQL	P1	P1	Hamburg

```
Zum Kopieren in der Web- und PDF-Version:
select
    dbs.bezdbs, dbs.typ, dbs.pname, produzenten.pname, produzenten.stadt
        from dbs, produzenten
            where dbs.pname=produzenten.pname;
```

Hier entstehen - wenn Entsprechungen in den Ausprägungen der Verknüpfungsattribute gefunden werden - unter Umständen große Ausgabetabellen. Die Verknüpfung geschieht im Übrigen nur temporär, nur für die Ausgabe der Tabelle. Die hier vorliegende Redundanz, wegen der ja ursprünglich zerlegt wurde, ist daran ersichtlich, dass die Angabe der Stadt bei jeder Nennung eines Produzenten erfolgt.

n:m-Beziehung

Im Folgenden sollen nun entlang der n:m-Beziehung zwischen DBS - Angebot - Haendler die Relationen wieder zusammengefügt werden. Um dies zu erreichen, werden in der Where-Klausel zwei Verknüpfungen durchgeführt und mit dem Operator AND verbunden. Damit die Ausgabetabelle nicht zu breit wird, werden bestimmte Attribute ausgewählt.

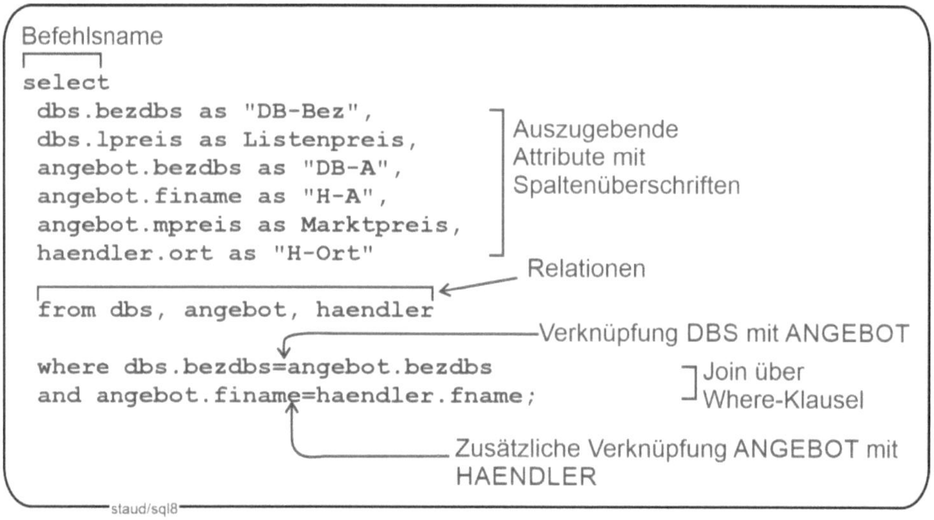

Abbildung 19.8-2:   Ein Join über eine n:m-Beziehung

Das Ergebnis:

DB-Bez	Listenpreis	DB-A	H-A	Marktpreis	H-Ort
DBS1	9500.10	DBS1	HAE3	7100.00	Passau
DBS11	800.90	DBS11	HAE4	500.00	Stuttgart
DBS3	2301.00	DBS3	HAE3	NULL	Passau
DBS4	2000.77	DBS4	HAE2	1800.00	München
DBS5	900.66	DBS5	HAE3	NULL	Passau
DBS6	1800.55	DBS6	HAE1	1700.50	Frankfurt
DBS7	5000.40	DBS7	HAE4	4500.00	Stuttgart
DBS8	1200.30	DBS8	HAE2	1140.00	München
DBS8	1200.30	DBS8	HAE5	1000.00	Ravensburg
DBS8	1200.30	DBS8	HAE6	1150.00	Vilshofen
DBS9	3000.20	DBS9	HAE1	2200.50	Frankfurt
DBS9	3000.20	DBS9	HAE2	2500.00	München
DBS9	3000.20	DBS9	HAE4	3150.00	Stuttgart

```
Zum Kopieren in der Web- und PDF-Version (hier noch zusätzlich sortiert):
select dbs.bezdbs as "DB-Bez",
  dbs.lpreis as Listenpreis,
    angebot.bezdbs as "DB-A", angebot.finame as "H-A",
      angebot.mpreis as Marktpreis,
        haendler.ort as "H-Ort"
          from dbs, angebot, haendler
            where dbs.bezdbs=angebot.bezdbs
              and
              angebot.finame=haendler.fname
                order by angebot.bezdbs, angebot.finame
```

Die entstehende Relation verknüpft somit die Informationen aus DBS und Haendler so, dass jede Firma mit allen ihren Datenbanksystemen erscheint. In den beiden Spalten DB-A (Datenbankname in Angebot) und H-A (Händlername in Angebot) in der Mitte ist die relationale Verknüpfung direkt erkennbar.

Die Redundanz der verknüpften Relation, wegen der ja ursprünglich im Rahmen der Normalisierung zerlegt wurde, ist an folgenden Stellen ersichtlich:

- Für jeden Händler wird sein Ort mehrfach ausgegeben
- Für jedes Datenbanksystem wird der Listenpreis mehrfach ausgegeben

Hat man, so wie in der obigen Abfrage, eine Projektion (Auswahl mehrerer Attribute) vorliegen, stellt sich die Frage, ob man wirklich bei jedem Attribut die Relationenbezeichnung angeben muss oder ob es eine kürzere Eingabemöglichkeit gibt.

Diese gibt es durch sog. *Kurzbezeichnungen* (correlation names) für die Relationen. Sie werden bei der Auflistung der Relationen nach dem Parameter FROM, jeweils nach dem Namen der Relation, angeführt. Z.B. also:

```
...from dbs a, angebot b, haendler c ...
```

Somit hat in obigem Befehl dann DBS die Kurzbezeichnung "a", Angebot "b" und Haendler "c". Dies macht die Eingaben übersichtlicher, wie der nachfolgende Befehl zeigt. Er entspricht obigem Join entlang einer n:m-Beziehung.

```
select a.bezdbs as "DB-Bez", a.lpreis as Listenpreis,
    b.bezdbs as "DB-A", b.finame as "H-A",
        b.mpreis as Marktpreis, c.ort as "H-Ort"
```

```
from DBS a, Angebot b, Haendler c
   where a.bezdbs=b.bezdbs
      and b.finame=c.fname
         order by b.bezdbs, b.finame;
```

Verschmelzen von vier Relationen - 4er-Join. Über vier Relationen geht die folgende Abfrage. Sie führt die Datenbanksysteme mit ihren Händlern und Produzenten zusammen.

```
select a.bezdbs as DBS, a.lpreis as Listenpreis,
   b.mpreis as Marktpreis, c.fname as Händler,
      d.pname as Produzent, d.stadt as Stadt
         from
            dbs a, angebot b, haendler c, produzenten d
               where a.bezdbs=b.bezdbs
                  and b.finame=c.fname
                     and a.pname=d.pname
                        order by a.bezdbs, b.finame;
```

DBS	Listenpreis	Marktpreis	Händler	Produzent	Stadt
DBS1	9500.10	7100.00	HAE3	P1	Hamburg
DBS11	800.90	500.00	HAE4	P5	Passau
DBS3	2301.00	NULL	HAE3	P2	Frankfurt
DBS4	2000.77	1800.00	HAE2	P4	Rom
DBS5	900.66	NULL	HAE3	P1	Hamburg
DBS6	1800.55	1700.50	HAE1	P2	Frankfurt
DBS7	5000.40	4500.00	HAE4	P3	Berlin
DBS8	1200.30	1140.00	HAE2	P2	Frankfurt
DBS8	1200.30	1000.00	HAE5	P2	Frankfurt
DBS8	1200.30	1150.00	HAE6	P2	Frankfurt
DBS9	3000.20	2200.50	HAE1	P1	Hamburg
DBS9	3000.20	2500.00	HAE2	P1	Hamburg
DBS9	3000.20	3150.00	HAE4	P1	Hamburg

19.8.2   Outer Join

Fehlende Schlüssel / Fremdschlüssel. Oftmals sind nicht alle Schlüssel einer relationalen Verknüpfung als Fremdschlüssel "auf der anderen Seite" vorhanden und / oder umgekehrt. Zur Demonstration hier die Datenbank AngAbt (Angestellte – Abteilungen) mit den beiden Relationen Ang (Angestellte) und Abt (Abteilungen). Der Fremdschlüssel wurde nicht eingerichtet, sonst wäre der Eintrag der Fremdschlüssel in Ang ohne "Gegenstück" in Abt nicht möglich gewesen. Der folgende Kasten gibt die Befehle zum Einrichten der Datenbank an.

Zum Kopieren in der Web- und PDF-Version (hier noch zusätzlich sortiert):create database AbtAng;
create table Abt (AbtBez char(2), AbtLeiter char(10), Standort char(10));
create table Ang (PersNr int(4), Name char(10), Vname char(8), AbtBez char(2));
Insert into Abt values
('PW', 'Sommer', 'Hamburg'),
('RE', 'Müller ', 'Passau'),
('VB', 'Rülp', 'Ulm'),
('CO', 'Czerny', 'Ulm'),
('LA', 'Dorr', 'Hamburg');
insert into Ang VALUES
(1030, 'May', 'Karl', 'IT'),
(1005, 'Sommer', 'Lisa', 'PW'),
(1040, 'Winter', 'Angelika', 'IT'),
(1090, 'Stepper', 'Rolf', 'PW'),
(1008, 'Rülp', 'Fred', 'VB'),
(1009, 'Baum', 'Ottilie', 'FE'),
(1017, 'Czerny', 'Rudi', 'CO');

Dies führt zu folgenden Relationen:

select * from abt

AbtBez	AbtLeiter	Standort
PW	Sommer	Hamburg
RE	Müller	Passau
VB	Rülp	Ulm
CO	Czerny	Ulm
LA	Dorr	Hamburg

PW: Personalwesen, RE: Rechnungswesen,
VB: Vertrieb, CO: Controlling, LA: Lager

select * from ang

PersNr	Name	Vname	AbtBez
1030	May	Karl	IT
1005	Sommer	Lisa	PW
1040	Winter	Angelika	IT
1090	Stepper	Rolf	PW
1008	Rülp	Fred	VB
1009	Baum	Ottilie	FE
1017	Czerny	Rudi	CO
1019	Dorr	Heiner	LA

Noch nicht genannte Abteilungen: FE: Forschung und Entwicklung,
IT: EDV-Abteilung

Nun der ganz normale EquiJoin. Er verknüpft nur die Tupel, für die es in beiden Relationen im Schlüssel bzw. Fremdschlüssel gleiche Ausprägungen gibt.

```
select a.persnr as PersNr, a.name as Name,
    a.abtbez as "Abteilung von Ang",
        b.abtbez as "Abteilung von Abt",
            b.abtleiter as Abteilungsleiter
                from ang a, abt b
                    where a.abtbez = b.abtbez
                        order by a.abtbez;
```

PersNr	Name	Abteilung von Ang	Abteilung von Abt	Abteilungsleiter
1017	Czerny	CO	CO	Czerny
1005	Sommer	PW	PW	Sommer
1090	Stepper	PW	PW	Sommer
1008	Rülp	VB	VB	Rülp

Es fehlen also die Tupel, für die es in der anderen Relation keine Entsprechung gab. Der Abteilung **RE** konnte kein Angestellter zugewiesen werden. Für die Angestellten May, Winter und Baum liegen die Abteilungen nicht vor.

Will man nun aber auch diese Tupel "ohne Partner" sehen, um zum Beispiel fehlende Fremdschlüssel zu ergänzen bzw. um Schlüsseleinträge zu identifizieren, für die es noch keinen Fremdschlüssel gibt, wählt man den sogenannten *Outer Join*.

Hinweis: Bei den Join-Befehlen haben die Ersteller der SQL-Varianten jeweils, neben dem Standard, noch weitere (komfortablere, leistungsstärkere) Lösungen hinzuprogrammiert. Deshalb lohnt hier ein Blick in die jeweiligen Handbücher!

Left Join - Angestellte auch ohne Abteilungen

Hier nun die Lösungen von MySQL. Ein *Left Join* bedeutet, dass die Tupel der in der Where-Klausel links stehenden Relation auch dann ausgegeben werden, wenn in der rechts stehenden Relation (hier Abt) keine passenden Ausprägungen vorhanden sind (hier **IT** und **FE**).

```
select * from
   Ang LEFT JOIN Abt   //Um welche Relationen geht es?
      ON Ang.abtbez=Abt.abtbez //zu verknüpfende Attribute
         order by Ang.abtbez;  //Sortierung ist optional
```

PersNr	Name	Vname	AbtBez	AbtBez	AbtLeiter	Standort
1017	Czerny	Rudi	CO	CO	Czerny	Ulm
1009	Baum	Ottilie	FE	NULL	NULL	NULL
1040	Winter	Angelika	IT	NULL	NULL	NULL
1030	May	Karl	IT	NULL	NULL	NULL
1090	Stepper	Rolf	PW	PW	Sommer	Hamburg
1005	Sommer	Lisa	PW	PW	Sommer	Hamburg
1008	Rülp	Fred	VB	VB	Rülp	Ulm

Right Join - Abteilungen auch ohne Angestellte

Umgekehrt beim *Right Join*. Er bedeutet, dass die Tupel der in der Where-Klausel rechts stehenden Relation (hier Abt) auch dann ausgegeben werden, wenn in der links stehenden Relation (hier Ang) keine passenden Ausprägungen vorhanden sind (hier CO und LA).

```
select * from
   Ang RIGHT JOIN Abt
      ON Ang.abtbez=Abt.abtbez
         order by Ang.abtbez;
```

343 Verknüpfen von Relationen

PersNr	Name	Vname	AbtBez	AbtBez	AbtLeiter	Standort
NULL	NULL	NULL	NULL	LA	Dorr	Hamburg
NULL	NULL	NULL	NULL	RE	Müller	Passau
1017	Czerny	Rudi	CO	CO	Czerny	Ulm
1090	Stepper	Rolf	PW	PW	Sommer	Hamburg
1005	Sommer	Lisa	PW	PW	Sommer	Hamburg
1008	Rülp	Fred	VB	VB	Rülp	Ulm

UNION und der beidseitige Outer Join

Um diesen Befehl vorstellen zu können, wird eine neue Relation eingerichtet, Ang_F (frühere Angestellte). Sie hat denselben Aufbau wie die Relation Ang. Für ihre Einrichtung wird eine Variante des Befehls create table verwendet, mit dem der Relationenaufbau direkt von einer anderen Relation genommen werden kann. Hier die gesamte Einrichtung und Befüllung. Da wir nur die Struktur wollen, sorgen wir durch die Where-Klausel dafür, dass keine Tupel übernommen werden:

```
create table ang_f as
    select * from ang where persnr >10000;
```

Nun noch einige Daten:

```
insert into ang_f values (2000, 'Voller', 'Ruth', 'RE');
insert into ang_f values (2010, 'Schlicht', 'Paul', 'IT');
insert into ang_f values (2020, 'Stur', 'Karl', 'CO');
```

```
select * from ang_f;
```

PersNr	Name	Vname	AbtBez
2000	Voller	Ruth	RE
2010	Schlicht	Paul	IT
2020	Stur	Karl	CO

Ziel des nächsten Schrittes ist es, die Daten dieser beiden Relationen Ang und Ang_F zusammenzubringen. Hier zur Erinnerung die Daten von Ang:

```
select * from ang
```

PersNr	Name	Vname	AbtBez
1030	May	Karl	IT
1005	Sommer	Lisa	PW
1040	Winter	Angelika	IT
1090	Stepper	Rolf	PW
1008	Rülp	Fred	VB
1009	Baum	Ottilie	FE
1017	Czerny	Rudi	CO

Mit dem Parameter UNION werden *Vereinigungsmengen von Tupeln* gebildet. Er kann nur angewandt werden, wenn die Tupelmengen genau dieselben Attribute (mit denselben Datentypen) haben. Insgesamt besteht eine Abfrage mit UNION aus zwei SELECT-Befehlen, die jeweils eine Tupelmenge identifizieren. Zwischen den SELECT-Befehlen steht dann UNION. In unserem Beispiel bringen wir die aktuellen und die früheren Mitarbeiter zusammen, z.B. für die Einladung zu einer Veranstaltung:

```
select * from ang
```

```
UNION
    select * from ang_f;
```

PersNr	Name	Vname	AbtBez
1030	May	Karl	IT
1005	Sommer	Lisa	PW
1040	Winter	Angelika	IT
1090	Stepper	Rolf	PW
1008	Rülp	Fred	VB
1009	Baum	Ottilie	FE
1017	Czerny	Rudi	CO
2000	Voller	Ruth	RE
2010	Schlicht	Paul	IT
2020	Stur	Karl	CO

Im oberen Bereich sind die Tupel von Ang, unten die von Ang_F.

Eine Vereinigung zweier Relationen mit UNION ist natürlich auch möglich, wenn eine Where-Klausel vorliegt und eine Attributsliste benutzt wird. Es müssen aber in beiden Fällen dieselben Attribute sein.

```
select persnr, name, abtbez from ang
   where abtbez = 'IT' or abtbez = 'CO'
      UNION
         select persnr, name, abtbez from ang_f
            where abtbez = 'IT' or abtbez = 'CO'
               order by abtbez;
```

persnr	name	abtbez
2020	Stur	CO
1017	Czerny	CO
2010	Schlicht	IT
1030	May	IT
1040	Winter	IT

Mit dem Befehl UNION kann nun ein ein vollständiger *Outer Join* zu den beiden Relationen Abt und Ang durchgeführt werden. Der folgende Befehl sammelt zuerst die Daten von Abt und Ang gemäß einem *left join* ein, dann nach einem *right join*. Anschließend werden diese Tupelmengen mittels UNION zusammengeführt.

Mit left join relationenname bzw. right join relationenname wird der jeweilige Verbund angefordert. Mit on attr1 = attr2 wird er durch Angabe der zur Verknüpfung dienenden Attribute präzisiert.

```
select * from ang LEFT JOIN abt
   ON Ang.abtbez=Abt.abtbez

UNION

select * from ang RIGHT JOIN abt
   ON Ang.abtbez=Abt.abtbez;
```

PersNr	Name	Vname	AbtBez	AbtBez	AbtLeiter	Standort
1005	Sommer	Lisa	PW	PW	Sommer	Hamburg
1090	Stepper	Rolf	PW	PW	Sommer	Hamburg
1008	Rülp	Fred	VB	VB	Rülp	Ulm
1017	Czerny	Rudi	CO	CO	Czerny	Ulm
1030	May	Karl	IT	NULL	NULL	NULL
1040	Winter	Angelika	IT	NULL	NULL	NULL
1009	Baum	Ottilie	FE	NULL	NULL	NULL
NULL	NULL	NULL	NULL	RE	Müller	Passau
NULL	NULL	NULL	NULL	LA	Dorr	Hamburg

Jetzt sind alle fehlenden Ausprägungen (NULL) erkennbar. Zu den Angestellten May, Winter und Baum fehlen die Abteilungen, zu den Abteilungen **RE** und **LA** fehlen Tupel von Angestellten.

19.8.3   SelfJoin - Eine Relation mit sich selbst verknüpfen

Manchmal ist es nötig, eine Relation mit sich selbst zu verknüpfen. Dazu muss die Relation in der FROM-Klausel zweimal mit verschiedenen Bezeichnungen eingeführt werden, was nur mit den oben eingeführten *correlation names* geht. Im Rahmen der Abfrage kann man sie dann wie zwei verschiedene Relationen behandeln.

Im folgenden Beispiel wird jedes Datenbanksystem mit allen verknüpft, die einen niedrigeren Preis haben. Das ist dann auch ein Join, der kein EquiJoin ist (Non-Equjoin), der also nicht auf Gleichsetzung beruht. Grundsätzlich können in Joins alle Operatoren für Zeichenketten und numerische Werte eingesetzt werden, allerdings ist für viele kein Einsatzzweck zu finden.

Im folgenden Beispiel wird nun also in der Liste der Relationen DBS einmal mit A und nochmals mit B eingeführt. Damit ist folgendes möglich:

- Die Attribute **BezDBS** und **LPreis** (Listenpreis) werden zweimal für die auszugebenden Tupel angefordert.
- In der Where-Klausel werden **A.lpreis** und **B.lpreis** mit dem Kleiner-Operator verglichen.
- Ausgegeben werden nur die Tupel, bei denen die Where-Bedingung erfüllt ist, bei denen also das zuerst angeführte Datenbanksystem teurer ist.

```
select a.bezdbs, a.lpreis as "A-Preis",
       b.bezdbs, b.lpreis as "B-Preis"
     from DBS A, DBS B
       where A.LPREIS > B.LPREIS
         order by a.bezdbs, b.bezdbs;
```

Dies führt zu folgendem Ergebnis:

bezdbs	A-Preis	bezdbs	B-Preis
DBS1	9500.10	DBS10	600.88
DBS1	9500.10	DBS11	800.90
DBS1	9500.10	DBS2	3000.20
DBS1	9500.10	DBS3	2301.00
DBS1	9500.10	DBS4	2000.77
DBS1	9500.10	DBS5	900.66
DBS1	9500.10	DBS6	1800.55
DBS1	9500.10	DBS7	5000.40
DBS1	9500.10	DBS8	1200.30
DBS1	9500.10	DBS9	3000.20
DBS11	800.90	DBS10	600.88
DBS2	3000.20	DBS10	600.88
DBS2	3000.20	DBS11	800.90
DBS2	3000.20	DBS3	2301.00
DBS2	3000.20	DBS4	2000.77
DBS2	3000.20	DBS5	900.66
DBS2	3000.20	DBS6	1800.55
DBS2	3000.20	DBS8	1200.30
DBS3	2301.00	DBS10	600.88
DBS3	2301.00	DBS11	800.90
DBS3	2301.00	DBS4	2000.77
DBS3	2301.00	DBS5	900.66
DBS3	2301.00	DBS6	1800.55
DBS3	2301.00	DBS8	1200.30
DBS4	2000.77	DBS10	600.88
DBS4	2000.77	DBS11	800.90
DBS4	2000.77	DBS5	900.66
DBS4	2000.77	DBS6	1800.55
DBS4	2000.77	DBS8	1200.30
DBS5	900.66	DBS10	600.88
DBS5	900.66	DBS11	800.90
DBS6	1800.55	DBS10	600.88
DBS6	1800.55	DBS11	800.90
DBS6	1800.55	DBS5	900.66
DBS6	1800.55	DBS8	1200.30
DBS7	5000.40	DBS10	600.88
DBS7	5000.40	DBS11	800.90
DBS7	5000.40	DBS2	3000.20
DBS7	5000.40	DBS3	2301.00
DBS7	5000.40	DBS4	2000.77
DBS7	5000.40	DBS5	900.66
DBS7	5000.40	DBS6	1800.55
DBS7	5000.40	DBS8	1200.30
DBS7	5000.40	DBS9	3000.20
DBS8	1200.30	DBS10	600.88
DBS8	1200.30	DBS11	800.90
DBS8	1200.30	DBS5	900.66
DBS9	3000.20	DBS10	600.88
DBS9	3000.20	DBS11	800.90
DBS9	3000.20	DBS3	2301.00
DBS9	3000.20	DBS4	2000.77
DBS9	3000.20	DBS5	900.66
DBS9	3000.20	DBS6	1800.55
DBS9	3000.20	DBS8	1200.30

DBS10 taucht in der ersten Spalte gar nicht auf, weil es das billigste Datenbanksystem ist. *DBS1* dagegen, als teuerstes Datenbanksystem, ist mit allen übrigen verknüpft.

Welche Datenbanksysteme sind teurer als der Marktführer

Nun die eigentliche Fragestellung. Es geht hauptsächlich um Joins, insbesondere soll ein Beispiel für den *SelfJoin* gegeben werden.

Bevor es los geht, richten wir eine zusätzliche Relation mit der Bezeichnung Typen ein. Sie erfasst Typen von Datenbanksystemen (Marktsegmente), hier vereinfacht mit NoSQL-, objektorientierte (OODBS) und relationale Datenbanksysteme (RDBS) dargestellt. Erfasst wird für jedes Marktsegment der Marktführer (**mafu**) und der Anteil des Marktführers an den Gesamtverkäufen (**anteil**):

```
create table typen
  (Bez varchar(10), mafu char(10), anteil decimal(2,0),
    primary key (bez),
      foreign key (mafu) references dbs(bezdbs));
```

Folgende Daten werden eingefügt:

```
insert into typen values
    ('NoSQL', 'DBS4', 80),
    ('OODBS', 'DBS6', 40),
    ('RDBS', 'DBS2', 35);
```

Es hat also *DBS4* im Marktsegment der NoSQL-Datenbanken einen Marktanteil von 40% usw. Die Relation:

```
Select * from typen
```

Bez	mafu	anteil
NoSQL	DBS4	80
OODBS	DBS6	40
RDBS	DBS2	35

Nähern wir uns nun der eigentlichen Abfrage durch einige Vorbetrachtungen an. Zuerst indem wir nochmals einen Blick auf die in der Relation DBS erfassten Marktsegmente mit ihren Datenbanksystemen und Listenpreisen werfen:

```
select typ, bezdbs, lpreis from dbs
       order by typ, bezdbs;
```

typ	bezdbs	lpreis
NoSQL	DBS4	2000.77
NoSQL	DBS9	3000.20
OODBS	DBS5	900.66
OODBS	DBS6	1800.55
OODBS	DBS7	5000.40
RDBS	DBS1	9500.10
RDBS	DBS10	600.88
RDBS	DBS11	800.90
RDBS	DBS2	3000.20
RDBS	DBS3	2301.00
RDBS	DBS8	1200.30

Nur die Marktführer. Die nächste „Vorbetrachtung" liefert nun dank zweier VERBUND-Operationen nur die Systeme, die Marktführer sind und gibt deren Listenpreise an. Der erste JOIN verknüpft die Tupel über die Typen, der zweite vergleicht **c.mafu** mit **a.bezdbs** und lässt nur die übrig, die entsprechende Einträge in beiden Relationen haben.

Die Einschränkung auf die Marktführer wird also durch den zweiten Ausdruck der Where-Klausel erreicht.

```
select a.bezdbs, a.lpreis, c.bez
     from dbs a, typen c
       where a.typ=c.bez
           and c.mafu=a.bezdbs;
```

bezdbs	lpreis	bez
DBS2	3000.20	RDBS
DBS4	2000.77	NoSQL
DBS6	1800.55	OODBS

Marktführer, ihr Listenpreis und ihr Marktsegment

Inhaltliche Einschränkung durch Join. Dies ist auch ein Beispiel dafür, wie ein JOIN, wenn er entsprechend – von der Semantik gesteuert – formuliert ist, durchaus auch zu einer geringen Zahl von Tupeln führen kann.

Teurer als der Marktführer. Damit ist die eigentliche Abfrage vorbereitet: Welche Systeme sind teurer als der jeweilige Marktführer? Zu ihrer Beantwortung müssen drei VERBUND-Operationen vorgenommen werden mit „dbs a, dbs b, typen c":

```
where a.typ=c.bez
```

verknüpft jedes System mit jedem, das vom selben Typ ist. Damit entstehen Tupel, die Attribute aus a und c verknüpfen.

```
AND c.mafu=b.bezdbs
```

verknüpft die oben erhaltenen Tupel mit b (das ja auch DBS ist) dergestalt, dass jeweils die Angaben des Marktführers angehängt werden.

```
AND a.lpreis > b.lpreis
```

schränkt nun auf die ein, bei denen der Preis des Systems größers ist als der des Marktführers. Die gesamte Abfrage:

```
select a.bezdbs as Bez DBS, a.lpreis as "Preis 1",
   b.lpreis as "Preis MaFü",
     c.bez as Bez, c.mafu as Marktführer
       from dbs a, dbs b, typen c
         where a.typ=c.bez
           and c.mafu=b.bezdbs
           and a.lpreis > b.lpreis;
```

Bez DBS	Preis 1	Preis MaFü	Bez	Marktführer
DBS1	9500.10	3000.20	RDBS	DBS2
DBS7	5000.40	1800.55	OODBS	DBS6
DBS9	3000.20	2000.77	NoSQL	DBS4

Preis 1 ist der Preis des Datenbanksystems, das teurer als der Marktführer ist, *Preis MaFü* der des jeweiligen Marktführers.

Damit ist die Frage beantwortet: *DBS1*, *DBS7* und *DBS9* sind teurer als der jeweilige Marktführer.

Soweit eine Einführung in die wesentlichen Elemente von SQL. Sie sollte für die Zwecke des Buches ausreichen. Eine ausführlichere Anleitung findet sich auf www.staud.info.

19.9 Transaktionen

Datenbanken werden nicht "einfach so" eingerichtet, befüllt und mit simplen Befehlen abgefragt, sondern sie dienen Anwendungen. Zum Beispiel einer Personalverwaltung, die unter anderem die monatliche Gehaltszahlung realisiert. Oder einer Software für die Lagerhaltung, die festhält, wo welches Produkt gelagert ist, wann etwas entnommen oder hineingetan wurde. Oder einer prozessorientierten integrierten Standardsoftware (ERP-Software genannt), bei der die Datenbank alle Daten zu den Geschäftsprozessen verwaltet.

Bei allen diesen Anwendungen gibt es nicht nur einfache Aktionen auf der Datenbank (Daten abfragen, einfüllen, verändern, löschen), sondern zusammenhängende Folgen solcher Aktionen, für die mehrere Datenbankaktionen nötig sind. Zum Beispiel für Gehaltszahlungen:

- Alter der Person prüfen (oder Dauer der Unternehmenszugehörigkeit), falls dies gehaltsrelevant ist. Dafür ist ein Lesezugriff auf die Personaldatenbank nötig, evtl. verbunden mit Berechnungen (z.B. aktuelles Datum abzüglich Geburtsdatum).
- Prüfen, ob sich die tarifliche Einordnung verändert hat. Auch dies erfordert einen Lesezugriff auf die Personaldatenbank.
- Abfragen durch Zugriff auf die entsprechende Relation, ob Überstunden oder Minderstunden vorliegen.
- Abfragen des Grundgehalts, Berechnung des realen Gehalts für den jeweiligen Monat.
- Formulierung des Überweisungsauftrags mit allen erhobenen Daten.
- Verbuchung der Gehaltszahlung in der unternehmenseigenen Datenbank.
- Auslösung des Überweisungsauftrags beim gehaltsüberweisenden Kreditinstitut.

Absturz. Eine solche Folge von Datenbankaktionen wird noch begleitet von weiteren Aktivitäten des Anwendungsprogramms, z.B. dem Öffnen bzw. Schließen des Netzzugangs (für die Überweisung). Kommt es nun in dieser Aktionsfolge zu einem Systemabsturz, zum Beispiel wegen ...

- eines Virus, der die Computer lahm legt,
- eines Stromausfalles, bei dem die Ersatzlösung (Dieselgenerator für Notstrom) nicht funktioniert,
- eines Blitzschlages, der den Rechner zerstört,
- eines Hochwassers, das die Rechner beschädigt,
- eines Erdbebens mit zerstörerischer Wirkung,
- eines vorübergehenden Netzzusammenbruchs (falls das Unternehmen auf WebServices setzt),

dann bleibt die Aktionenfolge, die gerade abgearbeitet wurde, unvollständig. Dies zerstört im Regelfall die *Konsistenz* (Stimmigkeit, Korrektheit) der Datenbank.

Eine Datenbank ist *konsistent*, wenn sie frei von Widersprüchen und Fehlern ist. Betrachten wir anhand einiger Beispiele, wie solche Widersprüche entstehen können:

- Im obigen Beispiel *Gehaltszahlung*: Nach der Verbuchung der Gehaltszahlung, aber vor dem Auslösen der Überweisung kommt es zu einem Systemabsturz. Dann zeigt die Datenbank die Gehaltszahlung an, tatsächlich wurde sie aber nicht angestoßen.

- In einer doppelten Buchführung muss die Summe aller Sollbuchungen und Habenbuchungen gleich sein. Dies wäre nicht mehr der Fall, wenn es gerade da zum Systemabsturz kam, als die Sollbuchung realisiert und die Habenbuchung noch nicht getätigt war.

- Wenn unvollständige Daten entstehen. Beispielsweise bei dem Eintrag eines neuen Angestellten, wenn zwar der Name und der Vorname schon eingetragen sind, nicht aber die übrigen Angaben.

- Ganz allgemein bei der Einbuchung einer relationalen Verknüpfung (1:1-, 1:n- oder n:m-Beziehung) in eine Datenbank, wenn z.B. der Systemabsturz erfolgt, nachdem der Fremdschlüsseleintrag getätigt, der zugehörige Schlüssel aber noch nicht eingetragen ist. Dies wäre eine Störung der *referentiellen Integrität*.

- Ganz allgemein, wenn *semantische Integritätsbedingungen* durch den Absturz gestört werden. Wenn also z.B. die Regel, dass die Gehaltssumme der Abteilung 3.000.000 Euro nicht überschreiten darf, in den Daten nicht mehr eingehalten wird.

- Wenn derselbe Kunde mit verschiedenen Adressen gespeichert wird, weil z.B. beim Einbuchen des neuen Auftrags (mit der neuen Adresse) vor der Löschung der alten Anschrift der Absturz erfolgte.

Zusammengefasst geht es also darum, die Daten korrekt, vollständig und frei von Verstößen gegen die semantischen Integritätsbedingungen zu halten. Damit können wir nun den Begriff *Transaktion* definieren:

Eine Transaktion besteht aus einer oder mehreren zusammenhängenden Datenbankoperationen (Einfügen, Löschen, Verändern, Suchen).

Dabei handelt es sich natürlich um in sich abgeschlossene Aktionsfolgen. Einfache Transaktionen bestehen im Ändern einzelner Attributswerte, höchstens einzelner Tupel. Komplexe Transaktionen führen umfangreichere Änderungen in mehreren Einzelschritten aus: „Transaktionen beschreiben das dynamische Geschehen rund um ein Datenbanksystem" [Lang und Lockemann 1995, S.26]. Formuliert werden sie mithilfe einer *Data Manipulation Language* (DML), z.B. dem oben vorgestellten SQL. Die Datenbankoperationen, die eine Transaktion bilden, können entweder in ein Anwendungsprogramm eingebettet oder interaktiv mit der DML spezifiziert werden.

Eine Möglichkeit der Spezifizierung von Transaktionsgrenzen ist die Verwendung von Begin-Transaction- und End-Transaction-Anweisungen in einem Anwendungsprogramm [Elmasri und Navathe 2002, S.677].

Es gibt unterschiedliche Klassen von Transaktionen, ACID-Transaktionen, programmierte Transaktionen und Transaktionen im Dialog [Lang und Lockemann 1995, S.623ff]. Die wichtigsten sind die ACID-Transaktionen, für die folgende Eigenschaften gefordert werden:

- *Atomizität* (atomicity). Damit ist gemeint, dass eine Transaktion entweder vollständig oder überhaupt nicht ausgeführt wird, sie ist eine "atomare" Verarbeitungseinheit. Der Grund für diese Eigenschaft ist klar: Teilweise ausgeführte Transaktionen verletzen in der Regel die Konsistenz der Datenbank. Kommt es zu einem Störung sfall, lässt sich also eine Transaktion aus irgendeinem Grund nicht vollständig abarbeiten, so müssen die beteiligten Daten auf den Ausgangszustand zurückgesetzt werden.

D.h., die Transaktion wird erst dann für gültig erklärt und vollzogen, wenn sie erfolgreich und vollständig durchgeführt wurde, ansonsten wird ein Rollback durchgeführt.

- *Konsistenz* (consistency). Eine solche Transaktion muss konsistenzbewahrend sein, ihre vollständige Ausführung muss die Datenbank von einem konsistenten Zustand in einen anderen ebenfalls konsistenten überführen. Gemeint ist die inhaltliche und referenzielle Integrität des Datenbestandes [Trelle 2014, S. 6].
- *Isolation* (isolation). Eine solche Transaktion kann isoliert von den anderen Transaktionen ausgeführt werden. Mit anderen Worten: Die Ausführung einer solchen Transaktion sollte nicht von anderen, gleichzeitig ablaufenden Transaktionen gestört werden können. Sie laufen somit in einem simulierten Einbenutzerbetrieb ab. M.a.W.: Durch diese Eigenschaft wird verhindert, dass sich laufende Datenoperationen gegenseitig beeinflussen.
- *Dauerhaftigkeit* (durability). Die von einer bestätigten Transaktion in die Datenbank geschriebenen Änderungen müssen in der Datenbank dauerhaft gespeichert werden.

Die ersten Buchstaben der englischen Bezeichnungen bilden das Wort ACID (engl. für Säure). Daher kommt die Bezeichnung *ACID- Transaktionen*. Diese kann nun wie folgt definiert werden:

Definition ACID-Transaktion: Eine ACID-Transaktion ist eine konsistenzerhaltende, atomare und isolierte Operation auf einer Datenbank mit persistenter Wirkung [Zehnder 1998, S.251].

ACID-Transaktionen werden im allgemeinen interaktiv angestoßen, entstehen also spontan auf Grund von Umweltereignissen, z.B. wenn die Gehaltszahlungen anstehen oder wenn Lagerentnahmen realisiert werden müssen.

Programmierte Transaktionen sind solche, die in ihrem generellen Ablauf vorgeplant sind. Bei ihnen bleiben nur der Zeitpunkt ihres Aufrufs und ihre Parameterversorgung offen. Sie werden daher als Prozeduren (Transaktionsprozeduren) formuliert [Lang und Lockemann 1995, S.626].

Die *Transaktionen im Dialog* betreffen Arbeiten mit der Datenbank, die im Dialog erfolgen. Dabei wird zu Beginn des Dialogs automatisch eine Transaktion gestartet. Nach jedem Sichern oder Verwerfen wird die alte Transaktion abgeschlossen und automatisch eine neue gestartet. Diese Philosophie liegt der Transaktionssteuerung in SQL zugrunde, wobei SQL nur ACID-Transaktionen realisiert [Lang und Lockemann 1995, S.627].

Transaktionsmanager. Das Wiederherstellen des korrekten Zustandes - nach einem Zusammenbruch - ist Aufgabe des Transaktionsmanagers. Seine Aufgabe lässt sich ganz allgemein wie folgt beschreiben:

- Beim Start der Transaktion: Feststellen, welche Daten die Transaktion nutzt. Festhalten des Anfangszustandes der Datenbank und falls nötig Sperren der Daten für andere Nutzer.
- Falls es zu einem Absturz kommt: Wiederherstellen des alten Zustandes.
- Bei erfolgreichem Abschluss der Transaktion: Herstellen des neuen Zustandes, Aufheben aller eventueller Sperren.

Parallele Transaktionen. Es wurde oben schon angedeutet, bei der Forderung nach Isolation einer Transaktion: In einer Anwendung können mehrere Transaktionen parallel ablaufen. Dies können mehrere Nutzer sein, die parallel an der gemeinsamen Datenbank arbeiten, oder mehrere Anwendungsprogramme. Die Lösung dieser Problematik erfordert die Synchronisation von Datenzugriffen.

Durchführung von Transaktionen und Triggern mit SQL

Bei der Durchführung von Transaktionen mit SQL muss folgendes realisiert werden: Eine Befehlsfolge wird durch SQL abgearbeitet, aber erst wirksam gemacht, wenn der letzte Befehl erfolgreich umgesetzt wurde. Dafür werden vom ersten Befehl an alle Transaktionsschritte in einem sog. *Logfile* protokolliert, um sie gegebenenfalls rückgängig machen zu können. Außerdem werden alle Datensätze (manchmal auch ganze Relationen), die durch die Befehlsfolge der Transaktion bearbeitet werden, für die übrigen Nutzer der Datenbank gesperrt. Damit ist gesichert, dass andere Nutzer nicht während der Abarbeitung der Transaktionsbefehle die betroffenen Datensätze ändern.

Nun die konkreten Befehle, die für die Gestaltung von Transaktionen in SQL zur Verfügung stehen. Zuerst die "allgemeinen", nach ANSI-Standard, dann die spezifischen des Datenbanksystems Oracle.

Transaktionen nach dem ANSI-Standard:

- BEGIN TRANSACTION zeigt den Beginn der Transaktion. Alle ab da folgenden SQL-Befehle werden protokolliert, bis die Transaktion entweder mit COMMIT oder ROLLBACK beendet wurde.
- COMMIT WORK (Oracle: COMMIT). Dieser Befehl bewirkt, dass alle Veränderungen, die während der Transaktion vorgenommen wurden, auf das jeweilige Speichermedium geschrieben und damit dauerhaft (persistent) gemacht werden. Dies ist die erste und erfolgreiche Möglichkeit zur Beendigung einer Transaktion. Nach diesem Befehl sind auch alle eventuellen Sperren von Daten gegenüber anderen Nutzern aufgehoben.
- ROLLBACK WORK (Oracle: ROLLBACK). Kommt es zum negativen Fall, zum vorzeitigen Absturz bzw. Abbruch der Transaktion, greift dieser Befehl. Er bewirkt, dass alle Veränderungen, die während der Transaktion vorgenommen wurden, wieder rückgängig gemacht werden. Dies ist die zweite Möglichkeit zur Beendigung einer Transaktion.
- READ oder WRITE spezifizieren Lese- oder Schreibvorgänge auf einem Datenbankobjekt, die als Teil einer Transaktion ausgeführt werden [Elmasri und Navathe 2002, S. 683].
- END TRANSACTION besagt, dass keine READ- und WRITE-Anweisungen mehr für diese Transaktion ausgeführt werden, d.h. sie kennzeichnet das Ende der Transaktion [Elmasri und Navathe 2002, S. 683].

Um zu sehen, wie die Einrichtung einer Transaktion konkret aussieht, hier die spezifischen Befehle des Datenbanksystems Oracle (nach dem sog. PL/SQL):

- SAVEPOINT. Dieser Befehl erlaubt es, eine Stelle in der Transaktion festzulegen, zu der gegebenenfalls später ein Rollback (Wiederherstellen des alten Zustandes gemäß dem entsprechenden Befehl) möglich ist. Dies betrifft längere Transaktionen, d.h. Transaktionen mit zahlreichen Befehlen. Das Motiv für solch einen Befehl ist, die meist zu Beginn erfolgte Sperrung von Daten für andere Nutzer früher wieder aufheben zu können, nicht erst nach Abarbeitung der gesamten Transaktion. Es können auch mehrere savepoints gesetzt werden. Ist einer gesetzt, kann man zur Steuerung des Transaktionsverhaltens nicht nur die Befehle COMMIT und ROLLBACK einsetzen, sondern auch einen Rollback bis zum savepoint.

Beispiel. Im folgenden Beispiel (übersetzt nach [Oracle Corp. 2002, Seite 18.2]) gibt es die Relation **Angestellte** (u.a. mit den Attributen **Gehalt** und **Nachname**). Dabei gilt folgende semantische Integritätsbedingung: Die Summe aller Gehälter darf 300.000 Euro nicht überschreiten. Deshalb wird nach Eintragen der neuen Gehälter die neue Gehaltssumme erfragt. Falls diese zu hoch ist, wird zum *savepoint* bauer_gehalt ein Rollback durchgeführt und dann das Gehalt von Maier weniger erhöht. Das Beispiel zeigt auch den Einsatz mehrerer *benannter* savepoints.

Gehaltserhöhung Bauer

```
UPDATE angestellte
   SET gehalt = 7000
      where nachname = 'Bauer';
```

Erster Savepoint

```
SAVEPOINT bauer_gehalt;
```

Gehaltserhöhung Maier

```
UPDATE angestellte
   SET salary = 12000
      where nachname = 'Maier';
```

Zweiter Savepoint

```
SAVEPOINT maier_gehalt;
```

Überprüfung Gehaltssumme:

```
select SUM(gehalt) from angestellte;
```

Falls nötig: Rollback

```
ROLLBACK TO SAVEPOINT bauer_gehalt;
```

Evtl. niedrigeres Gehalt

```
UPDATE angestellte
   SET gehalt = 11000
      where nachname = 'Maier'
         COMMIT;
```

set transaction. Mit SET TRANSACTION kann man die Rahmenbedingungen einer Transaktion bezüglich der *Lese- bzw. Schreibberechtigung* (read only / read write), des *"isolation level"* und der *Zuweisung zu einem spezifischen Rollbacksegment* festlegen. Außerdem kann man der Transaktion einen *Namen* geben. Diese Festlegungen betreffen nur die eigene aktuelle Transaktion, nicht die anderer Nutzer und nicht andere Transaktionen. Falls der Befehl genutzt wird (dies ist nicht zwingend erforderlich), muss er als erster in der Transaktion kommen.

Lese- bzw. Schreibberechtigung. Das Setzen von "read only" macht die Transaktion zu einer, die nur lesend auf die Datenbank zugreift und zwar so, dass alle ab Transaktionsbeginn folgenden Lesezugriffe die Daten so sehen, wie sie vor Beginn der Transaktion waren. Read-only - Transaktionen werden z.B. benötigt, wenn Berichtsprogramme ("Reports") laufen, die mehrere Relationen abfragen, die wiederum gleichzeitig von anderen Nutzern aktualisiert werden. Die diesbezügliche Standardeinstellung für Transaktionen in Oracle-SQL ist "read write". Damit dürfen die Befehle der Transaktion lesend und schreibend auf die Datenbank zugreifen.

Isolation level. Mit dem Parameter isolation level wird festgelegt, wie mit Transaktionen, die Veränderungen am Datenbestand umfassen, umgegangen wird. Er hat zwei Ausprägungen: *serializable* und *read committed.* "Serializable" bedeutet, dass die Transaktionen der aktuellen Sitzung den sog. "serializable transaction isolation mode" nach der Norm SQL92 nutzen: Falls eine solche Transaktion versucht, einen datenbearbeitenden Befehl (DML-Befehl) auszuführen, der Zeilen aktualisiert, die gerade von einer anderen nicht beendeten Transaktion aktualisiert werden, dann scheitert der DML-Befehl. "Read committed" bedeutet, dass die Transaktion in der jeweiligen Sitzung das voreingestellte "Oracle transaction behavior" nutzt. Hier gilt: Falls in der Transaktion ein datenbearbeitender Befehl vorkommt, der die Sperrung von Zeilen benötigt, die gerade von einer anderen Transaktion genutzt werden, dann wartet der Befehl, bis die Sperrung aufgehoben wird.

„Zuweisung zu einem spezifischen Rollbacksegement" betrifft die innere Organisation des Rollbackvorgangs. Für diesen muss ja Speicherplatz reserviert werden ("Rollbacksegment"), auf dem die durch die Transaktion veränderten Daten zwischengespeichert werden bis zum Ende der Transaktion. Mit diesem Parameter ist es nun möglich, die Zuweisung zu einem Rollbacksegment zu steuern. Zum Beispiel indem man bewusst ein kleines Segment anwählt, das vom Transaktionsmanager im Arbeitsspeicher gehalten werden kann, wenn man weiß, dass keine lang laufenden Auswertungen dieselben Relationen betreffen.

Mit dem Parameter *Namensvergabe* kann der Transaktion eine Bezeichnung zugewiesen werden. Dies ist vor allem nötig, wenn es um die Arbeit mit verteilten Datenbanken geht, wo mehrere Transaktionen gleichzeitig aktiv sein können. Vgl. auch das Beispiel oben.

Bei den sogenannten *Triggern* handelt es sich um spezielle Transaktionen. Ein Trigger wird durch eine Aktion des Nutzers ausgelöst. Z.B. durch das Eintragen, Ändern oder Löschen von Daten. Oder, in einer Maske, durch die Beendigung des Eintrags in ein Feld. Dann kann ein Trigger den Sprung zum nächsten Eingabefeld realisieren.

In [Abramson, Abbey und Corey 2004, S. 18] findet sich das Beispiels eines Triggers, durch den Gehaltserhöhungen überwacht werden können. Der Trigger leistet folgendes, nachdem das neue Gehalt eingetragen wurde (Auslöser ist dann das datenbezogene Ereignis "on update"):

* Anlegen eines Datensatzes in einer Datei sal_audit ("Gehaltsveränderungsüberwachungsdatei").
* Festhalten von Zeit und Datum der Transaktion (für die Gehaltsänderung).
* Eintrag des Benutzernamens in die Spalte doer (Eintrager).
* Altes Gehalt in die Spalte `old_sal` setzen.
* Neues Gehalt in die Spalte `new_sal` setzen

Dies alles geschieht automatisch nach dem Eintrag des neuen Gehalts. Eine solche Datei kann dann z.B. regelmäßig von der Geschäftsleitung kontrolliert werden. Typischerweise existieren Trigger nicht alleine, sondern nur im Zusammenhang mit einer Relation der Datenbank (so auch bei Oracle). Wird die Relation gelöscht, verschwindet auch der Trigger [Abramson, Abbey und Corey 2004, S. 18].

Realisierung mit ORACLE-SQL

Betrachten wir zum Schluss noch die konkrete Realisierung von Triggern (mit Oracle). Die folgenden Beispiele direkt aus dem SQL-Referenzwerk [Oracle Corp. 2002, S. 15-107f.] zeigen die Grundsyntax verschiedener Triggervarianten.

Ein *DML-Trigger mit Before* bezieht sich auf gesamte Aktionen der DML (Data Manipulation Language). Er wird von Oracle "gefeuert" bevor die entsprechende Aktion startet. Entsprechend ist die Festlegung durch SQL-Befehle:

```
CREATE TRIGGER schema.trigger_name //Vergabe Bezeichnung
BEFORE                             //Festlegung
DELETE OR INSERT OR UPDATE  //...wann er ausgelöst wird
   ON schema.table_name
      pl/sql_block
```

Die letzte Zeile gibt den "Block" von Anweisungen an, der bei jedem Aufruf der obigen Befehle ausgeführt wird. D.h., das Datenbanksystem Oracle "feuert" ("fires") solch einen Trigger immer *bevor* ein Delete-, Insert- oder Update-Befehl auf die Relation angewandt wird.

Ein *DML-Zeilentrigger mit Before* wird von Oracle "gefeuert", wenn ein einzelnes Tupel (Zeile, row) einer Relation verändert werden soll. Hierzu ein Beispiel. Der folgende Trigger wird vor jedem Insert- oder Update-Befehl für die Relation EMPLOYEE (Angestellte) der Datenbank hr (human ressources; Personalwesen) aktiv. Also dann, wenn ...

- ein Insert-Befehl Tupel (Zeilen) zu der Relation hinzufügt
- ein Update-Befehl die Einträge in den Attributen salary oder job_id der Relation EMPLOYEE ändert

```
CREATE TRIGGER hr.salary_check
   BEFORE INSERT OR UPDATE OF
      salary, job_id ON hr.employees
         FOR EACH ROW
            WHEN (new.job_id <> 'AD_VP')
               pl/sql_block
```

Es ist ein sog. *partial BEFORE row trigger*. Der PL/SQL - Block könnte zum Beispiel festlegen, dass ein Angestelltengehalt in die vorbestimmten Bandbreite für solche Gehälter fallen muss. Das obige Beispiel hat auch eine Einschränkung, wodurch er daran gehindert wird, das Gehalt des Verwaltungsvizepräsidenten (administrative vice president - AD_VP) zu prüfen.

Das letzte Beispiel eines *DDL-Trigger mit AFTER* zeigt die Befehle zur Erstellung eines Triggers, der sich auf einen Befehl aus dem Bereich der Data Definition Language (DDL) bezieht, den Befehl Create. Er wird nach dem Ausführen eines Create-Befehls aktiv. Im PL/SQL-Block könnten zum Beispiel Befehle stehen, durch die eine Überwachung solcher Aktivitäten möglich wird.

```
CREATE TRIGGER audit_db_object
   AFTER CREATE
     ON SCHEMA
        pl/sql_block
```

***Teil VII

Physische

Datenorganisation

20 Vom Zeichen zur Datenbank

Wie kommen die Daten in die Datenbank? Oder weiter gefasst: Was sind die Grundlagen unserer digitalen Welt? Zumindest ein wenig sollen diese Fragen hier beantwortet werden, auch um ein besseres Verständnis der Begrifflichkeit und des Gesamtzusammenhanges zu ermöglichen. Dazu wird der Weg vom einzelnen Zeichen zur Datenbank, jeweils auch mit den parallelen Elementen der logischen Modellierung, dargestellt. Insgesamt geht es also um den Weg Zeichen - Datenfeld - Datensatz - Datei - Datenbank.

20.1 Die Ebenen

Zeichen, Bytes, Bits, Datenelemente

Kleinste Einheit – Zeichen. Sozusagen ganz am Anfang sind die Zeichen, numerisch oder alphabetisch, die durch *Bytes* ausgedrückt werden (vgl. Kapitel 18). Digitale Daten bestehen aus solchen einzelnen Zeichen. Sie sind die kleinste Einheit, die aufbewahrt (gespeichert) werden kann.

Ihre innere Struktur besteht aus einer Folge von Bits (Abk. für binary digit). Diese stellen die elementare Einheit dar, die man zur Darstellung beliebiger Information im Computer verwendet. Ein Bit kann nur zwei verschiedene Werte annehmen, die man z.B. mit "0" und "1" bezeichnen kann. Die Arbeit mit Bits wäre mühsam, deshalb bildet man Informationseinheiten, die aus mehreren Bits bestehen, beispielsweise aus 8, 16 oder 32 Bits oder auch im Falle von Bildern aus sehr viel mehr Bits. Wie bei der Bildung von Wörtern aus einzelnen Buchstaben gibt es feste Regeln, wie diese Bitfolgen aufgebaut werden müssen. Vgl. hierzu und zu den Zeichensätzen Kapitel 18.

Folge von Binärzeichen. Es müssen also alle Daten zur Verarbeitung in einem Computer in einen binären (d.h. zweiwertigen) Code umgesetzt werden, d.h. in eine bestimmte Folge von Binärzeichen. Seien es Zahlen oder Texte, Bilder oder Töne, alle Datenelemente müssen in eine Folge von der Art 10011100 umgewandelt werden. Dann kann der Computer mit seinen Programmen damit umgehen.

Vom Byte zum Bit. Die kleinste Einheit zur Darstellung eines Zeichens verwendet acht Bits und wird *Byte* genannt. Unabhängig davon, wie lang die einzelnen Gruppen von Bits sind, mit denen unterschiedliche Computer arbeiten, sie müssen immer ein Vielfaches von acht darstellen. Ein Byte ist also eine Folge von acht Bits. Diese können insgesamt 2^8 (256) verschiedene 0/1-Konstellationen aufweisen, so dass genau so viele Zeichen (Buchstaben, Ziffern oder Sonderzeichen) dargestellt werden können.

Basiseinheit Byte. Das Byte ist in der Informationsverarbeitung eine Basiseinheit für den Umgang mit Daten, aber auch für den Umfang von Daten. In Bytes wird die Menge der zu verarbeitenden Daten angegeben oder auch die Größe von Datenspeichern (die Anzahl der darin enthaltenen Bytes). Möchte man eine größere Anzahl Bytes benennen, so verwendet man dafür Vorsilben, ähnlich wie bei Längen- oder Gewichtsangaben. 1 Kilobyte entspricht dann 1024 Bytes, da 2^{10} gleich 1024 ist. Die Vorsilben sind hier immer Vielfache von 1024.

Größere Einheiten von Bytes

Bezeichnung	Abkürzung	Anzahl Bytes
Byte	B	2^0 = 1 Byte
Kilobyte	KB	2^{10} = 1024 Bytes
Megabyte	MB	2^{20} = 1024 KB
Gigabyte	GB	2^{30} = 1024 MB
Terabyte	TB	2^{40} = 1024 GB
Petabyte	PB	2^{50} = 1024 TB
Zetabyte	ZB	2^{60} = 1024 PB

Maschinenwort, Wort. Mehrere Bytes lassen sich zu einem *Maschinenwort* oder kurz *Wort* zusammenfassen. Die Anzahl der zusammengefassten Bytes oder Bits ist charakteristisch für den betreffenden Rechner. Das Maschinenwort gibt im Rechner die Verarbeitungsbreite der Daten an und wird von ihm als Einheit geführt und interpretiert. Ältere Computer haben Wortlängen von zwei Bytes (16-Bit-Rechner), üblich sind heute aber vier Bytes (32-Bit-Rechner) bzw. acht Bytes (64-Bit-Rechner).

Attributsausprägungen, Felder

> Die betrachtete Ebene ist hier ein einzelnes Feld bzw. eine einzelne Attributsausprägung. Wir wenden uns also wieder dem Datenbankkontext zu.

Datenfeld, Wert. Mehrere Zeichen zusammen bilden ein Datenfeld (kurz: Feld). Z.B. mit Müller als Name einer Person, 4520,00 als Gehalt einer Person. Damit kommen Objekte / Beziehungen ins Spiel und der in Kapitel 3 besprochene Zusammenhang zwischen Attributen und Objekten / Beziehungen.

Jedes Datenfeld hat eine Bezeichnung, z.B. Vorname und einen eingetragenen Wert (Eintrag), z.B. Thomas. Ein solches Feld ist die kleinste auswertungsfähige Dateneinheit.

Datentypen. Auf dieser Ebene kommen die in den Kapiteln 18 und 19 vorgestellten Datentypen ins Spiel. Für jedes Feld wird der Datentyp gewählt, der möglichst viel von der Semantik des zugehörigen Attributs ausdrückt. Er legt auch fest, wie die Werte im Rechner repräsentiert werden, z.B. als Zahlen, Text usw. (vgl. hierzu Kapitel 18).

In der Datenmodellierung entspricht dem Datenfeld ein Attribut ("Vorname") und dem Wert die Attributsausprägung ("Thomas"). Auch hier werden die zugehörigen Objekte / Beziehungen bereits reflektiert, da sie für die Definition von Attributen benötigt werden.

Datensätze, Tupel

> Die betrachtete Ebene ist hier ein einzelnes Objekt bzw. eine einzelne Beziehung.

Werden die Datenfelder zusammengefasst, die ein Objekt / eine Beziehung beschreiben (entsprechend den Kapiteln 4 - 13), erhält man einen Datensatz (engl. record). Ein Datensatz kann z.B. Felder mit Kundennummern, Nachnamen, Vornamen, Wohnorten, Regionen, betreuenden Niederlassungen usw. enthalten. Im Datenbanksinne beschreibt dann ein Datensatz genau ein Objekt / eine Beziehung. Dies entspricht einem Tupel einer Relation mit seinen Attributen.

Dateien, Relationen

Die betrachtete Ebene ist hier die Datei bzw. die Objekt- oder Beziehungsklasse.

Datei. Alle gleichartigen Datensätze zu denselben Objekten / Beziehungen werden zu einer Datei (engl. file) zusammengefasst. So werden in einer Angestelltendatei alle Mitarbeiter mit ihren Attributsausprägungen abgelegt, also z.B. der Angestellte Thomas Müller, die Angestellte Karin Maier usw. Jede Datei hat eine eindeutige Bezeichnung.

Dateien sind physisch auf einem Datenträger, in einem (externen) Speicher untergebracht. Sie sind das einzige Mittel, Daten dauerhaft, das heißt über die Beendigung der Verarbeitung hinaus, zu speichern. Dies wird auch persistente Datenhaltung genannt.

Relationen. In der Datenmodellierung entspricht dem eine Relation, ebenfalls mit eindeutiger Bezeichnung. Sie enthält zu jedem Objekt / jeder Beziehung ein Tupel, die Datei als Ganzes beschreibt alle Tupel, d.h. die Objekt- oder Beziehungsklasse.

Datenbank, Datenmodell

Oberste Ebene: Datenbank

Die oberste bildet die *Datenbank* (engl. data base). Sie besteht aus mehreren Dateien, zwischen denen inhaltliche Abhängigkeiten bestehen, wie in Kapitel 5 und danach gesehen. Die konkrete Umsetzung der Beziehungen wurde in Kapitel 19 vorgestellt. Die Datenbank eines Unternehmens umfasst also beispielsweise neben der Angestelltendatei auch Dateien mit den Kundendaten, mit Lieferantendaten, mit Produktdaten usw. Eine unternehmesweite Datenbank kann zwischen einigen Hundert und mehreren Tausend Dateien umfassen.

In der Datenmodellierung entspricht dem das Datenmodell, wie im Buch gezeigt und in den Kapiteln 16 und 17 durch weitere Beispiele erläutert.

20.2 Übersicht

Die folgende Abbildung zeigt für den Datenbankkontext ab der Ebene der Felder die Begriffe der physischen, logischen und konzeptionellen Ebene im Zusammenhang.

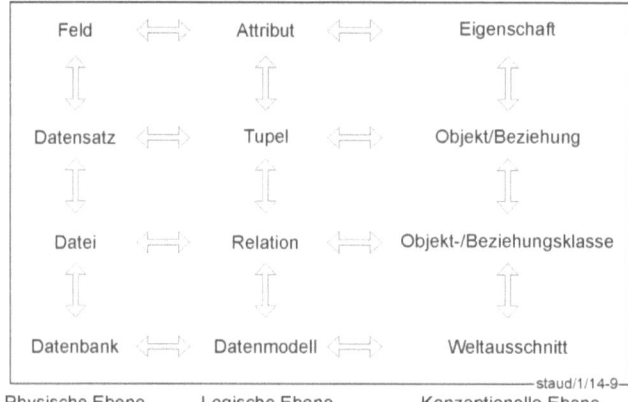

Abbildung 20.2-1:   Begrifflichkeiten der physischen, logischen und konzeptionellen Ebene

Die waagrechten Pfeile zeigen den Zusammenhang zwischen den Begriffen der verschiedenen Ebenen ("entspricht"), die senkrechten den innerhalb der Ebenen ("baut auf").

21 Dateitechniken

Die Ausführungen in diesem Kapitel sind nur eine Einführung in die Thematik mit dem Ziel, ein Grundverständnis zu vermitteln. Weiter- und tiefergehende Ausführungen finden sich in der zitierten Literatur und in Einführungen in die Informatik. Die aktuelle Situation kann über die einschlägigen Fachzeitschriften erkundet werden.

Für vertiefte Darstellungen vgl. die einschlägige Literatur, z.B. [Elmasri und Navathe 2002], [Gumm und Sommer 2011], [Kemper und Eickler 2011], [Piepmeyer 2011], [Saake und Sattler 2014].

21.1 Datenmodell - Datenbank - Datei

Vgl. für den Gesamtzusammenhang Abschnitt 1.1

Nachdem das Datenmodell erstellt ist, wird mit Hilfe eines Datenbanksystems die Datenbank angelegt, so wie in Kapitel 19 gezeigt. Dies geschieht in *Dateien*, die auf den peripheren Speichern (v.a. Festplatten) angelegt werden. Angestoßen wird dies durch das Datenbanksystem, durchgeführt vom sog. *Dateisystem* (file manager), einem Teil des Betriebssystems. Dieses nutzt dann noch das Festplattenverwaltungssystem (disk manager), dann landen die Daten endlich auf dem peripheren Speicher und wir sind bei der *physischen Datenorganisation* angelangt.

Unter der *physischen Datenorganisation* versteht man die Verfahren und Vorschriften zum Speichern und Wiederauffinden von Daten auf entsprechenden Speichermedien (Datenhaltung). Das dabei entstehende *physische Datenmodell* beschreibt die physische Form der Speicherung und den Datenzugriff. Dabei wird die Anordnung der Daten auf externen Speichermedien (in Dateien, Datensätzen und Datenfeldern) sowie die Zugriffsunterstützung beim Wiederauffinden der Daten festgelegt. Die wichtigsten Aufgaben sind dabei:

- Die Nutzdaten, also die Daten, die in Relationen (Tabellen) abgespeichert und abgefragt werden, so abzulegen und zu verwalten, dass sie schnell wiedergefunden werden können.
- Die Verwaltungsdaten (Metadaten, Data Dictionary), also die Daten, die den Aufbau der Tabellen beschreiben, abzulegen und zu verwalten.
- Hilfsstrukturen aufzubauen, um Suchzeiten zu minimieren.

- Sicherung der Daten durch eine Zugriffskontrolle, das Wiederherstellen nach Systemabstürzen oder die Synchronisation paralleler Zugriffe auf die gleichen Daten.

Meistens Datensätze, aber insgesamt große Vielfalt. Oben wurde bereits dargelegt, dass die Daten in Datensätzen abgelegt werden. Dies gilt für die Dateien der meisten Datenbanksysteme. Andere datenverwaltende Systeme mit Texten, Bildern, Videos, chemischen Daten, usw. haben einen anderen inneren Aufbau. Dateien für Textverarbeitungsprogramme sind z.B. ganz auf die Aufgabe zugeschnitten, formatierten Text für die Eingabe, Anzeige und Ausgabe bereitzustellen. Ähnliches gilt für Grafikprogramme: Die Dateien sind spezifisch auf die Verwaltung von Pixel- oder Vektorgrafiken zugeschnitten. Und die Daten der Suchmaschinen sind als invertierte Listen angelegt, mit denen es möglich ist, sehr schnell in Texten zu suchen. Einen ganz besonderen Aufbau und große Vielfalt weisen die Datenbestände rund um BigData und NoSQL auf (vgl. Kapitel 24).

In den klassischen Datenbanken der Organisationen aller Art sind allerdings Relationale Datenbanken, die letztendlich zu Datensätzen führen, absolut dominierend. Dateien mit Datensätzen erfüllen die wichtigsten Wünsche an die Verwaltung großer Datenbestände:

- schnelles Auffinden der Einzelinformationen
- wenig Aufwand beim Löschen, Einfügen und Ändern
- geringer Speicherverbrauch

Die wichtigsten Dateitypen sind:

- die *Stapeldateien*, bei denen die Datensätze stapelförmig gespeichert sind.
- die *sequenziellen Dateien*, bei denen die Datensätze fortlaufend in der Reihenfolge ihrer Eingabe gespeichert und nur in dieser Reihenfolge wieder abgerufen werden können.
- die *indexsequenziellen Dateien* , bei denen eine sequentielle Datei durch einen Index besser erschließbar gemacht wird.
- die *Direktzugriffsdateien* (RAM-Dateien), bei denen jeder Datensatz eine Adresse hat.

In den folgenden Abschnitten werden diese vier grundlegenden Dateitypen vorgestellt.

21.2 Stapeldateien

Geringe Strukturierung

Die einfachste Speicherungsform ist in *Stapeldateien* (*Heap-Dateien*) realisiert. Eine Stapeldatei weist nur eine geringe Strukturierung auf: Sie ist auf die Einteilung der Gesamtdatei in Datensätze reduziert. Ansonsten gilt:

- Die Daten werden in chronologischer Reihenfolge gesammelt, die Datensätze werden in der Reihenfolge "gestapelt", in der sie ankommen.
- Die erfassten Daten werden durch ihre Attribute beschrieben. Attributnamen und Attributwerte werden explizit nacheinander notiert. Die Datensätze haben also den Aufbau "Attributname1 = Attributwert, Attributname2 = Attributwert, ...". Die Reihenfolge der Attribute ist nicht festgelegt.
- Die Datensätze können variabel lang sein.
- Mehrfacheinträge sind möglich, z.B. "Programmiersprache=C++, Prolog, Java".

- Nicht jeder Datensatz muss alle Attribute aufweisen.
- Komplexe Attribute sind möglich, z.B. "Adresse=(Ort=Ravensburg, PLZ=88212, Straße=Wolframstr. 32)".

In einer Stapeldatei können die einzelnen Datensätze dann z.B. so aussehen:

1   Name=Müller, Ort=Ravensburg, PLZ=88212, Straße=Hegaustr. 27, PS=C++, COBOL
2   Name=Maier, Vorname=Anton, Ort=Oberwaldhausen, PS=Java
3   Ort=Stuttgart, Name=Hiller, PS=Assembler, Fortran
4   Ort=Ulm, Name=Rhomer, Vorname=Elfriede, PS=Prolog
5   Name=Glöck, Vorname=Rudolf, Ort=Frankfurt, Straße=Hauptstr. 5, PS=Pascal
6   Name=Ringer, Ort=Weingarten, Vorname=Ede, PS=C, C++, Smalltalk

Hohe Flexibilität. Zu den Vorteilen einer Stapeldatei gehört, dass sie sehr flexibel (variable Länge, unterschiedlicher Aufbau der Datensätze) und speicherplatzsparend ist. Dies wird durch die geringe Strukturierung erreicht. Die Nachteile sind aber gravierend: Der Zugriff auf bestimmte Daten ist schwierig. Die Datei muss vom Anfang bis zum Ende über alle Datensätze hinweg durchsucht werden. Diese "Zeichenkettensuche" ist aufwändig. Stapeldateien sind deshalb nur für spezielle Anwendungen geeignet, etwa dort, wo die Daten nicht leicht sinnvoll geordnet werden können, z.B. weil die zu den einzelnen Objekten erfassbaren Attribute nicht gleich sind.

Die Ähnlichkeit dieses Dateityps zu einigen aus dem BigData/NoSQL-Umfeld ist deutlich. Dort werden die eben beschriebenen Nachteile durch massiven Rechnereinsatz bewältigt. Vgl. Kapitel 24.

21.3 Sequenzielle Dateien

Auch: SAM-Datei (Sequential Access Method)

Im Gegensatz zur Stapeldatei weist die sequenzielle Datei eine viel stärkere Strukturierung auf: Die Gesamtdatei ist nicht nur aufgeteilt in Datensätze, sondern die Datensätze sind noch aufgeteilt in Felder mit einer fixen Struktur, wie oben gezeigt.

Die Bezeichnungen der Felder sind jetzt nicht mehr Teil der Daten, sie werden im Kopf der Datei (engl. header) festgehalten. In der eigentlichen Datei (dem Dateikörper) stehen nur noch die Einträge (Attributsausprägungen). Jedes Feld ist immer gleich lang, auch wenn es keinen Eintrag hat. Die Felder sind außerdem in einer festen Reihenfolge. So entsteht eine fixe Struktur mit dem Vorteil, dass man die Dateien sehr leicht verwalten kann.

Man kann sich diesen Aufbau der sequenziellen Datei als eine Tabelle vorstellen, wie in Kapitel 4 und in der nächsten Abbildung gezeigt. Die letzte Zeile soll andeuten, dass natürlich üblicherweise mehr als acht Datensätze in einer Datei sind.

Tabelle Angestellte

PersNr	Name	VName	Gehalt	GebTag
1001	Müller	Karolin	2900	14.5.1985
1010	Jäger	Rolf	4300	21.9.1959
1020	Wilkens	Andrea	3700	23.3.1970
1005	Sommer	Lisa	3900	21.9.1970
1040	Winter	Angelika	2500	17.9.1965
1007	Müller	Igor	3900	22.1.1962
1090	Stepper	Rolf	2100	15.4.1974
...	...	...	...	...

PersNr: Personalnummer, VName: Vorname, GebTag: Geburtstag

Innere Struktur der sequentiellen Datei. Die folgende Abbildung zeigt nun etwas abstrahiert und vereinfacht, wie diese Datei als sequentielle Datei abgelegt wird. Die Datei erscheint als zusammenhängender Bereich auf dem Speichermedium, hier durch die Umrandung angedeutet. Der Anfang der Datei wird durch ein vom Dateisystem verwaltetes Steuerzeichen für den Dateianfang markiert, hier mit bof (begin of file) bezeichnet. Danach folgt der Dateikopf, bis zur Markierung eoh (end of header). Bei sequentiellen Dateien erhält er die Liste der Attribute mit ihren Datentypen, wie oben beschrieben. Hier sind dies:

- ID als Zähler für die Datensätze (vom System automatisch vergeben). Der Datentyp soll hier *tinyInteger* sein mit Länge 2.
- PersNr für den Schlüssel der Datei. Der Datentyp soll hier *ShortInteger (kleine ganzzahlige Werte)* sein, dessen maximale Länge wurde in der folgenden Abbildung mit 5 Zeichen angenommen.
- Name mit dem Datentyp *Character* (beliebige Zeichenfolge), hier mit der maximalen Länge 20 angenommen, deshalb char(20).
- Vorname, mit char(10).
- Gehalt mit dem Datentyp *Währung* und dem Format *Euro*. Als Länge wurde 10 Zeichen angenommen.
- GebTag (Geburtstag) mit dem Datentyp *Date* (für normale Datumsangaben) und der Länge 10 Zeichen.

Zwischen den einzelnen Attributsbezeichnung und Datentypangaben wurde hier ein senkrechter Strich als Steuerzeichen angenommen.

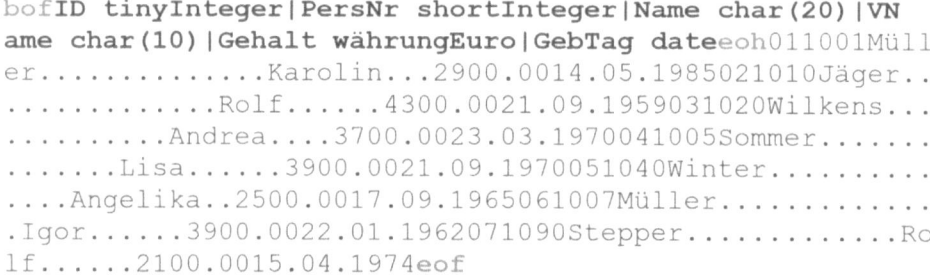

```
bofID tinyInteger|PersNr shortInteger|Name char(20)|VN
ame char(10)|Gehalt währungEuro|GebTag dateeoh011001Müll
er..............Karolin...2900.0014.05.1985021010Jäger..
..........Rolf......4300.0021.09.1959031020Wilkens...
.........Andrea....3700.0023.03.1970041005Sommer.......
.......Lisa......3900.0021.09.1970051040Winter.........
...Angelika..2500.0017.09.1965061007Müller............
.Igor......3900.0022.01.1962071090Stepper.............Ro
lf......2100.0015.04.1974eof
```

Abbildung 21.3-1:   Aufbau einer sequenziellen Datei auf der Festplatte, vom Dateisystem abgelegt (abstrahiert und etwas vereinfacht)

Kopf und Rumpf. Nach dem Dateikopf (zwischen `bof` und `eoh`) folgt der Rumpf der Datei. Da die Datensätze im Dateikopf mit Typ und Länge vollständig geklärt sind, können die Datensätze unmittelbar hintereinander angeordnet sein, wie es das Beispiel zeigt. Allerdings mit genau der Länge, die beim Datentyp angegeben wurde. Ist ein Eintrag kürzer, wird trotzdem die gesamte durch den Datentyp vorgegebene Länge angelegt, wie es obiges Beispiel zeigt.

Die Eintragungen der numerischen Datentypen wurden in der Abbildung rechtsbündig, die des Typs Character linksbündig angelegt. Nach den Datensätzen ist der Schluss der Datei durch die Markierung eof (end of file) gekennzeichnet.

Wenn eine Anwendung nun (mit Hilfe des Dateisystems) auf die Datei zugreift, wird zuerst der Dateikopf gelesen. Danach ist die Struktur der Datei bekannt und die Daten können Datensatz für Datensatz gelesen werden.

Die sequenzielle Datei passt hervorragend zu den ab Kapitel 4 beschriebenen Relationen. Aus der Relation wird eine Datei (engl. file), aus den Attributen werden Felder (engl. fields) und aus den Tupeln Datensätze (engl. records).

Genauso wie die Stapeldateien benötigen die sequenziellen Dateien ebenfalls nur geringen Speicherplatz. Letztere haben jedoch den Vorteil, dass die Attributsbezeichnungen nur einmal erfasst werden müssen. Dank der fixen Strukturierung in Felder ist auch die Verwaltung der Daten erleichtert sowie die Leistungsfähigkeit bei ihrer Verarbeitung erhöht. Das Lesen der Datei kann sequenziell (Satz für Satz) erfolgen. Ob der richtige Datensatz gefunden wurde, kann man direkt anhand des Schlüssels feststellen. Wird mit Hilfe eines Nichtschlüsselattributs gesucht, z.B. nach dem Datensatz von Karolin Müller, kann das suchende Programm im obigen Beispiel von Datensatz zu Datensatz an die Stelle des zweiten Feldes springen und dann den Lesevorgang starten.

Defizit 1: sequentielle Suche. Trotzdem bleibt die lästige Eigenschaft, dass Datensatz für Datensatz gelesen werden muss und - falls in einer Datei mehrere gleiche Einträge möglich sind - bis ans Ende der Datei. Auch wenn man einen neuen Datensatz einfügen möchte, ist erheblicher Aufwand nötig. Grundsätzlich lassen sich in einer sequenziellen Datei neue Eintragungen nur am Ende der Datei anfügen. Möchte man einen neuen Satz an einer bestimmten Stelle einfügen, so sind zuerst die davor stehenden Datensätze in eine neue Datei zu kopieren. Dann wird der neue Datensatz dort angefügt und die restlichen Datensätze aus der Ursprungsdatei werden anschließend Satz für Satz nach dem Neueintrag übernommen. Dies zieht zwangsläufig lange Bearbeitungszeiten nach sich.

Defizit 2: Verschwendung. Bei diesem Dateityp wird u.U. viel Speicherplatz verschwendet, wenn die Einträge unterschiedlich lang sind, denn die konkrete Länge muss nach dem längsten Eintrag gewählt werden. Hat z.B. ein Attribut einzelne Ausprägungen mit 100 Zeichen, dann muss in sequenziellen Dateien die Feldlänge 100 Bytes gewählt werden. Sind aber 90% der Einträge in diese Felder deutlich kürzer, werden doch jedes Mal 100 Byte angelegt.

Dynamische Feldlängen. Um diese Verschwendung von Speicherplatz zu bekämpfen, werden von Datenbanksystemen heute dynamische Feldlängen angeboten. Dies geschieht entweder automatisch (wie bei MySQL) oder über die Wahl des Datentyps. Bei ORACLE z.B. über die Wahl der Datentypen mit dem Präfix VAR (vgl. Kapitel 19). Da kann z.B. bei Character-Datentypen angegeben werden, dass die Länge variabel ist. Dann werden nur so viele Daten abgespeichert, wie die Zeichenfolge lang ist. Allerdings werden weitere Steuerinformationen benötigt, um das Ende eines jeden Feldes zu kennzeichnen. Für eine detaillierte und anschauliche Darstellung vgl. [Elmasri und Navathe 2002, S. 155ff].

Herkunft. Ausgangspunkt für die Entwicklung der sequenziellen Speicherungsform war ursprünglich die Magnetbandtechnik. Typische Speichermedien für sequenzielle Dateien sind deshalb Magnetbänder. Als Grundform, ergänzt um eine Indexierung, sind sie aber überall verbreitet, wo Datensätze abgespeichert werden.

21.4 Indexsequenzielle Dateien

Die Suche nach einem bestimmten Datensatz in einer sequenziellen Datei ist mit einem relativ hohen Aufwand verbunden ("Satz für Satz durchgehen"). Indexsequenzielle Dateien (auch: ISAM-Dateien (Index Sequential Access Method)) sorgen hier für Abhilfe. Die sequenzielle Datei wird dabei um eine Indextabelle erweitert. Beide werden gemeinsam verwaltet. Vgl. für eine ausführliche Darstellung [Kemper und Eickler 2011, S. 215].

Die Indextabelle enthält eine Art Verzeichnis für die Datensätze der sequenziellen Datei. Sucht man einen bestimmten Datensatz, dann durchsucht man statt der sequenziellen Datei nur dieses Verzeichnis in der Indextabelle und gelangt von dort direkt zum gesuchten Datensatz.

Aufbau der Indextabelle. Der Aufbau der Indextabelle ist wie folgt: Zunächst muss man wissen, welches Feld für das Durchsuchen der Datensätze bereitgestellt wird. Im obigen Beispiel wäre das die Personalnummer der Angestellten und, falls diese mal nicht bekannt ist, der Name.

Indexieren mit der Personalnummer. Beginnen wir mit der Personalnummer. Die Einträge in dieses Feld stellen die Suchbegriffe dar. Mit ihnen wird der Index als Indextabelle erstellt, typischerweise in einer eigenen Datei. In der Indextabelle werden diese Werte sortiert (mit Hilfe der B- und B*-Techniken; vgl. Einführungen in die Informatik, z.B. [Gumm und Sommer 2011, Abschnitt 4.8]) und jedem Wert ein Zeiger auf den zugehörigen Datensatz der sequenziellen Datei zugeordnet. Das kann z.B. die physische Adresse des Datensatzes auf einem externen Speichermedium sein oder in einem einfachen Fall - der hier verwendet wird - eine Datensatznummer. Bei den meisten Datenbanksystemen wird bei jeder Neuanlage eines Datensatzes diese Nummer automatisch fortlaufend vergeben.

Aufbau einer indexsequentiellen Datei. Damit kann man den grundsätzlichen Aufbau einer indexsequenziellen Datei darstellen: Sie besteht aus einer Indextabelle, deren Einträge auf die Datensätze verweisen, und einer sequenziellen Datei, in der die Datensätze gespeichert sind. Braucht man einen bestimmten Satz, um z.B. das Einstellungsdatum von Frau Wilkens zu ermitteln, durchsucht die Abfragesoftware die Indextabelle nach deren Datensatznummer (hier: 3) und kommt so gezielt auf die zu ihr gespeicherten Angaben, ohne eine Vielzahl von Datensätzen durchsuchen zu müssen.

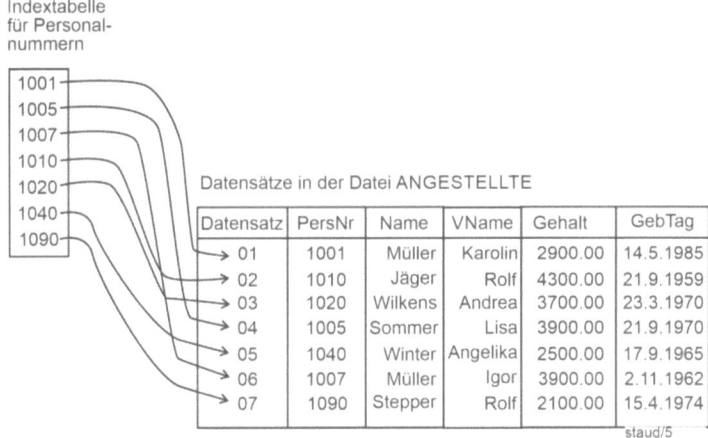

Abbildung 21.4-1:   Grundsätzlicher Aufbau indexsequentieller Dateien am Beispiel der Datei
Angestellte.

Mithilfe der Indextabelle kann nun das Dateisystem schneller auf Daten zugreifen. Die Zugriffszeiten sind sehr kurz. Das liegt zum einen daran, dass die Indexdatei in der Regel im Hauptspeicher gehalten und dort durchsucht werden kann; die Datendatei befindet sich meist (vgl. die Ausführungen zu InMemory-Datenbanksystemen in Abschnitt 24.6) auf einem (langsameren) externen Speichermedium. Zum anderen sind die Einträge in der Indextabelle immer sortiert, unabhängig davon, ob die Sätze der Datendatei sortiert oder unsortiert gespeichert sind. Damit lassen sich schnelle Suchverfahren anwenden.

Die Sortierung der Indexeinträge hat einen weiteren Vorteil: Mit ihr löst man das Einfügeproblem der sequenziellen Dateien. Ein neuer Datensatz wird einfach hinten angefügt. Nur in der Indextabelle wird der entsprechende Eintrag des Indexes zusammen mit dem Verweis auf den Datensatz korrekt einsortiert. Für den Anwender ergibt sich ein Bild, als ob die Datensätze in stimmiger Reihenfolge gespeichert wären, da er über den Index auf sie zugreift. Tatsächlich können die Datensätze in beliebiger Reihenfolge auf dem Hintergrundspeicher stehen.

Es ist auch möglich, mehrere Felder zu indizieren. Sei es getrennt, hier z.B. zusätzlich zum Index PersNr noch einen Index Name (in einer weiteren Indextabelle), sei es kombiniert, hier z.B. ein Index, der aus Nach- und Vornamen besteht, sodass man "Maier, Anton" und "Maier, Paul" unterscheiden könnte.

Die Nutzer von Datei- und Datenbanksystemen (etwa Programmierer von Anwendungen) müssen sich nicht um die technische Realisierung eines Index kümmern. Die Datei- und Datenbanksysteme stellen diese Funktionalität zur Verfügung.

Da in der von uns bisher gewählten Form einer Indextabelle alle Attributwerte eines als Indexes definierten Feldes mit den direkten Verweisen auf die Datensätze eingetragen sind (also z.B. alle Nachnamen der Datei "Kunden"), spricht man auch von einem dichten Index. Diese Form der Indizierung findet sich vor allem bei Dateisystemen von PC-Betriebssystemen.

B-Bäume. Indexierung erlaubt den schnellen Zugriff auf Datenbestände, aber nur wenn auf sie selbst schnell zugegriffen werden kann. Hierzu entwickelten Bayer/McCreight Anfang der 1970er-Jahre den sog. B-Baum. Dies ist eine Datenstruktur speziell für externe Speichermeiden, von der zahlreiche Varianten entwickelt wurden. Bekanntester Vertreter ist der B+-Baum. Er ist bis heute die Standard-Datenstruktur zur Indizierung von Datenbeständen. Vgl. hierzu [Piepmeyer 2011, S. 313ff] und [Kemper und Eickler 2011, S. 216ff].

21.5 Direktzugriffsdateien/Hashing

Direkter Zugriff. Eine weitere Speicherungsform, die seit langem erfolgreich im Einsatz ist, ist die *direkte Datenorganisation*. Sie führt zu *Direktzugriffsdateien*, die auch *RAM-Dateien* (random access method) oder *DAM-Dateien* (direct access method) genannt werden. Das Prinzip ist einfach: Die Datensätze werden in einem normalen Feld mit direktem Zugriff gespeichert und eine spezielle Funktion ermöglicht für jeden gespeicherten Wert den direkten Zugriff auf den Datensatz. Eine nähere Beschreibung solcher *Hashfunktionen* findet sich in [Saake und Sattler 2014, S. 419].

Die Adresse eines Datensatzes in einer Datei kann also berechnet werden. Man nennt dies auch wahlfreien Zugriff (random access). Das Dateisystem kann jeden Datensatz auf dem Speicher, unabhängig von der Reihenfolge der Datensätze, direkt erreichen. Es kann somit jeden beliebigen einzelnen Datensatz aus allen anderen herausgreifen und lesen oder neu schreiben. Voraussetzung dazu ist allerdings, dass er den Speicherplatz jedes Datensatzes kennt, d.h. dass dieser durch eine Adresse gekennzeichnet ist.

Für jeden Datensatz ist somit von vornherein ein bestimmter Speicherplatz auf dem Speichermedium reserviert. Damit dies funktionieren kann, muss ein eindeutiger Zusammenhang zwischen dem Suchbegriff nach einem Datensatz - i.d.R. dessen Primärschlüssel - und der Adresse des Satzes bestehen.

Wie kann das funktionieren? Wie kann man einen direkten Zusammenhang zwischen den Suchbegriffen und der Speicherplatzadresse herstellen. Eine Lösung könnte bei numerischen Schlüsseln sein, zu einer Übereinstimmung von Schlüsselwert und (logischer) Datensatzadresse zu kommen. Z.B. bei einer Personaldatei. Die Datensätze hätten ein Feld mit der jeweiligen Personalnummer, diese wäre gleichzeitig die logische Adresse des Datensatzes auf dem Datenträger. Die Daten des Mitarbeiters mit der Personalnummer 124 könnten auf dem Datenträger unter der Adresse 124 gefunden werden. Diese logischen Adressen würden dann vom Dateisystem noch in konkrete Adressen umgerechnet.

Hashing. Dies geht aber in der Regel nicht, denn der Aufbau von Dateien und peripheren Speichern ist sehr unterschiedlich. Außerdem sind sehr viele Dateien auf Speichern und es wäre nicht einfach, die Zuordnung zwischen konkreten Schlüsselwerten und Speicherplätzen immer korrekt zu halten. Eine besser geeignete Lösung ist das sog. *Hash-Verfahren*. Bei ihm wird aus dem Suchbegriff (also i.d.R. dem Primärschlüssel) die Satzadresse berechnet. Die Umrechnungsfunktion heißt *Hashfunktion*, das entsprechende Umrechnungsverfahren *Hash-Verfahren* oder kurz hashing. Es funktioniert nicht nur mit numerischen Schlüsseln, auch Zeichenketten (z.B. Namen, Bezeichnungen) können in Adressen umgerechnet werden.

Deterministisch oder probabilistisch

Die Bestimmung der berechneten Adresse (Schlüssel-Adress-Transformation, Hash-Funktion) kann deterministisch oder probabilistisch erfolgen. Im Fall einer deterministischen Bestimmung wird die Speicheradresse eines Datensatzes aus dessen Primärschlüssel eindeutig berechnet. Diese Technik ist verbreitet in interaktiven Systemen (z.B. Flugbuchungen), wo kurze Zugriffszeiten benötigt werden. Sie hat allerdings einige Nachteile:

- Die Datei (genauer: der zur Verfügung stehende Speicherplatz) wird normalerweise nicht vollständig gefüllt, weil die berechnete Adressenfolge oft nicht kontinuierlich ist. Es bleiben Lücken für die Segmente der Datei, die nicht durch die berechneten Schlüssel angesprochen werden.
- Sie ist nicht flexibel. Ändert sich die Hardware, ändern sich auch die Adressen, da externe Speicher unterschiedlich aufgebaut sind. Eine Lösung dieses Problems kann darin bestehen, die direkte Adressierung zweistufig durchzuführen: Zum Beispiel zuerst die Umwandlung des Schlüssels in eine Ordinalzahl, dann deren Umwandlung in eine physische Adresse.

Probabilistische Bestimmung

Bei der probabilistischen Bestimmung wird der Primärschlüssel in eine Datensatzadresse verwandelt, die innerhalb eines zur Verfügung stehenden Adressbereichs liegt. Dieser Adressbereich ist in der Regel kleiner als die mögliche Anzahl aller Schlüsselwerte. Die Eindeutigkeit der Adressen muss aufgeben werden, es kann also vorkommen, dass mehrere Einträge auf die gleiche Adresse fallen. Dies wird *Kollission* genannt und macht eine Ausnahmebehandlung erforderlich. In der Praxis wählt man den erforderlichen Adressbereich so aus, dass nur in ca. 20 bis 30 Prozent der Fälle Kollisionen auftreten. Dies wird durch wahrscheinlichkeitstheoretische Berechnungen ermittelt und stellt einen guten Kompromiss zwischen Speicherverbrauch und Laufzeit dar.

Ziele der probabilistischen Hash-Verfahren sind die Begrenzung der benötigten Adressbereiche und die möglichst gleichmäßige Verteilung der ermittelten Adressen innerhalb dieser Bereiche.

Modulo-Funktion. Eine mögliche Vorgehensweise für ein probabilistisches Verfahren ist die Anwendung der Modulo-Funktion (Division-Rest-Verfahren; vgl. die entsprechende SQL-Funktion in Abschnitt 19.7). Dazu ein einfaches Beispiel: Es sind die Daten von 300 Angestellten mit den Personalnummern 1 bis 300 zu verwalten. Dafür stehen 50 Speicherplätze zur Verfügung. Die Bestimmung der Personalnummern modulo 50 liefert die Werte 0 ... 49. Dann könnte die Adressumformung Modulo 50 wie in der folgenden Tabelle gezeigt vorgenommen werden. Auf einen Speicherplatz kommen mehrere Personalnummern mit ihren Datensätzen. Innerhalb dieser wird typischerweise einfach sequentiell gesucht.

Personal-nummer	Speicher-adresse	Erläuterung
1	1	1 geteilt durch 50: 0, Rest 1
2	2	
...	...	
49	49	49 geteilt durch 50: 0, Rest 49
50	0	50 geteilt durch 50: 0, Rest 0
51	1	51 geteilt durch 50: 1, Rest 1
...	...	
99	49	
100	2	100 geteilt durch 50: 2, Rest 0
101	1	
102	2	
...	...	
298	48	
299	49	299 geteilt durch 50: 5, Rest 49
300	0	300 geteilt durch 50: 6, Rest 0

Die Erfahrung zeigt, dass Hash-Verfahren durch die Berechnung der Speicheradresse und trotz der sequentiellen Suche in den Datensätzen des Speicherplatzes in vielen Anwendungsfällen hervorragend geeignet sind, die Suchzeiten erheblich zu reduzieren. Insbesondere gilt dies für den Online-Betrieb. Die Verfahren sind effektiv und schnell, allerdings werden sie bei sehr großen Dateien wegen des nicht unerheblichen Speicherverbrauchs eher selten verwendet, dort werden indexsequenzielle Dateien bevorzugt.

Zusätzlich muss man beachten, dass der einmal gewählte Adressbereich und damit die Dateigröße beim Hash-Verfahren unveränderlich sind, sie müssen bereits beim Einrichten der Datei genau bekannt sein. Die Datei kann also nicht beliebig erweitert werden. Andernfalls sind aufwändige Reorganisationen erforderlich.

22 Speichermedien

Ausführungen zu diesem Thema sind aufgrund der Dynamik des Bereichs schon kurze Zeit nach Fertigstellung teilweise überholt. Man bedenke nur die Situation bei Festplatten. Das Kapitel dient nur zur Darstellung der Grundlagen und als Einstieg. Der aktuelle Stand kann über die Fachzeitschriften, z.B. *iX* und *ct* aus dem Heise-Verlag und über Wikipedia erkundet werden.

22.1 Periphere Speicher

Informationsverarbeitung benötigt Speicher

Es gibt eine Vielzahl verschiedener Speichermedien für alle in heutigen Computern anzutreffenden Aufgaben. Vgl. die für heutige Computer immer noch typische *von Neumann - Architektur* mit ihren internen und externen, langsamen und schnellen Speichern. Für Datenbanken finden v.a. die Medien Verwendung, die als *schnell wiederbeschreibbare Massenspeicher* beschrieben werden können. Sie werden, vom Blickwinkel der heute üblichen Rechnerarchitekturen aus, auch *periphere Speicher* oder *externe Speicher* genannt. Die anderen (die internen) sind die rund um den Prozessor und insbesondere der Arbeitsspeicher.

Die externen Speicher halten die gespeicherten Informationen auch dann (dauerhaft) fest, wenn die Betriebsspannung ausgeschaltet ist, sie sind also für die sog. persistente Datenhaltung geeignet. Sie nehmen in der Regel sehr große Datenmengen auf, sie speichern Massendaten. Ihre wichtigsten Eigenschaften sind:

- Hohe Speicherkapazitäten. Im Herbst 2014 kamen die ersten Festplatten mit mehreren Terabyte (TB) auf den Markt.
- Im Vergleich zu internen Speichern sind sie langsam.
- Sie sind preiswert, bezogen auf die Kosten je Informationseinheit.

Das Einsatzspektrum (und damit die Aufgaben) der externen Speicher kann in vier Gruppen zusammengefasst werden:

- Speicher für Programme und Daten (dauerhafte Speicherung, aber auch Zwischen-speicherung von Ein- und Ausgabedaten, wenn der interne Speicher dafür nicht aus-reicht, sowie Zwischenspeicherung von Programmteilen und Daten, die gerade nicht benötigt werden (virtuelles Speicherkonzept)),
- Speicher zur Sicherung und Archivierung (Langzeitspeicherung von großen Daten-beständen und Programmen),
- Speicher für den Informationsaustausch (Transport von Daten und Programmen (Software)) und
- Mobile Speicher für Einzelobjekte, z.B. zur Identifikation von Gegenständen oder Lebewesen, zur dezentralen Datenerfassung oder zur Bezahlung und Abrechnung (etwa über Kreditkarten).

Speichermedien - Datenträger

Jeder Einsatzfall stellt unterschiedlichste Anforderungen an die externen Speicher. Des-halb hat man unterschiedliche *Speichermedien*, man sagt auch *Datenträger*, für externe Speicher entwickelt. Je nachdem, wie die Daten auf dem Medium aufgezeichnet werden, unterscheidet man

- bedruckte, handbeschriftete und mechanisch gekennzeichnete Speichermedien, z.B. Klarschrift oder Strichmarkierungen auf Papier, Karton, Kunststoff u.a. oder Loch-karten bzw. Lochstreifen,
- magnetische Speichermedien, bei denen die Daten durch Magnetisierung auf unter-schiedlichen Trägermedien gespeichert werden,
- optische Speichermedien, bei denen mittels Licht (oder Wärme) optisch reaktives Material verändert wird, und
- elektronische Speichermedien, also externe Halbleiterspeicher.

22.2 Konkrete Speicherung

Die (physische) Belegung der externen Speicher ist grundsätzlich Aufgabe des Betriebs-systems, genauer des Dateisystems. Die Speicherung erfolgt immer in Form von Dateien. Im folgenden gehen wir von Dateien mit Datensätzen aus, dem für Datenbanken wich-tigsten Dateityp. Die Datensätze werden nacheinander auf das Speichermedium geschrie-ben.

(Speicher-)Blöcke. Die gängigen Speichermedien sind in sog. Blöcke aufgeteilt. Da für einen logischen Datensatz aber nur eine bestimmte Anzahl Bytes nötig sind, fasst das Dateisystem in der Regel mehrere Sätze für einen Block zusammen. Durch dieses Lesen und Schreiben in ganzen Blöcken wird in der Regel der Speicherbereich besser ausgenützt und die Zugriffszeiten werden kürzer. Allerdings erkauft man sich diese Vorteile mit ei-nem größeren Aufwand an anderer Stelle: Will man nämlich nur einen bestimmten Satz lesen, so muss man auf den gesamten (evtl. viel größeren) Block zugreifen.

Bei einigen Speichertypen (z.B. bei Festplatten oder Disketten) hat die Blocklänge (die Blöcke heißen hier *Sektoren*) eine fest vorgegebene Größe (in Bytes). Damit der Spei-cherplatz optimal genutzt werden kann, müssen die Blöcke hier möglichst gut, d.h. ohne viel Leerplatz, gefüllt werden. Dies kann man erreichen, indem man die Satzlängen an die Blocklänge anpasst.

22.3 Magnetische Speicher

Magnetische Speicher sind Speichermedien, auf denen die (binären) Daten magnetisch aufgezeichnet werden. Sie lassen sich hinsichtlich ihrer technischen Realisierung wie folgt unterscheiden (vgl. [Herold, Lutz und Wohlrab 2012, S. 119]):

• Als rotierende runde Scheibe, bei der ein Schreib-/Lesekopf sich nach außen und innen bewegen kann (Festplatten und Wechseldatenträger).

• Als magnetisierbare Bänder mit Bandlaufwerken (Magnetbänder)

Sie funktionieren alle nach folgendem Prinzip: Ein Datenträger bewegt sich mit einer festgelegten Geschwindigkeit unter einem *Schreib-/Lesekopf*, der dabei die einzelnen Bits vom Datenträger liest bzw. sie dort ablegt. Der Datenträger besteht aus einem Trägermaterial (Aluminium- bzw. Kunststoffscheibe oder Kunststofffolie), die mit einem magnetisierbaren Material, z.B. Eisenoxid, Chromnickel oder Chromdioxid, dünn beschichtet ist. Ein einzelnes Bit wird nun durch die Magnetisierung eines kleinen Bereichs dieser Oberfläche gespeichert. Den kleinen Bereich kann man sich wie einen winzigen Stabmagneten vorstellen. Je nachdem, in welche Richtung der Nord- bzw. Südpol dieses Magneten zeigt, hat das Bit den Wert 0 oder 1. Moderne Festplatten greifen für die Abbildung eines Bits noch tiefer bis zu Veränderungen auf Molekülebene.

Klassische Lösung: Zwei Zustände - "0 und 1"

Die grundsätzliche Lösung ist wie folgt: Wird auf den Datenträger geschrieben, fließt durch den Schreib-/Lesekopf ein Strom. Dieser induziert an der Position, an der sich der Kopf gerade befindet, in der Oberfläche ein Magnetfeld. Je nach Stromrichtung richtet sich das Magnetfeld nach links oder rechts aus, damit richten sich auch die "Stabmagneten" aus. Durch Änderung der Stromrichtung während der Bewegung des Datenträgers kann man also Daten aufzeichnen, denn so entstehen Abschnitte mit wechselnder Ausrichtung (0 und 1). Beim Lesen der Daten misst man den Strom, der in der Spule des Schreib-/Lesekopfes induziert wird, wenn sich ein magnetisierter Bereich unter ihm entlangbewegt, und wandelt diese analogen Signale (je nach erzeugter Stromrichtung) wieder in Bits um.

Grenzen und Probleme. Je kleiner man den magnetisierbaren Bereich machen kann, desto mehr Daten lassen sich pro Flächeneinheit speichern. Allerdings gibt es physikalische und technische Grenzen. Um eine hohe Dichte der Bereiche und damit der Daten zu erreichen, muss sich der Kopf sehr nah und mit gleichmäßigem Abstand zur Oberfläche befinden.

Magnetische Speicher haben in der Informationsverarbeitung eine überragende Bedeutung. Die extrem hohen Datendichten erlauben eine hohe Speicherkapazität bei vertretbaren Zugriffszeiten. Mit dem Aufkommen der elektronischen Speicher glaubten nicht wenige, das Ende der Magnetplatten sei gekommen. Dem war aber nicht so. Die Festplattenhersteller entwickeln im Jahresrhytmus neue Technologien, die zu noch größeren Speichermedien mit noch kürzeren Zugriffszeiten.

Vor dem ersten Gebrauch müssen Magnetspeicher durch ein spezielles Programm des Betriebssystems formatiert werden. Dabei wird das Aufzeichnungsformat festgelegt. Denn die Daten werden auf der Diskette nicht wahllos verstreut, vielmehr werden sie Bit für Bit seriell in konzentrischen Kreisen, den sogenannten Spuren aufgezeichnet). Jede Spur (track) wird wiederum in nebeneinanderliegende Sektoren (Blöcke) fester Länge (in Bytes) aufgeteilt.

Spuren und Sektoren dienen zur Orientierung beim Schreiben und Lesen von Daten. Geschrieben oder gelesen wird mindestens immer ein ganzer Sektor (bzw. mehrere Sektoren) auf einer Spur. Die Sektoren dienen der Aufnahme der Blöcke.

Magnetplatten (Magnetic Disk)

Eine Magnetplatte ist eine runde Scheibe, die aus einem hochfesten, verwindungssteifen und exakt bearbeitetem Trägermaterial (meist Aluminium mit einer Schicht aus magnetisierbarem Eisenoxid) besteht. Dies erlaubt eine hohe Drehzahl und eine höhere Positioniergenauigkeit des Schreib-/Lesekopfes. Beide Plattenoberflächen (oben und unten) tragen eine sehr feine und doch besonders gut magnetisierbare Schicht, was hohe Schreibdichten erlaubt. Eine Magnetplatte kann über 1000 Spuren aufweisen. Die Spuren sind in einzelne Sektoren unterteilt. Die Sektoren, typischerweise 512 Byte groß, übernehmen die blockweise Speicherung der Daten.

Magnetplattenlaufwerke enthalten im Normalfall nicht nur eine, sondern mehrere Platten. Sie sind übereinander fest zu einem (Platten-)Stapel angeordnet und auf einer gemeinsamen Achse montiert. Jede Platte hat auf der Vorder- und Rückseite jeweils einen Schreib-/Lesekopf. Alle Schreib-/Leseköpfe sind starr an einem horizontal beweglichen Arm, dem Zugriffskamm, befestigt. Der Zugriffskamm kann auf jede der konzentrischen Spuren eingestellt werden. Wegen der starren Verbindung der Schreib-/Leseköpfe zeigen sie damit immer auf dieselbe Spur, natürlich jeder auf "seiner" Plattenoberfläche. Die Gesamtheit aller Spuren, die sich bei einer bestimmten Stellung des Zugriffkammes erreichen lassen, nennt man einen Zylinder.

Die Spuren auf jeder Plattenoberfläche sind, genau wie bei einer Diskette, von außen nach innen durchnummeriert; ein Zylinder in einem Plattenstapel umfasst also lauter Spuren der gleichen Nummer. Diese Nummer ist damit die Zylindernummer. Der Zugriff auf die einzelnen Sektoren geschieht nach dem gleichen Prinzip wie bei der Diskette, man ersetzt nur die Nummer der Spur durch die Zylindernummer und einer Kennung für die Plattenseite (Nummer des Schreib-/Lesekopfes). Die Einteilung des Plattenstapels in Zylinder macht man sich bei der Datenspeicherung zunutze: Zusammenhängende Daten bringt man nicht in nebeneinander, sondern in untereinanderliegenden Spuren unter. Damit lassen sich die Bewegungen des Zugriffskammes gering halten, man verkürzt auf diese Weise die Zugriffszeit.

Im Gegensatz zur Diskette berührt der Schreib-/Lesekopf nicht die Plattenoberfläche, sondern schwebt auf einem Luftkissen, das durch die konstant hohe Umdrehungszahl entsteht (Winchester-Technik). Dadurch reduziert man ganz erheblich die Abnutzung der Platte und die Wärmeentwicklung durch Reibung. Um trotzdem eine möglichst hohe Aufzeichnungsdichte zu bekommen, hält man den Abstand zwischen Platte und Schreib-/Lesekopf sehr gering, weniger als ein tausendstel Millimeter. Ein Staubkorn oder auch nur ein Fingerabdruck auf der Platte ließen den Schreib-/Lesekopf auf dieses Hindernis prallen. Deshalb ist das Plattenlaufwerk hermetisch abgeschlossen und mit Edelgas gefüllt.

Magnetplattenspeicher stellen den wichtigsten Massenspeicher auf nahezu allen Computersystemen dar. Sie vereinen eine hohe Speicherkapazität mit einer geringen Zugriffszeit (zwischen 2 ms bis 20 ms) bei relativ niedrigen Kosten. Es gibt Magnetplatten in verschiedenen Größen, heute haben sie meist einen Durchmesser von 3,5 Zoll (bei PCs) bis hinunter zu 1 Zoll (bei Notepads und Mobilfunkgeräten). Die Speicherkapazität steigt ständig, inzwischen sind dies mehr als 3 TB bei Festplattenlaufwerken für PCs. Man unterscheidet Magnetplattenspeicher, deren Plattenstapel im Laufwerk fest montiert ist (Festplatten) und solche, deren Plattenstapel auswechselbar ist (Wechselplatten).

Festplattenspeicher (Hard Disk) findet man heute fast überall, jeder Arbeitsplatzrechner verfügt (normalerweise) über ein fest eingebautes Laufwerk. Es ist über den IDE- oder SCSI-Standardbus angebunden. Aber auch in Rechenzentren, bei Großrechnern und für Server in lokalen Netzen verwendet man die kleinen, preiswerten und mit ausreichend hoher Kapazität ausgestatteten Standardfestplatten. Ähnlich wie man Rechner durch Parallelisierung leistungsfähiger macht, hatte man die Idee, die Standardfestplatten zur Leistungssteigerung parallel zu schalten. Dies geschieht allerdings nicht durch lose Kopplung der Laufwerke, man verknüpft sie vielmehr zu sogenannten Disk Arrays, in denen sie gemeinsam verwaltet werden und dem Rechner wie ein einzelnes logisches Laufwerk erscheinen.

Disk Arrays. Neben der Ausweitung der Kapazität und der Verkürzung von Zugriffszeiten hat man bei Disk Arrays auch die Ausfallsicherheit im Auge. Um bei einem Plattenausfall die Daten wiederherstellen zu können, speichert man deshalb neben den Originalen über die Laufwerke verteilt auch Duplikate der Daten. Diese Technologie, mehrere kleine Laufwerke zu größeren, nach Möglichkeit ausfallsicheren Gesamtspeichersystemen zusammenzufassen, wird RAID-Technik (Redundant Array of Inexpensive Disks) genannt. Die Disk Arrays sind in einem eigenen Server zusammengefasst, der Festplattencontroller des Rechners wird durch einen RAID-Controller ersetzt, dem Betriebssystem erscheint der RAID-Server wie eine einzelne leistungsfähige und zuverlässige Festplatte. Änderungen an der Software sind dadurch nicht notwendig.

Wechselplattenspeicher. Bei Wechselplattenspeichern (Removable Disk) sind Laufwerk und Magnetplatte konstruktiv getrennt ausgeführt. Die Wechselplatte ist in einem Plastikgehäuse untergebracht und wird wie eine Diskette in das (eingebaute oder tragbare) Laufwerk geschoben. Wenn die Wechselplatte ihre Betriebsdrehzahl erreicht hat, kann sie wie eine eingebaute Festplatte verwendet werden. Allerdings sind Wechselplattenspeicher teuer als Festplattenein. Sie werden deshalb nur in Ausnahmefällen eingesetzt, insbesondere zur Datensicherung. Im Gegensatz zu Festplatten kann man eine Wechselplatte dem Rechnersystem entnehmen und etwa in einem Safe sicher aufbewahren.

Magnetbänder. Ein Magnetband ist eine lange, schmale und dünne Kunststofffolie mit einer einseitig aufgebrachten magnetisierbaren Schicht. Bei der Benutzung wird das Band von einer Spule abgewickelt, läuft mit hoher Geschwindigkeit an einem, meist jedoch mehreren Schreib-/Leseköpfen vorbei, welche das Band berühren, und wird auf einer zweiten Spule wieder aufgewickelt. Die Daten werden auch hier blockweise in Spuren gespeichert. Die Spuren liegen parallel zur Laufrichtung des Bandes. Dabei kann das Band in mehrere hundert Spuren parallel aufgeteilt sein. Die Blöcke werden sequenziell hintereinander, in der Reihenfolge, in der sie erfasst werden, auf dem Band abgelegt.

Möchte man einen Block lesen, der irgendwo in der Mitte des Bandes liegt, muss man erst einen großen Teil des Bandes umspulen. Dabei wird Block für Block gelesen, bis die richtige Stelle erreicht ist. Das geschieht zwar mit hoher Geschwindigkeit und auch in beide Richtungen, kann aber je nach aktueller Stellung des Bandes zwischen einigen Sekunden und mehreren Minuten dauern. Magnetbänder sind deshalb nicht zum Speichern und schnellen (gezielten) Wiederauffinden häufig benötigter, einzelner oder weniger Datensätze geeignet. Möchte man dagegen umfangreiche, zusammenhängende Dateien als Ganzes lesen, hat man durchaus eine akzeptable Datenübertragungsrate. Magnetbänder sind ein sehr billiges Speichermedium mit sehr großer Kapazität (bis zu 1000 GB pro Band). Man setzt sie deshalb vorwiegend zur (regelmäßigen) Datensicherung (backup) z.B. von Festplatten oder zur Langzeitarchivierung von großen Informationsbeständen ein. Sie besitzen eine garantiert lange Lagerbarkeit von teilweise über 30 Jahren.

Magnetbänder gibt es seit über 60 Jahren. Sie werden immer noch eingesetzt, heute v.a. für die Archivierung, insbesondere für die Langzeitarchivierung, wo sie ein unschlagbares Preis-/Leistungsverhältnis bieten.

22.4 Optische Speicher

Bei optischen Speichermedien nutzt man statt der Magnetisierung Licht oder mithilfe von Laserstrahlen erzeugte Wärme zum Schreiben und Lesen von Informationen. Dabei unterscheidet man generell zwischen Mikroverfilmung und optischen Speicherplatten.

Mikroverfilmung. Die Mikroverfilmung ist ein relativ altes und ausgereiftes, foto-optisches Verfahren. Dabei werden die Daten entweder konventionell, d.h. mithilfe von Kameras, auf Rollfilmen aufgenommen oder auf Mikrofiches direkt vom Rechner übertragen. Für die Ausgabe vom Rechner hat sich der Begriff COM (Computer Output on Microfilm) eingebürgert. Die Mikroverfilmung spielt heute keine große Rolle mehr.

Optische Speicherplatten. Viel wichtiger sind die optischen Speicherplatten (CD, DVD, BD, ...). Ihre Bedeutung als Hintergrundspeicher hat enorm zugenommen. Sie bilden neben den Magnetplatten eine zweite wesentliche Klasse von Massenspeichern. Bei einer optischen Platte werden Informationen mittels Laserstrahlen aufgezeichnet und wieder gelesen. Da der Laserstrahl beim Lesen oder Schreiben nur auf einen winzigen Bereich auf der Platte trifft (es ist viel weniger Platz nötig, als bei der magnetischen Aufzeichnung), können auf sehr kleinem Raum sehr viele Daten gespeichert werden (auf einer Platte bis zu mehreren GB). Zu dieser hohen Speicherdichte kommt, dass das optische Speichermedium praktisch verschleißfrei arbeitet. Der Schreib-/Lesekopf wird mit einem Abstand von ca. 1 mm über der Platte geführt, was einen Head-Crash nahezu ausschließt. Die Kosten der optischen Datenträger sind sehr niedrig, sie sind außerdem austauschbar und damit flexibel handhabbar. Nachteile gegenüber der Magnetplatte sind die etwa zehnmal längeren Zugriffszeiten sowie die Problematik, eine optische Platte mehrfach zu beschreiben. Hier gibt es mittlerweile enorme Fortschritte, ein praktisch beliebig häufiges Beschreiben wie bei der Magnetplatte ist allerdings nicht erreicht.

CD - Pits und Lands. Das Arbeitsprinzip einer optischen Speicherplatte ist wie folgt: Es handelt sich um eine kleine, feste Kunststoffscheibe mit einem Durchmesser von 12 cm (seltener: 8 cm). Man bezeichnet sie allgemein als CD (Compact Disc). Deren Oberfläche ist mit einer metallischen Reflexionsschicht versehen, die durch eine Lackschicht geschützt wird. Die metallische Schicht ist der eigentliche Informationsträger. Bei der Herstellung werden in diese Schicht winzige Vertiefungen (Pits) gepresst oder mit einem Laserstrahl eingebrannt. Die unveränderten ebenen Flächen dazwischen (Erhebungen) heißen Lands. Pits und Lands tragen die binären Informationen. Die CD rotiert mit einer konstanten Geschwindigkeit. Zum Lesen wird die Oberfläche mit einem Laserstrahl abgetastet und die Reflexion des Strahls an der metallischen Schicht von einem Sensor gemessen. Trifft der Strahl auf eine Vertiefung, so wird das Licht gestreut und teilweise absorbiert. Es strahlt weniger Licht zurück zum Sensor, als bei den ebenen Flächen, welche das Licht voll reflektieren. Der Sensor kann so "0" und "1" unterscheiden: Lands werden als "0" interpretiert, Pits als "1".

Pits und Lands reihen sich entlang einer einzigen spiralförmigen Spur auf, die sich (im Unterschied zur Schallplatte) von innen nach außen über die gesamte CD windet. Damit sind die Daten bitseriell auf dieser Spirale gespeichert. Eine Unterteilung in Zylinder und Köpfe wie bei der Magnetplatte findet nicht statt. Logisch wird eine CD in Blöcke von je 2048 Bytes aufgeteilt.

Es gibt verschiedene Typen von optischen Speicherplatten. Aus Anwendersicht unterscheidet man:

- Nur lesbare Platten, die bereits vom Hersteller beschrieben sind und deren unveränderlicher Inhalt vom Anwender nur gelesen werden kann, das allerdings beliebig oft.
- Vom Anwender nur einmal beschreibbare Platten, die beliebig oft gelesen werden können.
- Wiederbeschreibbare Platten, die vom Anwender mehrmals überschrieben oder auch gelöscht und beliebig oft gelesen werden können.

Die wichtigsten Vertreter dieser Speichertechnologie sind:

CD-ROM (Compact Disc - Read Only Memory)

Die CD-ROM ist die älteste und am meisten verbreitete optische Speicherplatte. Sie ist der Hauptvertreter der nur lesbaren Platten. Ursprünglich für die Aufzeichnung von Musik entwickelt (als CD-A (*CD-Audio*)) hat sie sich auch schnell im Computerumfeld verbreitet. Auf ihr lassen sich 74 Minuten Audio oder 650 bis 700 MB Daten unterbringen. Die mittlere Zugriffszeit beträgt zwischen 70 und 115 ms. Die den CD-As entsprechende, einfache Datenübertragungsrate der ersten CD-ROM-Laufwerke von 150 KB/s wurde bis heute durch Erhöhung der Drehzahl (72-fache konstante Drehgeschwindigkeit) auf durchschnittlich 8 MB/s gesteigert. CD-ROMs werden ausschließlich industriell mithilfe eines Masterrohlings aus Glas gefertigt. Dabei werden vom Hersteller die Pits auf der Unterseite der Platte durch Pressen aufgebracht. Die Informationen können beliebig oft gelesen, aber nicht mehr verändert werden. Die CD besteht aus einer Polycarbonatscheibe, der Reflexionsschicht aus Aluminium, was ihr das typische, silbrig glänzende Aussehen verschafft, und einem Schutzlack. CD-ROMs eignen sich sehr gut für die Distribution digitaler Informationsbestände, wie z.B. Software, Kataloge, Lexika, Handbücher, Datenbanken und Ähnliches. Dank der weltweiten Standardisierung und Verbreitung sowie der preisgünstigen Datenträger und Wiedergabegeräte sind sie sehr verbreitet. Allerdings mit abnehmender Bedeutung, wie man daran sieht, dass immer weniger PCs und Laptops mit eingebautem DVD-Laufwerk ausgeliefert werden..

CD-R (Compact Disc - Recordable)

Normale CDs können nicht wieder beschrieben werden. CD-Rs sind einmal beschreibbar. Man kann sie als CD-Rohlinge kaufen und die Pits in speziellen Aufnahmegeräten, den *CD-Recordern* oder *CD-Brennern*, durch einen energiereichen Laserstrahl einbrennen. Bereiche auf der CD, die beim ersten Durchgang nicht beschrieben wurden, können in weiteren Durchgängen noch mit Daten gefüllt werden. Die gespeicherten Informationen kann man beliebig oft in einem CD-ROM-Laufwerk lesen, allerdings nicht nochmals überschreiben oder löschen. CD-Rs eignen sich daher hervorragend für Backups oder Archivierungszwecke sowie als transportable Speicher für große Datenbestände, die nur in wenigen Exemplaren benötigt werden (z.B. Bilddateien). Speicherkapazität und Zugriffszeit entsprechen denen einer CD-ROM.

Die CD-R sieht wie eine gewöhnliche CD-ROM aus, nur dass sie golden statt silbrig glänzt. Das liegt an der Reflexionsschicht aus Gold (anstelle des Aluminiums). Zwischen Gold- und Kunststoffschicht befindet sich eine lichtempfindliche organische Substanz (z.B. Zyanin, wie in der Fotografie verwendet). Mit dem Laserstrahl des CD-Brenners wird das organische Material verfärbt bzw. verschmolzen. Diese Stellen erhalten dadurch eine andere Reflexionseigenschaft. Auf diese Weise werden die Vertiefungen simuliert. Jetzt lässt sich die CD-R wie eine CD-ROM-lesen.

CD-RW (Compact Disc - ReWritable)

Eine CD-RW ist eine circa tausendmal wiederbeschreibbare CD. Statt der organischen Substanz, wie bei der CD-R, benutzt man hier eine bestimmte Metalllegierung (u.a. aus Selen und Tellur). Dieser Stoff kann sich entweder in einem kristallinen Zustand, der stark reflektierend ist, oder in einem amorphen Zustand, der Licht weniger reflektiert, befinden. Zum Lesen tastet ein (schwacher) Laserstrahl diese unterschiedlich reflektierenden Bereiche ab und erhält so die binären Informationen. Zum Schreiben wird die Metalllegierung durch zwei unterschiedlich starke Laserstrahlen lokal unterschiedlich stark erhitzt. Punkte, die langsam abkühlen, gehen in den kristallinen Zustand über und Punkte, die rasch Abkühlen, in den amorphen Zustand. Bei Normaltemperatur bleibt der jeweilige Zustand erhalten. Dieses Verfahren nennt man *duale Phasenwechseltechnik*. Das Beschreiben einer ganzen CD-RW dauert etwa zweieinhalb Minuten.

Auf dem Markt angebotene CD-RW-Laufwerke können sowohl CD-R als auch CD-RW beschreiben und alle CD-Typen lesen. Ältere CD-ROM-Laufwerke dagegen können die Daten einer CD-RW nicht lesen, da eine andere Laseroptik nötig ist. CD-RW-Platten eignen sich besonders für die Datensicherung, die Speicherung persönlicher Daten und den Transport von Datenbeständen. Sie sind preiswerter als vergleichbare magnetische (wiederbeschreibbare) Wechselplatten.

DVD (Digital Versatile Disc)

Die herkömmliche CD-ROM mit ca. 700 MB Kapazität eignet sich hervorragend als Speichermedium für Software und Datenbestände, digitale Musik und für hochauflösende Fotos. Für Multimedia-Anwendungen, für digital gespeicherte Videofilme und Computerspiele ist ihr Speichervermögen jedoch zu klein. Nach langem Hin und Her einigten sich verschiedene Herstellerkonsortien 1995 auf den DVD-Standard. Das "V" stand ursprünglich für *Video*, was die damalige Zielrichtung beschreibt: Eine DVD der ersten Generation konnte einen 133 Minuten langen Spielfilm in sehr guter Bild- und Tonqualität digital speichern. Heute steht das "V" für *Versatile*, was "vielseitig verwendbar" bedeutet. Dieser Begriff spiegelt das mittlerweile sehr breite Einsatzspektrum der DVD-Scheiben wieder.

Eine DVD-ROM unterscheidet sich äußerlich so gut wie gar nicht von einer normalen CD-ROM. Die ebenfalls 12 cm im Durchmesser messende Platte ist grundsätzlich genauso aufgebaut: Kunststoffscheibe mit Vertiefungen (Pits) und ebenen Stellen (Lands) die von einem Laser angestrahlt und von einem Fotodetektor als Sensor gelesen werden. Die DVD-ROM verfügt jedoch über eine deutlich höhere Speicherkapazität. Dies wird durch die Kombination folgender Maßnahmen erreicht:

- Die Pits und Lands sind bedeutend kleiner und dichter angeordnet. Die Spurspirale lässt sich damit enger winden.

- Der Laser arbeitet zur feineren Fokussierung mit rotem Licht statt im infraroten Bereich (wie bei der CD-ROM).
- Eine DVD-ROM kann beidseitig bespielt sein. Dazu werden zwei Scheiben halber Stärke rückseitig aneinander geklebt.
- Jede Seite der DVD-ROM kann zwei Informationsebenen haben. Die Daten werden dabei pro Seite in zwei übereinander liegenden Schichten gespeichert (*Zweischichttechnik*). Dazu ist die erste Schicht halbtransparent (semireflektiv) und kann den Laserstrahl auch Daten in der darunter liegenden Schicht lesen lassen. Je nach Fokussierung des Strahls erfolgt die Reflexion des Lichts an der einen oder anderen Schicht.

Für die DVD-ROM gibt es grundsätzlich vier verschiedene Formate:

- einseitig, mit einer Schicht (SL; Single Layer DVD), Kapazität 4,7 GB (DVD-5);
- einseitig, mit zwei Schichten (DL, Dual Layer DVD), Kapazität 8,5 GB (DVD-9);
- zweiseitig, mit einer Schicht (Wenden der DVD im Spieler), Kapazität 9,4 GB (DVD-10);
- zweiseitig, mit zwei Schichten, Kapazität 17 GB (DVD-18).

Die ursprüngliche Datentransferrate betrug 1,4 MB/s, Laufwerke mit 16-facher Geschwindigkeit erlauben 21,1 MB/s und durchschnittliche Zugriffszeiten von 90 ms. Für DVDs sind eigene Laufwerke notwendig (spezielle Lasertechnik), sie können jedoch in der Regel alle DVD- und CD-Formate lesen. Die vom Anwender beschreibbaren CDs werden allerdings nur mit maximal einem Drittel der Geschwindigkeit einer normalen CD-ROM gelesen.

Die DVD-ROM wird mittlerweile als Nachfolger für die CD-ROM eingesetzt. Auch hier spielt die Distribution von Software und Datenbeständen die wichtigste Rolle. Im Unterhaltungsbereich sind die nur lesbaren DVD-Audio und DVD-Video weit verbreitet. Sie bieten viele Stunden Musik bzw. Spielfilme in hervorragender Ton- und Bildqualität. Sie können ebenfalls mit einem DVD-ROM-Laufwerk am Rechner abgespielt werden.

Neben diesen Formaten, bei denen lediglich an die Wiedergabe von Information gedacht ist, gibt es auch die folgenden, beschreibbaren Formate:

- Die einmalig beschreibbaren *DVD-R*s mit einer Kapazität von 4,7 GB. Die *DVD-R-Recorder* arbeiten nach dem gleichen Prinzip wie die CD-Brenner. Neben DVDs können sie auch CDs beschreiben sowie alle DVD- und CD-Formate lesen. Allerdings sind die Rohlinge und die Brenner deutlich teuer als für CD-R.
- Bei den wiederbeschreibbaren DVD-Platten gibt es verschiedene Formate. Für den Computereinsatz eignet sich besonders die *DVD-RAM* (*DVD - Random Access Memory*). Sie basiert auf der dualen Phasenwechseltechnik der CD-RW kombiniert mit einigen MO-Funktion (siehe nächster Abschnitt). Sie bietet eine Kapazität von 9,4 GB bei einer Zugriffszeit von 65 ms. DVD-RAM-Laufwerke können sowohl CDs als auch DVDs verarbeiten. Eine DVD-RAM, meist in einer schützenden Kassette verschlossen, kann über 100.000-mal beschrieben werden, sie soll zwischen 25 und 100 Jahre haltbar sein. Damit eignet sie sich hervorragend zur Datensicherung und Archivierung. Allerdings ist ihre Verbreitung bisher gering.

MO-Platten (Magneto-Optical Disc)

Magneto-optische Plattenspeicher verbinden die Vorteile der magnetischen Platte (Wiederbeschreibbarkeit) mit denen der CD-ROM (hohe Speicherdichte). Zur Aufzeichnung verwendet man Magnetisierung, d.h. die Daten sind magnetisch gespeichert. Zum Schreiben und Lesen werden dagegen Laserstrahlen eingesetzt. Auf die Oberfläche der Platte trägt man ein Material auf, dessen magnetischer Zustand erst bei hohen Temperaturen (der sog. *Curie-Temperatur*, ca. 200° C) verändert werden kann. Bei Raumtemperatur bleibt die magnetische Information eingefroren. Zum Schreiben wird die Oberfläche durch einen starken Laserstrahl lokal kurzfristig über die Curie-Temperatur erhitzt. Gleichzeitig kann durch ein von außen angelegtes Magnetfeld die Magnetisierung dieser Stelle in die eine oder andere Richtung ausgerichtet werden. Beim Abkühlen bleibt die Magnetisierungsrichtung erhalten. Beim Lesen tastet ein wesentlich schwächerer Laserstrahl diese Bereiche ab, die ihn je nach Magnetisierungsrichtung unterschiedlich reflektieren. Je nachdem, welche Polarisation (Drehrichtung) das durch die magnetisierte Stelle reflektierte Licht hat, wird die Information als "0" oder "1" interpretiert (*Kerr-Effekt*).

MO-Platten gibt es in Größen von 3,5 und 5,25 Zoll mit einer Speicherkapazität zwischen 650 MB und 9,1 GB je Platte. Sie sind preisgünstiger als Festplatten und wesentlich schneller als CD-RWs (Zugriffszeit ca. 20 ms) und können über eine Million mal wiederbeschrieben werden. Außerdem sind sie sehr robust und verfügen über eine hohe Haltbarkeit (über 30 Jahre). Deshalb setzt man sie vorwiegend zur Archivierung und zum Austausch großer Datenbestände (insbesondere im grafischen Bereich) ein.

BD-Disc (Blu-Ray-Disc)

Die Blu-Ray-Disc ist eine digitale optische Speicherplatte, welche als Nachfolger der DVD entwickelt wurde. Die Blu-Ray-Disc (engl. blue ray = blauer Strahl) basiert auf der Technik, welche blaues Laserlicht zum Lesen und Schreiben einsetzt. Die Blu-Ray-Disc arbeitet mit der Phasenwechseltechnik. Die Speicherkapazität einer Blu-Ray-Disc liegt bei einseitiger und einschichtiger Aufzeichnung bei 25 GB und bei zweischichtiger Aufzeichnung bei 50 GB. Eine zweiseitige Aufzeichnung wie bei der DVD ist bei der Blu-Ray-Disc nicht möglich. Die Übertragungsrate liegt laut Spezifikation bei 36 MBit/s, wobei eine doppelt so hohe Rate (Phase-Change-Technik) für die nächsten Jahre angekündigt ist. Die Blu-Ray-Disc gibt es zurzeit als nur lesbare BD-ROM (ähnlich DVD-ROM), als einmal beschreibbare BD-R und als wiederbeschreibbare BD-RE.

Die folgende Abbildung stellt die verschiedenen Typen zusammen.

Optische Speicher

Kurzbezeichnung	Beschreibung
CD-ROM	Nur lesbare, werkseitig beschriebene CD.
CD-R	Vom Anwender einmal beschreibbare CD, beliebig oft lesbar.
CD-RW	Mehrmals wiederbeschreibbare CD, beliebig oft lesbar.
DVD	Optische Scheibe mit höherer Speicherkapazität und Übertragungsrate als die CD. Es gibt die Versionen DVD-ROM, DVD-R und DVD-RAM.
MO-Disc	Magneto-optische Platte, die praktisch beliebig oft gelöscht und beschrieben werden kann. Aufzeichnung erfolgt durch Magnetisierung, Schreiben/Lesen durch Laserstrahlen.
BD-Disc	Optische Speicherplatte mit höherer Speicherkapazität und Übertragungsrate als die DVD.

22.5 Elektronische Speicher

Ein weiterer Typ von Massenspeichern sind die *elektronischen Speicher* (auch: elektronische Datenträger). Sie verwenden Halbleiterbauelemente zur Datenspeicherung. Im Gegensatz zu den Laufwerken der magnetischen oder optischen Massenspeicher benötigen sie keine bewegten mechanischen Komponenten. Sie unterliegen deshalb im Allgemeinen keinem Verschleiß durch häufige Benutzung, sind klein, leicht und haben den Vorteil, schneller im Zugriff zu sein. Elektronische Datenträger finden vor allem im mobilen Bereich Anwendung.

Flash-Speicherkarten (Flash Memory Card)

Flash-Speicherkarten sind Plastiksteckkarten in der Größe von Kreditkarten oder kleiner, die mit einem oder mehreren Speicherchips bestückt sind. Die Technik dieser Flash-Chips basiert auf den EEPROMs, ein Chip ist blockweise beschreib- und löschbar. Das bedeutet, dass die Speicherorganisation der von Magnetplatten entspricht. Deshalb dienen Flash-Speicherkarten in erster Linie als Ergänzung oder Ersatz für Festplatten in tragbaren Rechnern (Notebooks, PDAs). Allerdings haben sie eine deutlich kürzere Zugriffszeit (100 ns), sind geräuschlos, aufgrund ihres geringen Gewichts und der kleinen Abmessungen leicht zu transportieren und unempfindlich gegenüber Stößen. Das macht sie zum idealen Massenspeicher in mobilen Geräten aller Art (Mobiltelefone, digitale Kameras, MP3-Player, USB-Sticks). Die Speicherkapazität bei Flash-Speicherkarten reicht bis 16 GB (Single Level Cell - Technik) bzw. 32 GB (Multi Level Cell - Technik), ihr Inhalt bleibt auch ohne Stromzufuhr erhalten (nichtflüchtiger Speicher). Allerdings sind Flash-Speicherkarten sehr teuer (pro MB etwa zehnmal so viel wie bei einer Festplatte) und ihre Lebensdauer ist begrenzt (ca. 100000 Schreib- und Löschoperationen).

Je nach Einsatzzweck gibt es verschiedene Bauformen:

- Flash-Speicher im PC-Card-Format für tragbare Rechner
- CompactFlash-Card, nur halb so groß, mit integrierter Steuerungselektronik, z.B. für Mobiltelefone oder PDAs
- SmartMedia-Card, sehr flach, sehr leicht und preiswert, z.B. für MP3-Player
- MultiMedia-Card in Briefmarkengröße, z.B. für Diktiergeräte
- Memory Stick für audiovisuelle Geräte

- Solid State Disks (SSD) für den Einsatz als schneller Massenspeicher (vgl. den nächsten Punkt)

Solid State Disk (SSD)

SSDs bestehen aus einer großen Anzahl dynamischer Speicherchips (DRAM). Sie sind extrem schnell (um den Faktor 20 schneller als Flash-Speicherkarten), haben eine hohe Kapazität (bis zu 5 TB, auf dem Markt befindliche SSDs hatten Anfang 2015 Kapazitäten bis zu mehreren Terabyte. Allerdings sind sie teurer als Festplatten (pro GByte mindestens das 30-fache). Sie kommen vor allem dort zum Einsatz, wo große Datenmengen mit höchster und garantierter Durchsatzleistung verarbeitet werden müssen. Auch bei besonders leistungsstarken Laptops (Ultrabooks) werden sie eingebaut. Ein Problem bei diesem Speichermedium ist die Haltbarkeit. Grundsätzlich vertragen die Flash-Speicher in SSDs nur eine begrenzte Zahl von Schreibzyklen, wobei die Daten einer nicht mehr beschreibbaren Flash-Zelle weiterhin lesbar sind. Die Lebensdauer einer SSD ist trotzdem hoch, da sie ja zahlreiche Speicherzellen enthält und somit der Verlust von einigen nicht ins Gewicht fällt. Die Hersteller können deshalb meist eine mehrjährige Garantie geben.

Chipkarten (Smart Cards)

Chipkarten sind Plastikkarten in Kreditkartengröße mit eingebautem Halbleiterchip. Der Chip umfasst in der Regel einen Prozessor- und einen Speicherbereich, es gibt jedoch auch ausschließliche Speicherkarten. Das Anwendungsspektrum der Chipkarten ist fast grenzenlos und tangiert alle Bereiche unseres Lebens: z.B. als Kreditkarte, Geldkarte, Telefonkarte, Krankenversichertenkarte, als Ausweis, zur Ver- und Entschlüsselung von Nachrichten, zur Erzeugung elektronischer Unterschriften.

Chipkarten werden durch direkten Kontakt mit speziellen Lesegeräten benutzt. Nach dem Einstecken übernimmt der Prozessor mithilfe des Chipkarten-Betriebssystems die Kommunikation über die Schnittstelle, überprüft die Befugnis des Karteninhabers, führt das Anwendungsprogramm aus, codiert und decodiert Daten, wickelt Speicherzugriffe ab. Auch die Stromzufuhr erfolgt über dafür vorgesehene Kontakte im Lesegerät. Es gibt auch kontaktlose Chipkarten. Sie benutzen eine Antenne und erhalten ihre Energie durch ein starkes Magnetfeld (Induktion), das vom Kartenleser erzeugt wird. Kontaktlose Chipkarten finden überall dort ihr Einsatzgebiet, wo Objekte oder Lebewesen identifiziert werden müssen: z.B. bei der Zugangskontrolle oder bei Mautsystemen.

Chipkarten entsprechen in Form und Größe den Magnetstreifenkarten. Sie haben jedoch eine höhere Speicherkapazität (absolut gesehen ist sie allerdings ziemlich gering, bis zu 64 KB), sind "intelligent" und bieten eine wesentlich höhere Sicherheit (Geheimhaltung, Fälschungssicherheit). Deshalb eignen sie sich z.B. besser als Zahlungsmittel. Allerdings gibt es auch Nachteile: Die Chipkarte ist wesentlich teurer als eine Magnetstreifenkarte, und es gibt im Gegensatz zu diesen keinen weltweit einheitlichen Standard. Trotzdem wird sie in absehbarer Zeit die Magnetstreifenkarte völlig ersetzen.

Soweit ein kurzer Blick auf die heute üblichen Speichermedien. Sie dienen in unterschiedlichen Konfigurationen alle dem Speichern, Verwalten und Abfragen von Daten. Auf vielen werden auch Datenbanken abgelegt oder archiviert. Seit einigen Jahren dient auch der Arbeitsspeicher der Computer als Ort, wo Datenbanken abgelegt und ausgewertet werden (InMemory-Datenbanken, vgl. hierzu

Abschnitt 24.11). Für alle Angaben zu Speicherumfang und Preisen gilt: die Entwicklung ist hier sehr dynamisch, die Werte ändern sich im Halbjahresabstand.

***Teil VIII

Alternativen

23 Andere Datenmodelle

24 NoSQL etc. - Nicht-konventionelle Datenbanken

23 Andere Datenmodelle

Wie in den obigen Kapiteln gezeigt, ist das Ergebnis der logischen Datenorganisation ein *logisches* Datenmodell, hier ein relationales. Nach der konzeptionellen Modellierung (vgl. Kapitel 3) und vor dem logischen Datenmodell kommt aber sehr oft ein weiterer Modellierungsschritt, die semantische Modellierung.

Vgl. auch Abbildung 1.1-1

Nimmt man noch die physische Datenorganisation dazu, ergeben sich damit vier verschiedene Abschnitte auf dem Weg vom Anwendungsbereich zur Datenbank. Zwei davon stellen Datenmodelle dar:

- Konzeptionelle Modellierung (vgl. Kapitel 3)
- Semantische Datenmodellierung, die zu semantischen Modellen führt, heute meist *Entity Relationship - Modellen.*
- Logische Datenorganisation, die zu logischen Datenmodellen führt, heute meist zu relationalen Datenmodellen (RM), manchmal auch zu objektorientierten (OOM), früher auch zu hierarchischen (HM) und Netzwerkmodellen (NWM).
- Physische Datenorganisation für die konkreten Daten der Datenbank (Dateien) und die Verwaltungsdaten (vgl. die Kapitel 20 und 21).

23.1 Semantische Datenmodelle

Zuerst: Konzeptionelle Modellierung

Der erste Schritt, um zu einer Datenbank zu kommen, besteht darin, den relevanten Anwendungsbereich aus der Realität zu abstrahieren und in ein geeignetes konzeptionelles Modell umzusetzen. Dies wurde in Kapitel 2 vorgestellt. Er führt über die Identifikation von Objekten, Beziehungen und Attributen zur Zusammenfassung zu Objekt- und Beziehungsklassen. Ziel ist es, den unstrukturierten Realitätsausschnitt in ein strukturiertes und inhaltlich fundiertes Datenmodell zu überführen.

Semantische Modellierung – ER-Modelle

Danach kann ein Modellierungsschritt kommen, der noch unabhängig von einem Daten-banksystemtyp (relational, objektorientiert, ...) eine Modellierung erlaubt, die möglichst viel von der "Semantik" des Anwendungsbereiches erfasst. Denn diesbezüglich ist die konzeptionelle Modellierung nicht sehr leistungsstark und auch die relationale Theorie ist, wenn sie nicht wie in diesem Buch erweitert wird (Muster, ...) in semantischer Hin-sicht "arm".

Mehr Semantik bedeutet zum Beispiel

- eine Berücksichtigung der Muster, wie hier in Kapitel 14 vorgestellt, um die sich die eigentliche relationale Theorie nicht kümmert,
- die Einbeziehung von Dynamikaspekten aus der Semantik der Geschäfsprozesse als semantische Integritätsbedingungen („Zahlungsverzug bei ansonsten zuverlässigen Kunden führt zu einer zweiten Erinnerung, bei den anderenn zur ersten Mahnung"),
- die Präzisierung der Kardinalitäten hin zu Min-/Max-Angaben (wie hier auch schon geschehen).

ER-Modelle. Von den in den letzten Jahrzehnten gemachten Vorschlägen zur semanti-schen Modellierung konnte sich nur die Entity Relationship – Modellierung behaupten. Sie führt zu Entity Relationship – Modellen (ER-Modelle), die tatsächlich etwas mehr Semantik zu erfassen erlauben als die logische Modellierung. Eine Kurzdarstellung hierzu findet sich auf

www.staud.info --> Datenbanken --> Entity Relationship - Modellierung.

Semantische Modellierung ist also *unabhängig von einem Datenbanksystemtyp* (relatio-nale, objektorientiert,...). Mit ihr werden Datenmodelle erstellt, die noch nicht an eine bestimmte Datenbanktheorie gebunden sind, sondern die unabhängig davon und damit auch unabhängig von einem Datenbanksystem sind.

Auch für Übersichtsnotationen

Oftmals werden semantische Datenmodelle auch für Übersichtsnotationen verwendet, z.B. in der Unternehmensmodellierung. Dann kann ein Element z.B. eine ganze Abteilung ausdrücken (Vertrieb, Beschaffung) und das Modell als Ganzes das gesamte Unterneh-men. Vgl. dazu die Beispiele in [Scheer 1997].

Eine Übersicht zu semantischen Datenmodellen findet sich in [Bullinger und Fähnrich 1997, S. 118].

23.2 Logische Datenmodelle

Wie oben schon mehrfach angeführt, wird mit dem Begriff "logisch" im Kontext der Da-tenmodellierung die Analyse der inhaltlichen Zusammenhänge von Datenbeständen be-zeichnet, die zu Datenmodellen führt, welche direkt mit einem Datenbanksystem in eine Datenbank umgesetzt werden können. Der Begriff geht auf eine Unterscheidung zurück, die vom SPARC-Ausschuss des amerikanischen Normungsinstituts ANSI in den 1970er - Jahren eingeführt wurde:

- externe Sicht,
- logische Sicht,
- interne Sicht (auf die Datenbank). Vgl. Abschnitt 1.4.

Die logische Datenorganisation beschreibt damit die inhaltliche Struktur der Daten (Objekte, deren Attribute und ihre Beziehungen untereinander). Dementsprechend versteht man unter Datenmodellierung die Abbildung der im Anwendungsbereich gefundenen Strukturen mit einer Modellierungstheorie (hier: relationale Theorie) in ein Datenmodell (hier: relationales Datenmodell).

Ein logisches Datenmodell wurde in den obigen Kapiteln in aller Ausführlichkeit vorgestellt, das relationale. Daneben gibt es aber weitere, die früher benutzt wurden oder die parallel zur relationalen Theorie existieren. Die bekanntesten sind das hierarchische Modell, das Netzwerkmodell und das objektorientierte Modell.

Hierarchische Modelle - In den 1950 und 1960er Jahren

Das hierarchische Modell (HM) ist der älteste Ansatz, Daten in Datenbanksystemen zu strukturieren. Das geschah einfach in Baumstrukturen. Die Dateien waren fest hierarchisch angeordnet, jeder Datensatz enthielt einen Verweis auf die ihm zugeordneten Datensätze der nächst niedrigeren Ebene. Beim Zugriff auf die Daten musste man sich entlang der Verweise durch die Baumstruktur hangeln.

Nur Baumstrukturen. Sie waren die ersten und erlaubten im wesentlichen die Modellierung hierarchischer Beziehungen (Baumstrukturen) in den Datenbeständen. Diese mussten bei der Erstellung der Datenbank fest angegeben werden. Hierfür gab es spezifische Datenbanksysteme, die ganze erste Generation der Datenbanksysteme erlaubte nur solche Datenbanken bzw. Datenmodelle.

Netzwerkmodelle - In den 1970er Jahren

Das Netzwerkmodell (NWM) ist eine Erweiterung des hierarchischen Modells um netzartige Strukturen. Sie führten zu sog. *Netzwerkdatenbanken.* Der Zugriff auf die Daten erfolgt auch hier, indem man durch die im Datenbanksystem fest verankerten Strukturen navigierte. Sie erlaubten aber die Überwindung der nur hierarchischen Strukturen, indem sie netzwerkartige Beziehungen zwischen den Datenbeständen ermöglichten. Auch hier mussten die Beziehungen bei der Erstellung der Datenbank fest angegeben werden.

Diese Inflexibilität bzgl. der Verwaltung der Beziehungen war ein Motiv für weitergehende Überlegungen bzgl. der Datenmodellierung, die zur relationalen Theorie führten. Relationen können beliebig miteinander in Beziehung gesetzt werden. Man navigiert in der Datenbank nicht mehr entlang "fest verdrahteter" Verweise, sondern über die Inhalte von Feldern, also anhand der Werte von Attributen.

Objektorientierte Modelle - Struktur und Verhalten integriert

Die objektorientierten Datenmodelle entstanden aus der ganz allgemeinen objektorientierten Theorie (vgl. [Staud 2019] für eine umfassende Darstellung). Diese hat ihren Schwerpunkt bei den objektorientierten Programmiersprachen, wirkt aber auch in das Datenbankgeschehen. Aus Datenbanksicht ist das wesentlich neue, dass hier zum ersten Mal in der Geschichte der Datenbanksysteme und der Datenmodellierung *Struktur und Verhalten zusammen modelliert werden.* Man verknüpft (kapselt) die Daten mit den Funktionen, die sie verarbeiten. Damit eignet sich die objektorientierte Datenmodellierung auch zur Abbildung komplexer Strukturen.

Echte objektorientierte Datenbanksysteme würden, gäbe es sie, objektorientierte Datenmodelle unterstützen. Das was heute allerdings als objektorientierte Datenbanksysteme angeboten wird, sind nur Werkzeuge, um (z.B. den C++-Programmierern) die persistente Datenhaltung zu erleichtern (wie z.B. POET).

Objektrelationale Datenbanken

Viele Relationale Datenbanksysteme integrieren deshalb eine objektorientierte Komponente. Man spricht dann von objektrelationalen Datenbanken.

24 NoSQL etc. - Nicht-konventionelle Datenbanken

In den Kapiteln 4 - 17 wurde gezeigt, wie Datenbestände nach der relationalen Theorie strukturiert werden: attributbasiert und in verknüpften Tabellen, die bestimmten Bedingungen gehorchen. Neben diesem Datenmodell wurden in den letzten Jahrzehnten zahlreiche andere Datenmodelle vorgestellt, die andere Datenbanksysteme benötigen und zu anderen Datenbanken führen. Einige von diesen haben sich durchgesetzt, sie sollen hier kurz vorgestellt werden.

Der entscheidende Unterschied zwischen diesen "neuen" Datenmodellen / Datenbanken und den relationalen liegt in der Art der verwalteten Daten und in den dafür benötigten Verarbeitungsschritten, deshalb soll hier darauf der Schwerpunkt liegen.

Auf weiterführende Literatur zu diesen Datenbanken und ihren Datenbanksystemen wird im jeweiligen Abschnitt verwiesen.

24.1 OLTP und OLAP

Zuerst einige Begriffsklärungen. Im ersten betrachteten Bereich ist die Unterscheidung von OLTP und OLAP von Bedeutung.

OLTP

OLTP bedeutet Online Transactional Processing. Der Begriff "Online" kommt daher, weil früher auch Zugriffe üblich waren, die nicht online erfolgten (offline- bzw. Batch-Betrieb). Dies spielt heute kaum eine Rolle mehr. *Transaktion* meint die entsprechenden Anfragen nach dem ACID-Prinzip[22]. Kennzeichen von OLTP sind:

- Eine zentralisierte Datenbank, mit der in Realzeit auf aktuellen Daten gearbeitet wird.
- Daten zur Geschäftstätigkeit aller Art. Die Datenbanken enthalten typischerweise die aktuellen Daten (zu Rechnungen, Lieferscheinen, usw.).
- Meist kurze Transaktionen ("Rechnung einbuchen", "Auszahlung veranlassen").

---

[22] Zu Transaktionen vgl. Abschnitt 19.16

- Paralleler Zugriff vieler Nutzer.

"operativ". Diese Datenbanken sind in Organisationen aller Art nötig, ihre Datenbestände werden oft auch *operative Daten* genannt, die Datenbanken entsprechend *operative Datenbanken*.

Quellen für diese Daten sind die Geschäftsprozesse der eigenen Organisation. Daten aus der unternehmensweiten Datenbank, in denen sich die Geschäftstätigkeit widerspiegelt. Dazu gehören alle klassischen Bereiche, die Daten aus Finanz- und Rechnungswesen, der Lagerhaltung, dem Vertrieb, der Beschaffung, usw.

OLAP - Komplexe Auswertungen, Zeitliche Dimension

OLAP bedeutet Online Analytical Processing. Der wichtige und abgrenzende Begriff ist *analytical*. Er bezieht sich auf die hier vorgesehene Auswertung der Daten, die weit über einfache SQL-Abfragen hinaus geht. Meist sind diese Datenbestände aus den operativen Daten der eigenen Organisation, abgeleitet (repliziert) und mit externen Daten ergänzt. Hier sind dann nicht nur die SQL-Abfragen komplexer, sondern es werden mit Hilfe komplexer statistischen Methoden und mit Techniken der Künstlichen Intelligenz - Forschung (KI) Auswertungen durchgeführt, mit denen Schlüsse aus den Daten gezogen werden können. Entsprechend dem Ziel, komplexe Auswertungen zu ermöglichen, ist die Datenstruktur auch eine andere. Diese wird gleich unten vorgestellt. Sehr oft ist hier auch eine zeitliche Dimension in den Daten vorhanden. D.h., es geht zum Beispiel nicht nur um die aktuellen Verkäufe (z.B. in einer Region bzgl. eines Produkts), sondern um die Verkäufe im Zeitverlauf.

Unterschiedliche Aufgaben. Die Einordnung der operativen und analytischen Daten kann auch mit Hilfe der auf Mertens und Scheer zurückgehenden Managementpyramide verdeutlicht werden. Sie zeigt unterschiedliche im Organisationskontext zu lösende Aufgaben und ihre IT-Unterstützung und gibt die dazugehörigen IT-Systeme an:

- Administrations- , Dispositions-, Wertorientierte Abrechnungs-, Kontroll-, Planungs-, Berichts- und Analysesysteme

Damit gibt sie auch Hinweise auf die benötigten Daten. Im unteren Bereich sind die operativen Daten und ihre Datenbanken angesiedelt, im oberen die analytischen. Im unteren Bereich sind die Probleme oft *wohl strukturiert* ("Beschaffung für das 4. Quartal festlegen"), im oberen *semi-* oder *unstrukturiert* (vgl. zu dieser Unterscheidung [Alpar, Grob, Weimann u.a. 2008]).

Die gestrichelten Linien in der folgenden Abbildung deuten horizontale und vertikale Geschäftsprozesse an. Die "horizontalen" sind die ganz normalen Geschäftsprozesse, z.B. die Leistungserbringung (Produktion, Dienstleistung, usw.). Sie nutzen und erzeugen operative Daten. Der vertikal verlaufende Geschäftsprozess deutet an, wie aus horizontalen Daten analytische werden, durch Aggregation und Verarbeitung.

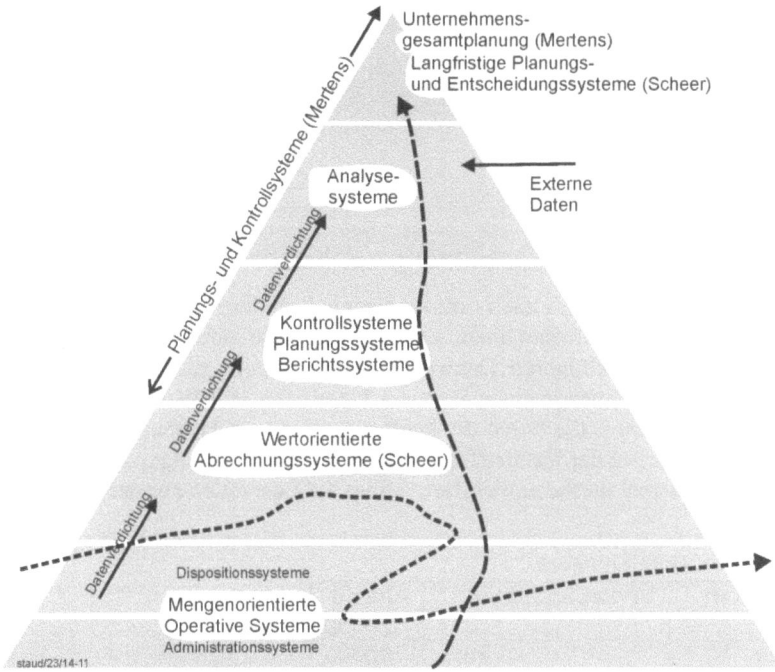

Abbildung 24.1-1:   Die Managementpyramide
                       Quelle: [Staud 2010c, S. 13] mit Änderungen und Ergänzungen nach [Mertens 2013, S. 13ff], [Scheeer 1997, S. 4ff].

Ein ausführlicher Vergleich von OLTP und OLAP findet sich in [Köppen, Saake und Sattler 2012, S. 4ff].

24.2 Dimensionale Datenbanken

Dimensionale Datenbestände beruhen auf einem gegenüber der relationalen Theorie anderen Datenmodell und einer anderen Datenstruktur. Es geht immer um einzelne *quantitative* Attribute einer Objektklasse, die in diesem Kontext *Kennziffern* oder *Fakten* genannt werden. Z.B. um ...

- Verkäufe, Einkäufe von Unternehmen, Abteilungen, Tochtgesellschaften
- Verkäufe von Außendienstlern
- Umsätze von Außendienstlern
- Börsenkurse
- Ausfuhren, Einfuhren, Gesamthandel von Nationen (vgl. [Staud 1985, 1986a] für den Aufbau konkreter Beispiele)

Bezüglich einer solchen Kennziffer - nehmen wir im folgenden als Beispiel die *Verkäufe eines Unternehmens* mit dem Attribut **Anzahl** - werden qualitative Attribute erfasst, die jeweils Teilmengen aller Verkäufe bilden, für die dann die Kennziffer berechnet wird. Z.B. die Produktart, wie es die folgende Abbildung zeigt. Dann wird für jede Teilmenge (jede Produktart) die Zahl der Verkäufe ausgewiesen.

Verkäufe eines Unternehmens

Produktart	Anzahl
PC	20000
Handy	80000
Smartphone	30000
Tablets	15000

Schlüssel: #Produktart

Für jede Teilmenge Neuberechnung der Kennziffer

Diese Tabelle kann man sich auch problemlos als Relation vorstellen. Nehmen wir nun ein zweites qualitatives Attribut hinzu, eine Jahresangabe, und erfassen wir *für jede Produktart* die Verkäufe nach Jahren. Dann entsteht eine Tabelle, die für jede nach Produktart und Jahr gebildete Teilmenge einen Wert der Kennziffer enthält. Der wichtige Punkt ist, dass *für jede Teilmenge*, die durch die beiden qualitativen Attribute gebildet wird (Produktart/Jahr) die Werte der Kennziffer bestimmt werden. Die folgende Tabelle setzt obiges einfaches Beispiel diesbezüglich fort, wobei die Leerzeilen nur der Übersichtlichkeit dienen.

Verkäufe eines Unternehmens

Produktart	Verkaufszeitpunkt	Anzahl
PC	2013	20000
Handy	2013	80000
Smartphone	2013	30000
Tablets	2013	15000
PC	2014	25000
Handy	2014	85000
Smartphone	2014	35000
Tablets	2014	20000
PC	2015	10000
Handy	2015	70000
Smartphone	2015	230000
Tablets	2015	5000

Schlüssel: #(Produktart, Verkaufszeitpunkt)

Auch sie ist als Relation vorstellbar. Oftmals möchte man die Kennziffer (das quantitative Attribut) unter noch mehr Gesichtspunkten betrachten. Z.B. die Verkäufe zusätzlich auch noch nach Regionen. Dann wird jede Teilmenge der Verkäufe nach *Produktart/Jahr* nochmals nach dem dritten qualitativen Attribut unterteilt und die Kennziffer für jede Teilmenge *Produktart/Jahr/Region* neu berechnet. Um das Tabellenbeispiel einfach zu halten, soll hier bzgl. der Regionen nur nach Süden und Norden unterschieden werden.

Verkäufe eines Unternehmens

Produktart	Verkaufszeitpunkt	Region	Anzahl
Handy	2013	Süden	60000
Handy	2013	Norden	20000
PC	2013	Süden	15000
PC	2013	Norden	5000
Smartphone	2013	Süden	20000
Smartphone	2013	Norden	10000
Tablets	2013	Süden	10000
Tablets	2013	Norden	5000
Handy	2014	Süden	45000
Handy	2014	Norden	40000
PC	2014	Süden	15000
PC	2014	Norden	10000
Smartphone	2014	Süden	20000
Smartphone	2014	Norden	15000
Tablets	2014	Süden	10000
Tablets	2014	Norden	10000
Handy	2015	Süden	40000
Handy	2015	Norden	30000
PC	2015	Süden	5000
PC	2015	Norden	5000
Smartphone	2015	Süden	20000
Smartphone	2015	Norden	10000
Tablets	2015	Süden	5000
Tablets	2015	Norden	5000

Schlüssel: #(Produktart, Verkaufszeitpunkt, Region)
Anmerkung: Die Leerzeilen dienen nur der Übersichtlichkeit

Für jede weitere Unterteilung, im Beispiel hier z.B. z.B. nach Verkaufswegen (Online, Handel), würden die Teilmengen wieder unterteilt und es würden noch mehr Teilmengen und Tupel entstehen.

"all key" – Dimensionen. Alle obigen Tabellen stellen auch Relationen dar, allerdings - und da drückt sich die Besonderheit aus - als Relationen, in denen alle Attribute zusammen den Schlüssel darstellen ("all key" nach Date, vgl. z.B. [Date 1990]). Bei einer solchen Situation, wo eine Kennziffer (hier: Verkäufe) gleichzeitig nach mehreren Merkmalen beschrieben wird, werden die Merkmale (die qualitativen Attribute) auch als Dimensionen der Kennziffer bezeichnet. In dem Beispiel hier wird also die Kennziffer *Verkäufe* durch die Dimensionen Produktart, Jahr, Region beschrieben.

Die letzte obige Tabelle könnte die Basistabelle einer entsprechenden Datenbank sein. Etwas komplizierter wird die Tabelle (und verlässt den Bereich der relationalen Theorie), wenn auch Aggregationen oder Untergruppen mitbedacht werden sollen. Wenn man also z.B. unterteilt:

- Produkt nach Untergruppen, z.B. dem zur Verfügung stehenden Betriebssystem
- Region nach Ländern
- Jahr nach Monaten

Dies soll im Beispiel aus Platzgründen nur für den Anfang der Tabelle angedeutet werden (zwei Produktarten, zwei Monate, zwei Bundesländer).

Verkäufe eines Unternehmens

Produkt	Verkaufszeitpunkt	Region	Anzahl
Handy mit Windows	2013-01	Süden - Bayern	10000
Handy mit Windows	2013-02	Süden - Bayern	11000
...	...	...	...
Handy mit Windows	2013-01	Süden - BW	8000
Handy mit Windows	2013-02	Süden - BW	9000
...	...	...	...
Handy mit Windows	2013-01	Norden - Niedersachsen	20000
Handy mit Windows	2013-02	Norden - Niedersachsen	25000
...	...	...	...
Handy mit Android	2013-01	Süden - Bayern	10000
Handy mit Android	2013-02	Süden - Bayern	12000
...	...	...	...
Handy mit Android	2013-01	Süden - BW	5000
Handy mit Android	2013-02	Süden - BW	6000
...	...	...	...
Handy mit Android	2013-01	Norden - Niedersachsen	7000
Handy mit Android	2013-02	Norden - Niedersachsen	8000
...	...	...	...

Schlüssel: #(Produktart, Verkaufszeitpunkt, Region)

Aggregationen beherrschen. Die Zahl der Tupel wird nochmals größer und zwischen den Tupeln besteht die eingebaute Aggregationsbeziehung. Das Ziel ist dabei oft, die niedrigste Aggregationsebene der qualitativen Attribute im Datenbestand zu erfassen und die jeweils aggregierten Werte (das ganze Jahr, der ganze Süden, usw.) durch das datenverwaltende System berechnen zu lassen. Da dies sehr rechenaufwändig ist, werden hierfür leistungsstarke Softwaresysteme benötig, bis zu InMemory-Lösungen.

Es ist auch nicht immer möglich. Sind z.B. in einer Dimension die Daten der niedrigsten Ebene nicht da, geht es nicht. Da müssen dann ganz pragmatisch Lösungen gesucht werden.

Konzeptionelle Modellierung

Obige Datenstruktur wird oftmals als n-dimensionaler Würfel dargestellt. Dabei wird von drei Dimensionen (drei qualitativen Attributen) ausgegangen. Für jeden Punkt des Würfels, festgelegt durch die drei Koordinaten, wird dann ein Datensegment mit dem Wert der Kennziffer angenommen. In obiger Tabelle z.B. ein Verkaufswert (Anzahl) für *Handy mit Android / 2013-02 / Norden - Niedersachsen.*

Nicht nur 3. Natürlich besitzen reale Datenbestände dieses Typs oftmals mehr als drei Dimensionen, die aber nicht als Würfel dargestellt werden können. Evtl. könnte man die vierte Dimension durch Wiederholung des Würfels für jede Teilmenge des vierten Attributs darstellen, danach ginge aber die Übersichtlichkeit endgültig verloren.

Die folgende Abbildung visualisiert diese konzeptionelle Vorstellung. Man stelle sich einfach vor, dass in jedem Segment des Würfels eine Ausprägung der Kennziffer anzutreffen ist. Im folgenden Würfel also insgesamt 120 Werte.

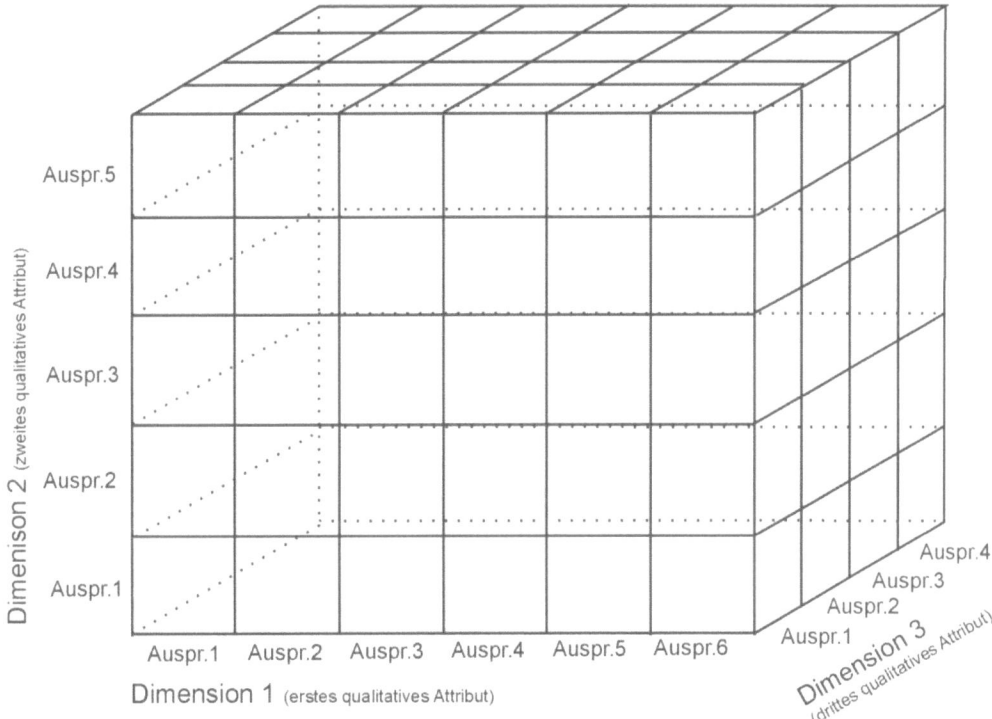

Abbildung 24.2-1:   Mehrdimensionaler Datenwürfel als konzeptionelles Modell

Etwas anschaulicher sind inhaltliche Beispiele. Deshalb hier ein solcher Würfel in Anlehnung an die obigen Tabellen (vor der Einführung der Aggregationsebenen) mit den
drei Dimensionen *Produktart*, *Jahr* und *Region*. Drei Faktenwerte sind in der Zeichnung
durch Punkte und die entsprechenden Ausprägungen der beschreibenden Attribute (den
Koordinaten) angedeutet.

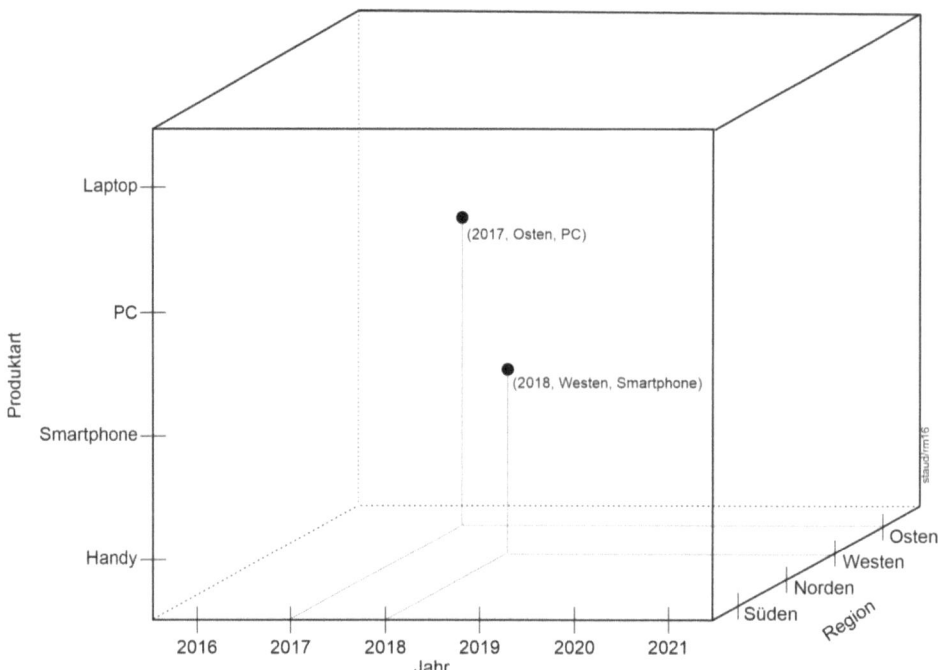

Abbildung 24.2-2:   Mehrdimensionaler Datenwürfel als konzeptionelles Modell
                          Für jeden Punkt steht ein berechneter Wert.

Auswertungen auf multidimensionalen Datenbeständen

Pivotierung. Eine Datenbank, die auf diesen konzeptionellen Überlegungen basiert, erlaubt sehr aussagekräftige Einblicke in den Datenbestand. Dazu bieten die entsprechenden Datenbanksysteme entsprechende Methoden an. Eine ist, dass (sozusagen) der Würfel für den Nutzer und seine Auswertungen beliebig gedreht und zur Ansicht gebracht werden kann. Dadurch kann der Anwender die Daten aus beliebigen Perspektiven analysieren. Dies wird mit *Rotieren* oder *Pivotisieren* bezeichnet.

Slice und dice. Eine wichtige Auswertung besteht darin, für Auswertungen beliebige Teilwürfel aus dem Gesamtwürfel "herauszuschneiden". Hat der Würfel n Dimensionen, dann können Teilwürfel mit den Dimensionen 1 bis n gewonnen werden. Liegen im Ergebnis mehr als 2 Dimensionen vor, muss das datenverwaltende System entsprechende Ausgabeformate erzeugen können. Z.B. Tabellen, die in der Zeilen- oder Spaltengestaltung die Mehrdimensionalität ausdrücken.

Meist haben die angeforderten Daten zwei Dimensionen. Dabei kann jede Dimension mit jeder anderen kombiniert werden. Hier einige zweidimensionale Tabellen am obigen Beispiel:

- Alle einzelnen oder bestimmte Produktarten nach allen oder ausgewählten Jahren und *einer bestimmten Region.*
- Alle einzelnen oder bestimmte Produktarten nach allen oder ausgewählten Regionen *in einem Jahr.*
- Alle einzelnen oder bestimmte Regionen nach allen oder ausgewählten Jahren und *einer Produktart.*

Auch einfache Reihen und Zeitreihen können gewonnen werden. Dazu werden zwei Dimensionen fixiert. Z.B.

- Für die Produktart *Handy* und das Jahr 2014 die Verkäufe in den Regionen
- Für die Produktart *Smartphone* und die Region *Süden* die Verkäufe in allen Jahren

Selbstverständlich sind auch Einzelwerte abrufbar, z.B.

- Verkäufe an Tablets im Jahr 2014 in der Region Norden

Diese Auswertungen der Würfeldaten werden mit *slice* und *dice* bezeichnet. Mit *slice* das "Herausschneiden" einzelner zweidimensionaler Tabellen, mit *dice* das von Teilwürfeln.

Aggregationen und Disaggregationen

Verfeinerung. Wie oben schon ausgeführt, können in den Dimensionen Aggregationen vorliegen. Z.B. könnten die Jahre nach Monaten, diese nach Wochen und diese wiederum nach Tagen unterteilt sein. Oder die Regionen nach Bundesländern, diese nach Landkreisen. Sind dann im Würfel die niedrigsten Aggregationsebenen als Daten vorhanden, können bei der Abfrage die Werte agreggiert werden. Heutzutage wird erwartet, dass solche Aggregationsschritte nach den hinterlegten Algorithmen (Summe bei Regionen, zeitlichen Angaben; Mittelwert oder letzter Wert bei Aktienkursen, usw.) in Realzeit durch das datenverwaltende System vorgenommen werden.

Roll-up und Drill-down. In der Fachliteratur werden diese Techniken mit roll-up und drill-down bezeichnet. Roll-up für die Aggregation, Drill-down für die Disaggregation der Daten. Die folgende Abbildung zeigt ein gegenüber den obigen Daten nur leicht ausgebautes Beispiel. Hier könnte mit roll-up von den einzelnen Produkten zu Computer / Smartphone und dann zu allen Produkten verdichtet werden. Und umgekehrt mit drill-down von allen Produkten "nach unten". Bei der konkreten Abfrage müssen dann jeweils die neuen Werte entsprechend den hinterlegten Algorithmen berechnet werden.

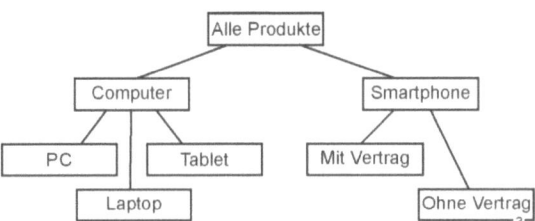

Abbildung 24.2-3:   Aggregationsebenen in den Dimensionen

Lägen in der Dimension *Verkaufszeitpunkt* die Ebenen Tage, Wochen, Monate und Jahre vor, könnten über Roll-up die Tagesverkäufe (vielleicht für die Vor-Ort-Verkäufer) bis zu den Jahreswerten (vielleicht für den Geschäftsbericht) verdichtet werden. Jeder, der die Daten auswertet, kann sich die Ebene aussuchen, die er für seine aktuellen Zwecke benötigt.

Solche Würfel werden im Kontext von Data Warehouse und Business Intelligence *OLAP-Würfel* genannt. Die Art der Abfrage wird mehrdimensionale Abfrage genannt.

Von der konzeptionellen zur logischen Modellierung

Obige Überlegungen, die zur Würfeldarstellung führten, stellen konzeptionelle Überlegungen dar, also Modellierungsüberlegungen ohne Anlehnung an eine Datenbanktheorie. Wie lassen sich diese nun in logische Datenmodelle (hier oft auch *Schema* genannt) umsetzen. In der Literatur werden zwei Lösungen genannt:

- relationale Datenmodelle
- multidimensionale Datenmodelle

Umsetzung in eine relationale Datenbank. Eine oft gewählte Variante für die relationale Modellierung ist das *Sternschema.* Bei ihm steht in der Mitte (sozusagen) die Relation mit den Kennziffern und die Dimensionen liegen mit Hinweisen auf alle Aggregationsebenen sternförmig um sie herum. Die Erfassung von Basisdaten und aggregierten Daten in einer Datei führt zu nicht-redundanten Relationen.

Näher an der relationalen Theorie angesiedelt ist das Sternflockenschema. Hier erhalten die Aggregationen der Dimensionen eigene Relationen (vgl. die folgende Abbildung), die den Zusammenhang zwischen den Aggregationsebenen ausdrücken. Betrachten wir das am Beispiel der Dimension Regionen. Jeder einzelne Verkauf wird in genau einer Filiale getätigt. Jede Filiale gehört zu genau einem Bundesland, in einem Bundesland können viele Filialen existieren. Entsprechend ergibt sich die Kardinalität 1:n. Dasselbe gilt für die Beziehung zwischen Regionen (Süden, Norden, ...) und Bundesländern.

Anmerkung: In der Wirklichkeit wird solch ein Schema oftmals durchbrochen. Falls zum Beispiel ein Bundesland hälftig zur einen und mit der anderen Hälfte zu einer anderen Region gezählt wird. Oder falls eine Woche in zwei Jahre fällt.

In der Faktentabelle sind die Daten der niedrigsten Aggregationsebenen angelegt. Mithilfe der "Dimensionstabellen" können die aggregierten Daten berechnet werden. Weitergehende Ausführungen zum Schneeflockenschema finden sich z.B. in [Herden 2007, S. 444].

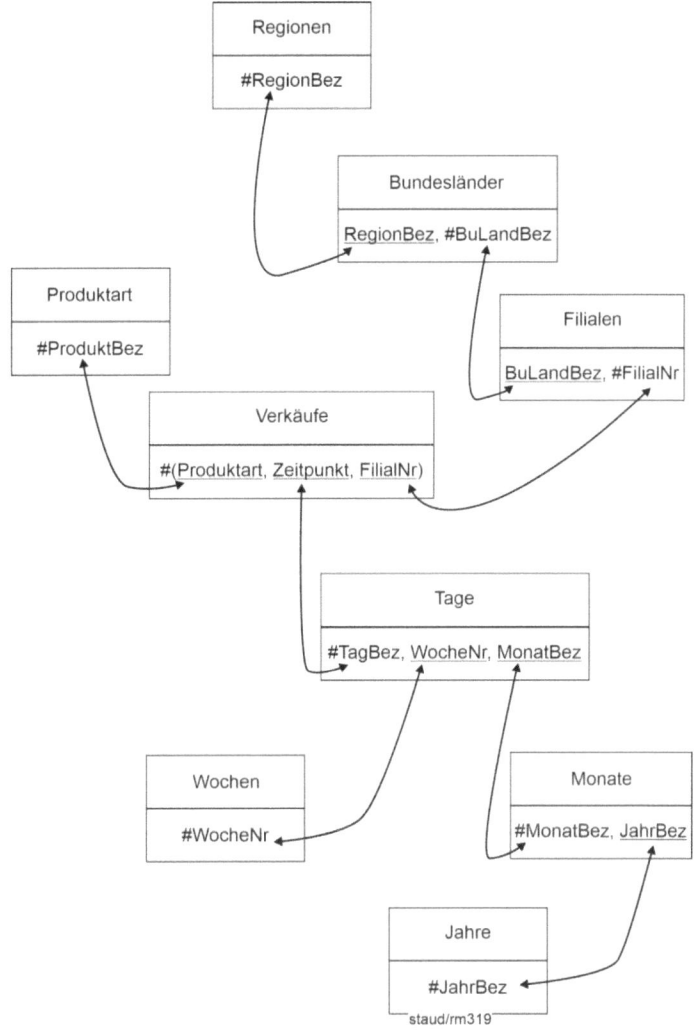

Abbildung 24.2-4:   Sternflockenschema zu obigem Beispiel

Die folgende textliche Notation gibt die notwendigen Attribute an, ergänzt um einige bei den Dimensionsbeschreibungen, die inhaltlich dazu passen könnten. Für die Abbildung der Aggregationsebenen sind die Schlüssel und Fremdschlüssel entscheidend.

Verkäufe (#(Produktart, Zeitpunkt, FilialNr), Verkauf)

Filialen (#FilialNr, Hersteller, Produktgruppe, BuLandBez)

Bundesländer (#BuLandBez, Einwohner, RegionBez)

Regionen (#RegionBez, Einwohner, Kaufkraft)

Produktart (#ProduktBez, Hersteller, Einheit, Produktgruppe)

Tage (#TagBez, WocheNr, MonatBez)

Wochen (#WocheNr, DatumTag1) // ohne deskriptive Attribute modellierungstechnisch unnötig.

Monate (#MonatBez, <u>JahrBez</u>)

Jahre (#JahrBez, Schaltjahr) //ohne deskriptive Attribute modellierungstechnisch unnötig.

Mögliche Schwierigkeiten

"Löcher im Würfel". Wenn die Daten für ein solches Projekt nicht gezielt selbst gewonnen werden können, sondern aus verschiedenen auch organisationsexternen Quellen zusammengestellt werden müssen, gibt es oft Lücken im Datenbestand. Denn man sollte ja die Ausprägungen der Kennziffer für alle Kombinationen von Dimensionsausprägungen auf niedrigster Aggregationsebene besitzen. Das ist aber oft nicht der Fall. Dann gibt es z.B. die Vergleichsdaten der amtlichen Statistik für die Produktion erst ab Wochenebene und nicht als Tageswerte. Und die Daten für die regionalen Absätze der Gesamtbranche nur auf Kreisebene und nicht auf der Ebene der Städte, usw. Mit diesen "Löchern im Würfel" müssen die Nutzer und die entsprechende Software umgehen können.

Data Warehouse

Die damit entstehenden Datenbanken werden *Data Warehouse* genannt. Ein Data Warehouse ist also eine Datenbank, die aktuelle und historische Daten speichert - auch in aggregierter Form - die für Managemententscheidungen von Interesse sind. Die Daten stammen typischerweise aus einer Vielzahl von internen und externen Datenquellen. Hierzu zählen beispielsweise OLTP-Systeme (insbesondere ERP-Systeme), Börsendienste oder Datenbanken mit statistischen Branchendaten. Anforderungen an ein Data Warehouse sind nach [Inmon 2005, S. 29]:

- *Themenorientierung*. Dies bedeutet, dass die Daten nach vorab festgelegten Themengebieten (z. B. Vertrieb, Produktion) gespeichert werden.
- *Vereinheitlichung*. Da die Daten aus einer Vielzahl völlig unterschiedlicher Quellen stammen können, müssen die Datenformate vereinheitlicht werden.
- *Beständigkeit*. In einem Data Warehouse werden Daten aus den Quellen gezielt zusammengestellt. Änderungen an den Daten sind nicht vorgesehen.
- *Zeitraumbezug*. Die Daten in einem Data Warehouse können eine zeitliche Dimension besitzen. Falls dies so ist müssen sie bei der Speicherung im Data Warehouse mit einer Zeitangabe versehen werden.

ETL - Extraction, Transformation, Loading. Die Zusammenstellung der Daten geschieht wie folgt. Nachdem die relevanten internen (operative Kundendatenbank) und externen Daten erhoben und gesammelt sind, werden diese durch ein ETL-Programm in das Data Warehouse geladen und stehen den analytischen Informationssystemen zur Verfügung. Als ETL-Prozess wird die Extrahierung der Daten aus den OLTP-Systemen und ihre Transformation in die für das Data Warehouse vorgesehenen Formate (z. B. einheitliche Datumsformate) bezeichnet:

- **E**xtraktion der ausgewählten Daten aus den verschiedenen Quellen. Dies können die eigenen operativen Datenbanken sein (Verkäufe, Umsätze, Lieferungen, ...), ergänzende Daten von Verbänden, von Marktforschungsunternehmen (Verkäufe insgesamt), von Statistischen Ämtern (Exporte / Importe der untersuchten Produkte) und andere.
- **T**ransformation der Daten in die Formate der Zieldatenbank. Um nur einige Beispiele zu nennen: Anpassung des Datentyps, Anpassung von Datumsformaten, Anpassung

des Aggregationsniveaus (Daten zu Einzelprodukten werden gewonnen, Daten zu Produktgruppen werden benötigt), der Periodizität (Tagesdaten zu den Verkäufen werden gewonnen, Wochendaten werden benötigt.

- Laden der Daten in die Zieldatenbank. Dies kann von verschiedenen Plattformen, in verschiedenen Datenformaten, von verschiedenen Betriebssystemen her erfolgen – intern oder über die globalen Netze.

Anforderungen an OLAP-Systeme

CODD definierte 1993 zwölf Regeln zur Evaluation von Informationssystemen hinsichtlich ihrer OLAP-Fähigkeiten, die als Meilensteine für die Entwicklung der OLAP-Technik gelten (vgl. [CODD et al. 1993]):

1. *Multidimensionale konzeptionelle Sichtweise:* Für die Analyse betriebswirtschaftlicher Fragestellungen soll die Sichtweise auf die Daten mehrdimensional möglich sein. Kenngrößen wie Umsätze und Gewinn können aus der Sicht von verschiedenen Dimensionen wie Produkt, Vertriebsregion oder Zeit betrachtet werden.
2. *Transparenz:* Die Datenquellen müssen transparent sein.
3. *Zugriffsmöglichkeit:* OLAP-Systeme sollen den Zugriff auf unternehmensinterne und -externe Datenquellen ermöglichen.
4. *Gleichbleibende Antwortzeit bei der Berichterstellung:* Die Antwortzeit des OLAP-Systems bei der Berichterstellung darf von der Anzahl der Dimensionen und der Datenmenge nicht beeinflusst werden.
5. *Client/Server-Architektur:* Zur Trennung von Speicherung, Verarbeitung und Darstellung ist die Unterstützung einer Client/Server-Architektur notwendig. Das OLAP-System soll offene Schnittstellen für die Anbindung verschiedener Anwendungssysteme zur Verfügung stellen.
6. *Generische Dimensionalität:* Alle Dimensionen sollen in ihrer Struktur und Funktionalität einheitlich sein. Insbesondere fordert CODD, dass es keine Festlegung von Dimensionen für einzelne Betrachtungsperspektiven (z. B. die Zeit) geben sollte.
7. *Dynamische Behandlung dünn besetzter Matrizen:* Von OLAP-Systemen wird gefordert, dass sie das physische Schema des Modells automatisch an die gegebene Dimensionalität und die Verteilung jedes spezifischen Modells anpassen. Da die Datenwürfel meist dünn besetzt sind ("Löcher im Würfel"), kann nur so vermieden werden, dass der verbrauchte Speicherplatz um ein Vielfaches größer als die Menge der tatsächlichen Daten wird.
8. *Mehrbenutzerunterstützung:* Es muss möglich sein, dass mehrere Anwender gleichzeitig auf die Daten und Analysemodelle zu Analysezwecken zugreifen können. Die Zugriffsrechte sollen auf Datenelement- bzw. Zellenebene vergeben werden können.
9. *Uneingeschränkte kreuzdimensionale Operationen:* Alle Berechnungen, die sich aus den Hierarchiebeziehungen innerhalb der einzelnen Dimensionen ergeben, soll das OLAP-System beim Navigieren durch die Aggregationsebenen selbst ableiten. Außerdem soll der Anwender eigene Berechnungen innerhalb einer Dimension und über beliebige Dimensionen hinweg definieren können.
10. *Intuitive Datenbearbeitung:* Die Benutzungsoberfläche soll ergonomisch gestaltet und intuitiv erlernbar sein. Insbesondere soll die Navigation durch die Daten und die flexible Neuausrichtung der Konsolidierungspfade direkt über die Sichten der Dimensionen möglich sein.

11. *Flexible Berichterstellung:* Für die Berichterstellung soll es möglich sein, aus dem OLAP-System flexibel Berichte mit beliebiger Anordnung der Daten zu generieren.

12. *Unbegrenzte Anzahl von Dimensionen und Klassifikationsebenen:* OLAP-Systeme sollen eine beliebige Anzahl von Dimensionen erlauben, die ihrerseits wiederum über eine beliebige Anzahl von Aggregationsebenen verfügen können. In der Praxis ist diese Anforderung kaum erfüllbar. Für die Analyse reichen zumeist zwischen fünf und acht Dimensionen aus.

Obige Ausführungen machen den strukturellen Unterschied zwischen dimensionalen und relationalen Datenbanken deutlich und wodurch er verursacht ist: durch die unterschiedlichen Auswertungsziele, die eine andere Datenstruktur bedingen.

24.3 Spaltenorientierte Datenbanken

Eine andere Zielsetzung hat die in diesem Abschnitt vorgestellte Architektur. Bei ihr geht es darum, durch eine andere Art der Speicherung bestimmte Auswertungen schneller ausführen zu können.

Zeilenorientiert - Spaltenorientiert

Zeilenorientierung. Für Relationen gibt es die konzeptionelle Vorstellung einer Tabelle, die dann durch einige Festlegungen ("flat table", ...) zur Relation wird (vgl. die Kapitel 4 - 13). Dabei stehen die Attribute nebeneinander und beschreiben die Tupel. In jedem Tupel stehen dann die Attributsausprägungen genauso nebeneinander. Auch bei der physischen Datenorganisation relationaler Datenbanken ist dies dann so. Aus Tupeln werden Datensätze, am Anfang der Datei ist der Dateikopf mit den Attributsbezeichnungen, Datentypen, usw., dann folgen die Datensätze, *einer nach dem anderen, jeweils Ausprägung nach Ausprägung.* Deshalb werden diese Datenbanken als *zeilenorientiert* bezeichnet.

Vgl. Abschnitt 21.3, wo dieses Speicherprinzip am Beispiel der sequentiellen Datei beschrieben wird.

Diese "Zeilenorientierung" ist gut im Sinne sparsamer Datenzugriffe, wenn mehrere Attribute einer Relation abgefragt werden, z.B. die Namen, Vornamen und Gehälter der Angestellten. Sprünge beim Lese- oder Schreibzugriff gibt es dann im wesentlichen nur, wenn von Tupel zu Tupel weitergegangen wird. Hat man nun aber Abfragen, bei denen ein Attribut über sehr viele Tupel, also eine Ausprägung über sehr viele Datensätze, abgefragt wird, ist diese Anordnung hemmend. Von jedem Datensatz wird ja nur eine Ausprägung gelesen, dann muss die Abfrage zum nächsten Datensatz springen. Dies kostet Zeit. Ein wirkliches Problem ist dies angesichts der immer besser gewordenen Zugriffsgeschwindigkeiten externer Speicher aber nur bei sehr großen Datenmengen.

Spaltenorientierung. Für solche Situationen wurden die spaltenorientierten Datenbanksysteme und Datenbanken geschaffen. Hier werden die Attributsausprägungen eines Attributs mehrerer Tupel (sozusagen) hintereinander geschrieben. Jede Spalte kann dabei in einer eigenen Datei liegen. Die Ausprägungen eines Attributs liegen hier also hintereinander, über die Tupel hinweg. Ein Beispiel:

Es soll eine Datenbank mit Kundendaten angelegt werden. Die Attribute sind KuNr (Kundennummer), KuName (Kundenname), Ort und Umsatz. Das führt zur folgenden konzeptionellen Tabellendarstellung:

Kunden

#KuNr	KuName	Ort	Umsatz
1001	Schmidt	Berlin	5000
1002	Koch	Stuttgart	3000
1003	Widmer	Köln	7000
...			

In einer zeilenorientierten Datenbank werden bei der physischen Speicherung alle Datenwerte einer Zeile aneinander angehängt und anschließend folgt die nächste Zeile. Somit würde eine "Tupelfolge" mit folgendem Aufbau entstehen (vgl. auch Abschnitt 21.1):

Zeilen hintereinander

1001, Schmidt, Berlin, 5000; 1002, Koch, Stuttgart, 3000; 1003, Widmer, Köln, 7000; ...

Eine spaltenorientierte Datenbank hingegen legt die Ausprägungen eines Attributs über alle Tupel hinweg hintereinander. Mit dem obigen Beispiel:

Spalten hintereinander

1001,1002,1003; Schmidt, Koch, Widmer; Berlin, Stuttgart, Köln; 5000, 3000, 7000; ...

Die Menge der Ausprägungen eines Attributs wird hier als Spalte bezeichnet. Die konzeptionelle Vorstellung ist die einer Zerlegung der Relation:

Kunden-Name

#KuNr	KuName
1001	Schmidt
1002	Koch
1003	Widmer
...	

Kunden-Ort

#KuNr	Ort
1001	Berlin
1002	Stuttgart
1003	Köln
...	

Kunden-Umsatz

#KuNr	Umsatz
1001	5000
1002	3000
1003	7000
...	

Entscheidend ist aber nicht diese, sondern die veränderte physische Struktur, wie oben ausgeführt.

Vorteile. Hat man Auswertungen, die zahlreiche Attributsausprägungen eines Attributs verarbeiten (hier z.B. der Durchschnittsumsatz aller Kunden; eine Auszählung, wieviele Kunden in den einzelnen Städten sind), müssen nicht alle Zeilen, sondern nur die Spalten, welche für die Auswertung relevant sind, durchsucht werden. Von dieser spaltenorientierten Speicherung erhofft man sich vor allem folgende Vorteile:

- Die für Auswertungen in einem Data Warehouse benötigten Auswahlprozesse können, wenn sie auf einem einzelnen Attribut basieren, schneller realisiert werden.
- Aggregate (gespeicherte aggregierte Werte: z.B., ausgehend von Tagesdaten, die von Wochen, Monaten, Jahren) können eingespart werden, da die aggregierten Werte bei Bedarf berechnet werden.
- Bessere Komprimierbarkeit, da die Spalten homogenere Daten als Tupeldaten haben (Ausprägungen eines Attributs).
- Evtl. Verzicht auf Indexierung, da diese Speicherungstechnik die Effizienz der Abfragen steigert.

Nachteil. Diesen Vorteilen steht der Nachteil gegenüber, dass das Einfügen von Tupeln aufwändiger ist. Ebenso die Durchführung bestimmter Abfragen, z.B. wenn viele oder alle Attribute der Tupel benötigt werden. Dann muss bei dieser Speicherungsform deutlich mehr „gesprungen" werden als in der zeilenorientierten.

Hauptmotiv: große Datenmengen. Neben dem schnelleren Zugriff ist der Wunsch nach effizienterer Komprimierung ein Motiv, denn die spaltenorientierte Speicherung eignet sich besonders gut für Komprimierungsmethoden. Der Grund liegt darin, dass Daten desselben Typs (Attributsausprägungen eines Attributs) auf dem Speichermedium in aufeinander folgenden Abschnitten gespeichert werden. Wenn es sich beim jeweiligen Attribut nicht um einen Schlüssel handelt, liegen sogar viele gleiche Attributsausprägungen vor.

Als Komprimierungsmethode nennen [Plattner und Zeier 2011] die Light-Weight-Compression. Die Vorgehensweise ist recht einfach, so können mehrfach vorkommende Werte durch Variablen ersetzt werden, die in einem Wörterbuch gepflegt werden. Mithilfe dieses Wörterbuches können sie wieder in ihre ursprünglichen Werte übersetzt werden. Bei identischen Werten, die direkt aufeinander folgen, können diese als Sequenzlauflängen codiert abgelegt werden.

Horizontale Skalierbarkeit. Ein weiteres Entwurfsziel spaltenorientierter Datenbanken ist die Erleichterung der horizontalen Skalierbarkeit. Damit ist die Möglichkeit gemeint, den Datenbestand und seine Verarbeitung auf eine große Anzahl von Clustern zu verteilen (vgl. Abschnitt 24.5.6).

Zusammengefasst kann mit [Plattner und Zeiher 2011] festgehalten werden, dass spaltenorientierte Datenbanken für analytische Systeme mit sehr vielen Lesevorgängen optimiert sind, während zeilenorientierte Datenbanken für operative Systeme mit sehr vielen Schreibvorgängen entwickelt wurden.

Hybride Technik. [Plattner und Zeiher 2011] empfehlen für moderne Datenbanksysteme beides, Zeilen- und Spaltenorientierung (hybride Technik). Durch eine solche optimale Mischform sehen sie Performanceverbesserungen von bis zu 400% gegenüber einer reinen Zeilen- oder Spaltenorientierung.

24.4 NoSQL-Datenbanken - Überblick

Der Begriff *NoSQL-Datenbanken* dient in der Literatur zum einen zur Abgrenzung von relationalen Datenbanken, meist wird er dann aber präzisiert auf Datenbanken in der "Web-2.0-Welt". Dabei wird auf die sozialen Netzwerke wie Facebook, Twitter, usw. verwiesen, in denen sehr große Datenmengen entstehen und verarbeitet werden sollen.

Not only SQL

Wie so vieles in der Entwicklung der Anwendungssysteme entstanden auch die NoSQL-Datenbanken aus einem Leidensdruck heraus: Die relationalen Datenbanksysteme sind für die attributbasierte Information, wie sie in den obigen Kapiteln beschrieben wurde, sehr gut geeignet, nicht aber für andere Arten von Information, wie einfache Fakteninformation (z.B. Dokumente), textliche Information, Beziehungsdaten, chemische Strukturformeln, Bildinformation, Zeitreihen und viele andere. Deshalb entstanden immer alternative datenverwaltende Systeme. Die wichtigsten aus der Vergangenheit sind

- volltextverarbeitende Systeme mit invertierten Listen (Information Retrieval Systeme genannt). Die Suchmaschinentechnologie beruht im Kern auf deren Technologie;
- Faktendatenbanken mit einfachen Fakten zu Unternehmen, Personen usw.;
- Dokumentationssysteme mit attribut- und textbasierter Information;
- Chemiedatenbanken mit ihren Systemen zur Verwaltung von chemischen Strukturformeln (genauer: deren Repräsentation im Rechner)

Daneben gab es aber noch viele andere. Vgl. für einen Ein- und Überblick:

- [Staud 1985] (zu Statistischen Datenbanken: Zeitreihen und Merkmalsräumen)
- [Staud 1986a, b] (zu Online-Datenbanken aller Art)
- [Staud 1986c] (zu Wirtschaftsdatenbanken)
- [Staud 1987a] (zu "Factual-Type Online Databases for Humanities and Social Sciences")
- [Staud 1987b] (zu "Factual-Type Online-Databases - Statistical Data")
- [Staud 1987c, d] (Online Wirtschaftsdatenbanken 1987 - Verzeichnis)
- [Staud 1987e] (Wirtschaftsdatenbanken - Typen und Themen)
- [Staud 1989] (zu Fakteninformation in Öffentlichen Datenbanken)
- [Staud 1991a] (zu Online Datenbanken. Aufbau, Struktur, Abfragen)
- [Staud 1991b] (zu Statistischen Datenbanken - Anbieter und Produzenten)
- [Staud 1993] (Fachinformation Online - Überblick Online-Datenbanken)

Mehr Literatur findet sich in **www.staud.info --> Literatur**. Heute werden diese und weitere neu hinzugekommene Informationen unter dem Stichwort *Unstrukturierte Informationen* geführt und - wenn es sehr viele sind - mit *Big Data* bezeichnet. Die datenverwaltenden Systeme für einige dieser Informationsarten erhielten die Bezeichnung *NoSQL - Datenbanksysteme*. Dies sind derzeit:

- Dokumentenorientierte Datenbanken
- Key/Value - Datenbanken
- Spaltenorientierte Datenbanken
- Graphenddatenbanken

Ihr "Heimatort" ist heute das Internet, insbesondere die Web 2.0 - Welt [Trelle 2014, S. 2].

In der einschlägigen Literatur zu diesem Thema werden oft die Begriffe *Datenbanksystem* und *Datenbank* nicht klar getrennt. Dies macht die Lektüre - v.a. für Einsteiger in das Thema - nicht einfacher. Trotzdem bleibt es dabei: Datenbank*systeme* sind die entsprechenden Softwareprodukte (Anwendungssysteme), Datenbanken die Datenbestände.

Noch einmal: Bis auf die spaltenorientierten Datenbanken, bei denen es um eine spezifische Speicherung von Tupel-Daten geht (eine, die schnellere Zugriffe und Auswertungen erlaubt), sind dies jeweils sehr unterschiedliche Datenbanksysteme für sehr unterschiedliche Daten, die mit Relationalen Datenbanken nur sehr schwer verwaltet werden können.

24.4.1   Definition

NoSQL-Datenbanksysteme werden in der einschlägigen Literatur wie folgt definiert:

1.   Nicht-relationales Datenmodell
2.   Ausrichtung auf verteilte Architekturen und horizontale Skalierbarkeit
3.   Schemafreiheit bzw. schwächere Schemarestriktionen
4.   Unterstützung einer einfachen Datenreplikation, aufbauend auf einer verteilten Architektur
5.   einfache API (Application Programming Interface; Programmierschnittstelle)
6.   Anderes Konsistenzmodell als bei relationalen Datenbanksystemen: *Eventually Consistent* und *BASE*, aber nicht *ACID*

Vgl. beispielhaft [Edlich, Friedland, Hampe u.a. 2011, S. 2], [Gull 2011].

zu Punkt 1: Eine Definition auf der Negation eines anderen Ansatzes aufzubauen ist nicht sinnvoll. Es gibt noch sehr viele Datenmodelle und Datenbanken, die nicht relational sind, nicht mit SQL bearbeitet werden können und trotzdem nicht in den Bereich der jetzt diskutierten NoSQL-Datenbanken fallen.

zu Punkt 2: Dies war ein wichtiger Motivator. Ursache sind die riesigen Datenmengen. Vgl. Abschnitt 24.5.

zu Punkt 3: Schemaänderung meint Änderung des Datenmodells und (vor allem) der logischen Datenorganisation. Das also, was mit SQL durch `Alter Table` realisiert wird. Dies ist sehr aufwändig bei laufendem Betrieb und auch nicht ungefährlich für den Datenbestand. Bei NoSQL-Anwendungen soll dies einfacher zu lösen sein.

zu Punkt 4: Dies ergibt sich aus dem Design der meisten NoSQL-Anwendungen, das auf verteilten Netzwerkarchitekturen beruht. In solchen Strukturen muss leicht repliziert werden können. So kann mit `CouchDB` eine Datenbank mit einem einzigen Befehl repliziert werden.

zu Punkt 5: Dieser Punkt reicht tief. Da das normale Instrumentarium eines klassischen Datenbanksystems (z.B. eine komfortable Abfrage- und Auswertungssprache) nicht zur Verfügung steht und auch die dort möglichen inhaltlichen (relationalen) Verknüpfungen nicht und außerdem die Datenstruktur selbst fast semantikfrei ist (meist nur Key/Value-Paare, siehe unten), muss hier wesentlich mehr (eigentlich fast alles) rund um die Datenabfrage und -auswertung programmiert werden. Deshalb ist eine einfache Programmierschnittstelle (API) unabdingbar.

Noch tiefer (mit [Edlich, Friedland, Hampe u.a. 2011, S. 51]):
Das dominante Entwurfsmuster für heutige verteilte Anwendungen wird REST genannt. Es hat sich "... in seiner Inkarnation http als extrem erfolgreich hinsichtlich der Skalierbarkeit erwiesen." Problematisch wird es bei komplexen Abfragen. Dann müssen die NoSQL-Anwender diese als MapReduce-Abfragen formulieren (vgl. Abschnitt 24.5.7).
REST (Representational State Transfer) gilt als die Basis für die Skalierbarkeit des World Wide Web von einem einzelnen kleinen Server am CERN im Jahr 1990 zum weltumspannenden Netzdienst mit Milliarden von Nutzern heutzutage. Nicht die effizienteste Ausnutzung des Einzelsystems steht im Vordergrund, sondern die effektive Verteilung der Systemlast auf viele Maschinen. Die Plattform skaliert nahezu linear mit der Anzahl der verfügbaren Maschinen [ebenda].

zu Punkt 6: In NoSQL-Anwendungsbereichen sind die Anforderungen relationaler Datenbanksysteme an Konsistenz der Daten und Sicherheit der Transaktionen (ACID) nicht realisierbar. Vielleicht auch nicht nötig, wie die einschlägige Fachliteratur meint. Insgesamt wird nicht ACID (Atomar, Konsistent, Isoliert, Dauerhaft) realisiert, sondern BASE (basic available, soft state, eventually consistent). Vgl. Kapitel 24.6.

NoSQL-Kernsysteme

Folgende NoSQL-Kernsysteme werden in der Literatur genannt (mit zum Teil leicht abweichenden Bezeichnungen):

- Wide Column Stores/Column Families
- Document Stores, Document Full Text Search
- Key/Value Tuple Stores
- Ordered-Key-Value Stores
- BigTable
- Graphdatenbanken (auch: Graph Ordered-Key-Value Stores)

[Edlich, Friedland, Hampe u.a. 2011], [Welkenbach und Schmutz 2012], [Kurowski 2012], [Wolff, Hunger, Spichale und George 2013]. Vgl. die (auch vergleichenden) Abbildungen zu Struktur und Speicherkonzept dieser datenverwaltenden Systeme in [Welkenbach und Schmutz 2012, "Abb. 2"].

Auf eine wichtige Eigenschaft der meisten NoSQL-Datenbanken weisen Wolff et al. hin:

> NoSQL-Datenbanken vermeiden "weitestgehend" die Erfassung von Beziehungen zwischen den Datensätzen. "Wenn Datensätze stark miteinander in Beziehung stehen, ist es schwer, die Daten auf mehrere Server zu verteilen" [Wolff, Nitschinger und Trelle 2014, Pos. 38].

Und damit ist, so kann man ergänzen, horizontale Skalierbarkeit wesentlich erschwert und bei großen Datenmengen mit verlangten schnellen Antwortzeiten nicht mehr möglich.

Beispiele und einige ihrer Fundstellen:

- `Apache HBase` (Beschrieben in [Fondermann, Spichale und George 2012, Kapitel 3], [Wolff, Hunger, Spichale und George 2013, Kapitel 4], [Edlich, Friedland, Hampe u.a. 2011, S. 64ff].
- `Amazon SimpleDB`. Beschrieben in [Edlich, Friedland, Hampe u.a. 2011, S. 96ff]
- `CouchDB`: Beschrieben in [Kurowski 2012, Kapitel 2], [Wolff, Nitschinger und Trelle 2014, Kapitel 2], [Edlich, Friedland, Hampe u.a. 2011, S. 118ff], [Gull 2011]

- `MongoDB`: Beschrieben in [Kurowski 2012, Kapitel 3], [Wolff, Nitschinger und Trelle 2014, Kapitel 4], [Edlich, Friedland, Hampe u.a. 2011, S. 131ff].
- `Redis`. Beschrieben in [Kurowski 2012, Kapitel 4], [Edlich, Friedland, Hampe u.a. 2011, S. 152ff], [Trelle 2014].
- `Cassandra`. Beschrieben in [Wolff, Hunger, Spichale und George 2013, Kapitel 3], [Edlich, Friedland, Hampe u.a. 2011, S. 82ff]
- `Riak` (NoSQL-Key-Value-Store). Beschrieben in [Wolff, Nitschinger und Trelle 2014, Kapitel 3], [Edlich, Friedland, Hampe u.a. 2011, S. 179ff].
- `Neo4j`. [Wolff, Hunger, Spichale und George 2013, Kapitel 2], [Edlich, Friedland, Hampe u.a. 2011, S. 290ff]
- ArangoDb von triAGENS (hps@ct.de). Quelloffen mit Applikations-Framework Foxx 2.0.

Vgl. die Übersicht zu NoSQL-Datenbanken in [Edlich, Friedland, Hampe u.a. 2011, S. 371ff] ("Orientierung im Datenbankraum").

Im Folgenden werden nun weitere Begriffe und Konzepte aus diesem Umfeld geklärt und die angeführten Typen datenverwaltender Anwendungssysteme genauer betrachtet.

24.5 BigData

Seit einigen Jahren wird der Begriff *Big Data* genutzt, um die großen Datenmengen, die mittlerweile in der digitalisierten Welt entstehen, zu kennzeichnen. Dabei geht es inzwischen nicht mehr nur um MegaByte (MB) oder Gigabyte (GB), sondern um Tera- Peta- und Zetabyte. Der Grund für das Entstehen dieser Datenmengen ist, dass sie in digitalen Systemen entstehen und daher leicht erfasst werden können und dass die digitalen Systeme aller Art intensiv genutzt werden.

24.5.1   Parallelwelten

Eine Quelle ist das Internet, das für viele Menschen nicht nur ein Hilfsmittel für Kommunikation und Informationsspeicherung geworden ist, sondern mit seinen Möglichkeiten

- dort die geschäftlichen Aktivitäten zu tätigen,
- die sozialen Beziehungen in Clique, Kohorte (vgl. unten) und vielleicht auch Familie zu pflegen,
- dort kriminelle Aktivitäten zu entwickeln,
- als Plattform für die Selbstdarstellung zu dienen,
- Kommunikation unterschiedlichster Art zu ermöglichen (Mail, Telefonie, SMS, ...),
- von dort - aus der Cloud - Rechenleistung zu beziehen,

den Charakter einer *Parallelwelt* zur realen angenommen hat. Dafür spricht auch, dass sich dort, genauso wie in der wirklichen Welt, nicht nur eine Rotlichtszene, sondern auch sehr aktive kriminelle und terroristische Milieus gebildet haben und - so sagen einige Prognosen - dort in der Zukunft auch Kriege geführt werden (cyber war).

Kohorte: Die, mit denen man zusammen das Leben verbringt und die nicht unbedingt zum Freundeskreis gehören. Je nach Alter z.B. die Schulklasse, die anderen Beschäftigten am Arbeitsplatz, die Menschen, mit denen man im Rahmen seiner Freizeitaktivitäten zu tun hat, usw.
Clique: Freundeskreis. Die, deren Urteil einem wichtig ist.

Grundlage 1: Rechnernetze. Diese Parallelwelt beruht auf Rechnernetzen mit großen Serverrechenzentren, PCs (und Smartphones) der Nutzer und dem leistungsstarken weltumfassenden Telekommunikationsnetz. Sie ist so erfolgreich, das ihm schon die Adressen ausgingen und deshalb neue längere Adressen eingerichtet werden mussten. Das "alte" IPv4 hatte einen Adressraum von 2^{32} (etwas über vier Milliarden) IP-Adressen, das neue IPv6 erlaubt 2^{128} (rund 340 Sextillionen) Adressen. Dies sollte erst mal reichen.

Grundlage 2: Datenbanken. Sie beruht aber auch auf sehr leistungsstarken Speichermedien, die inzwischen bei erschwinglichen Preisen Terabyte von Daten der unterschiedlichsten Art verwalten können. Diese Speicherkapazität kann über verteilte Netzwerkarchitekturen beliebig und flexibel (vgl. Abschnitt 24.5) ausgebaut werden.

Der Bedarf an Datenübertragungskapazitäten, an Rechner- und Speicherkapazität im Internet (das heutzutage den wesentlichen Teil des globalen Computernetzwerks beansprucht), wird noch weiter wachsen. Die zwei wichtigsten Ursachen hierfür sollen aufgezeigt werden.

24.5.2   Ursache 1: Immer mehr Daten in den Rechnernetzen

Das weltweite Rechnernetz ist tatsächlich eine Parallelwelt geworden, in der inzwischen nicht nur die Wirtschaft wichtige Anteile ihrer Aktivitäten abwickelt. Um nur die wichtigsten zu nennen:

- Kommunikation über das Internet und Verwaltung der dabei entstehenden Daten in großen Datenbanken.
- Nutzung von Service-Rechenzentren, die irgendwo "im Internet" angesiedelt sind (oft *Cloud* genannt). Dies können Entwicklungsumgebungen sein, einfache Anwendungen (Mail-Server, Finanzbuchhaltung, usw.) oder eine ganze ERP-Software. Dabei wird Geschäftstätigkeit ins Internet verlagert und damit in eine vernetzte Umgebung. Wenn ein Unternehmen seine Geschäftsprozesse mit einer Software in der Cloud abwickelt, werden die Handlungen dieses Unternehmens durch Netzstrukturen realisiert. Z.B. liegen die Kundendaten dann "in der Cloud", die Rechnung wird dort erstellt, evtl. durch einen sog. WebService in ein PDF-Dokument überführt und vom selben Web-Dienstleister versandt.

> ERP-Software: Enterprise Ressource Planning. Damit wird eine prozessorientierte integrierte Standardsoftware bezeichnet. Produkte dieser Art beruhen auf einem umfassenden (oft unternehmensweiten) Datenmodell.
> WebService: Einfach ausgedrückt ein Programm, das per Internet angeboten wird und das ein Unternehmen in seine Geschäftsprozesse einbauen kann.

Alles das schafft bereits Bedarf an zuverlässiger und robuster Netzkapazität und an leistungsstarken Speichermedien. Doch was ist das gegenüber dem, was wir Menschen in unserem privaten Leben, das viele ja auch ins Internet verlagert haben, an Bedarf erzeugen? Auch hier nur die wichtigsten diesbezüglichen Aktivitäten:

- Repräsentationen von uns im Netz (oft *Profile* genannt) pflegen, die von uns selbst oder von anderen erstellt wurden. Es geht darum, uns im Social Web zu präsentieren, uns darzustellen, mit Informationen aller Art.
- Beziehungen pflegen im Social Web, z.B. unter dem Gesichtspunkt "Wer teilt mit wem welche Vorlieben?" Dies sind *netzwerkartig strukturierte Informationen*, die eine besondere Herausforderung an Speicherung und Verarbeitung stellen. Sie haben

die Tendenz immer weiter zu wachsen, weil schon die Plattformbetreiber sie erfassen und auswerten und andere Unternehmen dies inzwischen auch tun.

- Bilder auf entsprechende Plattformen laden.
- Videosequenzen hoch- oder runterladen.
- im sonstigen SocialWeb des Internet.
- Ständiges automatisiertes Daten sichern "in die Cloud".
- SMS - Nachrichten versenden.
- Kommunikation per Mail.
- Kommunikation mit Gruppen, z.B. durch Twitter.
- Spielen im Internet, auch in weltweit organisierten Gruppen.
- Telefonieren über das Internet. Die vollständige Umstellung auf *IP-Telefonie* wird gerade umgesetzt.
- Radio hören über das Internet.
- Fernsehen über das Internet.
- Einkaufen auf der Basis von Geschäftsprozessen, die in Software "gegossen" wurden.
- Log-Dateien erfassen und auswerten. Hinweise hierzu finden sich in [Wartala 2012].
- Daten zum Kaufverhalten auf Shopping-Seiten im Internet und ihr in Beziehung stzen mit vielen Millionen Werbemittelsichtkontakten von Online-Werbung [Wartala 2012, S. 9].
- Daten aus Suchmaschinen zum Suchverhalten der Nutzer.
- Überwachung von Logistikvorgängen durch Logistikunternehmen.
- im Kundenbeziehungsmanagement (CRM) - ganz allgemein und v.a. auch bei Internetunternehmen.

Vgl. auch die Ausführungen in [Wartala 2012, S. 15ff].

Bei den meisten dieser Aktivitäten entstehen Daten, die dauerhaft gespeichert werden.

24.5.3   Ursache 2: Internet der Dinge und Industrie 4.0

Lange Zeit blieb der Einsatz von PCs, Workstations und der größeren Systeme auf den Arbeitsplatz in der Firma oder zu Hause beschränkt. Durch die Kombination von Computertechnik mit modernen Kommunikationseinrichtungen eröffnen sich jedoch viele weitere Einsatzgebiete. Zum Beispiel beim Mobiltelefon (engl. *mobile phone*) oder Handy. Es wurde vom mobilen Telefon zum universellen Kommunikationsendgerät, den *Smartphones*, weiterentwickelt. Dies wurde ermöglicht durch die Einführung leistungsstarker Übertragungsstandards, v.a. UMTS (**U**niversal **M**obile **T**elecommunications **S**ystem; bis zu 42 MBit/Sekunde) und LTE (**L**ong **T**erm **E**volution) (ab 2010, ernsthaft dann 2012; bis zu 300 MBit/Sekunde). Diese Smartphones erlauben einen leistungsstarken Internet-Zugang. Und die Entwicklung geht ständig weiter.

Internet der Dinge. Die Gerätevielfalt nimmt fast täglich zu und reicht bis zu am Körper tragbaren Rechnern (wearable computer), etwa in Form von Armbanduhren, Brillen oder eingenäht in "intelligente" Kleidung. Die Einsatzbereiche sind vielfältig: Sie lassen beide Hände zum Arbeiten frei, können als mobiles Navigationssystem oder als Überwachungseinheiten für Körperparameter (z.B. Blutdruck, Temperatur usw.) dienen. Will man den Kommunikationsaspekt betonen, spricht man in diesem Zusammenhang auch vom Internet der Dinge.

Die *technische Realisierung* erfolgt so, dass winzige Computer mit Sensoren und Kommunikationsfähigkeit (z.B. RFID, Radio Frequency Identification) ausgestattet werden. Diese können dann programmiert und den (realen) Dingen unseres Daseins zugefügt werden: Bekleidung, Haushaltsgeräte, Gebäudeteile, ... Da sie sehr klein sein können, ist dies auch möglich. Die "Dinge" werden also z.B. mit einem RFID-Etikett versehen. Das ist ein winziger Computerchip, der mit einer Miniaturantenne versehen ist. Auf dem Chip lassen sich viele Informationen speichern. Z.B. ein elektronischer Produktcode (EPC, Electronic Product Code), mit dem es möglich ist, jedes weltweit hergestellte Produkt eindeutig zu identifizieren. Ebenso eventuelle Liefer-, Bestands- und weitere Informationen zum Produkt (z.B. das Verfallsdatum) . Der RFID-Chip kann entlang der Transportkette an jeder Station von RFID-Lesegeräten mittels Funksignalen gelesen und ausgewertet werden. Typischerweise werden die Daten an ein System vernetzter Computer gesandt, die dann die gewünschten Aktivitäten veranlassen (z.B. die Steuerung der Produktion oder der Lieferkette oder Inventarkontrolle von Lagern).

Auch (größere) Tiere erhalten heute oftmals solch ein Gerät implementiert, was u.a. ermöglicht, dass die Fütterung der Tiere individuell gestaltet werden kann, weil der ebenfalls in das Gesamtsystem integrierte Fütterungsautomat erkennt, welches Tier gerade herangekommen ist und - auf der Basis weiterer gemessener Werte - die Fütterung steuert. Auch hierfür werden Daten gespeichert und verwaltet.

Es geht also um alle Gegenstände unseres täglichen Lebens. Diese sollen mit Geräten ausgestattet werden, die Informationen verarbeiten und versenden können und die auch interaktionsfähig sind. Daher rühren die oftmals in der Presse lancierten Beispiele von der Waschmaschine, die warnt, wenn man einen Pullover mit zu hoher Temperatur waschen möchte. Oder vom Kühlschrank, der selbsttätig den Einkaufszettel erstellt oder die benötigten Waren gleich selbst bestellt. Diese alles führt zu noch mehr Adressbedarf (IPv6 sollte aber reichen, siehe oben), zu noch mehr Kommunikation und zu noch viel mehr Information und Informationsverarbeitung.

Haussysteme. Diese Technologie, die auf den schon älteren eingebetteten Systemen aller Art basiert, eignet sich natürlich auch hervorragend dazu, Geräte im Haus, Auto oder Büro zu steuern zu überwachen. So öffnen oder schließen sie beispielsweise Fenster oder Jalousien und regeln die Heizung abhängig von der Tageszeit, vom Wetter oder vom Einfallswinkel der Sonne. Damit ist eine Kostensenkung bei Heizungs- oder Kühlungssystemen möglich. Die integrierten Haussysteme sollen möglichst alle elektrischen Geräte verknüpfen. Angefangen vom Aufzug bis zur Stereoanlage, die sich beim Betreten des Hauses einschaltet und jeweils unterschiedliche Musik auswählt, je nach Tageszeit und je nachdem, wer das Haus betritt. Diesen Trend zur Durchdringung der (Internetbasierten) Computer- und Kommunikationstechnologie in nahezu alle Lebensbereiche fasst man unter den Begriffen *Ubiquitous oder Pervasive Computing* zusammen (ubiquitous = allgegenwärtig, überall zu finden).

"Lokale Vernetzung". Dieses sog. *Internet der Dinge* erhöht die "Vermaschung" der Computernetze deutlich. Es entsteht damit unterhalb der globalen, nationalen und regionalen Ebene eine Vernetzung, die im lokalen Umfeld stattfindet.

Industrie 4.0. Im Bereich der Industrie, vor allem der Produktionssteuerung und der Logistik, wird das Internet der Dinge zu Industrie 4.0. Auch hier werden "Dinge" (Bauteile, Produkte, Maschinen, Anlagen) mit kommunikationsfähigen "intelligenten" Systemen ausgestattet, mit denen sie kommunizieren, Umweltbedingungen aufnehmen und innerhalb der gesetzten Grenzen handeln können.

Die Zahl 4 rührt von der Einteilung der Industriegeschichte in industrielle Revolutionen her. Die Erste: Einführung mechanischer Produktionsanlagen mit Wasser- und Dampfkraft (Ende 18. bis Beginn 20. Jahrhundert); Die Zweite: arbeitsteilige Massenproduktion mithilfe elektrischer Energie (bis in die 1970-er Jahre); Die Dritte: Einsatz von Elektronik und IT zur weiteren Automatisierung der Produktion (bis heute). Vgl. [Lange 2013, S. 110].

Gedacht ist hier an Produktion und Logistik, die in Echtzeit über das Internet vernetzt werden sollen und zwar über die gesamte Wertschöpfungskette hinweg, nach Möglichkeit sogar unternehmensübergreifend. Weil die Vernetzung über das Internet erfolgen soll und weil auch Software zur Steuerung der Kontrollflüsse nötig ist, spricht man hier auch von Cloud-Lösungen, denn natürlich ist die steuernde Software am besten in den Rechenzentren der Cloud aufgehoben.

Im Kern geht es also um die

> "... Verbindung der realen Industrie-Abläufe mit den sie steuernden virtuellen Softwaresystemen in Echtzeit und ohne kostentreibende Medienbrüche"
> (Wolf-Rüdiger Hansen, Geschäftsführer des Verbandes *Automatische Identifikation, Datenerfassung und Mobile Kommunikation e.V.* (AIMD), zitiert nach [Lange 2013, S. 109]).

Eine der Basistechnologien von Industrie 4.0 ist das oben vorgestellte RFID. Industrie 4.0 bringt also eine weitere intensive Vernetzung mit sich, jetzt zwischen den physikalischen Objekten unserer Welt. Hinweise auf damit verbundene Risiken und offene Fragen finden sich in [Lange 2013].

Der erwartete Nutzen ist groß, denn schließlich soll eine weitere Automatisierung mit "intelligenten" Elementen erreicht werden. Dies könnte Einsparungen in der Produktion, Logistik und Lagerhaltung ermöglichen, da z.B. die Teile miteinander und mit steuernden Elementen kommunizieren könnten. Ein möglicher Vorteil könnte auch sein, niedrige Losgrößen leichter zu angemessenen Kosten herstellen zu können. Dies käme dem Trend zu immer mehr individualisierten Produkten entgegen.

24.5.4 Immenser Speicherbedarf und Vielfalt

Alle diese Aktivitäten führen zu einem immensen Speicherbedarf, denn für die meisten dieser Aktivitäten gilt: Was wären sie ohne abgespeicherte Daten? Erst diese können ausgewertet werden. Neben der Größe der Datenmengen ist ein zweiter Punkt wichtig, will man die jüngste Entwicklung im Datenbankbereich verstehen, die große Vielfalt der "neuen" Daten:

- Netzwerkdaten aus dem Social Web und anderen Bereichen des Internet. Hier erfassen die Daten die Kontaktaufnahmen zwischen Teilnehmern am Netz. Daten dieses Typs werden am besten als Graphen verarbeitet. Vgl. hierzu Abschnitt 24.9.
- Faktendaten aus dem Social Web. Die hier entstehenden Informationen beruhen auf Dokumenten. Vgl. hierzu Abschnitt 24.10.
- Andere sog. unstrukturierte Daten.

24.5.5   Volume, Velocity, Variety

Mit diesem Datenumfang sind meist auch Aufgaben verbunden, die mit Relationalen Datenbanksystemen kaum zu lösen sind. Diese grundlegenden Herausforderungen im BigData-Umfeld werden in der Literatur oft durch die Stichworte *Volume*, *Velocity* und *Variety* (3V) beschrieben:

- Volume: Masse an Daten, die pro Zeiteinheit gespeichert werden müssen. Diese ist in BigData-Anwendungsbereichen sehr groß.
- Velocity: Geschwindigkeit, mit der die Daten persistent gespeichert und verarbeitet werden (Batch oder in Echtzeit). Diese muss, v.a. wegen der Datenmenge, sehr hoch sein und auch mittels der Systemarchitektur gesichert sein.
- Variety: Unterschiedlichkeit der Daten, oft beschrieben als unterschiedliche Grade von Strukturiertheit mit der Skala völlig unstrukturiert, semistrukturiert, stark strukturiert.

Anforderungen. Solche Anwendungen sind (beim heutigen Stand der Technik) im Regelfall nur mit verteilten Systemen realisierbar. Diese müssen darüberhinaus leicht skalierbar sein, Parallelverarbeitung erlauben, Replikation von Daten erleichtern und eine hohe Ausfallsicherheit aufweisen.

24.5.6   Skalierbarkeit

In diesen Anwendungsbereichen liegen nicht nur große Datenmengen vor, die meist auf verteilten Systemen betrieben werden müssen, sondern solche, deren Umfang sich auch kurzfristig verändern kann. Daran müssen die datenverwaltenden Systeme angepasst werden. Diese Fähigkeit wird *Skalierbarkeit* genannt und nach *horizontal* und *vertikal* unterschieden.

Vertikale Skalierbarkeit meint den Ausbau der eigenen Hardware. Also z.B. durch Nutzung größerer Server. Um es mit [Kurowski 2012, Kapitel 1] zu sagen:

> "Vertikale Skalierung ist das Tuning einer abgeschlossenen Datenbankeinheit durch Hinzufügen von Rechenleistung oder Speicher, ..."

Und evtl. durch Umstellung auf eine *InMemory-Lösung* (vgl. Kapitel 24.11), kann man ergänzen. Dies alles reicht derzeit (wer kann die Entwicklung der Hardware schon prognostizieren) allerdings nicht aus für die in den BigData - Anwendungsbereichen anfallenden Daten, weshalb hier die horizontale Skalierbarkeit benötigt wird.

Horizontale Skalierbarkeit meint den Ausbau des Netzwerks, in dem die Daten verwaltet werden. Dies erfolgt durch das Hinzufügen weiterer abgeschlossener Datenbankeinheiten. Sie ist für die Bewältigung großer Datenmengen oft die bessere Alternative bzw., ab einer gewissen Datenmenge die einzige Möglichkeit (es muss immer wieder gesagt werden: beim derzeitigen Stand der Hardwaretechnologie). Das bedeutet, dass für größere Datenmengen oder höhere Performanceanforderungen einfach mehr Server genutzt werden und umgekehrt Server wegfallen, wenn die Anforderungen geringer werden.

Geeignete datenverwaltende Systeme

Nun bedarf die Skalierbarkeit nicht nur einer angemessenen Hardwarelösung, sprich Netzwerkstruktur, sondern auch eines datenverwaltenden Systems, mit dem die Skalierung auch realisiert werden kann (grundsätzlich, bzw. in vertretbarem zeitlichen Aufwand). Relationale Datenbanken leisten dies nur eingeschränkt. Edlich et al. fassen ihre Erkenntnisse wie folgt zusammen: Der Einsatz relationaler Datenbanksysteme führt zu ...

> "... nicht vertretbaren Antwortzeiten, insbesondere bei gleichzeitiger Replikation, die oft auch gewünscht ist. ... Sobald Tabellen und Indizes eine Datenmenge erreicht hatten, die eine Verteilung über mehr als eine Maschine erfordert, stellten die verantwortlichen Entwickler und Administratoren fest, dass sie für eine akzeptable Reaktionszeit nur mit Workarounds und Eingriffen in den Quellcode der verwendeten Datenbanksysteme Herr der Lage werden konnten" [Edlich, Friedland, Hampe u.a. 2011, S. 30].

Dies ist ohne Probleme nachvollziehbar. Für relationale Datenbanken gilt wegen der ausgeprägten internen Verknüpfungsstruktur (vgl. Kapitel 5 bis 13), die wiederum durch die Art der Daten begründet ist, die Notwendigkeit, Transaktionen nach den ACID-Prinzipien zu realisieren. Dies ist ein Kernprinzip der Architektur relationaler Datenbanksysteme. Nur so kann die Konsistenz dieser intensiv verknüpften Daten aufrechterhalten werden.

Es werden also andere datenverwaltende Systeme und im übrigen auch "einfachere" Datenstrukturen benötigt. Da fügt es sich gut, dass ein "Großteil der Daten im Web 2.0 ohne Relationen" (gemeint sind die Beziehungen zwischen Tabellen bzw. Basiskomponenten) sind, so [Edlich, Friedland, Hampe u.a. 2011, S. 151].

Insgesamt also: Für relationale Datenbanken reicht es aus bzw. muss es (will man gute Reaktionszeiten) ausreichen , vertikal zu skalieren, indem eine leistungsfähigere Hardware angeschafft wird, bis hin zu InMemory-Lösungen (vgl. Kapitel 24.11). Mit dem Internet-Boom entstanden Datenmengen, die (in der der derzeitigen Entwicklungsphase) nur durch verteilte Verarbeitung bewältigt werden können und die einer horizontalen Skalierbarkeit bedürfen.

24.5.7   Parallelisierung mit Hilfe des MapReduce-Frameworks

Aufgaben verteilen. Zur horizontalen Skalierung und zur Lösung rechenintensiver Aufgaben gehört die Parallelverarbeitung. Nur wenn die jeweilige Aufgabe sich auf die Rechner im Netz verteilen lässt, kann sie in angemessener Zeit gelöst werden. Voraussetzung für BigData-Lösungen ist also ein Programmiermodell, das sich leicht parallellisieren lässt [Wartala 2013, S. 17]. Z.B. das *MapReduce-Framework*. Dies ist ein Programmiermodell für die Kopplung verteilter Dateisysteme, auch Cluster-Dateisystem genannt [Wartala 2012, S. 18]. Kerngedanke ist die Daten-Lokalität.

> "Die Verarbeitung großer Datenmengen auf einem verteilten System ist nur sinnvoll, wenn diese Daten den jeweiligen Verarbeitungsprozessen zur Verfügung stehen, sprich: Die Anwendungen müssen zu den Daten kommen, nicht die Daten zu den Anwendungen" [Wartala 2012, S. 17].

Es geht also, mit anderen Worten, um die nebenläufige Berechnung in Computerclustern, bei der Seiteneffekte wie Verklemmungen (deadlock) und Wettlaufsituationen (race conditions) vermieden werden.

Realisierung durch Key/Value-Paare. Im Kern ist dies wie folgt realisiert. Eine Funktion map() (Map-Funktion) nimmt als Eingabeparameter eine Liste mit Key/Value-Paaren und eine Funktion für deren Verarbeitung entgegen und verarbeitet sukzessive alle Elemente der Liste. Sie gibt dann die durch die Funktion modifizierte Liste (wiederum Key/Value-Paare) zurück. Im Rahmen einer konkreten Verarbeitung entstehen mehrere solcher Listen. Diese werden mit Hilfe einer Funktion reduce() (Reducer-Funktion) zusammengeführt und weiterverarbeitet. Bezogen auf ein verteiltes Dateisystem auf vielen Rechnerknoten eines Clusters, stellt sich dies wie folgt dar: Auf jedem Rechnerknoten werden die Daten zur Verfügung gestellt, die genau der Map-Prozess auf diesem Rechner benötigt. Dann werden parallel die Ergebnislisten der Mapper-Funktionen eingesammelt und nach erfolgreicher Weiterverarbeitung (Reduzierung) wieder in das verteilte Dateisystem geschrieben.

Es geht also nur um die Verarbeitung von Key/Value-Paaren mit ihrer doch recht mageren Semantik. Dies ist gegenüber den Möglichkeiten von SQL deutlich vereinfacht. Die Semantik muss dann vom Anwendungsprogramm geliefert werden. Entwickelt wurde dieses Programmiermodell von Google-Entwicklern.

Weiter gehende Beschreibungen finden sich in [Wartala 2012, S. 17], [Edlich, Friedland, Hampe u.a. 2011, S. 17], [Fondermann, Spichale und George 2012, Kapitel 2] und [Schrempp 2012, Kapitel 2].

Hadoop ist ein auf Java basierendes Open Source Framework für die skalierbare und verteilte Verarbeitung großer Datenmengen auf vielen Rechnern innerhalb eines Netzwerks. Es implementiert den MapReduce-Algorithmus auf einem verteilten Dateisystem [Wartala 2012, S. 9]. Vorgeschlagen wurde es erstmals von Google [Wartala 2012, S. 21] für deren Dateisystem HDFS. Dies ist ein sog. verteiltes Dateisystem, kann also über Rechnergrenzen hinaus existieren. Vgl. für eine Beschreibung [Wartala 2012, S. 22ff].

Hadoop wird z.B. für HBase benötigt (Vgl. [Fondermann, Spichale und George 2012, Kapitel 1], [Wartala 2012]).

24.6 Konsistenz, CAP-Theorem

In der für BigData-Anwendungsbereiche notwendigen (Datenbank- und System-) Architektur können nicht die üblichen datenbanktechnischen Forderungen an Konsistenz und Transaktionssicherheit erfüllt werden (vgl. zu ACID-Transaktionen Abschnitt 19.9). Von den gewünschten Eigenschaften (absolute) Konsistenz, (hohe) Verfügbarkeit und Ausfalltoleranz können, so zeigte es zuerst Eric Brower im so genannten CAP-Theorem, nur zwei realisiert werden. Zuerst die drei Ziele:

(1) Konsistenz (C von Consistency) bezogen auf Transaktionen.

Dies bedeutet, dass die verteilte Datenbank nach Abschluss einer Transaktion einen konsistenten Zustand erreicht. Dabei geht es v.a. darum, dass bei einer Änderung der Daten in einem Knoten, alle folgenden Lesezugriffe - egal über welchen Knoten - den aktualisierten Wert liefern. Der aktualisierte Wert kann erst dann wieder gelesen werden, wenn alle replizierenden Knoten aktualisiert sind. Beispiel: Wenn in einem WebShop eine Bestellung getätigt und der Lagerbestand verändert wird, sollte die nächste Abfrage des Lagerbestandes erst erfolgen können, wenn alle Knoten den aktualisierten Wert aufweisen.

(2) Verfügbarkeit (A von Availability) eines Datenservice bezogen auf ein Netz. Systeme müssen weiter arbeiten, auch wenn eines der Systeme nicht mehr antwortet. Dies beruht auf der Forderung nach einer akzeptablen Reaktionszeit. Bei Bestellvorgängen im E-Commerce sind schnelle Reaktionen nötig, sonst sinkt der Umsatz.

(3) Ausfalltoleranz (P von Partition Tolerance). Der Ausfall eines Knotens oder einer Kommunikationsverbindung zwischen den Knoten einer verteilten Datenbank soll nicht zum Ausfall des gesamten Systems führen, sondern das System soll weiterhin auf Anfragen von außen reagieren können.

Alternatives Konsistenzmodell BASE

Nur zwei dieser Ziele können erreicht werden. Da die hohe Verfügbarkeit und die Ausfalltoleranz als absolut dominant angesehen werden, muss man die Anforderungen an die Konsistenz lockern. Somit muss das eigentliche Konsistenzmodell ACID durch ein anderes ersetzt werden, das BASE (Lauge) genannt wird. Mit ihm sind die Hauptanforderungen an horizontal skalierte Datenbanksysteme formuliert:

*   BA von *Basically Available*: Das System ist erstmal immer verfügbar.
*   S von *Soft State*: Der Zustand des Systems ist nicht immer gleich.
*   E von *Eventually Consistent*: Der Datenbestand ist nicht immer gleich konistent [Kurowski 2012]

Bezüglich der Konsistenz wird nur verlangt, dass "irgendwann" der konsistente Zustand wieder erreicht wird und nicht nach jeder Transaktion. Dieses Ziel kann auf unterschiedliche Art erreicht werden. Vgl. hierzu und zu den Wegen, wie dieses Ziel erreicht werden kann [Edlich, Friedland, Hampe u.a. 2011, S. 34].

24.7 Schemafreiheit

Schema meint hier die logische Struktur der Daten, wie sie aus einem Datenmodell abgeleitet wurde. Nun geht es natürlich nicht ohne ein Schema. Schon die Festlegung einer Key/Value-Struktur (die unabdingbar ist, will man Informationen erfassen) ist ein Schema. Werden dann zur Modellierung von Objekten Tupel gebildet, ist der Schema-Aspekt noch deutlicher.

Die folgenden Ausführungen beziehen sich auf Dokumentendatenbanken (vgl. Kapitel 24.10), weil hier dieses Thema die größte Bedeutung besitzt. Für die Zwecke dieses Kapitels genügt es, sich zu Beginn ein Dokument wie einen Datensatz (ein Tupel) vorzustellen.

Drei Faktoren waren die Treiber für diese Entwicklung Richtung Schemafreiheit:

(1) Die Tatsache, dass Dokumente sehr unterschiedlich sein können. Nehmen wir z.B. Personen. Der eine ist Programmierer, der andere arbeitet in der Hausverwaltung, beide haben damit automatisch spezifische Attribute. Abgebildet auf die relationale Theorie liegt damit folgende Struktur vor: Alle Objekte haben bestimmte Attribute gemeinsam, andere sind nur für bestimmte Objekte gültig. In der relationalen Theorie wird dies durch Normalisierung, Zerlegung der Relationen und Einfügen von relationalen Verknüpfungen bewältigt. Dies ist aber in NoSQL-Anwendungen nicht gern gesehen (bzw. nicht möglich).

(2) Einzelne Dokumente sind verschachtelt. D.h. ein Key/Value-Paar kann auch wieder ein Objekt sein, eine Liste enthalten, usw.

(3) Änderungen des Schemas kommen, wegen der Dynamik dieser Anwendungsbereiche, oft vor. Diese sollten mit wenig Aufwand und schnell realisiert werden können. Z.B. wenn neue Attribute hinzukommen oder vorhandene wegfallen.

Versionierung. Eines der Mittel, die Schemafreiheit zu realisieren, ist Versionierung, d.h. Versionen von Werten (z.B. Attributsausprägungen) mehrfach zu halten (vgl. Abschnitt 24.10). Zum Beispiel kann die Anwendung von Anfang an erweiterte Daten nutzen (mit einem Feld mehr als aktuell benötigt) und ein Hintergrundprozess konvertiert die Daten und schreibt sie als neue Version. Es gibt dann nur ein kleines Zeitfenster, in dem das Lesen der Daten die alte Version ohne das neue Feld zurückliefert, was in diesen Anwendungsbereichen als tolerierbar angesehen wird.

Insgesamt ist mit dem Begriff Schemafreiheit gemeint, dass das vorhandene Schema zur Laufzeit ohne großen Aufwand geändert werden kann und dass die einzelnen Dokumente einen unterschiedlichen Aufbau (eine unterschiedliche Attributzusammensetzung) haben können. Wolff et al. beschreiben dies am Beispiel von Cassandra wie folgt:

> Zur Laufzeit können weitere Spalten (gemeint sind Attribute, ...) hinzugefügt werden, "ohne dass das `Cassandra`-Schema explizit geändert werden muss. So könnte beispielsweise eine Entität *Benutzer* um zusätzliche Attribute zur Erfassung des Geburtsdatums und des Geburtsorts erweitert werden, ohne dass Attribute zuvor definiert werden" [Wolff, Hunger, Spichale und George 2013, Kapitel 3].

Cassandra

Wolff et al. weisen aber auch darauf hin (wiederum am Beispiel `Cassandra`), dass es den Prozess des Schemadesigns doch gibt:

> "Der Keyspace sowie die notwendigen Spaltenfamilien mit all ihren Parametern sollten vorab definiert werden. Columns mit einem Sekundärindex müssen zwingend definiert werden."

```
Columns=Spalten=Attribute
```

Sie weisen dann darauf hin, dass hier, wie bei bei Relationalen Datenbanksystemen das Schema auch noch nachträglich geändert werden kann und dass deshalb die Bezeichnung "dynamisches Schema" geeigneter wäre [Wolff, Hunger, Spichale und George 2013, Kapitel 3].

BigTable, HBase

Hier einige Beispiele für konkrete Umsetzungen und deren Konsequenzen. Wolff et al. beschreiben den Modellierungsaspekt mit "BigTable und damit HBase" wie folgt: Das logische Datenmodell ähnelt dem relationalen (mit Tabellen, Zeilen und Spalten). Es gibt aber keine referentielle Integrität, keine Transaktionen und beliebige Indexe und kein SQL. Der Zugriff erfolgt mit einer einfachen API mit nur vier Befehlen (Put, Get, Scan und Delete). Zeilen (Tupel) haben einen eindeutigen Schlüssel (row key) mit dem die Anwender auf die eigentlichen Spalten zugreifen können, die ebenfalls einen Schlüssel haben (column key). Als Folge der notwendigen oben beschriebenen eingeschränkten

Konsistenz muss versioniert werden. Dies geschieht auf unterschiedliche Weise. Bei HBase werden die Werte in den Zeilen versioniert und - so die systemweite Vorgabe - drei Versionen der Werte aufgehoben. Auch ein Zeitstempel ist für die Daten möglich, dann kann man auch auf historische Werte zugreifen [Wolff, Hunger, Spichale und George 2013, Kapitel 4].

MongoDB

Trelle beschreibt die Situation für MongoDB. An sich, führt er aus, gilt MongoDB als schemafrei, trotzdem nimmt das Schemadesign einen hohen Stellenwert ein. Er sieht die Schemafreiheit als einen "rein technischen Aspekt", der für performante Anwendungen und zur Beherrschung der fehlenden dokumentenübergreifenden Tansaktionen durch Überlegungen zur Strukturierung der Datenablage ergänzt werden muss. [Trelle 2014, S. 177f]

Auch Wolff et al. weisen auf die Schemaflexibilität von MongoDB hin:

"Es gibt keinen Mechanismus, der Dokumenten innerhalb einer Collection eine bestimmte Struktur oder Datentypen für bestimmte Felder aufzwingt ..... Ob es fachlich Sinn macht, völlig unterschiedliche Dokumentarten in einer Collection zu verwalten, beurteilen Sie besser selbst." [Wolff, Nitschinger und Trelle 2014]

Abschließend hierzu noch ein Beispiel aus [Trelle 2014, S. 17], ein Produktkatalog mit unterschiedlichen Produkttypen innerhalb einer Collection:

```
> db.produkte.insert({
        typ: "dvd",
        titel: "Lost Higway",
        regie: "DavidLynch"
})
> db.produkte.insert({
        typ: "cd",
        titel: "Highway to hell",
        band: "AC/DC"
})
```

Die zwei Befehle fügen jeweils ein Dokument (einen Datensatz) ein, allerdings mit jeweils einem unterschiedlichen Attribut.

In der Sprache der relationalen Theorie kann die flexible Schemabildung in diesem Bereich der NoSQL-Welt (Dokumente) wie folgt zusammengefasst werden:

- Die Schemabildung besteht darin, Objekte zu identifizieren und ihnen Eigenschaften (Attribute, Key/Values, ...) zuzuordnen.
- Die Objekte werden in Collections gruppiert.
- Key/Value-Paare können verschachtelt sein und Informationen aller Art enthalten.
- Dokumente bestimmter Objekte können unterschiedliche Key/Value-Paare aufweisen.
- Neue Attribute können bei einem "neuen Dokument" einfach hinzugefügt und überflüssig gewordene einfach gelöscht werden.

- Theoretisch könnten auch Dokumente abgespeichert werden, deren Schnittmenge gemeinsamer Attribute nur sehr gering ist. Dass dies nicht sinnvoll ist, wird auch im obigen Zitat von Wolff et al. deutlich.
- Es gibt keine Verknüpfung zwischen unterschiedlichen Objekttypen, nur einfache Verweise sind bei einigen Systemen möglich.
- Es gibt keine Transaktionen über die Grenzen von Collections.
- Feldnamen müssen bei jedem Dokument mit abgespeichert werden [Trelle 2014, S. 33].

Dies sollte das Ausmaß an Flexibilität aufzeigen wie auch ihre Konsequenzen andeuten. Zu den Konsequenzen gehört der Verzicht auf die Ausmodellierung von Zusammenhängen zwischen den Daten. Schrempp beschreibt dies wie folgt:

> "Aufgrund des einfachen Datenmodells dieser Technologien wird bei NoSQL meistens ein Ansatz verwendet, bei dem die Daten so vorliegen, dass alle relevanten im Datensatz selber vorhanden sind und keine Navigation zu anderen Datensätzen nötig ist. Beispielsweise können mit einem Kunden auch gleich seine Bestellungen gespeichert werden" [Schrempp 2012, Pos. 216].

In den folgenden Kapiteln werden nun die wichtigsten Datenbank(system)typen aus diesem Bereich kurz vorgestellt.

24.8 Key/Value - Datenbanken

Auch: Schlüssel-Wert-Paare, Key/Value - Systeme, Key/Value Stores.

Grundstruktur

Datenverwaltende Systeme dieses Typs verwalten Daten, die lediglich aus einem Schlüssel und einem Wert bestehen, wobei der Begriff "Schlüssel" sich auf die jeweilige Eigenschaft bezieht, nicht auf die gesamte beschreibende Information eines Objekts (vgl. in Abschnitt 24.10 die Anmerkung zu diesem Key-Begriff). Der Wert einer solchen Key/Value-Kombination, diese wird hier auch Datensatz genannt wie die objektbeschreibenden Gegenstücke mit mehreren Attributen der physischen Datenorganisation, ist in der Regel ein Byte-Array.

Kurowski vergleicht diese Struktur mit den assoziativen Feldern (arrays) in PHP und schreibt:

> "Flüchtig betrachtet ist ein Key Value Store erst einmal nichts weiter als ein assoziatives Array, bei dem der Key der Index des Arrayeintrags ist. Daher kann man sagen, dass auch die PHP-eigenen asoziativen Arrays durchaus als Key Value Store funktionieren:

```
$autohaus["id:1"]='Meier"
$autohaus["id:2"]=array("name":"Müller", "stadt":"Berlin")
echo "Autohaus 1: ".$autohaus["id:1"] -> Meier
echo "Autohaus 2 ist in ".$autohaus["id:2"]["stadt] -> Berlin
```

> Genau diesen Ansatz verfolgen alle Key Value Stores. Daten werden gespeichert und anhand des Keys wieder abgerufen." [Kurowski 2012, Kapitel 4 (E-Book)]

Was sind assoziative Felder (arrays) in PHP?

Bei "normalen" Feldern (arrays) werden die einzelnen Einträge über eine automatisch vergebene laufende Nummer angesprochen. So führt `$gew = array(87.5, 88.3, 90.1, 89.6, 87.4)` zu einem Feld (z.B. mit den Ergebnissen der morgendlichen Gewichtsmessung), dessen Elemente automatisch durchnummeriert sind, beginnend bei 0.

Assoziative Felder dagegen enthalten eine eindeutige Schlüsselbezeichnung ("key"), durch die die Elemente angesprochen werden. Beispiel:

`$gew = array("Montag"=>87.5, "Dienstag"=>88.3, "Mittwoch"=>90.1, "Donnerstag"=>89.6, "Freitag"=>87.4)`.

Key und Value: Die Funktion array() macht $gew zu einem Feld mit Einträgen, die aus drei Elementen bestehen. Dem Schlüssel (Key), dem zugehörigen Wert (Value) und dem Operator "=>". Zu der Frage, ob dieser Key im datentechnischen Sinn wirklich ein Schlüssel ist, vgl. Abschnitt 24.10. Datentechnisch (im klassischen Sinn) liegen damit Attributsbezeichnungen und Attributsausprägungen vor und damit - im Hintergrund - Realweltphänomene (Objekte, Beziehungen, ...), die beschrieben werden.

Hauptfunktionen. Speichern und Abrufen sind dann auch die Hauptfunktionen dieser Systeme. In `Redis` werden die Einträge mit `SET` getätigt und die Daten mit `GET` abgerufen [Kurowski 2012, Kapitel 4]:

```
>SET meinAuto Skoda Superb -> "OK"
>GET meinAuto -> Skoda Superb
```

Die Bezeichnung "meinAuto" ist der Key (eigentlich: Attributsbezeichnung) und "Skoda Superb" der Wert, d.h. die Attributsausprägung.

Die *Datentypen* können bei einem solchen System, das doch recht einfache Datenstrukturen anbietet, durchaus vielfältig sein. Redis z.B. kennt integer, string, hash, list und (sorted) set [Kurowski 2012, Kapitel 4]. Eine besondere Rolle spielt bei diesem System der Datentyp Hash. Die Daten werden anhand eines Keys in einer "Hashtable" [Kurowski 2012, Kapitel 4] verwaltet.

Schlüssel, Zugriffe, Verarbeitung

Unter einem Schlüssel im obigen Sinn kann also nur genau ein Wert (eine Attributsausprägung, ...) abgelegt werden. Dieser kann jede Art von Zeichen enthalten. Mehr zum möglichen Aufbau dieser Schlüssel findet sich in [Kurowski 2012, Kapitel 4]. Auch die Abfrage kann nur über diesen Schlüssel erfolgen, was die Situation für Auswertungen natürlich erschwert. Da verwundert es nicht, wenn einzelne Systeme weitere Zugriffsmöglichkeiten anbieten. Wolff et al. beschreiben für `Riak`, dass es neben der Abfrage nach Schlüsseln auch sekundäre Indizes gibt. Das ermöglicht den Zugriff nicht nur über den Schlüssel, sondern über andere Attribute [Wolff, Nitschinger und Trelle 2014, Pos. 396].

Der Einbau semantisch begründeter Beziehungen, wie bei relationalen Datenbanken, findet hier nicht statt. Es gibt also keine relationalen Verknüpfungen [Edlich, Friedland, Hampe u.a. 2011, S. 151] [Trelle 2014, S. 3].

Eine wie auch immer geartete Verarbeitung der Daten ist direkt nicht vorgesehen. Sie wird mit MapReduce (vgl. Abschnitt 24.5.8) realisiert, das für solche dann typischerweise im Netz verteilten Daten konzipiert wurde [Wartala 2012, S. 17].

Einfache Datenstruktur. Diese Datenstruktur ist recht einfach. Die Schemabildung (Modellierung) und die logische Datenstruktur fällt auf das Elementarste zurück: Ohne die Zuweisung einer identifizierenden Information zu einer beschreibenden (Attributsbezeichnung *Personalnummer* zur Nummer selbst) geht es einfach nicht.

Allerdings können oftmals die Schlüssel in Namensräume und Datenbanken aufgeteilt werden, so dass die Daten wenigstens ein Stück weit gruppiert werden.

Weitgehend semantikfrei. Eine solche Datenstruktur bedeutet, dass die Struktur und Semantik des Anwendungsbereichs in den Daten so gut wie nicht repräsentiert ist. Lediglich der elementare Zusammenhang zwischen beschreibender und identifizierender Information liegt vor und - sozusagen im Hintergrund - der Bezug auf bestimmte Objekte des Anwendungsbereichs. Der ganze Rest muss von der Anwendungssoftware und geleistet werden. Dies ist eine ganz andere Vorgehensweise als in der semantischen, relationalen oder objektorientierten Modellierung.

Vorteile

Ein großer Vorteil dieser Art der Datenspeicherung ist, dass verteilte Datenhaltung und Skalierbarkeit leicht zu realisieren sind [Wolff, Nitschinger und Trelle 2014]. Von daher ist auch der Druck in Richtung *Verzicht auf Verknüpfungen* zu verstehen. Verknüpfungen über Server hinweg würden die Skalierbarkeit erschweren. Insgesamt können als Motiv für eine solche Verwaltung von Daten die riesigen Datenmengen des Internet und die Notwendigkeit der schnellen Reaktionszeit gesehen werden.

Für eine vertiefte Betrachtung der verschiedenen Ausprägungen dieses Systemtyps vgl. [Wolff, Hunger, Spichale und George 2013].

Beispiele

Edlich et al. nennen folgende Beispiele: `Redis`, `Chordless`, `Riak`, `Membase`, `Voldemort`, `Azure Table Store`, `Tokyo Cabinet`, `BerkeleyDB`, `Scalaris`, `GT.M` [Edlich, Friedland, Hampe u.a. 2011, S. 151].

24.9 Graphendatenbanken

Die Begriffe *Graph* und *Netzwerk* bedeuten eine vernetzte Struktur. In einer solchen gibt es Knoten und Beziehungen zwischen diesen. Bei Netzwerken können diese Beziehungen mit Werten versehen sein. Vgl. für eine Einführung in die Graphentheorie [Kastens und Büning 2008, Kapitel 5], [Gumm und Sommer 2011, Abschnitt 4.9].

Beispiele. Man stelle sich als Knoten eine Präsentation im SocialWeb vor und als Verbindung eine Beziehung, die "mag ich" ausdrückt. Oder, mit Bezug auf die Weltwirtschaft, die einzelnen Nationalstaaten als Knoten und die Ein- und Ausfuhren zwischen diesen als Beziehungen. Das ist eigentlich ein altes Thema. Der Verfasser dieses Buchs hat bereits 1983 soziometrische Netzwerke und v.a. Welthandelsnetzwerke untersucht und Programme für deren Erfassung, Verarbeitung und graphische Darstellung geschrieben [Staud 1983]. Das Thema hat aber durch die weltweite Vernetzung und die Internet- bzw. SocialMedia- Aktivitäten eine sehr viel größere Bedeutung gewonnen.

Graphen und Netzwerke sind in den Relationen der relationalen Theorie nur schwer abbildbar, v.a., wenn die Zeiten für Zugriff und Auswertung kurz sein müssen und der Datenbestand groß ist. Deshalb bedarf es eigener Lösungen, abseits der klassischen Datenbanktechnologie. Während der Verfasser 1983 noch die Lösung selbst programmieren musste und v.a. mit dem Problem zu kämpfen hatte, Netzwerke zwischen 100 Nationalökonomien mit der damaligen Hardware zu verwalten, gibt es heute entsprechende datenverwaltende Systeme, die Beziehungsgeflechte mit Millionen Verknüpfungen verarbeiten können. Die dabei enstehenden Datenbestände werden in der einschlägigen Literatur *Graphendatenbanken* genannt. Die aktuelle Situation beschreiben Wolff et al. wie folgt:

> "Graphendatenbanken sind vor allem auf die effiziente Speicherung von komplexen, vernetzten Domänen ausgerichtet. In den Graphen sind die Entitäten als Knoten durch getypte Kanten miteinander verbunden. Beide können beliebige Attribute enthalten." [Wolff, Nitschinger und Trelle 2014]

Anmerkung: Domäne steht für Anwendungsbereich (vom. engl. domain).

Datenmodell, Schema. Die Modellvorstellung ist also die eines Graphen (gerichtet oder ungerichtet) oder auch Netzwerks (vgl. für Beispiele hierzu [Staud 1983]) und dessen Repräsentation in der sog. *Adjazenzmatrix* (Nachbarschaftsmatrix), der Matrix mit den Beziehungswerten.

Anwendungsbereiche

Anwendungsbereiche sind neben den schon erwähnten sozialen Netzen auch sonstige Empfehlungssysteme, die Bild- und Textanalyse, die Wissensrepräsentation, das Semantic Web, Linked Open Data bis zu Geoinformationssystemen, einfach alle Anwendungsbereiche, bei denen die zu verwaltende Information nicht nur aus einzelnen Datensätzen besteht, sondern bei denen auch die verknüpfende Information erfasst wird, bzw. im Mittelpunkt steht. Bei all diesen Anwendungen besteht die gesuchte Information nicht mehr länger nur aus einzelnen, zur Suchanfrage passenden Datensätzen, sondern aus Informationen über die Art und Weise der Verknüpfungen dieser Datensätze untereinander" (vgl. auch [Edlich, Friedland, Hampe u.a. 2011, S. 217]).

Beispiele

Beispiele sind `Neo4j` und `SonesDB`. `Neo4j` ist beschrieben in [Wolff, Hunger, Spichale und George 2013, Kapitel 2].

24.10   Dokumentendatenbanken

Was ist ein Dokument?

Für zahlreiche Beispiele vgl. [Staud 1991, Kapitel 7]. Damals nannte man sie Faktendatenbanken.

Das Grundkonzept des Schemas (Datenmodells) sind hier sog. *Dokumente*. Realistische Beispiele für Dokumente sind Kaufverträge (z.B. für Immobilien) und Mietverträge. Stellen wir uns für den Anfang ein solches als einen einzelnen Datensatz im Sinne der obigen Kapitel zu relationalen Datenbanken vor. Die einzelnen Felder enthalten meist die Ausprägungen von Attributen (hier *Werte* genannt), wie gewohnt. Einzelne können aber auch Texte enthalten oder andere Informationsarten wie Arrays und eingebettete Dokumente (so bei `MongoDB`). Die Sicht der Informatik ist wie folgt:

Ein Dokument kann als eine geordnete Liste von *Key/Value-Paaren* gesehen werden (zu Key/Value-Paaren vgl. Abschnitt 24.8).

Bezugspunkt für Objekte

Es werden hier also nicht nur einzelne Key/Value-Paare verwaltet, wie bei (den meisten) Key/Value-Datenbanken, sondern semantisch begründete Zusammenstellungen, die dem entsprechen, was man ansonsten Tupel (und dann später Datensatz) nennt.

Dokumente beziehen sich auf bestimmte Objekte, die sie beschreiben. Dies können Unternehmen, Personen, Geschäftspartner, usw. sein, einfach alles, was identifiziert (hier durch ein Attribut mit der Endung "id" gekennzeichnet) und durch weitere Attribute ("key values") beschrieben wird.

Bei `CouchDB` (einem wichtigen Vertreter dieses Systemtyps) werden die Datendokumente im JSON-Format (vgl. unten) gespeichert. Auch alle Arten binärer Daten (Bilder, PDF-Dateien, HTML-Dateien, CSS-Dateien, MP3-Dateien) sowie virtuelle Dokumente (entsprechend den Views der relationalen Datenbanken) können mit den Dokumenten abgelegt werden [Gull 2011, S. 73f]. In CouchDB erfolgt die Zuordnung über ein Attribut _attachements.

Strukturell unterschiedlich. Im Unterschied zu Datensätzen (einer Datei, bzw. Tupeln einer Relation), die ja alle denselben Aufbau haben, können Dokumente strukturell verschieden sein (wie bei den Key/Value-Datenbanken schon vorgestellt). Dies wird hier als Vorteil gesehen. Angenommen, die Dokumente beschreiben Unternehmen (für eine Wirtschaftsdatenbank). Dann ist die Gesamtzahl der Key/Value - Paare evtl. 200, verschiedene Unternehmen können aber unterschiedlich viele haben. Werden z.B. auch Tochtergesellschaften durch 10 Key/Value - Paare beschrieben, dann haben Unternehmen ohne solche auch keine entsprechenden Felder/Feldeinträge.

Dies ist tatsächlich ein altes Problem, es wurde auch immer gelöst, vgl. die Faktendatenbanken früherer Zeiten, heute wird es von der NoSQL-Bewegung thematisiert. Denn natürlich haben die großen Internetanbieter - v.a. die aus dem Social Web - eine Unmenge solcher Daten gespeichert ("Profile", uw.) und wollen sie verarbeiten. Beispiele für Dokumente dieses Typs finden sich in [Trelle 2014, S. 13].

Etwas genauer lassen sich die Unterschiede zwischen Dokumenten (in der NoSQL-Fassung) und Tupeln (Datensätzen) der relationalen Theorie so beschreiben:

(1) Unterschiedliche Anzahl von Key/Value-Paaren bei den Dokumenten.

Dem entspricht bei relationalen Datenbanken eine unterschiedliche Attributzusammensetzung der Tupel (Datensätze). In der relationalen Theorie wird dies durch eine Generalisierung / Spezialisierung beseitigt und es entstehen mehrere verknüpfte Relationen (vgl. Abschnitt 14.1). Zusammen bleiben da nur die Datensätze, die genau denselben Aufbau haben.

Dieser Verzicht auf einen einheitlichen Aufbau der Dokumente führt dazu, dass die Feldbezeichnungen ("Keys") bei jedem Dokument/bei jedem Feld (Key) mitgeführt werden müssen.

Zur Erinnerung: In den sequenziellen Dateien (vgl. Abschnitt 21.3), die den Relationen zugrunde liegen, wird die Bezeichnung der Felder (der Attribute) nur am Dateianfang angegeben, danach ist sie nicht mehr nötig.

(2) Eingebettete Dokumente

Dies bedeutet, dass in einem Wert (ein Wert in einem Key/Value-Paar / einer Attribut-sausprägung) ein ganzes Dokument erfasst wird. Z.B. also bei obigen Dokumenten zu einem Unternehmen eine ganze Unternehmensbeschreibung für den "Key" (das Feld) Tochtergesellschaft. Dies würde in einem relationalen Datenmodell zu einer eigenen Relation führen, die beiden Relationen wären durch Schlüssel/Fremdschlüssel verknüpft.

(3) Weitere Informationsarten in den Werten (Key Values)

Also z.B. die Rede des Vorstandsvorsitzenden von der letzten Hauptversammlung als BLOB. Diese würden in relationalen Datenbanken zu eigenen Relationen führen und über Attribute mit der Ausgangsrelation werden.

Bei all diesen Punkten verzichtet die NoSQL-Lösung auf Komplexität (z.B. auf Verknüpfungen). Dies vereinfacht das Datenmodell und den Datenbestand. Er kann dann z.B. leichter (auch horizontal) skaliert werden.

JSON

Quelle: www.json.org

Wie oben schon ausgeführt, sind *Dokumente* hier als *JSON-Datenstrukturen* realisiert. JSON bedeutet **J**ava**S**cript **O**bject **N**otation. Es ist ein leichtgewichtiges Datenaustauschformat (www.json.org), leicht les- und schreibbar für Menschen wie Programme (ebenda), das auf einer Untermenge der JavaScript Programming Language, Standard ECMA-262 3rd Edition - December 1999 beruht. Betont wird sein von formalen Sprachen unabhängiges Textformat, seine Syntax ist bei der "C-Programmiersprachen-Familie" angesiedelt. Basiselement sind Key/Value - Paare, wie oben vorgestellt. Das binäre Format von JSON wird BSON (Binary JSON) genannt.

Grundlage von JSON sind zwei Strukturen:

*   Eine Sammlung von Key/Value - Paaren (Eigenschaften). Dies entspricht dem, was in anderen formalen Sprachen *object*, *record*, *struct*, *dictionary*, *hash table*, *keyed list*, oder *associative array* genannt wird.
*   Eine geordnete Liste von Werten. Dies entspricht den Konzepten *array*, *vector*, *list* oder *sequence* anderer formaler Sprachen.

Universelle Datenstrukturen

Dies sind, da hat die Quelle tatsächlich recht, universelle Datenstrukturen. Auch die Datensätze der üblichen Dateitechniken lassen sich da unterbringen. Es geht also zum einen um die elementare Zusammenstellung identifizierender und beschreibender Information, zum anderen um die Zusammenstellung solcher Informationen zur Beschreibung von ganzen Realweltphänomenen (Objekten, Beziehungen, usw.). Die konkrete Ausgestaltung in JSON ist wie folgt:

Vgl. zu folgendem auch die Syntaxdiagramme in der Quelle

*   Objekte ("Realweltphänomene") werden als ungeordnete Menge von Key/Value-Paaren gesehen. Eine Objektbeschreibung beginnt und endet mit einer geschweiften

Klammer. Nach der Objektbezeichnung folgt ein Doppelpunkt, danach die Key/Value-Paare, jeweils durch ein Komma getrennt.

• Ein *array* ist eine sortierte Sammlung von Werten. Er beginnt und endet mit einer eckigen Klammer. Die Werte sind durch Kommata getrennt.

• Datentypen sind der Nullwert (null), Boolean (true, false), Ziffern, Zeichenketten (in Anführungszeichen), die oben angeführten arrays und Objekte.

• Eine Zeichenkette ist eine Folge von Unicode-Zeichen, die in doppelten Anführungszeichen stehen.

• Ein Buchstabe wird als *single character string* repräsentiert

Hier ein Beispiel aus [Gull 2012, S. 299], wo sich zahlreiche weitere Beispiele finden. Die Objekte dieses Beispiels sind Städte und ihre Verkehrsinfrastruktur:

```
{
"_id": "city_münchen",
"_rev": "2-54a357f5e0172cb2c35b4b2ea88fa366",
"country": "Deutschland",
"cityName": "München",
"subName": "U-Bahn",
"memos": "Wurde zur Olympiade in den 1970ern eröffnet.",
"type": "city",
"created_at": "2011-05-08T17:11:09.007Z"
}
```

> Ist ein "Key" ein Schlüssel?
> Jetzt wird es Zeit, den Begriff *key* in *key/value* zu hinterfragen. Bezogen auf ein Objekt (mit einer identifizierenden und üblicherweise mehreren beschreibenden Informationen) ist er nicht sinnvoll, da außer dem Schlüssel (der id) meist kein weiteres identifizierendes Attribut vorhanden ist. Besser wäre, wie es in einigen wenigen Quellen auch getan wird, von *name/value pairs* zu sprechen, denn es geht ja nur um die Bezeichnung der Eigenschaft (Bezeichnung des Attributs). Da sich aber in der einschlägigen Literatur der Begriff key/value durchgesetzt hat, soll er auch hier verwendet werden. Betrachtet man, wie bei den Key/Value-Datenbanken, die einzelnen Eigenschaften isoliert (was ja eigentlich nicht sinnvoll ist, denn eine Objektbeschreibung benötigt mindestens zwei Key/Values), erscheinen die Attributbezeichnungen als Schlüssel. Im obigen Beispiel: *country* für sich betrachtet ist identifizierend - für Staaten - nicht für Städte und ihre Verkehrseinrichtungen.

Schlüssel, Id

Jedes Dokument hat (auch hier) einen eindeutigen Schlüssel, in `MongoDB` gibt es dafür einen Datentyp **ObjectId** [Trelle 2014, S. 7]. Er wird im Feld _id verwaltet. Schlüssel müssen hier natürlich ausgefeilter sein als in relationalen Datenbanken. Zum Beispiel besteht bei `MongoDB` die **ObjectId** aus 12 Bytes mit folgender Bedeutung: *Zeitstempel* mit 4 Bytes, *Maschine* mit 3 Bytes, *PID* mit zwei Bytes, *Zähler* mit 3 Bytes. Der Zeitstempel gibt die Sekunden seit dem 1.1.1970 an [Trelle 2014, S. 36].

> Erläuterung:
> Maschine: Computer, auf dem die ID erzeugt wurde. Hashwert des Hostnamens.
> PID: Identifikation des laufenden Prozesses.
> Zähler: einfacher Zähler, der inkrementiert wird. "Damit können von einem Prozess ... 16 MB ... Dokumente pro Sekunde eingefügt werden, bevor es zu Kollissionen kommt." [Trelle 2014, S. 36]

Auf dem Primärschlüssel liegt ein Index [Trelle 2014, S. 37], so dass Suchvorgänge wesentlich beschleunigt werden.

Versionierung

Das *Ändern von Daten* läuft hier wie folgt ab (am Beispiel `CouchDB`): Ist ein Feld zu ändern, wird das *gesamte Dokument* geladen und verändert. Dann wird das *gesamte Dokument* als neue Version abgespeichert [Gull 2011, S. 72]. Deshalb erhalten Dokumente eine Revisions-ID, die bei jedem Update verändert wird, so dass ein gezieltes Auffinden der Änderungen ermöglicht wird.

Die *Kennzeichnung der Versionen* ist (bei CouchDB) wie folgt: Am Anfang steht eine fortlaufende Nummer, woraus erkennbar ist, wie oft das Dokument gespeichert wurde. Es folgt ein Bindestrich und nach diesem ein von CoachDB berechneter MD5-Hashwert [Gull 2011, S. 73]. MD5 bedeutet Message-Digest Algorithm 5. Dieser Hashwert ist eine Prüfsumme mit der Länge 128 Bit, die aus einer beliebigen Zeichenfolge erzeugt werden kann [Gull 2011, S. 339].

Mehrfachzugriffe bewältigen

MVCC. Das klassische Vorgehen bei Mehrfachzugriffen ist, dass ein Datensatz gesperrt ist, solange der Zugriff erfolgt. Dies ist bei verteilten Daten und der gleichzeitigen Forderung nach möglichst sofortiger Anfragebeantwortung nicht möglich. Hier mussten also andere Lösungen gefunden werden. Eine davon wird MVCC (Multi-Version-Concurrency-Control) genannt. Sie kontrolliert konkurrierende Zugriffe auf eine Datenbank und führt sie effizient aus und zwar so, dass normalerweise keine Blockaden bei den einzelnen Zugriffen auftreten. Außerdem muss die Datenbankkonsistenz gesichert werden. Um die Effizienzforderung zu erfüllen, müssen Transaktionen nicht warten, bis Datenbankobjekte verfügbar sind. Dazu werden verschiedene versionierte Objekte im Speicher vorgehalten und den jeweiligen Tansaktionen angeboten [Gull 211, S. 340]. Auf diese Weise werden lesende Zugriffe niemals blockiert. Allerdings geht dies zu Lasten des Speicherplatzes, da viele verschiedene Versionen eines Objekts vorgehalten werden müssen.

Wieso MVCC?
Diese Datenbanksysteme übertragen die Daten zwischen den Rechnerknoten mit dem HTTP-Protokoll. So auch CouchDB. Das HTTP-Protokoll ist *zustandslos* (stateless), was bedeutet, dass eine Übertragung wie folgt realisiert wird: Es wird eine Anfrage (request) an den Server gesendet, die Netzwerkverbindung wird geöffnet, die Daten werden gesendet und/oder empfangen, die Verbindung wieder geschlossen und der Server verliert die Informationen zur Anfrage wieder. D.h. der Client packt alle notwendigen Informationen in diese eine Anfrage [Gull 2011, S. 30]. Dadurch wird die Kontrolle der Daten dem Datenbankserver entzogen, sie liegt bei der Anwendung und ein Verfahren wie MVCC muss für die Abstimmung der Zugriffe sorgen.

Datenmodell, Schema

Damit ergibt sich, gegenüber den relationalen Datenbanken, eine wesentlich veränderte Struktur des Datenmodells (Schemas). Elementarer Bestandteil sind die Dokumente, mit der Flexibilität bzgl. ihres Aufbaus (unterschiedliche Key/Value - Paare). Eine weitergehende Strukturierung erfolgt, ähnlich den Key/Value - Datenbanken, durch Collections. Dies sind Gruppierungen von Dokumenten nach inhaltlichen / fachlichen Gesichtspunkten, die beim Umgang mit den Daten Bedeutung haben. Z.B. können in `MongoDB` innerhalb einer Abfrage nur Dokumente aus einer Collection durchsucht und zurückgeliefert werden [Trelle 2014, S. 93]. Direkt vom System her kommen zum Datenmodell noch hinzu die Versionen von Dokumenten.

Verknüpfungen zwischen Dokumenten (Referenzen)

Das, was man als relationale Verknüpfung kennt, gibt es bei diesem Datenbanksystemtyp nicht. Es gibt aber Referenzen auf Objekte. Diese können manuell oder mittels sogenannter DBRef-Verweise verwaltet werden. Verwendet man DBRefs, wird neben der ObjektId des referenzierten Dokuments auch der Name der Collection und ggf. sogar der Name der Datenbank gespeichert. Ein Beispiel:

> {$ref: <collectionName>, $id: <ObjectId>, $db: <dbName>} [Trelle 2014, S. 39].

Somit kann zumindest ein Stück weit die Beziehungssemantik von Daten erfasst werden.

Ein Datenmodell wie dieses erlaubt ein Vorgehen, wie es Edlich et al. für MongoDB beschreiben:

> "Das Schema wird mit Einfügen eines Dokuments zur Laufzeit erzeugt." [Edlich, Friedland, Hampe u.a. 2011, S. 133]

Und, so kann man ergänzen, wird mit jedem abweichenden Dokument verändert.

Auf einen wichtigen Nachteil dieser Schemaausgestaltung und -flexibilität weist Trelle hin: Es gibt keine Transaktionen, die mehr als ein Dokument umfassen und selbst bei Operationen auf nur einem Dokument ist kein explizites Rollback möglich [Trelle 2014, S. 7].

Beispiele

`Apache CouchDB`, `MongoDB`, `Lotus Notes` [Gull 2011, S. 19].

24.11   InMemory - Datenbanksysteme

Hardwareseitige Lösung

Im Kern geht es bei InMemory - Datenbanksystemen darum, die Datenbank in den Arbeitsspeicher zu laden und dort zu verwalten. Dazu bedarf es ausgefeilter Lösungen bzgl. der Hardware und der Datenbanksoftware. Das Datenmodell steht hier nicht im Vordergrund. Grundsätzlich können Daten nach allen Datenmodellen mit InMemory - Datenbanksystemen verarbeitet werden. Insofern passen diese Datenbanksysteme eigentlich nicht in dieses Kapitel. Da sie aber gerade intensiv diskutiert werden, soll hier kurz darauf eingegangen werden.

Flaschenhals von Neumann - Architektur

Ausgangspunkt waren die großen Datenmengen aus dem Customer Relationship Management (CRM) und anderswoher, deren Speicherung, Verwaltung und Auswertung mit den in den Unternehmen vorliegenden (i.w. relationalen) Datenbankansätzen und der klassischen Hardwarearchitektur nur mit Mühe zu bewältigen ist. Da die heute dominante von Neumann - Architektur die strikte Trennung der Arbeitsspeicher und der peripheren Speicher vorsieht, stellt sich der Datenverkehr zwischen diesen als Engpass heraus, trotz Cache und anderer Techniken zur Zugriffsbeschleunigung. Deshalb kam schon früh die Idee auf, die Datenbank in den Arbeitsspeicher zu laden und die Verarbeitungsschritte dort durchzuführen.

Der Unterschied zwischen herkömmlichen Datenbanksystemen und InMemory-Datenbanksystemen ist also, dass nicht der Festplattenspeicher zum Lesen und Schreiben der Daten verwendet wird, sondern der Arbeitsspeicher, in den die Datenbank geladen wurde. Die Festplatte bekommt dann die Aufgabe der Sicherung und - falls notwendig - der Wiederherstellung. Denn ein Arbeissspeicher ist ja recht flüchtig. Die Vergrößerung des Arbeitsspeichers erfolgt durch den Einsatz von Bladeservern mit Multi-Core-CPUs und Hauptspeicher in der Größe von Terabyte.

Der wichtigste Vorteil einer solchen Lösung ist die *Verkürzung der Zugriffszeiten*. Diese sind beim Arbeitsspeicher um einiges kürzer als bei Festplatten (unabhängig davon, ob es sich um eine Magnetplatte oder eine SSD handelt). Dadurch können die Datenbankoperationen und die Auswertungen signifikant schneller erfolgen. Mit einer entsprechenden Lösung ist es möglich, riesige Datenbestände bei gleichzeitig hoher Anzahl von Abfragen und trotz der Nutzung durch sehr viele Nutzer in angenäherter Echtzeit zu verarbeiten und zu analysieren.

Oft spaltenorientiert. Eine weitere Besonderheit dieser Anwendungssysteme besteht im Aufbau der In-Memory-Datenbank. Entgegen den relationalen Datenbanksystemen, wo die Daten zeilenweise gespeichert werden, verfolgt die In-Memory-Datenbank-Technologie meist eine spaltenorientierte Speicherung der Daten (vgl. Abschnitt 24.3) beziehungsweise eine Kombination aus beiden Techniken.

Falls zum Datenmodell auch *aggregierte Daten* gehören (z.B. bei Data Warehouse - Lösungen) können bei diesen Datenbanken und ihren Systemen diese aus den Basisdaten bei Bedarf berechnet werden. Die Aggregate werden also nicht vorher berechnet und gesondert gespeichert (wie ansonsten in Business Intelligence / Data Warehousing), sondern bei Bedarf (wenn eine entsprechende Datenauswertung ansteht).

Die hohe Zugriffsgeschwindigkeit erlaubt nicht nur obiges, sondern ganz generell *Auswertungen in Echtzeit* oder, falls die Auswertungen sehr umfangreich sind, wesentlich beschleunigt. Wenn z.B. Millionen von Belegen bei einer Krankenversicherung auszuwerten sind, bedeutet dies Minuten statt Stunden.

Eine einzige Datenbank für operative und analytische Daten

Diese Leistungsstärke erlaubt Lösungen, an die vor Einführung dieser Technologie nicht zu denken war, z.B. die Einrichtung einer einzigen Datenbank für operative und analytische Daten. Operative Daten werden typischerweise in einem OLTP-DBS verwaltet (vgl. Abschnitt 24.1). Für ein OLAP-System (ebenda) werden dann ausgewählte Daten mittels eines ETL-Prozesses periodisch in ein OLAP-DBS geschrieben. Im Zusammenhang mit InMemory-Technologien wird daran gedacht, diese Trennung von OLTP und OLAP aufzuheben und alle Anfragen in Echtzeit zu realisieren.

Bei sehr großen Datenbeständen ist für InMemory-Datenbanksysteme an *Parallelverarbeitung* gedacht. Eine solche Parallelrechner - Architektur erlaubt, Datenbankoperationen gleichzeitig auf mehreren Hauptprozessoren auszuführen. Dies würde die Leistungsstärke solcher datenvewaltender Systeme nochmals erhöhen.

Beispiele

Es gibt inzwischen zahlreiche Anbieter von ERP-Software und Datenbanksystemen, die Produkte mit InMemory-Technologie anbieten, darunter ORACLE und SAP. Das bekannteste ist *SanssouciDB* von SAP, eine Kombination aus relationalen und spaltenorientierten multidimensionalen Datenbanktechnologien. Vgl. für eine Beschreibung [Plattner und Zeier 2011, S. 41ff].

***Index und Literatur

Index

Literatur

A

Abramson, Abbey und Corey 2004
> Abramson, Ian; Abbey, Michael; Corey, Michael: *Oracle Database 10g für Einsteiger. Grundkonzepte der Oracle-Datenbank*. München und Wien 2004.

Aho, Beeri und Ullman 1979
> Aho, A.V.; Beeri, C.; Ullman, J.D.: *The Theory of Joins in Relational Databases*. In: ACM TODS 4, No. 3 (September 1979).

Alpar, Grob, Weimann u.a. 2008
> Alpar, Paul; Grob, Heinz Lothar; Weimann, Peter; Winter, Robert: *Anwendungsorientierte Wirtschaftsinformatik. Strategische Planung, Entwicklung und Nutzung von Informations- und Kommunikationssystemen*. (5. Auflage). Wiesbaden 2008

B

Bullinger und Fähnrich 1997
> Bullinger, Hans-Jörg; Fähnrich, Klaus-Peter: *Betriebliche Informationssysteme. Grundlagen und Werkzeuge der methodischen Softwareentwicklung*. Berlin u.a. 1997

C

Chamoni und Gluchowski 2006
> Chamoni, Peter und Gluchowski, Peter: *Analytische Informationssysteme. Business Intelligence - Technologien und -Anwendungen (3. Auflage)*. Heidelberg 2006

Codd et al. 1993
> Codd, E. F.; Codd, S. B.; Salley, C. T.: *Providing OLAP (On-Line Analytical Processing) to User Analysts*: An IT Mandate. White Paper, Arbor Software Cooperation. 1993

Connolly, Begg und Stachan 2002
> Connolly, Thomas; Begg, Carolyn und Strachan, Anne: *Datenbanksysteme. Eine*

praktische Anleitung zu Design, Implementierung und Management. München u.a. 2002 (Gebundene Ausgabe)

D

Date 1990
   Date, C.J.: *An Introduction to Database Systems. Volume I (5. Auflage)*, Reading u.a. 1990

Date, Kannan und Swamynathan 2006
   Date, C.J; Kannan, A. und Swamynathan, S.: *An Introduction to Database Systems. (8. Auflage)*, New Delhi 2006

E

Edlich, Friedland, Hampe u.a. 2011
   Edlich, Stefan; Friedland, Achim; Hampe, Jens; Brauer, Benjamin und Brückner, Markus: *NoSQL. Einstieg in die Welt nichtrelationaler Web 2.0 Datenbanken* (2. Auflage). München 2011 (Hanser)

Elmasri und Navathe 1989
   Elmasri, Ramez; Navathe, Shamkant B.: *Fundamentals of Database Systems Daten-banksystemen.* Redwood City 1998

Elmasri und Navathe 2002
   Elmasri, Ramez; Navathe, Shamkant B.: *Grundlagen von Datenbanksystemen* (3. Auflage), München 2002 (Pearson Studium)

F

Fondermann, Spichale und George 2012
   Fondermann, Bernd; Spichale, Kai und George, Lars: *BigData. Apache Hadoop.* E-Book 2014 (entwickler.press)

G

Gull 2011
   Gull, Clemens: *Web-Applikationen entwickeln mit NoSQL.* Haar 2011 (Franzis)

Gumm und Sommer 2011
   Gumm, Heinz-Peter; Sommer, Manfred: *Einführung in die Informatik* (9. Auflage). München und Wien 2011

H

Herden 2007
   Herden, Olaf: *Data Warehouse.* In: [Kudraß 2007], S. 427 - 455

Herold, Lutz und Wohlrab 2012
   Herold, Helmut; Lurz, Bruno; Wohlrab, Jürgen: *Grundlagen der Informatik* (2. Auflage). München u.a. 2012 (Pearson)

I

Inmon 2005
  Inmon, William H.: Building the Data Warehouse, 4. ed., Indianapolis.

K

Kastens und Büning 2008
  Kastens, Uwe und Büning, Hans Kleine Büning: *Modellierung. Grundlagen und formale Methoden* (2. Auflage). Bonn 2008 (Hanser)

Kemper und Eickler 2011
  Kemper, A.; Eickler, A.: *Datenbanksysteme. Eine Einführung.* München und Wien 2011

Köppen, Saake und Sattler 2012
  Köppen, Veit; Saake, Gunter und Sattler, Kai-Uwe: *Data Warehouse Technologien.* Heidelberg 2012 (mitp)

Köppen, Saake und Sattler 2012
  Köppen, Veit; Saake, Gunter und Sattler, Kai-Uwe: *Data Warehouse Technologien.* Heidelberg 2012 (mitp)

Kudraß 2007
  Kudraß, Thomas (Hrsg.): *Taschenbuch Datenbanken.* Leipzig 2007

Kurowski 2012
  Kurowski, Oliver: *NoSQL Einführung. CouchDB, MongoDB und Redis.* E-Book 2012 (entwickler.press)

L

Lange 2013
  Lange, Barbara: *Alles autonom. Die Produktion steuert sich selbst.* In: iX Heft 7/2013, S. 108 – 114

Lang und Lockemann 1995
  Lang, Stefan M.; Lockemann, Peter C.: *Datenbankeinsatz.* Berlin, Heidelberg 1995

Lausen 2005,
  Lausen, Georg: *Datenbanken. Grndlagen und XML-Technologien* (1. Auflage). München 2005

Lockemann und Schmidt (Hrsg.) 1987
  Lockemann, P.C. und Schmidt, J.W. (Hrsg.): *Datenbank-Handbuch.* Berlin und Heidelberg 1987 (Springer)

M

Mertens 2013
  Mertens, Peter: *Integrierte Informationsverarbeitung 1. Operative Systeme in der Industrie* (18. Auflage), Wiesbaden 2013 (Springer Gabler)

MySQL 5.7
  MySQL 5.7 Reference Manual (dev.mysql.com/doc/refman/5.7)

N

Ng, Storey, Trujillo et al. 2013

Ng, Wilfred; Storey, Veda C.; Trujillo, Juan C. (Hrsg.): *Conceptual Modeling - ER 2013: 32th International Conference, ER 2013Hong-Kong, China, November 11-13, 2013, Proceedings*, Springer-Verlag 2013

O

Oehler 2000

Oehler, Karsten: *OLAP. Grundlagen, Modellierung und betriebswirtschaftliche Lösungen*. München und Wien 2000

Olivé 2007

Olivé, Antoni: *Conceptual Modeling of Information Systems*. Berlin, Heidelberg 2007

Ollmert 1992

Ollmert, Hans J.: *Datenstrukturen und Datenorganisationen*. Oldenbourg Verlag, München, 1992.

Oracle Corp. 2002

Oracle Corp.: Oracle9i. *SQL Reference. Release 2 (9.2). Part No. A96540-02*. Primary Author: Diana Lorentz. October 2002

Oracle SQL 2013

Oracle SQL Database SQL Language Reference 11g Release 2 (11.2), E41084-02, July 2013

P

Piepmeyer 2011

Piepmeyer, Lothar: *Grundkurs Datenbanksysteme. Von den Konzepten bis zur Anwendungsentwicklung*. München 2011 (Hanser)

Plattner und Zeier 2011

Plattner, Hasso und Zeier, Alexander: *In-Memory Data Management. An Inflection Point for Enterprise Applications*. Berlin, Heidelberg 2011

S

Saake und Sattler 2014

Saake, Gunter; Sattler, Kai-Uwe: *Algorithmen und Datenstrukturen. Eine Einführung mit Java*. Heidelberg 2014

Scheer 1997

Scheer, August-Wilhelm: *Wirtschaftsinformatik. Referenzmodelle für industrielle Geschäftsprozesse* (7. Auflage), Berlin u.a. 1997

Schrempp 2012

Schremp, Mirko (Hrsg.): *BigData - Technologiegrundlagen*. E-Book 2012 (entwickler.press)

Staud 1983
Staud, Josef L.: *Internationale Arbeitsteilung und Nationales Lohnniveau. Bedeutung und Rolle entwickelter Ökonomien im Geflecht der Welthandelsbeziehungen. Band I.* Frankfurt u.a. 1983 (Peter Lang, 446 Seiten). (Dissertation)

Staud 1985
Staud, Josef L.: *Statistische Datenbanken: Beschreibung, Retrieval, Benutzerschnittstellen;* in: Deutsche Gesellschaft für Dokumentation (Hrsg.), Deutscher Dokumentartag 1984, München u.a. 1985

Staud 1986a
Staud, Josef L.: *Die Welt der Online-Datenbanken. Modellierung, Datenstruktur und Retrievalprozeß*; in: Nachrichten für Dokumentation 37. 1986. Nr. 3, S. 139 - 150.

Staud 1986b
Staud, Josef L.: *The Universe of Online Databases. Reality and Model(s)*. Universität Konstanz, Informationswissenschaft, Bericht 4/86, Juli 1986

Staud 1986c
Staud, Josef L.: *Typen von Wirtschaftsdatenbanken und Retrievalprozeß*; in (Tagungsband): Deutsche Gesellschaft für Dokumentation (Hrsg.), Fachinformation: Methodik - Management - Markt. Neue Entwicklungen, Berufe, Produkte (bearbeitet von Hilde Strohl-Goebel), (Deutscher Dokumentartag 1985, Nürnberg, 1. - 4. 10. 1985), 1986

Staud 1987a
Staud, Josef L.: *Factual-Type Online Databases for Humanities and Social Sciences: a Survey*, in (Tagungsband): Moberg, Thomas F. (Hrsg.), Databases in the Humanities and Social Sciences 1985, Osprey (Florida) (Paradigm Press), S. 470 - 501. [Tagungsband der "Fifth International Conference on Data Bases in the Humanities and Social Sciences", Grinnel College, Grinell, Iowa, 22. - 24. Juni 1985] 1987

Staud 1987b
Staud, Josef L.: *Factual-Type Online-Databases. Downloading and Local Processing of Statistical Data with AREMOS.* In: Lehmann, Klaus-Dieter; Strohl-Goebel, Hilde (Hrsg.), "The Application of Microcomputers in Information, Documentation and Libraries", Amsterdam, New York, Oxford et al. 1987 (Proc. of the Second International Conference on the Application of Micro-Computers in Information, Documentation and Libraries, Baden-Baden, 17. - 21. März 1986)

Staud 1987c
Staud, Josef L.: *Online Wirtschaftsdatenbanken 1987. Mit einem Verzeichnis von Datenbanken, Anbietern und Produzenten / Online Business Databases 1987. With a Directory of Databases, Hosts and Producers. Bilingual - Zweisprachig. Band I.* Frankfurt u.a. 1987 (Verlag Peter Lang, 713 Seiten)

Staud 1987d
Staud, Josef L.: *Online Wirtschaftsdatenbanken 1987. Mit einem Verzeichnis von Datenbanken, Anbietern und Produzenten / Online Business Databases 1987. With a Directory of Databases, Hosts and Producers. Bilingual - Zweisprachig. Band II.* Frankfurt u.a. 1987 (Verlag Peter Lang, 230 Seiten)

Staud 1987e

Staud, Josef L.: *Wirtschaftsdatenbanken 1987. Typen und Themen*. in: Deutsche Gesellschaft für Dokumentation e.V. (Hrsg.), 9. Frühjahrstagung der Online-Benutzergruppe der DGD in Frankfurt am Main vom 12. - 14. Mai 1987, Frankfurt 1987

Staud 1989

Staud, Josef L.: *Fakten in Öffentlichen Datenbanken: Informationstypen und Strukturmerkmale*. in: Nachrichten für Dokumentation 40, Nr. 1, Februar 1989, S. 7 - 14

Staud 1990

Staud, Josef L.: *Kapitel D 104 Wirtschaftsinformation*. in: Buder, Marianne; Rehfeld, Werner; Seeger, Thomas (Hrsg.), Grundlagen der praktischen Information und Dokumentation. Ein Handbuch zur Einführung in die fachliche Informationsarbeit (zwei Bände), München et al. 1990

Staud 1991a

Staud, Josef L.: *Online Datenbanken. Aufbau, Struktur, Abfragen*. Bonn u.a. 1991 (Addison-Wesley Publishing Company, 415 Seiten)

Staud 1991b

Staud, Josef L.: *Statistische Datenbanken, ihre Anbieter und Produzenten. Ein umfassendes Verzeichnis aller statistischen Daten zu Wirtschaft, Finanzen, Energie, Demographie und vielen anderen Themenbereich in Online-Datenbanken, auf CdROMs, Disketten, usw.* Frankfurt u.a. 1991 (Verlag Peter Lang, 594 Seiten)

Staud 1993

Staud, Josef L.: *Fachinformation Online. Ein Überblick über Online-Datenbanken unter besonderer Berücksichtigung von Wirtschaftsinformationen.* Berlin u.a. 1993 (Springer-Verlag, 550 Seiten)

Staud 2006

Staud, Josef: *Geschäftsprozessanalyse Ereignisgesteuerte Prozessketten und objektorientierte Geschäftsprozessmodellierung für Betriebswirtschaftliche Standardsoftware* (3. Auflage). Berlin u.a. 2006 (Springer-Verlag)

Staud 2010a

Staud, Josef: *Unternehmensmodellierung - Objektorientierte Theorie und Praxis mit UML 2.0*. Berlin u.a. 2010 (Springer-Verlag)

Staud 2010b

Staud, Josef: *Einführung in betriebliche Anwendungssysteme. Geschäftsprozessmodellierung*. Studienheft ANS102. AKAD 2010

Staud 2010c

Staud, Josef: *Einführung in betriebliche Anwendungssysteme. Konzepte betrieblicher Anwendungssysteme*. Studienheft ANS101. AKAD 2010

Staud 2019

Staud, Josef: *Unternehmensmodellierung – Objektorientierte Theorie und Praxis mit UML 2.5*. (2. Auflage). Berlin u.a. 2019 (Springer Gabler)

T

Theis 2014

Theis, Thomas: *Einstieg in PHP 5.6 und MySQL 5.6* (10. Auflage). Bonn 2014 (Galileo Press)

Trelle 2014
  Trelle, Tobias: *MongoDB. Der praktische Einstieg*. Heidelberg 2014

W

Wartala 2012
  Wartala, Ramon: *Hadoop. Zuverlässige, verteilte und skalierbare Big-Data-Anwen-dungen*. München 2012 (Open Source Press)

Welkenbach und Schmutz 2012
  Welkenbach, Peter und Schmutz, Guido: Relationale, NoSQL- und NewSQL-Daten-banken. In [Schrempp 2012 (E-Book)]

Wolff, Hunger, Spichale und George 2013
  Wolff, Eberhard; Hunger, Michael; Sichale, Kai und George, Lars : *NoSQL-Über-blick. Neo4j, Apache Cassandra und HBase*. E-Book 2013 (entwickler.press)

Wolff, Nitschinger und Trelle 2014
  Wolff, Eberhard; Nitschinger, Michael und Trelle, Tobias: *NoSQL-Überblick. Couchbase, Riak, MongoDB* E-Book 2014 (entwickler.press)

Wiederhold 1980
  Wiederhold, Gio: *Datenbanken. Analyse - Design - Erfahrungen. Band 1 Dateisys-teme*. München und Wien 1980

Z

Zehnder 1998
  Zehnder, Carl August: *Informationssysteme und Datenbanken* (6. Auflage). Stuttgart 1998

Andere Bücher von Prof. Dr. Josef L. Staud (für eine umfassende Liste vgl. www.staud.info/Literatur.

Staud 2017a

Staud, Josef Ludwig: *Geschäftsprozesse und ihre Modellierung mit der Methode Business Process Model and Notation (BPMN 2.0)*, Hamburg 2017 (tredition)
Als Hardcover, Softcover, E-Book

Staud 2019

Staud, Josef: *Unternehmensmodellierung – Objektorientierte Theorie und Praxis mit UML 2.5*. (2. Auflage). Berlin u.a. 2019 (Springer Gabler)